허구세계의 존재론

KYOKO SEKAI NO SONZAI-RON by Toshihiko Miura
Copyright ⓒ 1995 Toshihiko Miura
All rights reserved.
Original Japanese edition published by Keiso Shobo.
This Korean edition is published by arrangement with Keiso Shobo, Tokyo in care of Tuttle-Mori Agency, Inc., Tokyo through Shinwon Agency Co., Seoul.

허구세계의 존재론(虛構世界의 存在論) : 분석철학, '픽션'에 대해 묻고 답하다

발행일 초판1쇄 2013년 8월 30일 | **지은이** 미우라 도시히코(三浦俊彦) | **옮긴이** 박철은
펴낸이 유재건 | **편집** 김미선 | **디자인** 지은미 | **펴낸곳** (주)그린비출판사 | **등록번호** 제313-1990-32호
주소 서울 마포구 동교로17길 7, 4층(서교동, 은혜빌딩) | **전화** 02-702-2717 | **이메일** editor@greenbee.co.kr

ISBN 978-89-7682-409-7 93170

이 도서의 국립중앙도서관 출판시도서목록(CIP)은 e-CIP홈페이지(http://www.nl.go.kr/ecip)와 국가자료공동목록시스템(http://www.nl.go.kr/kolisnet)에서 이용하실 수 있습니다.(CIP제어번호: CIP2013016612)

이 책의 한국어판 저작권은 신원 에이전시를 통해 勁草書房과 독점계약한 (주)그린비출판사에 있습니다.
저작권법에 의하여 한국 내에서 보호를 받는 저작물이므로 무단전재와 무단복제를 금합니다.
책값은 뒤표지에 있습니다. 잘못 만들어진 책은 서점에서 바꿔 드립니다.

나를 바꾸는 책, 세상을 바꾸는 책 www.greenbee.co.kr

허구세계의 존재론

분석철학, '픽션'에 대해 묻고 답하다

미우라 도시히코(三浦俊彦) 지음 | 박철은 옮김

그린비

머리말

이 책의 주제는 '허구란 무엇인가'이다.

그리고 이 책은 분석철학이라 총칭되고 있는 현대영미철학의 기법을 방법론으로 한다.

그 중에서도 가능세계라는 개념틀에 많은 것을 빚지고 있다.

'허구란 무엇인가'라고 한마디로 뭉뚱그려 말하고 있지만 허구라 불리는 문화에는 여러 가지 측면이 있다. 허구를 그리는 문학작품(예술작품)이 생겨난 역사적 배경, 사회와의 영향관계, 작가나 독자의 심리, 허구의 의의, 가치 등. 이 책이 다루는 것은 그러한 현실 중심의 문화론이나 가치론이 아니라 제목 그대로 허구의 '존재론'이다.

텍스트의 동일성의 기준은 무엇인가?

텍스트와 허구세계, 허구세계와 현실세계는 어떠한 관계에 있는가?

허구세계는, 그리고 허구세계의 거주자는 지시대상으로서 존재하는가, 그렇지 않은가?

어떠한 의미에서 존재하는(하지 않는)가?

캐릭터(character)의 속성은 어떠한 것인가? 존재하지 않는 것이 속성을 가질 수 있는가?

그러한 문제에 관해 내 견해를 논증하고 하나의 체계로 정리해 내고자 노력했다.

존재/비존재를 문제로 삼고 있으므로, 허구에 한정하지 않고 비존재하는 것 일반에 관계하는 마이농주의나 기술이론을 비롯한 여러 철학이론을 음미, 비교하는 작업도 행해야만 했다는 것은 말할 것도 없다.

이 책은 두 범주의 사람들을 의식해서 쓰여졌다. 지시이론(theory of reference)이나 비표준논리학(nonstandard logic)의 전문가, 그리고 미학이나 문학이론의 연구자. 그러나 처음 배우는 학생도 읽을 수 있도록 전반부는 거의 장황하게 보일 정도로 상세하게 설명하기 위해 신경을 썼다. 또한 4장에서는 일본에 전혀 소개되어 있지 않은 주류(major), 비주류(minor)의 많은 학설을 뒤섞어서 상호관계하에서 소개하고 있으므로, 교양서로서도(혹은 마니아 서적으로서도) 크게 만족할 만한 역할을 할 수 있을 것이다. 단 서로 다른 학설 간의 이론적 관계를 설명할 때는 유기적이게 진술하려 했던 만큼 원자료를 초월한 내 해석이 많이 스며들어 있다는 것을 미리 분명히 말해 둔다.

그렇다 치더라도 논리적 허구론이라는 것은 미묘한 분야이다. 논리적인 철학자는 "뭐, 허구세계? 말도 안 돼!" 하고 고개를 돌리며 외면해 버릴지도 모르고, 문학자는 본문에 자주 등장하는 논리기호열 때문에 책을 내던져 버릴지도 모른다. 이 책은 실제로는 논리학자가 의심할 만큼 취약하지 않고 문학자가 두려워할 만큼 무미건조하고 난해하지 않을 것이다. 단 인정하지 않으면 안 되는 것은 이 책의 논의방식이 문학 관련 학술서로서는 철저하게 비역사적이라는 것이다. 오늘날 일본에서는 역사나 사회를 무시한 비평이나 문학이론, 철학까지도 거의 가치 없다고 간주되기 십상이라는 것을 나도 알고 있다. 그러나 비역사적이라는 것의 가능성과 쾌락(분석철학 특유의 논리적 쾌감logical high!), 그리고 온갖 역사주의적인 것이 정말로 역사적인 태도인지 아닌지 다시 질문할 만큼의 계기는 이 책이 제공해 줄 것이다.

권말 문헌표에 있는 서적, 논문은 모두 본문이나 각주에서 인용되고 있다. 예컨대, (Quine, 1948: 7~8)이라고 하면 권말 문헌표의 해당문헌 (Quine 저, 1948년 발표)의 7~8쪽에서 인용했거나 참조했다는 의미이다. 문헌의 특정 부분보다도 전체의 취지와 관련되는 경우는 (Russell, 1903)과 같이 페이지를 명기하지 않기도 했다.

또한 각 문헌에서 논리식을 적지 않게 인용했지만 원문의 기호표기법이 가지각색이었기 때문에 어떤 표기법을 택하는지 자체가 문제가 되는 경우를 제외하고 모두 이 책의 표기법으로 통일했다.

| 표기법 일람 |

~ : 가 아니다(문장, 명제의 부정)

∨ : 또는

∧ : 그리고

⊃ : 라면(충분조건)

≡ : 라면, 그리고 그 경우에만(필요충분조건 혹은 동치)

↔ : ≡와 같다(묶인 명제가 길 때 보기 쉽도록 사용한다)

∃x(Fx) : 어떤 x는 F이다(괄호는 생략하는 경우가 있다. 이하 마찬가지)

∀x(Fx) : 모든 x는 F이다

∃f(fa) : 어떤 성질이 a에 적용된다

∀f(fa) : 모든 성질이 a에 적용된다

ƛx(Fx) : F라는 성질

ιx(Fx) : F인 유일한 x

Ea : a는 존재한다

= : 동일하다

=df : 좌변은 우변에 의해 정의된다

◇P : P는 가능하다(P는 어떤 가능세계에서 참이다)

□P : P는 필연적이다(P는 모든 가능세계에서 참이다)

⊢ : (좌측의 명제들로부터 우측의 명제들이) 논리적으로 유도된다·귀결한다

차례

머리말 4
표기법 일람 7

1장 / 허구작품(text)이란 무엇인가 12
1. 작품의 변모와 동일성 12 | 2. 외연과 현상 17 |
3. 발견과 규정 28 | 4. 작품의 가능태 35

2장 / 허구세계란 무엇인가: 불완전성 40
1. 잉여정보와 불확정성 41 | 2. 불확정성에 대한 세 가지 접근 51 |
3. 배중률과 이치성 64 | 4. 발견, 선정, 창조 69 | 5. 데이비드 루이스의 집합설 73 |
6. 외삽원리와 모호성 79 | 7. 개체의 추적 88

3장 / 허구세계란 무엇인가: 모순 101
1. 모순에 의거하는 이야기 101 | 2. 두 종류의 모순 103 | 3. 합병의 방법 112 |
4. 해석의 존재론 119 | 5. 논리적 비폐쇄와 최소이탈 126 | 6. 논리적 은유 133 |
7. 2055년에 무엇이 일어났는가 144

4장 / 허구적 대상(캐릭터)이란 무엇인가: 관련 이론 개관 156

1. 기술이론(버트런드 러셀) 157 | 2. 위장주장설(존 설) 165 |
3. 환원주의(길버트 라일) 171 | 4. 마이농주의(테런스 파슨스) 175 |
5. 이론적 실체설(피터 반 인와겐) 188 | 6. 종류설(니컬러스 월터스토프) 205 |
7. 우의설(앨빈 플란팅가*) 217 | 8. 대입적 양화설(존 우즈) 227 |
9. 상황설(존 하인츠) 238 | 10. '데 레' 가능다세계설(솔 크립키) 248 |
11. 물리주의(솔 크립키, 데이비드 캐플런, 키스 도넬란) 255 |
12. '데 딕토' 가능다세계설(데이비드 루이스) 263 |
13. '데 딕토' 초세계설(로버트 스톨네이커, 그레고리 커리) 273 |
14. 메이크 빌리브설(켄들 월턴) 281 | 15. '데 레' 심안(心眼)이론(로버트 하윌) 296 |
16. 한계가설과 유일가설(로버트 스톨네이커) 300 | 17. 허구론의 판정축 316

5장 / 허구이론이란 무엇인가 323

1. 현상주의와 단일세계설 323 | 2. 메이크 빌리브로서의 세계관 330

참고문헌 342 | 후기 357
옮긴이 후기 360 | 찾아보기 362

| 일러두기 |

1 이 책은 三浦俊彦의 『虛構世界の存在論』, 東京: 勁草書房, 2007(1刷 1995)을 완역한 것이다.
2 인용문헌의 서지정보는 인용문 끝에 '지은이, 출판 연도: 쪽수'식으로 명기했다. 인용문헌의 자세한 서지정보는 본문 뒤에 실린 참고문헌에 밝혔다.
3 본문의 주석은 모두 각주로 달아 주었으며, 옮긴이 주는 문장의 맨끝에 '―옮긴이'라고 표시하여 지은이 주와 구분해 주었다. 독자의 이해를 돕기 위하여 옮긴이가 본문과 각주에 추가한 내용은 대괄호([ ])로 묶어서 표시해 주었으며, 지은이가 인용문에 추가한 대괄호의 경우 따로 표시를 해주었다(예: 대괄호 안은 인용자 보충).
4 본문에서 다루고 있는 논리식 기호는 표기법 일람(7쪽)에 그 의미가 정리되어 있다.
5 단행본·전집·정기간행물 등은 겹낫표(『 』)로, 논문·회화·영화 등은 낫표(「 」)로 표시했다.
6 외국 인명이나 지명, 작품명 등은 2002년에 국립국어원에서 펴낸 외래어 표기법을 따랐다.

허구는 현실보다도 그림자가 옅은 이질적 반실재가 아니다.
허구는 현실세계의 이미지를 모방해 같은 이미지가 적용된다는 의미에서
실재인 것이다. 역으로 말하면 현실은 허구와 같을 정도로 허구적이다.
현실에 관한 우리의 실재감 여하도, 허구세계에 관한 실재감 여하에 따른다.
현실의식과 허구의식은 정확히 연동하고 있다.
한쪽의 실재감을 옅게 하면, 다른 쪽도 마찬가지로 실재감이 옅어진다.
이것은 인과관계라기보다 논리적 관계이다.
이것이 우리의 허구실재론이 말하고자 하는 점이다.

1장 _ 허구작품(text)이란 무엇인가

1. 작품의 변모와 동일성

예술철학에 있어서 지시이론(theory of reference)이 중요한 것과 마찬가지로 지시이론에 있어서 예술철학은 중요할지도 모른다. 즉 여러 종류의 지시대상들 중에서 예술작품은 독특한 지위를 점하고, 대립하는 복수의 지시이론들에 대해 그 존재론적 기반의 재검토를 강요하는 효과를 가질지도 모른다. 일반적으로는 인정되고 있지 않은, 이 예술관 및 지시관을 입증할 단서를 대략적으로 제시하는 것이 이 책의 최종적인 목적이다. 우선 이 장에서는 예술작품의 존재론에 지시이론이 어떻게 적용되는지를 개관해 보자.

　예술에 대한 접근에는 몇 가지 다른 층위(level)가 있다. 우선 각 작품들에 대한 기술(記述), 해석, 평가가 있다. 이것은 **비평**이라 불린다. 다음으로 개개의 작품을 **일반적으로** 어떻게 기술, 해석, 평가할 것인가를 찾는 것이 있다. 이것이 이른바 **비평이론**이다. 그리고 마지막으로 '예술'이라든가 '작품', '텍스트', '캐릭터', '허구', '미', '해석', '평가'······라는 일반개념이 무엇을 의미하는가에 관한 연구가 있다. 이것은 **예술철학** 혹은 **미학**이라 부를 수 있을 것이다(이 층위의 분야들에 관해서는 Beardsley, 1981 그리고 Margolis ed., 1978; 1987의 각 장 서두의 편집자 해설이 간명하다). 물론 이 층위들은 칼로 자르듯이 나눌 수 있는 것은 아니고, 예컨대 비평의 소재인 특정 작품에 관한 새로운 데이터가 비평이론이나 미학의 개입을 요구하고 역으로 비평이론이나 미학의 기본적 틀의 재고를 재촉하는 경우가 종종 있다.

최근의 예를 들어 보자. 미야자와 겐지(宮澤賢治)의 시 「비에도 지지 않고」(雨ニモマケズ)로 잘 알려진 한 구절 '가뭄이 들면/눈물을 흘리고'(ヒデリノトキハ/ナミダヲナガシ)에 관해, 겐지의 자필 수첩 원문에서는 확실히 '일용급일 때에는'(ヒドリノトキハ) 하고 읽힌다는 것을 미야자와 겐지 기념회 이사장이 확인하고 종래 유포되어 있던 '가뭄'(日照り)은 '일용급'(ヒドリ)으로 공식적으로 돌아가야 한다고 제창했다. 그러나 '가뭄'으로 정착해 있던 이 시의 해석이 개정 가능한지 그렇지 않은지는 쉽게 해결될 수 없는 문제로, 현재 어떤 연구자는 "시 전체의 뉘앙스와 다음 부분인 '냉해의 여름은/허둥지둥 걷고'(サムサノナツハ/オロオロアルキ)와의 조화를 위해서도 역시 '가뭄'이어야만 한다"고 말하고 있다 한다(『요미우리신문』, 1989년 10월 9일 조간). 또 미술의 예를 들어 보면 오래된 회화의 수복을 둘러싼 문제가 있다. 산타 마리아 델레 그라치아 성당에서는 레오나르도 다빈치의 「최후의 만찬」을 포함해 이미 수회에 걸쳐 벽화를 수복해 왔다. 최근의 대규모 수복으로 「최후의 만찬」의 윤곽이 일신되자 원화의 색채는 종래 보아 온 화면보다도 훨씬 밝았는데, 예컨대 예수의 겉옷이 암적색으로 보였던 것도 실은 매연과 먼지 때문으로, 실제로는 선명한 오렌지색이었다는 것이 판명되었다고 한다. 그러면 그 바랜 색이 예수와 유다의 암담한 긴장관계

를 잘 상징하고 있다는 식의 종래의 해석은 어떻게 되는 것일까.[1]

특정 시나 그림에 관한 새로운 사실의 발견은 직접적으로는 그 특정 작품의 연구에 영향을 미치는 데 지나지 않는다. 그러나 간접적으로 그러한 사례는 일반 비평이론이나 미학에 대해 미리 대응책을 마련해 두어야 한다고 시사하고 있는 것이다. 방금 든 변화만큼 명료하지 않다고 해도 작가의 사생활이나 영향관계, 염료에 관한 새로운 발견이 시나 그림의 해석에 다른 시각을 도입하게 만드는 경우가 드물지 않고, 그러한 경우 발견에 따라 해석을 바꿔야 하는가 말아야 하는가에 관해 비평가는 국한된 판단에 머물지 않고 각 판단을 지지하는 일반원리를 배경으로 갖고 싶다고 생각할 것이 틀림없다. 그래서 작품이란 무엇인가, 어떠한 조건하에서 미적 대상은 동일하다고 말할 수 있는가라는 작품지시의 문제에 대해 예술철학은 항상 의식적이어야만 하는 것이다.

일반화해서 두 가지 예술작품 A와 B를 생각해 보자(회화라면 회화, 시라면 시라고 미리 두 개가 같은 장르에 속하는 작품이라고 하는 편이 좋을 것이다. 그러나 뒤에서 접하겠지만 반드시 그럴 필요는 없다). A와 B는 처음의 표면적인 모습 그대로 오랜 세월 사람들에게 받아들여져 감상·비평되고 해석사가 축적되어 왔다. 그러나 이제 역사적 혹은 물리적인 발견에 의해 작품 A 및 B의 몇 가지 특징이 '가짜'였다고 간주되어 정정되었다고 하자(실은 이 색은 단지 곰팡이였다, 악보의 이 음표는 후세의 개찬이었다, 초

---

[1] 보다 극적인 경우로서 미켈란젤로의 「최후의 심판」이 있다. 이 시스티나 예배당 벽화의 수복(16세기 후반부터 교황청의 명으로 인해 다른 화가에 의해 가필된 부분의 제거) 과정에서 미노스의 허리에 두른 천을 제거하자 원화는 미노스의 페니스 앞부분을 큰 뱀이 물고 있는 그림이라는 것이 판명되어, 그 생생함에 충격을 받은 교황청은 이 부분만은 허리천을 재가필하기로 결정했다(『아사히신문』, 1994년 2월 27일 조간). 그렇다면 「최후의 심판」의 참된 모습은 어느 쪽인 것일까? 시스티나 예배당의 벽화 수복에 관해서는 Januszczak, 1990에 재미있게 묘사되어 있다.

판본이나 수고의 발견으로 나중의 보급판의 오식이 판명되었다 등등). 여기서 철학은 모든 경우에 대응하도록 앞질러 가지 않으면 안 되므로 극단적인 경우를 상정한다. 즉 그러한 새로운 발견이 차례차례로 행해진 결과 A와 B의 공인된 모습이 점차 바뀌어서, 본래 인정되고 있던 형태와는 전혀 다른 것이 되었다고 하는 것이다. 그리고 결국에 A는 일련의 발견 전의 B와 같은 모습이 되고 역으로 B는 본래의 A의 모습으로 화했다고 하자. 잇따른 발굴과 수복의 결과, 외견적으로 A와 B가 완전히 바뀌어 버린 것이다. 본래 A와 B는 먼지나 곰팡이, 후세의 오식, 개찬 등으로 거짓된 모습에 지나지 않지만 본래의 것과 똑같은 형태가 이른바 담지자를 교환한 형태로 다시 나타나게 된다. 생각하기 쉽도록 일련의 발견과 정정은 비교적 단기간에 완료되었다고 하고, 그 뒤 전문가의 면밀한 조사 결과 새로운 최후의 형태가 두 작품의 '참된' 모습이라고 하여 A, B에 관한 안정된 수용사가 또 시작되었다고 하자. 여기서 문제는 본래 A로 간주되고 있던 물체는 여전히 A이고, B로 간주되고 있던 물체는 여전히 B인가 하는 것이다.

　이 사고실험은 양상논리학에서 논해지는 '치좀의 역리'를 모델로 한 것이다. 반(反)사실적 상황을 생각하는 경우 양상논리의 의미론에서는 그 상황이 성립하고 있는 가능세계를 상정한다. 예컨대 아담이라는 인물이 세계 W_1에서는 930세까지 살았다고 해도 931세까지 사는 것도 가능했다고 생각할 수 있고, 한편 노아라는 인물이 W_1에서 950세까지 살았다고 해도 949세로 죽은 경우도 있을 수 있었기 때문에 아담이 931세까지 살고 노아가 949세까지밖에 살지 못한 가능세계 W_2가 있게 된다. 마찬가지로 해서 세계 W_3, W_4······로 옮겨 감에 따라 아담의 수명은 증가하고 노아의 수명은 감소한다고 하자. 또 이 두 사람이 가진 다른 모든 속성——외모, 성격, 기억, 능력, 체질, 또는 이름, 환경, 출생지, 친구의 구성, 부모의 외모나 성격이나 출생지, 친척의 구성, 선조의 외모나 성격이나 출생지, 세계 전체의 구조 등등——에 관해서도 그러한 반사실적 천이(遷移)가 있을 수 있을 것이다. 이리하여 세계를 옮김에 따라서 거기서의 아담은 W_1의 노아와 닮게 되고, 노아는 W_1의 아담과 닮게 된다. 그러면 최종적으로는 다음과 같은 가능세계 W_n이 상정된다. 즉 어떻게 봐도 세계 W_1과 조금도 차이가 없음에도 불구하고 단 하나, W_n에 있어서의 아담은 W_1의 노아이고 W_n에 있어서의 노아는 W_1의 아담이라는 점만이 다른 세계 W_n이다.[2] "W_1에서는 아담이고 W_n에서는 노아인 x라는 것은 존재할 것인가. W_1에서는 노아이고 W_n에서는 아담인 y라는 것은 존재할 것인가. 어떻게 그것을 결정할 수 있을 것인가"(Chisholm, 1967: 82). 여기서 x, y란, 그러한 것이 있다고 한다면 모든 이-것성(haecceity),[3] 모든 성질로부터 독립된 개체원리——"아담과 동일하다"라는 성질 및 "노아와 동일하다"라는 성질——에 지나지 않는다.

이 케이스에 우리의 예술작품에 대한 사고실험을 적용하면 하나의 발견·정정에서 다음의 발견·정정까지의 안정기가 하나의 가능세계에 해당할 것이다. 이 대응에 있어서 대상의 관(貫)세계적 동일성보다도 작품의 관시간적 동일성 쪽이 훨씬 문제가 적다고 생각될지도 모른다. 가능세계는 현실세계에서는 단순히 상정될 뿐으로 직접적인 물리적 연결이 없음

---

2) 엄밀히 생각하면 아담과 노아를 둘러싼 가족이나 친구, 친척, 선조의 동일성도 W_1과 W_n에서는 체계적으로 다른 것이 될지도 모른다. 논점을 예를 들어 풀이하기 위해서 대상의 동일성 교환을 양자 간에만 한정해야 하는 것은 아니다. 아담과 노아 이외의 복잡한 동일성 교환은 단순히 허용하기만 하면 되고 특별히 고찰할 필요는 없다.
3) 한 사물이 갖는 개별적인 본질로 다른 어떤 사물과도 공유하지 않는 속성. 그 사물이 갖는 다른 속성들이 아무리 변화한다 해도 '이-것(바로 그 사물)'이라고 지시할 수 있다. 즉 아담은 아담의 '이-것성'을 갖고, 노아는 노아의 '이-것성'을 갖는다.——옮긴이

에 비해, 우리의 사고실험에서는 시간을 통해 대상을 눈으로 쫓거나 한 장소에 고정시켜 두거나 하는 것이 가능하기 때문이다. 거기에는 시공간적으로 연속된 실체가 존재하고 있다(x, y에 해당한다고 생각되는 물체의 궤적이 확인된다). 그러나 문제는 그러한 시공연속체를 **예술작품으로서** 동일한 것으로 인정해야 하는가 그렇지 않은가인 것이다. 판단재료가 관찰의 경우에는 확실하게 주어져 있기 때문에, 단순한 논리적 사변이 아닌 현실적 해결이 강하게 요구되는 관시간적 동일성 쪽이 오히려 까다롭다고도 말할 수 있는 것이다. 어느 쪽이든 이상의 유비에서부터 각 시간에 등장하는 작품의 현전=표상을 개체로 하고 작품=미적 대상을 그 각 개체표상들로부터 구성된 하나의 보편으로서 파악하는 시각이 요구된다. 미적 대상이란 여러 문맥에 등장한 개별적 표상의 집합 혹은 집적으로 볼 수 있는 것이다.[4]

2. 외연과 현상

하나의 미적 대상의 변용을 통해 동일성 문제를 풀 실마리로 삼기 위해서 작품의 고유명을 종명사(kind term)와 계속해서 비교해 보자. 즉 변모해

---

4) 표상 혹은 토큰(token)은 presentation(회화, 조각), copy(시, 소설), performance(음악이나 연극) 등 예술장르에 따라 호칭, 양태가 다르지만 여기서는 깊이 들어가지 않을 것이다. 그리고 음악이나 소설이 다수의 사례, copy를 갖는 데 비해 회화나 조각은 다수의 사례를 갖지 않는다는 구별에 관해서는 Wollheim, 1968; Goodman, 1968; 1978b를 참조하라. 그것에 대한 비판, 즉 회화, 조각을 포함한 모든 예술작품은 다수의 사례를 갖는, '행위 타입'이라는 존재론적 범주(category)에 속한다고 하는 것은 Currie, 1989에서 확인할 수 있다. 그러나 작품을 표상 사례의 '집합'이라 말하는 것은 실은 정확하지는 않다. 집합과 종(타입type)의 차이에 관해서는 Wolterstorff, 1975; 1980: 44, 48~51을 보라.

가는 작품 A 및 B의 어떤 한 단계(한 표상)가 같은 A, B에 속하는가 속하지 않는가라는 질문은, 물의 경우를 예를 들어 생각해 보면 물이라는 일반 종 개념에 관해 그 부분 혹은 사례로서의 하나의 현전(예컨대 지금 여기 책상 위에 있는 컵의 내용물)이 물인 것은 어째서인가라는 질문과 유비적으로 생각할 수 있다. 물이나 금, 호랑이라는 자연종에 관해 힐러리 퍼트넘은 다음과 같이 기술한다.

①(자연종natural kind을 확정identify하는) 핵이 되는 사실은 스테레오 타입과 외연(extension)이다. ②그러나 외연에 관해서는 보통은 전혀 언급할 필요가 없다. 그것은 무언가 의문이 생겼을 때는 언제라도 전문가에게 물을 수 있다고 알고 있기 때문이다. ③특별한 경우—개척자의 경우 등—에는 말과 올바른 스테레오 타입이 연상적으로 결부되어 있다고 해도 그 말이 틀린 자연종과 결부되어 있는 경우가 있다. 그러한 경우에는 외연을 올바른 것으로 만들 어떤 방법을 생각해야만 하지만 어떤 특정 방법이 필요한 것은 아니다. (Putnam, 1970: 117)

여기서 '스테레오 타입'이란 그 종에 갖추어져 있다고 일반적으로 널리 인정되고 있는 특징군(물이라면 액체이다&투명하다&갈증을 달래 준다……, 호랑이라면 포유류이다&육식을 한다&줄무늬 모양이 있다……)이고, '외연'이란 치좀이 말하는 x나 y, 즉 이-것성에 해당한다.[5] '개척자

---

[5] 물은 종으로 개체는 아니므로 haecceity(이-것성=개별화의 원리)가 아니라 정확하게는 quiddity(이-종種성=종화의 원리)라고나 해야 할까. 단, 이 장에서는 논의의 편의상 개체의 동일성과 종의 동일성을 유비적으로 보고 논하고 있으므로 이 뒤에도 일반적인 이-것성이란 말을 사용할 것이다.

의 경우'란 예컨대 다음과 같은 상황이다. 지구와 똑같은 혹성에 도착한 이주민이 이 혹성 위의 강이나 호수에 차 있는 물과 똑같은 액체(물의 스테레오 타입을 모두 만족하고 있는)를 당연히 물이라고 믿어 버렸지만, 실은 그 화학성분은 H_2O가 아니라 XYZ였다. 그리고 그 이주민에게 화학 지식이 없었거나 분자를 조사하는 기구, 방법이 없었거나 하면 이때 '특별한 경우'가 성립하게 된다. 그는 물이라는 말을 '틀린 자연종'과 결부 짓고 있는 것이다. 과학의 현 단계에서 물의 외연을 정하는 것은 H_2O일 것이다. 그리고 '전문가'란 말할 것까지도 없이 화학자를 말한다.

그런데 원리적으로 "새로운 탐구에 의해 더 기초적인 성질이 발견될지도 모른다"(Goosens, 1977)고 항상 말할 수 있으므로 무엇이 참된 외연을 정하는 것인지를 확언하는 것은 불가능하다. 물이 H_2O로서 확정된다는 것도 과학의 현 단계에서일 뿐으로, 그것이 실은 오류라고 판명되거나, 혹은 더욱 기초적인 퀴크(quark)의 구성에 있어서 물의 확정 근거가 H_2O라는 것도 투명성이나 유동성 등의 현상적 표층의 스테레오 타입과 마찬가지로 얼마든지 예외를 허용해서 물이라는 것에 있어서 필요하지도 충분하지도 않은 것이 될지도 모르는 것이다.

즉 물의 외연은 어떠한 특정 성질군으로부터도 논리적으로 독립되어 있다. 내포로서의 스테레오 타입에 의해서가 아니라 외연에 의해 궁극적으로 지시대상을 정하려 하는 퍼트넘식의 직접지시 이론은 일관성을 유지하려 한다면 이-것주의에 도달하는 것이다. 물이 물로서 확정되는 것은 '물이라는 것'이라는, 질적이지 않은 술어로 표현되는 '이-것성'을 가지는가 가지지 않는가에 관련되는 것이다.[6] 특히 지각에 포착되는 표층적 스테레오 타입은 물의 지시대상을 고정하는 직시적 정의 때문에 우연히 선택된 대표적 샘플이 우연히 가지고 있던 우연적인 특징에 지나지 않고,

그것들은 물이기 위한 필요조건도 충분조건도 아니다. 이에 비해 그러한 이-것주의를 거부하고 종이름이나 고유명의 지시대상은 성질의 다발에 의해 확정되는 것이라고 하는 입장도 당연히 있을 수 있다. 물에 있어서는 예컨대 점도 얼마, 끓는점·증발점·어는점 얼마, 비열·열용량 얼마라는 스테레오 타입을 가질 것을 필요충분조건으로 하는 것이다. 그러나 물이라는 것이 우리들의 지각이나 이해관심이나 생활에 상대적인 현상이 아니라 인간으로부터 독립된 자연 내의 실재물이라는 상식에 따른다면 크립키, 퍼트넘 등 직접지시 이론가가 주장하듯이 아무리 외견적·기능적으로 물과 똑같다고 해도, 구성이 H_2O가 아니라 XYZ라고 한다면 그것은 물은 아니라고 하는 것이 타당하게 된다. 실재물의 지각적 성질이 아니라 기저적 특질(underlying trait)을 밝혀내는 것이 자연과학의 작업이다. 그리고 그 구성을 어디까지 미시적으로 환원하면 종점에 도달하게 되는지를 선험적(a priori)으로 말할 수 없는 이상, 물의 확정은 지각적이든 기저적이든 상관없이 어떠한 성질도 아닌 외연 그 자체, 이-것성에 의해 행해짐에 다름 아니다.

---

6) 퍼트넘은 물, 호랑이 등 자연종의 동일성(자연종명사의 의미)은 과학이론에 의해 결정된다고 생각하고 있다. 크립키(Kripke, 1972)는 고유명의 지시대상은 명명에 의해 결정된다고 했지만 자연종의 지시에 있어서 명명에 해당하는 것은 이론이다. '물'이 화학적 명사라고 한다면 H_2O가 물의 동일성을 결정할 것이다. 그러나 고래가 물고기에서 포유류로 되고 전자가 단지 입자였다가 파(波)이기도 하게 되었듯이 이론 그 자체가 변화하는 것은 당연히 인정해야만 한다. 또한 '물'이 지각적 명사로부터 과학적 명사로 탈피하듯이 화학적 명사로부터 소립자 물리학적 명사로 탈피하는 경우도 있을 수 있다. 이 과정에는 원리적으로 한계가 없다. 퍼트넘이 자기의 자연종 이론의 이와 같은 이-것주의적인 성격을 어느 정도까지 용인하고 있었는가는 확실하지 않다. Putnam, 1973; 1975도 보라. 결국 퍼트넘식 직접지시 이론에서는 뒤의 호랑이의 예에서 보듯이 시공적 연속성으로 종을 확정하는 것밖에 방법은 남아 있지 않을 것이지만 분자나 원자의 연속성이란 무엇인가(같은 종류의 원자가 우주 내의 서로 떨어진 장소에서 서로 관계없이 생성되는 경우도 있지 않을까?)를 결정하는 것은 지난한 듯 생각된다.

이에 비해 예술작품의 경우는 어떠할까. 작품 A의 지각적 스테레오 타입을 이루는 특징군이 $\{a_1\ a_2\ a_3\ a_4\ \cdots\ a_n\}$이고 작품 B의 지각적 스테레오 타입이 $\{b_1\ b_2\ b_3\ b_4\ \cdots\ b_n\}$이라고 하자.[7] 앞에서 생각한 가상적인 경우에서는 단순화하면 이 두 물체가 시간을 거쳐 가는 동안에 전자는 $\{a_1\ a_2\ a_3\ a_4\ \cdots\ a_n\} \rightarrow \{b_1\ a_2\ a_3\ a_4\ \cdots\ a_n\} \rightarrow \{b_1\ b_2\ a_3\ a_4\ \cdots\ a_n\} \rightarrow \{b_1\ b_2\ b_3\ a_4\ \cdots\ a_n\} \rightarrow \cdots\cdots \rightarrow \{b_1\ b_2\ b_3\ b_4\ \cdots b_{n-1}\ a_n\} \rightarrow \{b_1\ b_2\ b_3\ b_4\ \cdots b_n\}$으로 변화하고, 후자는 $\{b_1\ b_2\ b_3\ b_4\ \cdots b_n\} \rightarrow \{a_1\ b_2\ b_3\ b_4\ \cdots b_n\} \rightarrow \{a_1\ a_2\ a_3\ b_4\ \cdots b_n\} \rightarrow \{a_1\ a_2\ b_3\ b_4\ \cdots b_n\} \rightarrow \cdots\cdots \rightarrow \{a_1\ a_2\ a_3\ a_4\ \cdots a_{n-1}\ b_n\} \rightarrow \{a_1\ a_2\ a_3\ a_4\ \cdots a_n\}$으로 변화하는 것이었다. 첫번째 직접지시 이론에 의하면 작품 A는 처음 $\{a_1\ a_2\ a_3\ a_4\ \cdots\ a_n\}$이었지만 점차 특징군의 원소가 교체되어 최종적으로 $\{b_1\ b_2\ b_3\ b_4\ \cdots\ b_n\}$이 되었다고 간주된다. 여기서 동일성 인정의 근거는 물체의 시공적 연속성(외연)의 추적이다. 따라서 이 시각에 의하면 A의 처음 모습을 접하고 나서 이 변화의 사정을 알지 못한 채 시간이 지나 이번에는 B와 접한 사람은 그 B가 자신이 아는 A와 조금도 다르지 않기 때문에 그것을 A라고 오인하게 될 것이다. XYZ를 물이라고 생각해 버린 '개척자'의 경우와 같은 상황이 여기서 성립하고 있다. 그것을 바로잡는 것이 '전문가'인 연구자, 미술사가, 감정가이다. 이 예술작품의 전문가들은 화학자가 화학분석

---

7) 지각적 스테레오 타입이라든가 지각적 성질, 지각적 특징 등으로 불리는 것은 미술작품이나 음악작품의 경우에는 명확한 의미(색채, 형, 질감, 음색, 피치……)를 갖지만 감각예술이 아닌 문학작품에 관해서는 명확하지 않을지도 모른다. 이 책에서는 인쇄되어 있는 말의 구성이나 성분, 내용의 이해에 의해 생기는 개념적 의미나 정경 파악의 각 내용을 (넓은 의미에서) '지각적' 성질이라고 부르기로 한다. 따라서 감각예술의 경우도 예컨대 그림의 화면에는 그려져 있지 않지만 인물의 표정과 몸짓으로부터 화면 밖에 다른 인물이 있는 게 틀림없는 경우 등의 비감각적·개념적인 이해 내용도 작품의 '지각적' 성질에 포함되는 것으로 한다. 또한 '현상적'은 이런 의미에서의 '지각적'과 같은 의미로서 사용된다.

으로 물질을 확정하는 것과 마찬가지로 예술작품을 본 것만으로는 알 수 없는 숨겨진 사실(작가의 의도, 화구의 성분이나 연대, 물리적 내력 등)을 파악하고 그것에 의해 일반 감상자의 틀린 판단을 정정해 줄 수 있다. 개척자가 A라고 생각하고 있는 작품이 실은 B의 유래를 가진 인과선상에 있음에 의해 원래 B였다는 것을 사료나 물리적 측정에 호소하는 것으로 가르쳐 주는 것이다.

한편 또 하나의 입장에 의하면 A가 $\{a_1\ a_2\ a_3\ a_4\ \cdots\ a_n\}$이고 B가 $\{b_1\ b_2\ b_3\ b_4\ \cdots\ b_n\}$이라는 그 현상성은 각자의 작품에 있어서 본질적이다. 따라서 처음 $\{a_1\ a_2\ a_3\ a_4\ \cdots\ a_n\}$에서 마지막에 $\{b_1\ b_2\ b_3\ b_4\ \cdots\ b_n\}$으로 변한 물체는 처음에는 A이고, 변모 중에는 A도 B도 아닌 다른 작품이며 마지막에는 B가 된 것이다. 첫번째 직접지시 이론과는 달리 이 시각에서는 고유명이 성질 기술을 그 의미로서 갖고 있으므로 A라는 하나의 작품이 그 성질을 바꾸는 일은 없고 따라서 그것에 대한 해석도 일정하다. 작품의 의미 전체는 내력을 알지 못하고 갑자기 물체와 접했을 때에 비전문가도 지각할 수 있는, 바로 스테레오 타입에 있다. 말하자면 A는 $\{a_1\ a_2\ a_3\ a_4\ \cdots\ a_n\}$이라고 정의되어 있는 것이다.[8]

---

8) 일반적으로 프레게-러셀 이론이라 불리고 있는 것을 말한다. 프레게 이론과 러셀 이론의 비교에 관해서는 Linsky, 1983이 시사적이다. 린스키는 직접지시 이론에 대해 프레게 이론과 러셀 이론을 옹호하고 있다. 또한 여기서는 A에 있어서 특징 $a_1, a_2, a_3, a_4, \cdots\cdots a_n$ 전체를 갖는 것이 필요하다고 상정하고 있지만 이것은 이른바 경직된 본질주의(inflexible essentialism)이고(Salmon, 1982: 236), 보다 온건한 입장을 취하는 것도 가능하다. 예컨대 다발이론(cluster theory)이라 불리는 학설에 의하면 개체 또는 종이 반드시 갖고 있어야만 하는 특정 특징이라는 것은 없을지도 모르고 어떤 범위의 스테레오 타입 $a_1, a_2, a_3, a_4, \cdots\cdots a_n$ 중 불특정한 일정수 이상이 만족되어 있으면(예컨대 대략적으로 n/2개라든가 2n/3개가 만족되어 있다면), 그것을 A라고 생각한다(종에 관해서는 Wittgenstein, 1953; Weitz, 1956을, 개체에 관해서는 Searle, 1958을 참조하라). 단, 단순히 그렇게 생각하는 경우에는 임계점 부근에서 대상이 불연속적으로 동일성을 잃는 경우가 있다. 그래서 'A'의 원형의 위치를 고정하지 않는다고 하면, 동일성 관계는 가동적인 가족적 유사관계가 되

이 두번째 시각을 지지하는 예술관은 뉴크리티시즘의 '현상주의의 테제'가 잘 나타내고 있다. 즉 "표상의 인과적 조건(물리적이든 심리적이든)에 관한 지식에 의존하는 미적 대상의 여러 표상들의 특징을 미적 대상의 특징이라고는 간주하지 않는다"(Beardsley, 1958: 52). 미적 대상 A의 작가의 최종 원고가 실은 이러했다, A의 일부분이 실은 먼지의 효과였다 등등, 작품의 기원이나 물리적 기반 등 인과적 사실에 관한 지식에 의해 A의 특징을 정정해서는 안 된다. 순수하게 지각에 나타나는 현상성이 모든 것으로 작가의 의도나 권위, 사생활, 재료의 본성은 모두 무관하다. 이 입장은 '현상(감상 현장에서 미적 체험을 낳는 기능)'이라는 성질을 철저하게 중시하고 지각을 초월한 외연을 무시하는 것이다.

첫번째 '외연주의'를 채용하면 물=H_2O의 예에서 보았듯이 A의 특징을 형성하는 목록에 무엇이 포함될지, 어떠한 새로운 비지각적 사실이 판명되어 특징이 어떻게 변경될지는 예상할 수 없다. 작가의 인생이나 무의식이나 재질의 본성 등은 얼마든지 상세하게 추구할 수 있기 때문이다. 극단적인 경우 어떤 그림의 수복에 따라서 점차 악보의 패턴이 드러나게 되어 그 그림이 실은 회화작품이 아니라 음악작품이었다는 식의 경우도 생각할 수 있다. 따라서 작품은 어떠한 지각적인 특징에 의해서도 정의되지 않는다. 역으로 말하면 하나의 작품은 동일성을 잃지 않고 어떠한 특징도 가질 수 있다. 이름 'A', 'B'는 외연과 직결되는 고정지시어(rigid desig-

---

고, 예컨대 유사도 n/2의 임의의 범위 내의 것끼리는 항상 동등하지만 그것보다 먼 거리에 있는 것을 포함했을 때는 동일성의 이행률이 성립하지 않는다($A1=A2, A2=A3$이지만 $A1 \neq A3$)는 규정이 가능하다. 관세계적 동일성 문제에 관한 데이비드 루이스의 상대역 이론(counterpart theory)은 이 온당한 입장에서 치좀의 역리를 처리하고 있다(Lewis, 1986: 243~248). 단 상대역 관계는 동일성 관계와는 다르다고 간주된다.

nator)인 것이다. 이것에 비해 현상주의에서 작품 A는 지각적 성질의 다발이므로 수복이나 새로운 해석 등으로 특징이 변경되어 버리면 더 이상 A가 아닌 것이다.

이와 관련된 다른 우화로 외연주의/현상주의의 대비를 부각시켜 보자. 지구상의 동떨어진 두 지점에서 대략 동시기에 흡사한 예술작품 a와 β가—시든 그림이든 상관없지만—만들어졌다고 하자. 실제로 그 두 작품은 서로 영향이 없음에도 불구하고 우연히도 세부에 이르기까지 완전히 똑같았다고 하자. 그리고 두 작품은 동떨어진 각자의 탄생지 주변에서 감상, 비평되고 연구되었지만 두 사회그룹은 서로의 비평 행위를 알지 못하고 있었다고 하자. 이리하여 두 장소에서 각각 몇십 년, 몇백 년의 감상과 비평사가 축적된 뒤에, 두 그룹이 서로의 비평 활동을 알게 되었다고 하자. 작품 그 자체는 조금도 다르지 않지만 작가의 전기, 감상의 양태, 사회적 사건과의 관계, 다른 작품과의 영향관계, 비평·연구에 사용된 상징이나 인유(引喩), 평가나 가격 등은 두 사회의 차이에 따라 완전히 다른 것이 되었다. 여기서 두 사회를 합친 커다란 사회에 사는 사람들은 두 작품에 관해 다시 어떠한 판단을 내릴 것인가.

현상주의적 비평가라면 두 작품이 똑같고, 주의 깊게 따로 두지 않으면 혼동되어 버릴 정도인 이상 이들은 물질로서는 달라도 작품으로서는 **동일하다고** 결론지을 것이다. 그에게 있어서 진위 논쟁은 생기지 않는다.[9]

---

9) 본문의 기술은 직접적으로는 복제나 똑같은 위작의 경우에만 관계한다. 그렇지만 연구자, 수집가의 절찬을 받은 '초기 요하네스 페르메이르(Johannes Vermeer)의 새롭게 발견된 작품들'이, 실은 페르메이르의 스타일로 그려진 새로운 회화를 인위적으로 낡게 만든 사기였다는 것이 드러난 판 메이헤런(Han van Meegeren) 사건과 같은 '창조적 위작'의 경우에도 조금 조정(調整)을 가하면 본문의 논지가 적용된다. 판 메이헤런의 전기는 Godley, 1951; Kilbracken, 1967를 참고하라. 위작에 관한 철학적 문제 일반에 관해서는 Dutton, 1983을 참조하라.

설령 한쪽이 분실되어도 미적 가치의 비평은 아무런 손실을 입지 않는다. 남은 하나에 대해 두 별개의 집단 내에서 형성되어 온 여러 해석을 비교·조정하고 유일한 올바른 해석을 발견하는 것이야말로 행해야 할 모든 것이 된다. 이에 비해 외연주의 비평가는 스스로의 이론에 충실하다면 두 작품 a, β는 여러 성질들에 관한 한 같다고 해도 내력이 다르거나 각각 'a성'이나 'β성'을 가지므로 어디까지나 다르다고 주장할 것이다. 가령 부주의하게 그 두 캔버스나 조판이(다시 말하면 보급된 복사본 하나하나가) 병치, 혼동되어 어느 쪽이 어느 쪽인지 알 수 없게 된 경우에는 우리의 미적 판단은 혼란을 일으키게 될 것이고, 따라서 두 작품이 교환되는 일이 없도록 결코 눈을 떼어서는 안 된다고까지 주장해야 할지도 모른다. 의도주의나 역사주의로부터 귀결하는 이-것주의는 마치 남겨진 유품을 통해 죽거나 헤어진 이의 모습을 떠올리듯이, 종종 비교(秘敎)적인 페티시즘의 색채를 띠는 것이다.

이리하여 하나의 외연이 현상적 변화를 거친 예에서도, 복수의 외연이 동일 현상을 공유하는 예에서도, 어느 쪽이든 외연주의와 현상주의는 크게 어긋나게 됨을 알 수 있다. 외연주의에서는 예술작품이 $\{a_1\ a_2\ a_3\ a_4 \cdots a_n\}$이든 $\{z_1\ z_2\ z_3\ z_4 \cdots z_n\}$이든 어떤 하나의 내력으로 연속되어 있을 때에 한해 A인 것이고, 현상주의에서는 예술작품이 어떠한 내력을 가지든 $\{a_1\ a_2\ a_3\ a_4 \cdots a_n\}$이기만 하면, 그리고 $\{a_1\ a_2\ a_3\ a_4 \cdots a_n\}$일 때에만 A인 것이다(물론 이상은 어디까지나 외연주의, 현상주의에서도 가장 순수한 경우의 설명이다. 더욱 온당한 여러 단계의 버전이 외연주의에도 현상주의에도 있을 수 있다. 현상주의의 다른 버전에 관해서는 이 장의 각주 8번을 참조).

두 비평철학을 뚜렷하게 대립시켰는데, 만약을 위해 주석을 두 개 달아 두고 싶다. 우선 첫번째로 외연주의의 입장은 'A', 'B'라는 작품명(title)

이 고정지시어라는 것을 전제로 하고 있는 듯 보인다. 그러나 예컨대 우리가 예로 든 최초의 우화에 있어서 A가 다빈치의 「최후의 만찬」, B가 미로의 「달을 보고 짖는 개」였다면 어떠할까. 이 작품들의 이름이 문법적으로는 고유명사라고는 해도, 내용을 동반하는 기술명(記述名)의 형태를 하고 있다. 그리고 이 두 이름이 나타내는 내용은 멀리 동떨어져 있다. 「최후의 만찬」의 먼지가 제거되어 최종적으로 인물이나 식탁과는 아무 관계도 없는 저 일그러진 개와 사다리와 초승달의 형상 패턴이 나타나게 되었다고 해도 우리는 그것을 여전히 「최후의 만찬」이라 계속 부를 것인가.

그러나 이러한 곤혹스러움은 우리의 논점에 있어서 본질적이지는 않다. 작가가 A에 이름 붙인 진짜 작품명이 불명확하다면, 화면(畫面)이 새롭게 수정되어 달을 보고 짖는 개를 그리고 있는 것이라 판명된 그림을 외연주의자가 「최후의 만찬」이라 계속 부르든지 「달을 보고 짖는 개」라 부르든지 어느 쪽이든 상관없다. 본래 작가가 A를 「최후의 만찬」이 아니라 「달을 보고 짖는 개」라 명명하고 있었다는 것이 판명되었다면 외연주의자도 A를 「달을 보고 짖는 개」라 고쳐 부르면 되는 것이다. 작품을 지시하는 불변의 이름(우리가 'A'라든지 'B'라고 불러 온)이 작품명과 같다고 단정할 수는 없는 것이다. 한편 당연한 일이지만 현상주의자라면 작가의 명명 행위에 관한 증거 여하에 상관없이 달을 보고 짖는 개를 그리고 있는 것이라 판명된 그림이 「달을 보고 짖는 개」라는 작품명을 가진다고 간주하고 그렇게 부를 것이다(단 작품 내용과 작품명이 항상 일치한다는 의미는 물론 아니다. 르네 마그리트의 작품들처럼 그려진 내용과 암시적·상징적 연결조차 갖지 않는 기술 작품명이 처음부터 주어져 있는 경우에는 표제의 내용과 화면 내의 주제의 어긋남에 중요한 미적 효과가 부여된다. 이 어긋남의 지각적 효과는 현상주의적으로 보존되어야만 한다). 현상주의하에서는 불변의 이름과 작품명은 일치한다. 어느 쪽이든 어떤 작품명이 붙여져 있다는 사실은 작품이 개를 그리고 있든지 식탁을 그리고 있든지 하는 것과 마찬가지로 작품 성질의 일부인 것이다.[10]

두번째 주석. 새로운 발견이 행해짐에 따라 작품의 특징을 변경해 가는 입장을 외연주의라고 지금까지 간주해 왔지만 어떤 발견에 직면해서 작품의 개정을 행하는 것에 저항하는 사람이 현상주의를 지지하고 있다고는 단정할 수 없다는 것에 주의해야만 한다. 예컨대 앞에서 본「비에도 지지 않고」의 예가 그러하다. 수첩 원문에 '히도리'(ヒドリ)라고 되어 있다는 것을 알았다고 해서 이 시의 그 한 구절을 '히데리'(가뭄, ヒデリ)에서 '히도리'(일용급, ヒドリ)로 바꾸는 것은 안 된다고 주장한 겐지 연구가의 논거는 확실히 "냉해의 여름은/허둥지둥 걷고'와의 조화상……"이라고 일견 현상주의적인 듯하지만, 동시에 "신앙이 깊었던 불교신자였던 겐지가 이 시에서 불교의 오의(奧義)를 나타낸 것으로, 농민의 가난한 생활을 불쌍히 여겨 읊었다고 한다면 수준이 낮아져 버린다……"(『요미우리신문』, 1989년 10월 9일 조간)라며 시인의 의도에 호소하는 태도를 보이고 있다. 즉 겐지의 진의는 '히데리'로 하려 했던 것을 '히도리'로 오기해 버렸음에 틀림없다는 것으로 이것은 시의 기원으로 소급해서 확정을 행하려 하는 외연주의적 자세에 다름 아니다. 작가의 자필 원문조차 어차피 신용할 수 없는

---

10) 일반적으로는 도넬란(Donnellan, 1966)의 용어로 말하면 외연 비평의 작품 동일성 기준은 작품명의 지시적 용법(referential use)에 있고, 현상 비평의 기준은 속성적 용법(attributive use)에 있다고 할 수 있다(이 장의 각주 16번 참조). 도넬란이 내놓은 지시적 용법의 예는 기술명의 기술 내용이 형해화(形骸化)하고 있는 경우나, 화자가 대상에 관해 잘못된 신념을 품고 있는 경우뿐이었지만, 기술명이 기술 내용을 만든 채 유지하고 화자가 대상에 대해 올바른 신념을 품고 있는 경우조차, 그 의미의 어긋남을 지시대상의 내포에 부가하는 형태로 지시가 성공해 버리는 이른바 기술명의 '미적 용법'이란 것이 있을 수 있다는 것을 여기에서 제안해 두고 싶다.

단지 '표층'에 지나지 않고, 그의 머리 안에 있던 시의 참된 모습을 잘못 전사(轉寫)한 것일지도 모른다. 시의 외연(원본)이 어디에 참된 기원을 갖는가(겐지의 뇌인가, 손인가)에 관해 외연주의자들끼리 여기서 대립하고 있는 것이다. 마찬가지로 현상주의자들 사이에서도 무엇을 어떤 작품의 현상적 특징으로 삼을 것인가에 관해 견해가 어긋나는 일은 충분히 있을 수 있다(예컨대 특별한 청력을 가진 사람만 알아들을 수 있는 현의 울림은 음악 특징의 일부인가, 특정 체험을 한 사람만이 간파할 수 있는 정서는 시의 특징의 일부인가). 대립하는 양 진영 각자의 내부에서도 충돌이 생긴다. 예술해석의 기반은, 당연하지만 여러 층에 걸쳐 있는 것이다.

3. 발견과 규정

예술작품 혹은 미적 대상의 지시, 확정에 관해 우리가 어느 쪽 입장을 선택해야 하는지 그 지침을 찾아보자. 물의 경우처럼 직접지시의 외연적 확정을 찾아야 하는가, 그렇지 않으면 작품은 지각적 성질의 다발이라고 하는 기술지시에 따라 스테레오 타입으로 정의해야 하는 것인가. 그 판단을 내리기 위해서는 각자의 입장이 어떠한 예술관을 함축하는가를 확인해 두어야만 한다.

    우선 생각해야 할 것은 '물'은 자연종명이었다는 것이다. 물이란 본래 인간의 지각이나 생각과는 독립된 자연계의 실재물이라는 일반적 이해, 이것이 물의 확정은 직접지시에 의해야 한다는 생각의 근거였다. 그러면 문제는 각 표상을 사례로 가지는 종이라 생각된 예술작품은 자연종인가라는 문제로 환원될지도 모른다. 그것은 직접지시 이론과 기술적 지시 이론의 관계에 관하여 다음과 같은 명쾌한 정리가 행해졌기 때문이다(인용문 중 '전통적 이론'이란 기술적 지시 이론이며, '새로운 지시이론'이란 직접 지시 이론이다).

……'독신남'(bachelor), '변호사'(lawyer), '슬루프 범선'(sloop)이라는 명사에 관해서는 어떤 형태의 전통적 이론이 불완전함에도 불구하고 옳은 듯 생각된다. 이 명사들은 합성적 혹은 비자연적인 종의 이름이다. 로크의 용어를 빌려, 나는 이 종을 '명목종'(名目種, nominal kinds)이라 부를 것이다. 이렇게 볼 때 이것들은 로크라면 명목적 본질이라 부를 것을 갖고 있는 반면 생물학적·과학적·원자적 본질을 결여하고 있다는 것을 보여 주고 싶은 것이다. 전통적 이론의 오류는 명목종 명사에 기반해 행해진 분석을 자연종 명사에까지 확장한 것이었다. 그것과 유비적인 새로운 지시이론의 오류는 자연종 명사에 기반해서 행해진 분석을 명목종 명사로까지 넓히고 있다는 것이다. (Schwartz, 1977: 39)

호랑이는 자연종이다. 따라서 스테레오 타입에 의해 정의할 수 없다. 세계 내의 호랑이의 가죽에서 줄무늬 모양이 어느 날 갑자기 사라졌다고 해도, 호랑이가 실은 초식동물이었다고 판명되었다고 해도, 파충류였다고 판명되었다가 실은 가스의 덩어리였다는 것을 알게 되었다 해도 역시 그것은 호랑이일 것이다. 그러나 독신남이란 실은 여자였다든가, 독신남이란 실은 결혼한 사람이었다든가 하는 것이 판명되는 경우는 생각할 수 없다. 명목종명의 지시대상은 확실히 미리 성질의 연언(連言)에 의해 정의되어 있는 것이다. 명목종에 포함되는 것은 독신남이나 변호사와 같은 사회적 개념, 복소수나 이등변 삼각형과 같은 논리수학적 개념 및 슬루프 범선이나 전자현미경과 같은 인공물일 것이다. 변이 4개 있으면 절대로 삼각형은 아니고, 전부 마른 모래로 만들어져 있어 만지면 금세 무너져 버린다면 현미경으로 인정할 의미가 없다. 명목종은 그 존재 또는 특징을 인간의 지향성에 의존하고 있다. 따라서 우리의 생활과 관심에 상대적인 일정 성질과 기능을 갖추고 있을 것을 조건으로 하여 그것으로서 확정된다. 즉 지각적·표층적 스테레오 타입에 의해 확정되는 것이다(인간의 지향성에 존재를 의존한다든가, 지각, 표층에 의해 확정된다든가 하고 말하는 것은 논리수학적 개념에 관해서는 확실히 문제가 있을 것이지만 여기서는 깊이 따지지 않을 것이다).

자연종과 명목종이라는 두 종류의 대상에 따라 외연주의와 기술주의라는 두 지시이론이 각자 타당성을 갖는다는 이 견해를 옳다고 인정하자(자연종을 문화적으로 상대화해서 명목종화한다는, 있을 수 있는 경우를 계속 고려하자. 예컨대 '호랑이'는 어떤 문화적 상징으로서 사용될 수 있지만 그 경우 호랑이는 육식이고 줄무늬 모양이 있고…… 등등이어야만 할 것이다). 그러면 우리의 소기의 논제는 다음과 같이 표현할 수 있다. 예술작품이란 자연종일 것인가, 명목종일 것인가. 환언하면 예술작품의 존재는 인간을 초월해 있는 것인가, 그렇지 않으면 그 존재는 인간의 의식 내 혹은 사회제도적 약속 내에 있고, 인간의 규정에 따르고 있는 것인가.[11]

---

11) 예술이라는 개념 일반이 아니라 개개의 예술작품에 관한 이야기라는 것에 주의하라. 우리는 어디까지나 개별적 작품이라는 것을 표상의 집단인 종과 비교해 왔다. 따라서 여기서의 논의는 예술이라는 일반개념에 관한 제도주의 논쟁 — 무엇이 예술이고 무엇이 예술이 아닌가를 결정하는 것은 현상, 기능인가, 그렇지 않으면 제도적 규약인가 — 과는 관계가 없다(덧붙여 예술 개념의 현상, 기능주의의 대표에는 Wimsatt & Beardsley, 1946; 1949; Bell, 1949; Beardsley, 1958 등이 있고, 제도주의의 대표에는 Dickie, 1974; 1984 등이 있다. 양 진영 사이에서 교묘하게 조건부로 제도주의에 가까운 개설이 Davies, 1991에 있다). 개개의 작품을 굳이 종에 비교해 온 이 장의 방침에 조바심을 느끼기 시작한 독자가 있을지도 모르지만 이렇게 한 데에는 두 가지 이유가 있다. 첫 번째로는 Wolterstorff, 1980과 같이 작품을 종으로서 생각하는 학설이 현존하고 있다는 것을

이 문제점에 있어서는 전통적 지시이론과 궤를 같이 하는 뉴크리티시즘이나 형식주의(formalism) 등 탈역사적 현상주의 이론은 기본적으로 예술작품명을 명목종명으로 파악하고 있다. 즉 개개의 예술작품은 인공물이자 사회제도의 문화장치인 것이다. 이에 비해 문맥의 변화에 따라 해석을 변경하는 전기적·사회학적·역사적 비평이론은 직접지시 이론과 마찬가지로 예술작품명을 자연종명으로 파악하고 있다. 즉 예술작품은 인간의 주체적·문화적 관심을 초월한 실재인 것이다. 속된 미학 언어를 쓰자면 발생적으로 예술작품을 **기교의 산물**로 보는 것이 현상주의, 천재의 **자연적 영감의 산품**으로 보는 것이 직접지시적 외연주의라고 말할 수 있을 것이다. 뉴크리티시즘 이후의 후기(post)구조주의나 수용이론 등은 이 양자의 지양을 목적한 것이라 말할 수 있겠지만, 텍스트의 변화나 외연 확장을 무한히 인정한다는 점에서 새로운 비평이론은 모두 한결같이 (탈구축 비평조차) 의외로 외연주의적 자연실재론에 뿌리를 두고 있다고 생각할 수 있다.

작품에 관해 새로운 발견이 행해질 때 외연주의자가 아무리 중요하

고려하면, 개별 작품을 종으로서 논하는 쪽이 제기할 수 있는 논의에 대해 더 잘 방어할 수 있게 되고, 두번째로는 직접지시 이론이 개체와 종을 통일적으로 논하고 있는 상황을 보면, 개별 작품을 종으로서 논해도 독자의 이해에는 그다지 지장은 없을 것이라고 생각된다. 단지 나는 논의의 편의상 개별 작품을 종과 비교할 수 있다고 말하고 있을 뿐이고 개별 작품이 호랑이나 삼각형과 같은 진정한 종과 같은 층위(level)에 있다고 말하고 있는 것은 아니라는 것에 주의하라. 마찬가지의 비교는 다수의 상(相, stage)으로 분할하면 도쿄, 마릴린 먼로 등 상식적 '개체'에 관해서도 가능하다는 것에 유의하라. 일반 예술개념에 대해 크립키-퍼트넘식의 직접지시 이론의 응용을 지지하는 논고로는 Carney, 1975; 1982a; 1982b가, 부분적으로 평가하는 논고로는 Matthews, 1979가, 비판으로는 Kivy, 1979; Leddy, 1987이 있다. 개별 예술작품의 동일성에 대한 직접지시 이론의 응용을 지지하는 논고는 Lord, 1977이 있다(특히 52~53쪽에서 지적한 현상동일성의 비이행성은 고찰할 가치가 있다). 일반 예술개념의 직접지시를 비판한 Kivy, 1979: 431, n.19에서 개별 예술작품의 직접지시를 용인한다고 말하고 있는 것은 흥미롭다.

게 보이는 작품의 특징일지라도 정정해야만 했던 것은 인간사회의 어떠한 주체적 규정이나 결의보다도 선행하는 작품의 핵심이 되는 것의 실재를 믿고 있기 때문이다. 작품의 본성은 인간의 지각적 인식이나 또는 그때마다의 잠정적 이론에서조차 독립적으로 기저적 특질(underlying trait)로서 잠재하고, 참된 모습이 이론(역사학, 전기, 물리학……)의 진보에 따라 점차 드러나게 된 것이다. 물론 종점을 미리 마음대로 규정할 수 없는 이상, 작품의 확정 조건은 어떠한 특질(trait)로도 논리적으로 동일시할 수는 없고 경험적, 잠정적으로 동일시할 수 있을 뿐이다. 이것은 전형적인 자연과학자의 탐구태도이다.

한편 현상주의에서 작품은 공공의 상식 및 지각의 현실에 의해 규정된다. 작품이 무엇인가는 일군의 특징의 다발에 의해 혼동되는 일 없이 이미 **정의되어 있다**. 작품이란 인간에게 있어 전면적으로 지정된 구성체인 것이다. 이것은 "낭만파의 작품신래설(神來說)은 작품이란 만들어진 것이고(제작론), 읽어야 할 대상물이라는 점(전달론)을 강조하며, 실증파의 작품자연산물설은 작품의 절대적 가치를 주장한다"(藍原, 1963: 6)라는 뉴크리티시즘 전사(前史) 이래의 이들 유파의 기본태도와 확실히 일치하고 있다.

이 중 어느 쪽 예술관이 타당한가에 관해서 바로 결론을 내리는 것은 불가능하다. 나 자신은 예술작품에 관해서는 외연 직접지시의 확정보다도 현상적 확정 쪽이 정당한 것은 아닌가 생각하고 있다. 뉴크리티시즘풍의 현상주의 비평이 본래 어떻게 해서 생긴 것인가 하면, 현실이나 다른 작품으로부터의 영향, 작가의 의도나 권위 등 불확실한 요인이나 불순한 선입견에 호소하면서 행해진 비평이 작품 본래의 의미, 가치를 종종 놓치는 일이 많기 때문에 공정한 비평원리를 세우지 않으면 안 된다고 비평가들이 생각했기 때문이었다. 앞에서 인용한 '현상주의의 테제'는 이 결벽증적인 비평윤리를 방법론적으로 공식화한 것이었다. 영향이나 의도나 권위와 같이 잠복하고 있는 비교적(秘敎的) 비밀이 아니라 누가 보아도 객관적으로 확인할 수 있는 현상에 의해 작품의 의미를 고정하면 좋은 작품은 적절하게 좋다고 인정되고 나쁜 작품은 적절하게 나쁘다고 판정될 것이다. 비평문화의 향상에도 공헌할 것이다. 그러나 윤리나 복지에 호소하는 것으로 쟁점 해결을 꾀하려고 하는 것은 적어도 이론적인 자세라고는 말할 수 없다. 지금까지 논한 한에서는 외연 직접지시 대(對) 현상 기술지시라는 현대 지시이론의 가장 큰 대립을 예술작품의 지시에 적용했을 때, 작품을 자연종으로 볼 것인가 명목종으로 볼 것인가(발견의 대상으로 볼 것인가, 규정의 산물로 볼 것인가)에 따라 어느 쪽의 지시방법으로 확정해야 하는가가 결정될 듯하다는 대응 관계가 명확하게 되었다. 따라서 당연한 일이지만 예술작품의 확정 문제는 예술작품의 존재론으로 환원되고, 작품자연종 존재론과 작품명목종 존재론의 각자의 타당성, 일관성 등을 비교하는 것에 의해 지시 문제가 해결 가능하고, 나아가서는 비평 방법의 문제도 해결 가능하다고 기대됨이 당연할 것이다.

외연주의 비평은 작품을 현실세계의 자연적 일부로서 취급하고 환경의 심리, 생리, 물리 등 복잡다단한 사회적 요인과 무제한으로 상호침투해가는 경향을 갖는다(데리다의 "텍스트의 바깥은 없다"라는 철학계의 전문 어법을 상기하자). 이 외연주의는 예컨대 오브제나 해프닝으로 대표되는 현대 전위예술의 시도(예술의 자연화의 시도)를 모든 예술작품의 전형적 예로서 인정하게 될 것이다. 그러나 자연물과 예술작품을 무비판적으로 같은 범주로 공존시킬 수 있다는 것이 비평이론의 장점이라고 말할 수 있을 것인가. 오브제를 비롯해 어떠한 자연예술이라 해도 작품을 미술관이든 종이 위든 콘서트홀이든 인위적으로 정착시켜 어필하는 제도에 의존하는 한(그렇다. 미술관이 아니라 도로에 **정말로** 자연적으로 굴러다니고 있을 뿐인 돌을 누가 '오브제'로 인정하고, 귀중하게 취급할 것인가), 자연과 외계 간의 구별을 말소하기 위해서는 격리된 구별적 토포스를 오히려 강하게 필요로 하고, 예술의 자연화라는 강요를 스스로 계속 와해해 나가야만 한다.

    이것은 진정한 역설이다.[12] 그리고 자연예술가가 의식하고 있는지 그렇지 않은지와는 별도로, 이 역설의 제기야말로 자연예술이 가지는 가치의 본질이라고 말할 수 있는 것이다. 본래 이 역설은 예술작품은 본질적으로 인공물이라는 인식이 있어야 비로소 성립하는 역설이다. 오브제의 실험은 인공물이라는 예술의 숙명에 도전한 시도로 간주할 수 있을 것이고, 그리고 오브제는 인위적 자연화라는 역설에 빠진 것을 스스로 실연하고 예술론을 교란, 활성화시키는 것이다. 오브제의 이러한 역설적·미학적 의의는 예술인공물론, 따라서 현상주의적 예술관하에서만 인정할 수 있다. 그렇다. 본래 뒤샹이 스스로 제작하지 않은 레디 메이드(ready made)를 전시했을 때 표방한 것이 '반예술'의 테제가 아니었는가. 각성에는 충돌이 필요하다. 자연예술을 반예술의 내포가 풍부한 운동으로서 올바르게 인정할 수 있는 것은 자연예술을 무비판적으로 수용할 수 있는 자연종 이론이 아니라 자연예술을 논리적으로 인정하지 않는 명목종 이론 쪽인 것이다(얄궂다고 해야 할까 당연하다고 해야 할까).

---

12) 현대서구에서 시작된 전위예술과 같은 양상을 인생의 예술화, 예술의 인생화를 지향하는 동양의 미적 이념에 관해서도 마찬가지로 적용 가능하다고 말할 수 있다. 三浦, 1989; 1994b를 보라 (1994b는 1989를 축소해서 문체를 소설풍으로 재구성한 것이다).

4. 작품의 가능태

그런데 이상과 같이 현상주의 쪽에 공감한다고 하면 우리는 예술작품의 현상적 변모를 인정하지 않는다는 입장을 취하게 된다. 작품은 어떤 현상적 특징의 집합과 동일시되는 것이고 시간적 경과에 따라 현상을 바꾸는 것은 있을 수 없다는 것이다. 단 여기서 주석이 두 개 정도 필요할 것이다.

우선 첫번째로 만약 '경직된 본질주의'를 취했다고 해도, 즉 작품 A는 여러 특징들 $\{a_1\ a_2\ a_3\ a_4 \cdots\cdots a_n\}$으로 엄밀하게 정의된 것이고 특징이 약간이라도 다르면 다른 작품이 된다고 해도, 이것은 예컨대 그림 한구석의 이 색채가 아주 조금이라도 더러워졌거나 색이 바랬거나 하면 이미 그것은 본래의 그림과 다른 그림이 되어 버린다든가 하는 것을 함축하지 않는다. 또한 나쓰메 소세키(夏目漱石)를 비롯한 근대문학작가의 작품에 관해 자주 행해지고 있는 구자체(旧字体)[13]나 취음자(取音字)[14]를 신자(新字)나 히라가나로 고치거나 하면 이미 그것이 완전히 다른 작품이 되어 버린다든가 하는 그러한 것을 함축하지는 않는다. 다소 변화했다고 해도 그것이 변화하지 않은 듯이 다룰 수 있다. 즉 $\{a_1\ a_2\ a_3 \cdots\cdots a_{i-1}\ b_i\ a_{i+1} \cdots\cdots a_{n-1}\ a_n\}$이 된 물체(혹은 그 여러 복사본들)를 눈앞에 두고 그것을 여전히 $\{a_1\ a_2\ a_3 \cdots\cdots a_{i-1}\ a_i\ a_{i+1} \cdots\cdots a_{n-1}\ a_n\}$인 듯 다룰 수 있다. 화면의 오염된 부분은 오염되지 않은 듯 보려고 노력할 수 있다. 그리고 지각현상적으로는 b_i인 특징을 마치 a_i인 듯이 보는 근거는 그 물체가 본래는 $\{a_1\ a_2\ a_3 \cdots\cdots a_i \cdots\cdots a_n\}$

---

13) 1949년에 당용한자(当用漢字, 일상에서 사용하는 한자의 범위로서 1946년에 일본 정부에서 고시한 1,850자의 한자)에서 신자체로 정리되기 이전의 자체.—옮긴이

14) 한자 본래의 뜻과는 관계없이 그 음이나 훈을 빌려서 어떤 말을 표기하는 한자, 또는 그 용법. 혹은 정식 표기법이 아닌 잘못된 한자의 표기. 또는 그 한자.—옮긴이

과 닮아 있다는 것이다. 그러므로 우리는 $\{a_1\ a_2\ a_3 \cdots\cdots b_i \cdots\cdots a_n\}$을 단서, 지지대로 해서 관념적으로 $\{a_1\ a_2\ a_3 \cdots\cdots a_i \cdots\cdots a_n\}$을 감상할 수 있는 것이다. 만약 변형이 진행되어 $\{a_1\ a_2\ a_3 \cdots\cdots a_{i-1}\ b_i\ b_{i+1}\ b_{i+2} \cdots\cdots b_{n-1}\ b_n\}$으로 되었다면 물리적으로는 본래의 $\{a_1\ a_2\ a_3 \cdots\cdots a_n\}$이라는 형태로 연속되고 있는 그 물체보다도, 보다 실물과 닮아 있는 복제나 모사, 혹은 인과적으로 무연한 별개의 작품 쪽을 $\{a_1\ a_2\ a_3 \cdots\cdots a_i \cdots\cdots a_n\}$을 감상하는 지지대로서 이용하는 것이 되고 그것이야말로 실물 A라고 실행적으로 인정할 수 있을 것이다.[15] 이리하여 일종의 성질에 대한 고정지시를 일관하는 것으로 인한,[16] 철저한 현상주의에 의한 '경직된 본질주의'는 그 극단적인 외관에 반해 예술 감상을 하는 데 있어서 실제적인 곤란을 만들지 않는 것이다.

　　두번째로 현상주의하에서는 작품 A가 $\{a_1\ a_2\ a_3 \cdots\cdots a_n\}$ 이외의 것으로 되는 일은 있을 수 없다는 것은 작품 A가 $\{a_1\ a_2\ a_3 \cdots\cdots a_n\}$ 이외의 것으로 있을 수 있었다는 것과 모순되지 않는다는 것에 주의하자. 현상주의가 말하는 "A는 $\{a_1\ a_2\ a_3 \cdots\cdots a_n\}$ 이외의 것으로 있을 수 없다"는 것은 "현실세계에서는 작품 A가 $\{a_1\ a_2\ a_3 \cdots\cdots a_n\}$ 이외의 특징의 다발이라는 것은 있

---

15) 원래 A $\{a_1\ a_2\ a_3 \cdots\cdots a_i \cdots\cdots a_n\}$와 인과적으로 무연한 작품 C $\{a_1\ a_2\ a_3 \cdots\cdots c_i \cdots\cdots a_n\}$을 이러한 이유에서 A로 간주한다는 것은 물론 A=C라는 것은 아니다. A와 C는 현상적으로 다른 작품이다. C를 담지하는 물체를 현실의 현상으로서 잃어버린 A를 동시에 담지하는 물체로서도 다룬다는 것이다. 동일한 시공 영역에 두 개의 작품(하나는 현실적 현상, 또 하나는 관념적으로 재구성된 현상)이 공존한다는 것이다. 물론 현실적으로 $\{a_1\ a_2\ a_3 \cdots\cdots c_i \cdots\cdots a_n\}$과 보다 닮은 시공 영역이 어딘가에 만들어지면 그 시점에서 C 영역은 작품 A를 담지하는 지위를 그쪽으로 양도하게 된다. 이상이 현상주의가 갖는 당연한 함축이다.
16) 외연주의가 개체에 대한 고정지시에 기반하고 있었다는 것과 대조하라. 성질-개체 관계에 있어서 '지시구의 지시적 용법'과 대조적인 짝을 이루는 용법이 '지시구의 미적 용법'일지도 모른다. 단 본문 다음에 기술될 관세계 고정지시가 아니라 관시간 고정지시이다. 이 장의 각주 10번과 함께 생각하라. 또한 '지시구의 속성적 용법'이 성질에 대한 고정지시와 다른 것은 속성적 용법은 성질의 다발을 매개하여 그때마다의 담지자의 외연을 지시하기 때문이다.

을 수 없다"라는 의미이다. 다른 가능세계에서 A는 {a_1 a_2 a_3······b_i······a_n}일지도 모르고 심지어 {a_1 b_2 m_3······t_i······k_n}일지도 모른다. 따라서 현상주의에서는 이미 {a_1 a_2 a_3······a_i······a_n}으로 인지되고 있는 A가 {a_1 a_2 a_3······b_i······a_n}으로 변모한다는 반사실을 거부하는 것이지만, A가 처음부터 {a_1 a_2 a_3······b_i······a_n}으로 인지되고 있다는 반사실을 부정하지는 않는 것이다(물론 이런 상정하에서는 A가 {a_1 a_2 a_3······b_i······a_n}에서 {a_1 a_2 a_3······a_i······a_n}으로 변모하는 것은 인정하지 않기로 한다). 이 비유를 형식화하면 다음과 같이 된다(x, y는 작품을, F는 지각적 성질을, s와 t는 시각을, v와 w는 세계를 값으로 취하는 변수이다).

G1 $\forall x \forall y \forall F \forall s \forall t \forall v((x=y \leftrightarrow v$에 있어서(s에 있어서 $Fx \leftrightarrow t$에 있어서 Fy)))

G2 $\forall x \forall y \forall F \forall s \forall t \forall v \forall w((x=y) \leftrightarrow (v$에 있어서(s에 있어서 Fx) $\leftrightarrow w$에 있어서(t에 있어서 Fy)))[17]

---

17) 본문 내용에서 논의해 온 것에 충실하게 합쳐서 정식화하면, 다음과 같다.
G1′ $\forall x \forall y \forall F \forall s \forall t(a$에 있어서 $(x=y) \leftrightarrow a$에 있어서(s에 있어서 $Fx \leftrightarrow t$에 있어서 Fy))
G2′ $\forall x \forall y \forall F \forall s \forall t \forall v(a$에 있어서 $(x=y) \leftrightarrow a$에 있어서(s에 있어서 $Fx) \leftrightarrow v$에 있어서(t에 있어서 Fy)))(a는 현실세계)
가 되지만 동일성의 필연성을 정설대로 인정한다면 'a에 있어서 $(x=y)$'의 'a에 있어서'를 빼는 것이 가능하고, 또 철학적 고찰은 현실세계만이 아니라 모든 가능세계에서 통용되는 진실을 기술하는 것을 지향하고 있음을 인정하면, 남은 'a'를 변수로 바꿔 보편양화사로 속박하는 쪽이 좋다. 이리하여 G1, G2가 얻어진다[보편양화사(universal quantifier). 전칭(全稱) 양화사라고도 한다. 술어논리 기호로 '$\forall$'이며, 일상어로는 '모든'이라는 양을 나타낸다. 예를 들어 'F=아름답다'일 때, "모든 x는 아름답다"라는 명제는 '$\forall x(Fx)$'로 나타낼 수 있다. 대조적으로 "적어도 하나 (있다)", '어떤'이라는 수량을 나타내는 것은 존재양화사(existential quantifier) '$\exists$'이다. 즉 '어떤 x는 아름답다'는 '$\exists x(Fx)$'가 된다. ─ 옮긴이].

예술작품의 현상주의적 확정이 개입하는 것은 G1으로, 보다 강한 G2는 아니다. G2에 의하면 동일 작품은 모든 가능세계를 통해 영원히 같은 현상적 성질들을 가져야만 하지만, G1에 의하면 동일작품은 하나의 가능세계에 있어서는 영원히 같은 현상적 성질들을 가져야만 할 뿐이다. G2가 너무 강해서 그런 것이 존재하지 않을 듯하다는 의견에 대해서는, 예컨대 다음의 예를 생각하면 수긍할 수 있다. 톨스토이의 『전쟁과 평화』는 인간을 그리고 있으므로 피에르나 나타샤는 한쪽 발에 발가락이 다섯 개 있다고 우리는 (굳이 의식화하지 않을지도 모르지만 지금 이렇게 의식화하려고 생각하면 가능하듯이) 지각한다. 즉 『전쟁과 평화』의 등장인물은 한쪽 발에 다섯 개의 발가락이 있다는 현상적 특징을 갖는다. 그러나 인간의 발에 일반적으로 일곱 개의 발가락이 있는 가능세계에서는 이것이 등장인물은 한쪽 발에 일곱 개의 발가락이 있다는 현상적 특징으로 바뀔 것이다. 즉 작품 『전쟁과 평화』의 현상적 특징은 세계마다 바뀔 수 있는 것이다. 아니, 현상주의를 규명하면 역시 다른 가능세계와 비교하는 경우에도 『전쟁과 평화』의 현상적 특징은 바뀔 수 없을 것이라고 주장하고 싶은 사람에 대해서는 여기서 굳이 반론할 필요를 나는 느끼지 않는다. G2를 인정할 것인가 부정할 것인가는 보류해 두어도 좋다. 현상주의적 비평윤리는 현실이면 현실 속에서(혹은 다른 가상세계라면 그 같은 가상세계 내에서) 일관되게 행해지는 작품의 해석, 평가에 관련되는 것이므로, 동일세계 내에서의 지정인 G1에 관해서만 엄격한 귀결을 갖는다. G2에 관한 판단이 어떻든 현상주의는 G1을 참으로 인정하는데, 즉 같은 세계 속에서는 시간이 지나든 사정이 변하든 같은 작품은 같은 현상으로 정의되어야만 한다고 믿는 것이다.[18]

작품을 밖에서부터 보았을 때의 작품의 지시와 동일성에 관해서는 이상으로 대략적으로 논의를 끝냈다. 다음으로 작품세계의 내용과 법칙에 관하여(2, 3장), 작품의 성분, 특히 캐릭터의 본성에 관하여(4장) 논의하고, 마지막 5장에서는 지시 문제로 잠시 되돌아가기로 하자.

---

18) 여기서는 작품의 동일성과 작품의 지각적 현상의 관계에 관해 논의했지만, 작품의 지각적 현상과 작품의 미적 성질에 관해 그레고리 커리가 같은 종류의 논의를 행하고 있다. 커리는 현상이 미적 성질을 결정하는 구조를 언어의 의미가 지시대상을 결정하는 구조에 견주고 있다(Currie, 1989: 23~24). 이 장에서는 지각적 성질과 미적 성질을 구별하고 있지 않으므로, G1, G2의 '지각적 성질 F'를 '미적 성질 F'로 바꿔 읽어도 좋다.

2장 _ 허구세계란 무엇인가: 불완전성

소설, 극, 영화 등의 허구는 직관적으로 말해서 각자 현실세계와 닮은 어떤 세계를 표현하고 있다. 안나 카레니나가 한 명의 여성이라는 것은 내가 한 사람의 남성이라는 것과 마찬가지로 주어진 사실인 듯 생각된다. 적어도 『안나 카레니나』의 세계에서 한 사람의 안나 카레니나가 살고 있는 것은 바로 현실세계에 한 사람의 내가 살고 있는 것과 같은 의미에서 확실하다고 우리는 생각한다.

    그러나 허구작품의 세계를 하나의 '세계', 보다 엄밀히는 하나의 가능세계로서 생각하는 데는 몇 가지 난점이 있다. 그 중에서도 가장 현저하고 난해한 것이 불확정성 문제와 모순의 문제이다. 이 두 문제에 있어서 허구세계와 현실세계의 완전한 대응(parallelism)은 무너진다. 즉 허구세계는 현실세계와 달리 **"본질적으로 불완전하다.……허구세계는 비일관적일 수 있다"**(Heintz, 1979: 93~94). 현실세계 혹은 가능세계는 임의의 명제 P에 관해 P나 ~P가 참이라는 의미에서 완전하고 P나 ~P가 거짓이라는 의미에서 일관적이라고 생각되는 것이 보통이기 때문이다. 이 허구 특유의 불확정성(불완전성)과 모순(비일관성)을 어떻게 취급할 것인가. 이것이 허구의 의미론을 확립하는 데 있어서 최대의 문제가 되는 것이다. 그런데 모순은 반드시 모든 허구작품에 내재하는 것은 아니고 '때로 생길 수 있는' 예외적 사태로 생각되기 때문에 주제로서 다루는 것은 다음 3장에 양보하기로 한다. 이 장에서는 우선 보다 기초적이고 보편적인, 허구에 '본질적으로' 포함되어 있는 불확정성의 문제, 또는 허구에 이치논리학을 적용하는 것의 시비에 관하여 논하고 싶다.

1. 잉여정보와 불확정성

문학작품을 읽는다는 우리의 경험은 문체나 은유 등에 주의를 기울이지 않고 단순히 쓰여져 있는 내용에만 관심을 집중하고 있는 경우에도 반드시 순조롭게 진행된다고는 단정할 수 없다. 스토리상 깊은 의미를 가지는 듯한 사항에 대한 기술이 꽤 생략되어 있는 반면, 일견 어떻게 되어도 좋은 듯 보이는 것이 상세하게 쓰여져 있다고 느껴져 당혹스러워지는 일이 자주 있다. 그러한 '잉여기술'에는 허구세계를 잘 조직화하는 데 실패한 작가의 실수가 단순히 드러난 경우도 적지 않을 것이다. 그러나 뛰어난 소설의 경우, 대개의 '잉여정보'에 대해서는 그 작품 해석에 있어 나름의 설명을 부여할 수 있는 듯 생각된다. 일례로서 샐린저의 단편 「웃는 남자」의 다음 한 구절을 읽어 보자.

> 단장은 (중략) 가까운 자리의 코만치단들에게 조금 무서운 얼굴을 하고 자리를 좁혀 앉도록 신호를 보냈다. 메리 허드슨은 나와, 백부의 가장 친한 친구가 술을 밀매하고 있다는 에드거인가 뭔가 하는 애 사이에 걸터앉았다. 두 사람은 그녀를 위해 좁힐 수 있을 만큼 좁혀서 자리를 만들었

다. 그리고 버스는 서투른 운전수가 운전하고 있는 듯이 덜컹거리는 진동을 내면서 발차했다. 코만치들은 한 사람도 남김없이 입을 다물고 있었다. (Salinger, 1949: 53)

'에드거인가 뭔가'라는 애는 명시적으로는 이 소설 속에 두 번 등장하지 않는다. 왜 화자는 전혀 중요한 역할을 행하고 있지 않은 소년의 이름을 들고, 이야기에 있어 한층 더 관계없는 '백부의 가장 친한 친구'라는 인물을 일부러 언급하고 있는 것일까. 코만치단의 다른 소년들은 말할 것도 없고 주인공인 화자 자신의 가족에 관해서조차 한마디도 설명되어 있지 않은데도.

여기에 명백한 '기술의 불균형'이 있다. 이야기의 무대로부터 덩그러니 동떨어진 '에드거인가 뭔가 하는 애의 백부의 가장 친한 친구가 어쩌구' 하는, 이야기의 본줄거리와는 상관없어 보이는 사태가 마치 먼바다 위의 섬처럼 덧붙여져 있다. 여기서 소설의 기술층은 조직적 통일성이 파괴되고 순간적으로 일그러진 불안정함을 띤다.

「웃는 남자」의 이 부분에 한해서 말하자면, 문제의 기술에는 물론 존재 이유가 있다. 소설의 첫 부분에 쓰여져 있듯이 무대는 1928년 금주법 시대에 해당하고, 술의 밀조와 밀매가 성행, 따라서 에드거인가 뭔가의 백부의 친구도 특별히 중대한, 예외적인 큰 범죄에 관계하고 있다고는 말할 수 없다. 그러나 아이의 시각으로 보자면 술의 밀매라는 것은 엄청나게 신비한 범죄행위로 보이기도 했을 것이다. 따라서 이 기술은 게주드스키(Gedsudski) 단장이 말하는 초인적 범죄자인 웃는 남자의 이야기에 매혹되어, 자신이 웃는 남자의 직계 자손이라면 얼마나 좋을까 하고 공상하고 있던 소년들이 자신의 가족, 친척 및 그 주변에 얼마나 매혹적인 범죄자가 있는지를 있는 일 없는 일 포함해서 서로 앞다퉈 과시하고 있는, 그러한 정경을 암시하고 있는 것이다. 악(惡)과 모험에 대한 동경. 게다가 그 정경의 암시가 바로 단장의 연인('절세의 미녀'로 그려져 있다)이 등장한 순간 묘사됨으로써 코만치들의 성역을 돌연 침범해 온 이물(異物)이 지금부터 어떻게 단장과 아이들과의 관계를 침식해 갈 것인지, 어떠한 파국이 기다리고 있는지를 언밸런스한 위화감 속에서 훌륭하게 예시하고 있다. 적절한 역할을 갖게 된 "백부의 가장 친한 친구가 술의 밀매를 하고 있다는" 이 한마디가 코만치단의 갱적 분위기를 세밀하게 묘사(salinger, 1949: 50~51)하는 것보다 더 효과적인 설명을 제공해 주는 것이다. 이렇게 뛰어난 소설에 있어서는 일견 변덕스러운 잉여정보로 보이는 것이 실은 본질적 정보로 환원되고, 게다가 세련된(sophisticated) 표현이라고 판명되는 일이 많은 것이다.

그러나 이러한 개별적 케이스를 떠나서 보다 일반적인 문제를 끌어내는 것도 가능하다. 앞에서 예로 든 부분이 "백부의 가장 친한 친구가 은행의 출납계를 하고 있었다고 한다"였다면 어떠할 것인가. 그렇게 기술이 되어 있었다면, 그 예술적 의의를 쉽게 환원할 수 있었을 것 같지 않다. 이러한 '잉여정보'는 작품세계의 윤곽을 일그러트릴 뿐 어떤 의의도 없다고 말할 수 있을 것이다.

샐린저는 실제로 앞에서 인용한 부분 직전에 메리 허드슨과 비견되는 '절세의 미녀'로서 "1936년이었던가, 존스 비치에서 오렌지색의 파라솔을 세우려고 악전고투하고 있던 검은 수영복의 마른 여자"와 "1939년, 카리브해의 유람선에서 돌고래에게 라이터를 던진 여자" 두 사람을 또 들고 있다. 이 둘은 이야기의 본절과 어떤 관계도 없다. 메리 허드슨의 인물 설명으로서도 특별히 필요하다고는 생각되지 않는다. 비치파라솔의 색이라든가, 던진 것이 넥타이핀이 아닌 라이터였다든가 하는 것은 더욱 무관계하다. 여기에 본줄거리로 환원되지 않는 참된 의미에서의 '잉여정보'가 있게 된다. 실제로 잉여정보는 가는 곳마다 숨어 있다. 시공적, 인과적으로 서로 근접한 연속적 유기체로서의 허구세계——본래 매끄러워야 할 구체(球體)——의 여기저기에서 무너진 철근 콘크리트처럼 이질적 정보가 크고 작게 쑥 나와 있거나 드리워져 있거나 공중에 떠다니고 있거나 한다.

물론 이러한 여러 돌기들은 부정적인(negative) 존재는 아니다. 우리는 쓸모없는 잉여정보의 첨가를 보는 것을 통해 허구세계가 선명한 '삼통일의 법칙'[삼일치의 법칙] 속에 완결되어 있지는 않다는 것을 알았다. 잉여정보는 작품에 **탄력성**을 주고 현실감을 가져온다. 즉 등장인물들이 엮어 내는 세계는 기술된 본줄거리 부분에만 한정되어 있지 않다는 것을 보여 주는 것이다.

이것은 작품이 모든 내삽적, 외삽적인 충전을 허용한다는 것이다. 사소한 경우로 생각하면 예컨대 「웃는 남자」의 어떤 부분에 있어서는 1개월 정도 기술이 빠져 있지만, 그 사이 이 허구세계는 그려져 있지 않기 때문에 무(無)였던 것은 아니며, 매일 등장인물들은 자고 일어나고 활동하고 호흡하고 있었을 것이다. '나'의 심장은 계속 움직이고 있었을 것이다. 또 '에드거인가 뭔가'의 백부에 관해 언급하고 있는 이상, '에드거인가 뭔가'의 양친도 실재하고 어떤 일이나 활동에 관계하고 있을(혹은 있었을) 것이다. 화자인 '나' 자신이나 게주드스키, 메리 허드슨도 이야기에 명시되어 있지 않은 무수한 성질을 소유하고 있을 것이다. 그것들은 쓰여져 있지 않지만 어떤 특정 상황으로서, 어쩌면 잉여정보로서 명기될 수 있었을지도 모르는 요소로서 존재하고 있다.

잠재적 상황에 관한 이런 사정이 등장인물 주변에 한정되지 않는다는 것도 쉽게 추측할 수 있다. 「웃는 남자」의 무대는 맨해튼과 그 주변에 한정되어 있지만 소설세계 그 자체가 거기서 닫혀 있는 것은 아니다. 이미 인용한 잉여정보에 의해 카리브해가 그 세계에 존재하고 있다는 것이 명백하고, 또 단장이 말하는 '웃는 남자'의 무대는 중국과 프랑스로, 이 이야기 그 자체는 소설 세계와는 별개의 허구 속의 허구라 할 수 있고, 소년들이 이 이야기를 거의 완전히 이해하고 있는 듯하다는 점을 보면 이 소설세계에서도 프랑스나 중국이 실재하고 있다고 하는 것이 타당할 것이다. 그러면 당연히 뉴욕과 카리브해, 중국이나 유럽을 묶는 중간 공간도 연속적으로 존재하고 있고 나아가서는 그 외측의 대우주에 관해서도 존재를 부정할 이유는 없을 것이므로, 이 「웃는 남자」의 무대가 되고 있는 세계는 우리가 사는 이 현실세계와 극히 유사한 공간과 구성을 갖고 있다는 것을 추측할 수 있다. 또 시간적으로도 서력이 존재하는 그 허구세계는 기원전부터 영겁의 미래까지 포함한다는 것이 전제되어 있다. 결국 「웃는 남자」의 본체를 이루는 기술된 사건군은 광대한 우리의 현실세계 수준의 시공간의 폭 중 극히 작은 부분에 지나지 않는 것이다.

이러한 극히 당연한, 특별히 표면화시켜서 확인할 것도 되지 않는다는 생각이 로만 잉가르덴(Ingarden, 1964; 1965)이나 볼프강 이저(Iser, 1976)가 논하는 '미규정 부분', '불확정성', '공백'의 논의로 이어지게 된다. 현실의 사건이나 대상과, 문학작품, 예술작품을 구별하는 하나의 중요한 계기가 이 개념인 것이다. 잉가르덴은 말한다.

어떠한 종류의 예술작품도 그 다양한 여러 성질들의 1차적인 층위(level)에 있어 모든 사항에 걸쳐 확정되어 있는 것은 아니라는 현저한 특징을 갖고 있다. 바꿔 말하면 예술작품은 결정에 임하여 그 자신 속에 특유의 공백, 즉 불확정성의 영역을 포함하고 있다. 즉 작품은 도식적 창조물인 것이다. 나아가서는 작품이 가진 모든 결정인자, 구성요소, 여러 성질들이 현실성의 상태에 있는 것이 아니다. 그 중에는 단순히 잠재적인 것도 있다. 그 결과 예술작품은, 말하자면 그것을 **구체적**이게 하기 위해서 그 자신의 외측에 존재하는 행위자, 즉 관찰자를 필요로 하는 것이다. 감상에 있어서 공(共)-창조적인 행위를 통해 관찰자는 일반적으로 작품을 '해석한다'고 말해지고 있는 바를 행한다. 혹은 작품의 유효한 특징들 사이에서 작품을 재구성하는 것을 행한다고 말하는 쪽이 좋을 것이다. 이리하여 관찰자는 작품 그 자체로부터 오는 시사에 계속 영향을 받아, 불확정성의 영역을 적어도 부분적으로 충전하고 아직 단순히 잠재성의 상태에 있는 여러 가지 요소를 현실화하는 것을 통해 작품의 도식적 구조를 채운다. 이렇게 해서 내가 예술작품의 '구체화'(concretion)라 부르는 것이 도래하는 것이다. (Ingarden, 1964: 118)

즉 해석이란 쓰인 부분으로부터 불확정 영역의 모습을 추측하는 것이라고 말할 수 있을 것이다. 잉가르덴의 논의를 실마리로 해서 보다 상세한 구별을 시도해 보고 싶다.

작품이 단지 확정 부분과 불확정 부분 두 개로 나뉘는 것은 아니라는 것을 우선 당연히 짐작할 수 있다. 우선 실제로 쓰여져 있는 것, 현실성의 상태에 있는 결정인자들이 있다(잉가르덴은 이를 '도식적 구조'schematic structure라 부른다). 다음으로 결정인자 중 잠재성의 상태에 있어서 1차적 층위에 있어서는 불확정하게 보이지만 적절하게 현실화되기를 기다리고 있는 사실들이 있다(잉가르덴의 용어로는 '특징적 잠재태'characteristic potentialities). 세번째로 이 두 종류의 결정인자들을 총동원해도 여전히 남는 공백, 본질적으로 불확정한 영역이 있다. 「웃는 남자」로 생각해 보자. 우선 게주드스키 단장은 키가 작다는 것, 메리 허드슨이 최초의 타석에서 삼루타를 쳤다는 것, 빌리 월시가 울었다는 것 등은 틀림없이 쓰여져 있으므로 첫번째 범주에 들어간다(1차 층위라 부르자). 메리 허드슨은 뉴욕에는 살고 있지 않다는 것, 이 허구세계에서는 과거에 어디에선가 사진기술이 발명되었다는 것, 「웃는 남자」의 결말을 듣고 '나'는 왜 이를 덜덜 떨 정도로 전율을 느꼈는가 하는 것, 이것들은 두번째 범주에 들어갈 것이다. 단 이들 중 처음 두 개가 명시적으로 쓰인 정보로부터 일의적으로 유도됨에 비해, 마지막의 '나'의 공포의 정체와 같은 것은 대부분의 독자가 의미의 일치를 볼 것이라고는 해도, 일의적인 확정이라고까지는 할 수 없고 어디까지나 개연적인 추측밖에 할 수 없다고 생각된다. 전자를 2차 층위, 후자를 3차 층위라 부르자. 게주드스키가 왜 이야기의 결말을 비극으로 했던 것인가, 그 심리적 동기는 무엇인가와 같이 독자나 비평가 사이에서 일치를 보지 않을 듯한, 그러나 이야기의 본줄거리와 관련이 있고 유의미한 답이 있을 듯한 흥미로운 미규정 부분을 4차 층위라 부르자(햄릿의 미망의 원인, 『나사의 회전』의 결말의 진상 등 많은 '수수께끼'가 이것에 포함될 것이다). 그리고 마지막으로 술의 밀매자와 친한 백부는 에드거의 어머니 쪽의 백부인가 아버지 쪽의 백부인가, 게주드스키의 혈액형은 무엇인가, 게주드스키가 「웃는 남자」 최종회의 이야기를 끝마친 순간의 일본의 총인구는 몇 명인가, 그날의 아침식사로 '나'는 무엇을 먹었는가 등 순전히 불확정한 공백을 5차 층위라 부르자. 물론 모든 정보가 어떤 층위로 분명하게 분류된다고는 단정할 수 없고, 예컨대 게주드스키와 메리 허드슨의 불화의 원인은 무엇인가라는 것은 어떤 문맥에서는 3차, 다른 문맥에서는 4차, 혹은 5차 층위에 속한다고 느껴질 것이다. 또 등장인물의 혈액형 등도 혈액형 성격 판단이 정밀화되고 과학적으로 지지할 수 있기만 하면, 3차, 나아가서는 2차 층위로서까지 다시 보게 될지도 모른다.

그런데 미규정 부분은 흔하게 존재한다. 한정된 지면 내에서, 게다가 디지털적인 유한 개의 문자에 의해 어떤 세계의 사건을 남는 부분 없이 완전히 기술하는 것은 원리적으로 불가능할 것이다. 특별한 제한적 약정('이 소설의 세계에는 실제로 쓰인 것 이외는 전혀 존재하고 있지 않습니다' 등과 같은)이 작품 내에 마련되어 있기라도 하지 않는 한, 외삽, 내삽의 원리에 의해 허구세계는 이 현실세계와 같이 비가산적으로 무한한 시공간 좌표로 이루어진, 따라서 무수한 사건을 포함한 시공간이라고 생각해야만 할 것이기 때문이다. 따라서 미규정 부분, 특히 5차 층위의 미규정-불확정 영역은 무한한 내용을 갖는다.[1] 작품이 그릴 수 있는 것은, 그리고 해석이 도달할 수 있는 것은 그 허구세계의 무한히 작은 일부에 지나지 않는다.

그러나 어떠한 작품세계=허구세계에 있어서도 어떤 시공간 좌표의 사건이 기술, 현실화되(1차, 2차 층위로 나타나)지 않으면 안 되는가는 큰 틀에서는 필연적이라고는 해도, 어떤 시공간 좌표의 사건이 기술, 현실화되지 않는가는 우연에 지나지 않는다. 즉 줄거리와 미적 구성원리에 따르는 작가의 문학적 의사에 의해 '쓰여진 부분'의 선택이 꽤 엄격하게 행해진다고 해도, '쓰여지지 않은 부분'에 관해서는 이미 보았듯이 잉여정보의 수법(?)이 세계의 완전성을 실감적으로 암시하는 의의를 갖는 이상, 아무리 먼 시공 영역의 사건일지라도 그것이 현재화(顯在化)될 수 없을 논리적

---

1) 실제상 유의의한 해석, 비평 논쟁은 3차 층위, 4차 층위의 미규정성을 둘러싸고 행해지겠지만, 이 층위의 사건이 무수하게 존재하는가 그렇지 않은가는 작품에 따라서 명백하지는 않다. 또한 직접 명시된 진실과 암시된 진실의 차이가 모호하다는 것의 구체적인 예는 Walton, 1990: 173을 참조하라.

이유는 없다. 뿐만 아니라 어떤 터무니없을 정도로 멀리서 일어난 사건에 관해서도 그것이 현재적(顯在的)으로 실제로 묘사되어 있을 가능성은 항상 존재한다. 예컨대 새로운 연구에 의해 실은 샐린저의 진정한 원고 속에 전후 맥락없이 급작스럽게, 혹은 의외였지만 중요한 관계를 갖고 "그런데 이 순간, 사우디아라비아 최대의 포목점 주인이 재채기를 했다"라든가, "메리 허드슨이 공을 떨어트린 순간, 안드로메다에서 1400초신성 폭발의 2천억~8천억번째의 핵분열이 일어났다"라든가 하는 기술이 쓰여져 있음이 판명될지도 모르는 것이다(사실 도널드 바셀미나 토머스 핀천과 같은 작품의 분위기에서는 그러한 발견이 일어나도 조금도 의외는 아닐 것이다).

자, 지금까지의 논점을 정리하면 다음 정리가 얻어진다.

 T-1 문예작품 내에서(혹은 일반적인 예술작품 내에서) 그 작품세계의 모든 사건이 묘사된다는 것은 불가능하다. 그러나 어떠한 사건도 묘사될 수 있다.

이것은 존 S. 밀이 주장한 "존재는 지각의 영속적 가능성과 같다"라는 준현상주의 테제(Mill, 1865: ch.XI)와 유사하다. 모든 존재가 지각되는 것은 불가능하지만[2] 어떠한 것도 존재인 한 지각되는 것이 (논리적으로)

---

[2] 버클리식으로 모든 존재가 신의 지각 내에 있다고 생각하는 것은 자유이지만 우선 단순하게 신 자신의 지각(지각도 일종의 존재라고 해서)에 관한 지각은 누가 하는 것인가라는 괴델(Kurt Gödel)적인 무한후퇴를 불러일으킨다. Russell, 1940: 49~50을 참조하라. 또한 여기서 중요한 것은 후건인 임의의 존재의 지각 가능성 쪽으로 모든 존재의 지각 불가능성을 반드시 고집할 필요는 없다는 점이다.

가능한 것이다. T-1에서는 밀의 지각 가능성이 감상 가능성, 즉 묘사 가능성으로 대체되어 있다. 즉 허구 속에 묘사되어 있는 사건들도, 우연히 잘못 묘사된 사건들도 묘사될 수 있는 한 존재론적 지위는 완전히 동등하다고 기술하고 있는 것이 된다. 그러나 작품세계의 존재론을 이렇게 정식화하면 비평의 인식론은 극히 어려운 문제에 직면하게 될 것이다. 이것은 실제적인 문제로서, 정통 텍스트에 의해 결정된 어떤 모습의 작품이 어떠한 정정도 받아들이지 않으면서 새로운 묘사가 부가된다면, 그것은 다른 작품이라는 결단을 동반하는, 이른바 결정적 현상을 가지고 있을지도 모르기 때문이다(이 책의 1장을 상기하라). 이 경우 쓰여져 있지 않은 정보는 필연적으로 텍스트로부터 결락되어 있다.[3] 이 필연성은 묘사 가능성을 저지하는 것은 아닌가. 텍스트를 이러한 형태의 진정한 현상주의하에서 파악하면서도 미규정 영역의 묘사가 가능했다고 말한다고 하면 그것은 대체 어떠한 의미의 가능성을 주장하고 있게 되는 것인가. 1장 4절의 G2를 부정(不定) 가능한 것, 즉 "다른 가능세계에 있어서는 텍스트가 다른 양식의 기술내용을 갖고 있었을지도 모른다"라는 자연적인 의미에서의 가능성에 호소하는 것은 그다지 도움이 되지 않는다. 왜냐하면 그런 의미에서

---

3) 작가의 의도나 원고에 관한 새로운 사실이 발견되면 그것에 따라 해석을 변경해야만 하지만 작품은 동일성을 지키는 것이라는 입장은 三浦, 1990에서 '문맥주의'라 부른 입장임에도 현상주의와 반드시 대립하는 것은 아니다. 여기서의 예는 기존의 규정 부분을 철회하는 것이 아니라 정보의 독립적 첨가(공백의 충전)를 상정하고 있을 뿐으로 본래와는 **양립할 수 없는** 해석이 강요되는 것은 아니므로, 예컨대 Beardsley, 1958의 공준 7("**양립할 수 없는** 표상의 어느 한쪽은 거짓이다." 이 책의 5장 1절에서 인용한다)에 저촉되지 않는 것이다. 공준 4("미적 대상의 특징들이 표상에 빠짐없이 나타난다고는 단정할 수 없다." 이것도 5장 1절에서 인용)에 의하면 P_1을 어떤 작품의 감상에 있어서 표상 내의 각 특징으로 해서, 두 개의 표상 {$P_1, P_2, P_3, \cdots P_n$}과 {$P_1, P_2, P_3, \cdots P_n, P_{n+1}$}은 P_{n+1}이 $P_1, P_2, P_3, \cdots P_n$의 어느 것과도 모순되지 않는다면 현상주의적 입장에 있어서도 동일 작품에 속하는 표상으로 인정할 수 있는 것이다.

의 가능성이라면 이 현실세계에 있어서 텍스트의 규정 부분이 원래 다르다는 가능성도 인정할 수 있는 것이 되기 때문이다. 그러나 모든 규정 부분을 본질적 부분으로서 가지면서 또 미규정 부분의 어느 것이든 규정 부분일 수 있었다고 말하고 싶은 것이 현상주의적인 T-1의 요점인 것이다. G2의 부정에 무조건적으로 호소하는 것이 불가능하게 된다면 그 특수한 의미에서의 가능성 개념하에서는 실제로 미규정인 영역이 적어도 묘사된 순간, 그것은 다른 작품이 될지도 모른다. 따라서 이 **작품의 이 부분들은** 본질적으로 공백이 아니면 안 되는 것은 아닐까.

우리는 1장에서 현상주의에 호의적인 입장(stance)을 취한 이상, 따라서 T-1에 경솔하게 의존해서 '미규정 부분의 실재론'에 즉각 몸을 기대는 것은 삼가기로 하고, T-1의 정당성 여하를 논하는 곳에서부터 시작하기로 하자. 필연적으로 공백인 듯 보이는 텍스트의 미규정 부분, 작중에 명시되어 있지 않고 암시되어 있지도 않은, 한 가지로 추측 결정할 단서조차 없는 듯한 4차, 5차 층위의 사건이 **어떻게 되어 있는가**에 관해 우리는 어떻게 판단하면 좋은 것인지 ── 무시해 버려야 하는가, 자의적으로 결정해야 하는가, 혹은 그 이외의 인식 방법이 있는 것인가 ── 탐구하고 태도를 결정해야만 한다고 생각한다.

2. 불확정성에 대한 세 가지 접근

다시 극히 기초적인 고찰에서부터 시작하자. 「웃는 남자」의 세계에서 참새는 존재하는가? 하고 질문받았다고 하자. 뭐라고 대답해야 할 것인가. 아마 '예스'일 것이다. 확실히 「웃는 남자」의 문맥에는 개나 고양이나 독수리는 등장해도 참새는 나타나지 않는다. 그러나 '여기에는 참새가 존재하지 않는다'라는 규정 혹은 증거가 현상적으로 얻어지지 않는 이상, 현실 세계와 서로 극히 비슷한 듯한 「웃는 남자」의 세계에 굳이 참새가 존재하지 않는다고 할 이유는 없을 것이다. 혹은 「웃는 남자」의 등장인물들은 한쪽 손에 다섯 개의 손가락이 있을 것인가. 체내에 비장(脾臟)을 갖고 있을 것인가. 이것들도 쓰여져 있는 것만으로는 100퍼센트 단언을 할 수는 없다. 그렇지만 굳이 부정할 이유가 없는 이상 긍정적으로 답해야만 할 것처럼 생각된다. 이것들은 앞에서 2차 층위라 이름한 종류의 정보이다. 마찬가지로 2차 층위의 허구적 진리라도 한층 더 일반성이 높은 명제를 생각하면 보다 확언의 정도가 증가하게 될 것이다. 「웃는 남자」의 세계에서도 열역학 제2법칙은 참일 것인가. 수소 원자는 존재할 것인가. 그렇다. 혹은 더 일반성이 높은 수학, 논리학적 명제, 예컨대 15는 3의 배수라든가, P와 P⊃Q가 성립하면 Q가 성립한다든가 하는 명제가 되면 그들이 어떤 허구 세계에서 성립하지 않는다는 것은 거의 불가능하다고 생각된다.[4] 그러면 한편 개별성이 높은 명제에 관해서는 어떠한가. 「웃는 남자」의 세계에 있어서 13년 뒤에 일본 해군이 진주만을 공격했을까? 4세기 전에 도요토미 히데요시는 존재했는가? 제롬 데이비드 샐린저는 존재하는가? 20년 뒤

---

[4] 논리법칙과 허구에 관하여 마거릿 맥도널드는 다음과 같이 말한다. "등장인물은 작가가 바라는 대로 어떠한 성질을 갖는 것도 가능하고 어떠한 모험을 하는 것도 가능하다. 그것들이 논리적으로 가능해야만 한다든가, 자기모순되어서는 안 된다든가 하는 것조차 확언할 수 없다"(Macdonald, 1954: 432). "허구에 있어서 표현의 질서가 어떠한 사실 문제의 질서의 지배를 받을 필요도 없다는 것은 명백하다. 또한 그것들은 논리법칙에조차 반드시 얽매인다고는 단정할 수 없다"(1954: 435). 허구가 논리법칙을 파괴할 수 있는지 없는지에 관해서는 3장에서 논했다. 일단 독자가 주의해 주었으면 하는 것은 논리법칙이 파괴된다는 것이 우리의 상상력에 있어서 어떠한 이미지를 환기할 수 있는가 하는 것이다. 구체적 사태의 상상이라는 것이 허구의 본질과 관계되는 것이라고 한다면 논리법칙으로부터의 일탈을 단지 글의 내용 때문에 인정해야 하는 것이 아니라는 것은 확실하다.

샐린저는 「웃는 남자」를 쓸 것인가? 이 개별명제들은 아마도 2차 층위에서 5차 층위 사이를 계속 유동하고 있고 일반적으로 긍정도 부정도 불가능한 듯 느껴진다. 일반명제일수록 현실세계대로 있고, 개별명제에 관해서는 진위의 정도가 명확하지 않게 된다는 현상은 원리로서 파악하면 다음과 같은 해석이 얻어질 것이다. 작품세계의 미규정 부분을 추측하는 데 임해서는,

① 일반적 사실이나 법칙에 관해서는 현실세계와의 유사도를 최대로 한다. (방법론적 보수주의methodological conservatism)[5]
② 논리적 일관성을 유지한다.
③ 개별적 사건 간의 **관계**는 규정된 도식적 구조 내에 있어서의 개별적 사건 간의 관계와 같은 종류의 관계가 성립하고 있다고 한다.
④ 개별적 사건의 **내용**(어떠한 개별적 사건이 포함되어 있는가)에 관해서는 예술적 개연성에 기반해서 그때마다 결정해야만 한다.

이것은 램지 테스트로 알려져 있는 조건문의 진위판정법을 가장 치우치지 않은 형태로 허구의 해석에 응용해 본 것이다(램지 테스트의 기본적 발상은 Ramsey, 1928: 248을 참조하라). 조건문의 전건(前件)에 해당하는 것이 명시적 규정 부분, 후건(後件)에 해당하는 것이 미규정 부분이라고 판정하고 후자의 진상을 찾는 안내도를 그려 본 것이다.

---

[5] 로버트 스톨네이커의 용어이다(Stalnaker, 1984: 129). 번역론에서 말하는 자비의 원리(principle of charity)나 인도의 원리(principle of humanity)의 한 사례(라기보다 일반화)로 생각해도 좋다. 그라이스의 함축(implicature) 이론도 참고하라(Grice, 1975).

그런데 문제가 되는 것은 말할 것도 없이 ④이다. 물론 어느 정도는 ③에 따라 확실한 듯한 판단을 내릴 수 있는 경우도 있다. 말하자면 「웃는 남자」가 그리는 미국의 개개의 문화와 풍속은 현실세계의 미국과 대단히 많이 닮아 있으므로 그 역사도 현실세계의 미국사와 많이 닮아 있을 것이다. 따라서 자연스러운 인과 관계에 입각해서 진주만 공격도 있었음에 틀림없다. 말하자면, 「웃는 남자」는 허구작품으로서 이 현실세계에 존재하고 있지만 만약 「웃는 남자」의 세계 속에서 「웃는 남자」가 쓰인다고 하면 그것은 그 세계에서는 현실의 묘사가 되고 허구작품은 아니게 될 것이다. 그것은 현실세계의 이 「웃는 남자」라는 작품과는 근본적으로 다른 실록으로서의 존재 양태를 취해야만 할 것이다. 따라서 「웃는 남자」의 세계 내에서 이 「웃는 남자」가 쓰여지는 일은 없을 것이다 등등. 그러나 샐린저의 존재 등에 관해서는 어떻게 판단을 내려야 할 것인가? 「웃는 남자」의 화자는 1928년 당시 9살로 현실의 샐린저 본인과 동년배로 되어 있으므로 그야말로 샐린저이고(즉 이 소설은 자전소설이고) 따라서 그 허구세계에 샐린저는 확실히 존재하고 있다고 해야 할 것인가(그리고 그대로라고 한다면 같은 '현실의 묘사'로서 작품 「웃는 남자」가 「웃는 남자」의 세계 속에서 쓰여지는 것도 가능하다고 생각할 수 있다). 그러나 그러한 판단에 확실한 근거는 있을 것인가.[6]

이리하여 자의적인 해답 이상을 부여하는 것이 결코 불가능한 듯한 개별명제가 그대로 무수하게 남아 있는 것이다. 이것은 우리의 원리 ①~

---

[6] 이 문제들이 4차 층위의 불확정성인지 5차 층위의 불확정성인지는 확실하지 않다. 이 두 개의 층위는 근본적으로 취급을 달리해야만 할지도 모른다. 3장 4절을 참조하라. 여기서는 이하 단순화를 위해 틀림없이 5차 층위인 불확정성에 관해서만 논한다.

④가 엉터리이기 때문이 아니라, 아무리 정밀한 해석원리를 가지려 해도 마찬가지일 것이다. 이러한 개별명제의 진위 판정에 대처하는 길은 대략적으로 나눠서 세 가지가 있다고 생각된다. 우선 첫번째는 미규정 사건 같은 것은 없고, 쓰여져 있지 않은 것이므로 작품의 부분은 아니라는 입장이다. 두번째는 쓰여져 있지 않으므로 그것에 관해서는 어떠하든 자유로, 모든 가능성이 그 나름대로 동시에 참인 것이라는 입장이다. 그리고 세번째로 확실히 쓰여져 있지는 않지만 어떤 한 가지로 결정되어 있을 것이라는 입장이다.[7]

첫번째 입장은 5차 층위의 존재를 인정하지 않는다. 겨우 4차 층위까지의 정보만으로 허구세계 전부가 채워지는 것이고 그 외측, 틈은 없는 것이다. 이것은 단적으로 말해서 T-1의 단호한 부정이다. 이 생각을 철저하게 관철시키면 작품은 단지 말에 지나지 않는다는 입장이 된다. 현실세계의 일부로서 페이지에 인쇄되어 있는 물리적인 언어 + 우리의 반응에 의해 보충되는 언어만이 작품을 구성하는 전부이고 그 배후에는 아무것도 없다. 작품은 편의적인 자극장치에 지나지 않는다. 이 입장을 '언어설'이라 부르자. 혹은 이 정도로 철저하게 적용하지 않고 언어가 그리는 의미세계의 자존성을 인정한다고 해도 언어에 대응하는 '저쪽 편'은 실제로 쓰여져 있는 언어에 의해 확정(획정)되는 영역에 한정된 폭밖에 갖지 않는다는 사고방식, 이 일반적 입장을 '상황설'이라 부르기로 하자('상

---

[7] 미우라의 연구에서는 이 세 입장을 각자 해석니힐리즘, 해석상대주의, 해석리얼리즘으로 결부해서 논했다(三浦, 1993c). 마골리스(Margolis, 1976: 387)의 회의주의, 상대주의, 보편주의, 스테커(Stecker, 1994)의 반(反)기술주의, 상대주의, 일원론이라는 구별도 참조하라. 단 흔히 말하는 '해석'이 생기는 것이 4차 층위의 정보에 관해서라고 한다면 여기서 주로 논하고 있는 5차 층위에 관한 존재론적 문제는 '해석'의 문제라고는 부르지 않는 쪽이 좋을 것이다.

황'situation'이라는 말은 가능세계 의미론과 대립 혹은 병립하는 상황의미론 (Barwise&Perry, 1983)의 용어를 빌리고 있다. 상황의미론에서는 있는 그 대로의 가능세계가 아니라 가능세계 속의 관여적 부분인 '상황'을 분석의 기본단위로 한다). 상황설은 추측 가능한 사항, 즉 3차(·4차?) 층위의 실재까지 인정하는 한, 상식에 그렇게 크게 위반하고 있는 것은 아니다. 잉여정보로부터의 외삽, 내삽도 받아들이는 듯 보인다. 그러나 예컨대 다음과 같은 질문을 받는 순간에 상황설의 약점이 명백하게 된다――게주드스키 단장의 버스는 무슨 색일까?

상황설은 버스가 고체이고 눈에 보인다는 것(2차 층위의 진리)은 인정할 것이므로, 게주드스키의 버스가 어떤 색을 갖고 있다는 것도 인정한다. "게주드스키 단장의 버스에는 색이 있다"라는 명제는 상황설하에서 참이다. 한편 색채의 이름이 $C_1, C_2, C_3 \cdots C_n$ 으로 채워지게 되면(일정 조건하에서의 명도, 포화도, 파장 등으로 구별하면 모든 색채를 망라할 수 있다), 게주드스키 단장의 버스가 어떤 특정 색인가에 관해서는 작품 내에 추측할 수단조차 없으므로 "게주드스키 단장의 버스는 C_1이다", "게주드스키 단장의 버스는 C_2이다" …… "게주드스키 단장의 버스는 C_n이다"라는 어떤 명제도 상황설에서는 거짓(혹은 최소한 참이 아니게)이 된다. 그것은 앞의 참인 명제와 합치면 "게주드스키 단장의 버스는 색이 있지만 어떤 색도 아니다"라는 것이 된다. 이것은 명백하게 불합리하다. 마찬가지로 메리 허드슨의 신장, '나'의 체중, 메리 허드슨이 참가한 야구의 시합 수 등에 관해서도 말할 수 있을 것이다(맥베스의 부인이 아이를 몇 명 낳았는가라는 비결정 문제에 관한 고전적인 논의로서 Knight, 1951이 있다).

상황설이 가진 이 난점은 일반화하면 다음과 같이 된다. 각 P_i이 명제를 나타냄으로써, $P_1 \lor P_2 \lor P_3 \cdots P_n$을 참으로 인정함과 동시에, $\sim P_1$

∧~P₂∧~P₃∧······∧~Pₙ도 참으로 인정하게 되지만 후자는 ~(P₁∨P₂∨P₃∨······∨Pₙ)과 동치이므로 이것은 단적인 모순을 범하는 일이 되는 것이다.[8] 이 특수한 경우인 배중률을 생각해 보면 상황설은 일반법칙으로서의 P∨~P를 긍정하면서도 그 구체적 예에 관해서는 얼마든지 그 부정을 인정하는 것이 되고, 결국 미규정 영역에 관해서는 아무리 자명하다고 생각되는 배중률의 구체적 적용도 거부되는 것이 된다. 이리하여 추측 불가능한 영역에 관한 명제의 성립을 부정하는 상황설이라는 입장은 상식적으로 봐서 유지하는 것이 불가능하다.

그래서 위의 문제를 극복하기 위해서는 미규정 영역의 선언지를 배제하는 것이 아니라 역으로 모두 포함해 버리는 방법을 생각할 수 있을 것이다. 버스의 예로 말하면 게주드스키 단장의 버스의 색은 작품 내에서 미규정되어 있으므로 그 버스는 모든 색을 가능성으로서 갖추고 있다고 하는 것이다. 즉 「웃는 남자」는 게주드스키의 버스가 흰 세계, 붉은 세계, 푸른 세계, 황색인 세계, 윗 반쪽은 희고 아래 반쪽은 녹색인 세계······ 등등 가능성으로서 있을 수 있는 각각의 모든 세계를 포함하고 있다는 것이다. 다른 무수한 미규정 정보에 관해서도 마찬가지로 적용할 수 있다. 문학작품이란 명시도 암시도 되어 있지 않은 영역에 관해 그 가능성만큼만 분기한 다원세계의 집합이라고 생각하는 것이다. 이런 종류의 두 입장을 '공존설' 혹은 '집합설'이라 부르자.

집합설은 규정 부분(1차에서 아마도 3차 층위까지)을 공통부분으로

---

[8] 수학, 논리학에서 말하는 ω불완전(의 유한판)이다. 명제에 참과 거짓만을 할당하는 이치적 체계하에서는 이것은 ω모순이 된다. 또한 이 단락의 기술은 "논리적 함축하에서 닫혀 있다"는 성질을 허구적 진리가 갖고 있다는 것을 상정해서 기술되고 있지만 허구적 진리가 논리적 함축하에서 닫혀 있지 않을 가능성에 관해서는 3장에서 논한다.

서 갖는 가능세계의 집합으로서 문학작품을 파악하고 있는 것이 된다. 이것은 말하자면, 하나의 거대한 명제, 즉 작품 내에 쓰인 모든 문장을 '그리고'로 묶어 만들어진 긴 한 문장으로 표현되는 명제가 작품의 내용이라고 기술하는 것과 같다. 가능세계 의미론에서는 통상 명제 P는 P가 성립하는 모든 가능세계의 집합(혹은 가능세계로부터 진리치로의 특성 함수)으로 간주되기 때문이다. P가 기술하고 있는 사태 이외의 미결정 부분에 관해서는 진위의 모든 조합에 따라 다양한 세계가 포함된다. 마찬가지로 허구세계는 실은 허구명제이고 따라서 한 개의 세계가 아닌 그 명제에 대응하는 무수한 세계의 집합이 되는 것이다.

　　작품세계를 집합이라고 생각한다는 것은 작품 내용이 개체가 아닌 일종의 보편이라고 생각하는 것이 될 것이다. 이 집합설은 언어설이나 상황설과 같은 불완전함을 갖지 않고 미규정 부분에 관한 자의적 결정 혹은 소거라는 양극단의 탐탁지 않은 대응의 필요성을 회피하고 있다는 점에서 자연스러운 사고방식이라고도 할 수 있을 것 같다. 실제로 앞 절에서 본 잉가르덴의 불확정성론은 작품의 존재론으로서 이 집합설을 취하고 있는 듯이 생각된다. 거기서 반복 제시된 도식적(schematic)이라는 개념이 포인트이다. 잉가르덴의 입장에서는 예술작품이란 개개의 감상자의 자발적 반응에 의해 여러 특수한 표상, 연출을 야기하는 일종의 설계도, 악보와 같은 것이다. 보편적, 일반적 규정을 부여하는 것에 의해 작품은 개개의 특수화(충전)를 갖는다. 이것은 바로 작품이 명제＝세계의 집합으로서 나타나는 것을 통해 독자가 그 중 특수한 세계를 감상 중에 골라잡을 수 있게 한다는 절차(process)와 일치하고 있을 것이다. 작품 그 자체는 어떤 특수한 세계와도 동일하지 않다. 작품은 어디까지나 세계들의 집합이고 그 중에서 독자가 자신의 감수성에 성실하게 따르는 한 황색 버스의 세계를 상상하든, 홍백 얼룩인 버스를 그리든 자유이다. 작품 그 자체는 버스의 모든 색에 대응하는 무수한 세계를 포함하는 약도, 틀, 처방전인 것이다.

직관적으로 생각하면 이 집합설의 방책은 논리적으로 기묘한 특징을 보인다. 이 존재론하에서는 규정 부분이든 미규정 부분이든 모든 명제에 관해서 배중률은 확실히 성립한다. 그러나 이번에는 모순율이 성립하지 않게 되는 듯 생각된다. 임의의 미규정 명제 P, 예컨대 "메리 허드슨은 1월부터 6월 사이에 태어났다"를 생각해 보자. 이 모순명제 ~P는 "메리 허드슨은 1월부터 6월 사이에 태어나지 않았다"[9]이다. 작품 「웃는 남자」는 가능세계의 집합·공존이고 그 중에는 P가 성립하는 세계도 있고 ~P가 성립하는 세계도 있을 것이므로 그 두 개가 병행하고 있다. 때문에 전체로서 본 「웃는 남자」에서는 P도 ~P도 성립하고 있고, 진리치를 부가하는 방식

---

[9] 이 표현은 정확하지는 않다. "메리 허드슨은 1월부터 6월 사이에 태어났다"의 모순명제는 올바르게는 "메리 허드슨은 1월부터 6월 사이에 태어났다는 것은 아니다"라고 써야 할 것이다. 후자는 메리 허드슨이 무릇 태어나지 않은 경우도 망라하고 있기 때문에 전자의 완전한 부정이 된다. 본문과 같이 표현하면 메리 허드슨이 언젠가 태어났다는 것이 전제되어 버리기 십상이다(또한 월月이라는 개념, 제도가 존재하고 있다는 것도 암시되어 있다). 일반적으로 말하면, Fa의 모순명제는 ~(Fa)이어야만 한다. 본문에서는 그것이 (~F)a로 대용되어 있다. Russell, 1911: 215를 참조하라. (~F)a라는 형태로 모순명제를 나타내면 a가 존재하지 않는 경우, Fa도 (~F)a도 함께 참이 아닌 것이 되고 배중률이 성립하지 않는 듯한 외관을 드러낸다. 따라서 부적당하다. 단 여기서 우리는 메리 허드슨이 태어난 세계밖에 생각하고 있지 않으므로(집합 「웃는 남자」에는 그녀가 존재하는 세계밖에 속하고 있지 않으므로) 그 전제하에서는 (~F)a와 ~(Fa)는 동치이다. 따라서 한국어로서 자연스러운 본문의 표현을 이용해도 상관없는 것이다. 또한 작품 내 규정 부분의 모든 명제의 연언을 A, 임의의 명제를 B로 해서, 여기서 말하는 '배중률', '모순율'이 조건적 배중률(A⊃B)∨(A⊃~B), 조건적 모순율 ~((A⊃B)∧(A⊃~B))를 의미하고 있는 것인가, 그렇지 않으면 보통의 배중률, 모순율에 전건을 부여했을 뿐인 잉여적인 배중률 A⊃(B∨~B), 잉여적인 모순율 A⊃~(B∧~B)를 의미하고 있는 것인가에 관해선 엄밀해야만 한다. 여기서는 후자를 취해야 하지만 이 양자의 구별에 관해서는 다음 절에서 고찰할 것이다('A⊃' 부분을 "픽션에 있어서 참이다"라는 문장 연산자로 간주한 형태로).

을 어떻게 결정할지에도 따르기도 하지만 가장 소박하게 생각하면 모순율은 성립하지 않는 것이다.[10] 이리하여 개연적인 판단이 처음부터 불가능하다고 생각되는 미규정 부분에 관해 굳이 모순율을 고려하지 않아도 좋게 되면 이 집합설은 해석상대주의를 자연스러운 형태로 인정할 수 있게 되고 그런 의미에서 극히 강한 입장이다──뭔가 크게 잘못된 것으로 귀결하지 않는 한 그대로 지지되어야 할 강한 현실적인 이유를 띤 입장이라고 말할 수 있을 것이다.

격언이나 경구, 속담과 같은 장르에 대해서라면 집합설은 말할 것도 없이 적용 가능한 듯 생각된다. "The grass is always greener on the other side of the hill(옆집의 잔디가 항상 더 푸르게 보인다)"라는 속담은 보편성을 지향하는 명제이고 그 때문에 그것이 은유적으로 기술하고 있는 일반법칙 이외의 사항은 **모두** 완전하게 미규정적인 채로 되어 있으며 단지 하나의 명시적 명제를 경첩으로 해서 연결한 다수의 가능세계에 대해 적용 가능한 듯이 만들어져 있다.[11] 따라서 여기에서는 기술되고 있는

---

10) 이것은 물론 각주 4번에서 비판한 맥도널드의 견해가 집합설하에서는 인정된다는 것은 아니다. 현실세계에서 본 작품에 관해 P∧~P가 **술어화**(predication) **가능하다**는 것이고, 작품 내에 P∧~P인 모순적 사태가 **그려져 있다**는 것은 아니기 때문이다. P가 성립하는 세계와 ~P가 성립하는 세계는 작품 내에서 어디까지나 분리되고 공존하고 있는 데 지나지 않는다.

그런데 여기서의 기술은 단락 처음에 기술했듯이 직관적인 것이다. 무릇 P∧~P를 작품에 관해 술어화해도 좋은가 하는 의문이 당연히 생긴다. w를 작품으로 하고, (P∧~P)w가 Pw∧~Pw를 귀결한다고 하면 현실세계가 모순을 포함하고 있다는 것이 되어 버리기 때문이다. 미규정 부분에 관한 서로 모순된 모든 선택지를 진리로서 수용하는 이 소박한 집합설은 술어논리상의 테크닉을 이용해 유지할 수 없는 것도 아니라고 생각되지만 역시 5절에서 보는 더욱 세련된 진리조건을 가진 집합설로 대체되어야 할 것이다.

11) 속담이나 경구에 관해서는 물론 상황설, 나아가서는 언어설 쪽이 바람직한 듯 생각되기도 한다. 예컨대 옆집 잔디는 이쪽 잔디보다 대체 어느 **정도** 푸른 것인가? 하는 질문은 모든 정도로 있을 수 있는 것이라고 답해야 하는지(집합설), 처음부터 부적절, 넌센스라 답해야 하는지(상황설, 언어설) 어느 쪽으로도 판단하기 힘들다.

틀과 기술되어 있지 않은 틈 혹은 권외(圈外)와의 차이가 결정적이다. 와카(和歌)나 하이쿠(俳句), 시에 관해서도 대체로 같다고 말할 수 있을지도 모른다. 그 양식들이 정보를 갖지 않는 것은 그 때문이다. 그러나 우리가 연구대상으로 하는 소설이라든가 픽션[허구]이라든가 하고 불리는 문학 장르에 있어서도 규정 부분과 미규정 부분 사이에 존재론적인 차이를 인정할 수 있을 것인가. 이것은 결국 상황설과 마찬가지로 앞 절에서 우리가 잠정적으로 도달했던 정리 T-1을 포기하는 것을 의미한다. 소기의 문제를 그렇게 토대를 무너뜨려 버리는 방식으로 해결해도 좋은 것일까.

집합설에는 일관된 중대한 난점이 있다. 이 이론에 의하면 작품은 집합, 즉 보편이다. 그런데 일상의 독서경험에 비출 때 우리는 자신이 무수한 가능세계의 집합이라는 보편적 실체에 접하고 있다는 감각을 갖는 것일까. 우리는 단순히 추상적 '명제'와 접하고 있는 것일까. 이것은 허구체험의 구체성에 반하는 듯 생각된다. 집합은 감각적 대상은 아니므로 예술경험의 대상이 집합이라고 하면 미적 지각이라는 관념이 거의 무의미하게 되어 버린다. 이 귀결은 개념적 예술인 문학에 있어서보다도 필경 감각예술인 미술이나 음악에 있어서 더욱 심각한 영향을 줄 것이다(개념미술과 같은 비감각, 비허구적 작품은 별도로 하고). 그러면 여기서 허구라는 것을 집합(set)과 같은 수학적 구성물이 아닌 단순히 세계의 총체(ensemble)인 구체적 존재라고 생각해 보자. 마치 한 사람의 인간이 다수의 세포를 성원으로 하는 수학적 집합이 아닌 세포의 총체인 구체적 존재이듯이, 허구가 가능세계들의 총체에 지나지 않다고 한다면 어떠한가. '집합'을 이 비수학적인 '총체'로 해석하면 집합설을 유지하는 것에 아무런 문제도 없는 것은 아닐까. 그렇지만 서로 시공적 관계를 갖지 않는 세계들의 **구체적** 총체라는 것이 대체 무엇을 의미할 수 있는지 이해하기 어렵고

(cf. Forbes, 1989: 51~58), 만약 그러한 '총체설'을 취할 수 있다고 해도 다시 허구작품의 독자는 다음과 같이 자문해 보아야만 한다. 우리는 무수한 세계에 존재하는 무수한 메리 허드슨이 무수한 배트로 무수한 공을 치고, 무수한 삼루 베이스에 도착한 정경, 아니 정경의 다발과 접하고 있던 것일까. 그러나 문학경험의 기본은 개별적인 특수한 감정이입적 체험이 아닐까. 감정이입적 감상에 예외는 있어도 그 예외조차 개별적 특수체험성을 기반으로 해서 이해되는 것은 아닐까. 추상적 집합설이든 구체적 총체설이든 독서체험에 관한 그 귀결이 도저히 받아들일 수 없는 것으로 변하지는 않는다.

아니, 그렇지 않다. 잉가르덴식의 집합설은 예술작품 그 자체가 '도식적 구조'라는 집합적 보편이라고 말하고 있을 뿐이고, 동시에 감상자는 현실의 미적 경험에 있어서 작품도식의 불확정 부분을 충전하고 구체화하며 특정 표상을 품으면서 진행한다고 간주되는 것이다. 따라서 지각적 대상으로서의 작품은 개체이고 집합설에 의해 미적 지각이라는 것이 폐기되어 버리지는 않는다는 반론이 제기될지도 모른다. 그렇지만 이 반론은 무익하다. 왜냐하면 앞 절에서 확인했듯이 미규정 부분은 늘 존재하는 것이다. 한창 독서를 하고 있을 때, 독자는 의식적, 무의식적으로 충전을 행할 것이다. 예컨대 게주드스키의 버스를 청색이라고 상상했다고 하자. 좋다. 그러면 그 중량은 어느 정도일까? 이것도 어떤 무게를 상상했다고 하자. 그러면 몇 인승일까. 핸들의 색은 무슨 색인가. 시트의 색은? 앞유리의 두께는 어떠한가……. 미규정 요소는 언제까지나 끝나지 않고 설령 무의식적이라 해도 독자가 그 모든 것을 충전하는 것은 있을 수 없다. 잉가르덴이 말하는 관찰자는 "불확정 영역을 적어도 부분적으로 충전"한다는 것은 그대로이지만 그것과 동시에 "기껏 부분적으로밖에 충전하지 않는"다고도 말해야 하는 것이다. 다중세계가 하나의 특수한 세계로 수렴한다는 것은 어떠한 지각하에서도 일어날 수 없다——"예술작품의 '구체화'라고 내가 부르는 것이 도래하는 것이다"로는 결코 되지 않는 것이다.

또한 개개인의 독서체험이 유일한 구체적 세계와 결부되고 있다는 것이 만약 규약에 의해 확인된다고 해도 다른 곤란함이 생긴다. A씨는 한 개의 세계를 읽고 있다. B씨도 한 개의 세계를 읽고 있다. 그러나 허구가 비가산 무한의 복수세계를 포함한다고 하면 A씨가 읽는 세계와 B씨가 읽는 세계가 같은 세계일 확률은 0이다. 따라서 A씨와 B씨는 같은 세계에 관해 서로 이야기를 나눌 수는 없다. 이것은 문학작품에 관한 비평적 대화가 성립할 수 없다는 것을 나타내고 있다. 한 개인의 감상체험이 구체적이라는 것이 보증되는 것만이 아니라 복수의 독자의 감상체험이 공통의 화제로 결부되어 있다는 것이 보증되어야만 하는 이상, 집합설은 곤란에 직면하는 것이다(결국은 해석의 상대주의는 외견상이 아니라 진짜 비평적 논쟁을 지지할 수 없기 때문에 유지하는 것이 어렵다는 것이다). 아니, 뿐만 아니라 A씨 한 사람에 관해서조차도 그가 어제 말했던 『안나 카레니나』와 오늘 말했던 『안나 카레니나』가 같은 세계라는 것조차 보증되지 않는다. 나아가서는 A씨가 한창 책을 읽고 있을 때에 어떤 세계로부터 다른 세계로 전환(switch)하지 않고 동일한 세계를 계속 추적할 수 있다는 보증조차 없는 것이다. 엉덩이에 점이 있는 안나에서 어느새인가 엉덩이에 점이 없는 안나로 바뀌어 버리는 것 등의 일도 잠재적으로 걱정해야만 하는 것이다. 허구세계의 복수성을 인정하면 이처럼 불안정한 귀결이 생기는 것이다.

그런데 그 때문에 남은 세번째 입장, 작품은 단지 하나의 가능세계에 대응한다는 이론(이것을 '단일세계설'이라 부르자)도 또 자동적으로 불만족스럽게 될 듯하다. 미규정 부분의 타당한 충전법이 결정되지 않을 뿐만 아니라 자의적인 충전을 결의한 독자에게 있어서조차 독서 중, 대화 중에 유일한 완전가능세계를 심안(心眼, mind's eye)으로 구체화하고, 그 동일성을 추적하는 것이 원리적으로 결코 불가능하기 때문이다.

이리하여 세 입장 중 어느 것이나 일견 명료한 난점을 포함하고 있다고 한다면, 그리고 세 입장 이외에 취할 길이 없다고 한다면 우리는 이 이상 무엇을 어떻게 생각하면 좋은 것일까. 이상은 각 이론의 직관적인 귀결을 거칠게 묘사한 데 지나지 않았지만, 여하튼 다음으로 상황설(언어설)과 집합설 중 특정 현행 이론을 선택해서 음미하고 보다 상세하게 그 가부를 탐색해 볼 수밖에 없다.

3. 배중률과 이치성

앞 절에서 우리가 '상황설'을 비판했던 것은 주로 그 이론이 가장 자명하다고 생각되는 배중률을 허구세계 내의 논리법칙으로서 인정하지 않는 듯 보인다는 것 때문이었다. 그러나 상황설의 입장에 서는 논자가 반드시 배중률을 방기하는 것은 아니다. 존 하인츠는 예컨대 렉스 스타우트(Rex Stout)의 탐정소설 속 인물, 솔 팬저의 모친(이야기에는 등장하지 않지만 상식적으로 말해 확실하게 존재는 하고 있을 것이다)에 관해 그녀의 넓적다리에 반점이 있는가 없는가 하고 물어도 어느 쪽으로도 결정할 수 없다고, 즉 허구는 현실과는 달리 진위에 관해 불확정, 불완전하다고 하고 있지만 동시에 다음과 같은 의문에도 주의를 기울이고 있다.

(진위 확정의) 실패는 '허구사실'의 파탄이 아니라 '허구지식'의 파탄이

라고 생각하고픈 사람도 있을 것이다. (중략) 현실세계에 있어서와 마찬가지로 팬저 부인은 반점이 있든지 없든지 둘 중 하나일 것이고, 단 하나 문제가 되는 것은 그 어느 쪽이 옳은 것인가를 독자가 알기 위해 충분한 만큼의 정보를 작가가 주고 있지 않다는 것은 아닐까? (Heintz, 1979: 91)

그리고 하인츠는 이 생각에 반쯤은 찬성한다고 하고 문제를 다음과 같이 분해해 보인다.

일반적으로 옳은 것은 배중률의 개개의 예

$Fa \vee \sim Fa$

이다. 일반적으로 옳지 않은 것은 이치성의 법칙

Fa가 참이든지, ~Fa가 참이든지 둘 중 하나다

이다. (Heintz, 1979: 91)

즉 "Fa 또는 ~Fa"는 허구 내에서 참이라고 인정할 수 있어도 그 "허구 내에서 참이다"라는 술어를 각자의 선언지 명제에 분배하고 "Fa는 허구 내에서 참이다, 또는 ~Fa는 허구 내에서 참이다"라고 하는 것은 인정할 수 없다는 것이다. 역으로 말하자면 허구 내에서 Fa가 참이라고는 말할 수 없고 ~Fa도 참이라고는 말할 수 없는 경우에도 'Fa 또는 ~Fa'는 전체로서 허구 내에서 반드시 참이라는 것이다.[12]

---

12) 여기서 "허구 내에서 참이다"가 문장에서 문장을 만드는 연산자(operator)인가, 문장의 이름에 붙는 술어인가 하는, 논리철학에서 자주 질문되는 문제에 관해서는 일단 접어둔다. 전자라고

이 생각의 배경에는 자유논리학(free logic)이나 모호성 이론 분야에서 발전되고 있는 초가치(超加値, supervaluation, 모호함의 모든 자의적 명석화하에서 같은 진리치를 가지지 않는 문장은 진리치가 없다고 하고, 모든 자의적 명석화하에서 같은 진리치를 갖는 문장은 그 진리치를 갖는다고 한다)가 있다. 즉 Fa와 ~Fa는 모호하고 자의적으로 의미를 정한 명석한 해석에 있어서 참이 되거나 거짓이 되거나 하는 것으로, 둘 다 단적으로 참이라고도 거짓이라고도 인정할 수 없지만 'Fa 또는 ~Fa'는 논리적 진리이기 때문에 어느 해석에 있어서도 참이 되고 단적으로 참으로 인정할 수 있다. 진리 이외의 값을 총합 명제에 대해 인정하면서 통상의 항진명제의 진리성을 남김없이 보존하려고 하는 온건한 혁신주의의 전략이다(van Fraassen, 1966; 1968; 1969; Fine, 1975a. 그리고 초가치와는 관계없지만 허구 이전에 대저 현실세계에 있어서 이치성의 법칙이 성립하지 않는다는 '반(反)실재론'을 주장한 사람으로서 가장 잘 알려져 있는 것은 마이클 더밋이다. Dummett, 1959). 보는 대로 배중률을 참으로 인정하는 한 상황설은 표준적인 논리에서 그렇게 크게 탈피하고 있다고는 말할 수 없을지도 모른다. 그러나 문제는 앞의 인용부에 있어서 하인츠 스스로가 설정하고 있던 질문의 후반부분에 대한 그의 대응이다. 만약 허구작품의 어떠한 불확정 부분에 관해서도 진상이 확정되어 있음에도 불구하고 "어느 쪽이 옳은 것인지를 독자가 알기 위해 충분한 만큼의 정보를 작가가 부여하고 있지 않

한다면 원래 문장이 사용되고 있는 것이 되고, 후자라고 한다면 원래 문장이 언급되고 있는 것이 된다. 어구의 이러한 사용(use)/언급(mention)의 구별에 관해서는 예컨대 van Fraassen, 1968: 212~215를 참조하라. 또한 "Fa는 허구 내에서 참이다, 또는 ~Fa는 허구 내에서 참이다"의 '또는'을 Fa와 같은 층위의 결합사 ∨로 이해하는가, 메타언어로 이해하는가도 사용/언급과 닮은 유사한 문제이다. 전자라고 한다면 4장 16절에서 보듯이, 모호성 이론의 초가치를 철저하게 적용하면 "Fa는 허구 내 참이다, 혹은 ~Fa는 허구 내 참이다"는 참으로 간주될 수 있다.

을" 뿐이라고 한다면 다음과 같은 불합리가 생겨난다고 한다.

작가는 어딘가 먼 곳에 있는 세계에 있어서 자신이 목격한 여러 사건을 보고하는(때로 부정확하게) 외지통신원은 아니다. 작가는 자신이 쓰는 사건(의 대부분)을 창조하는 것이다. 명시적으로도 암묵적으로도 작가가 말할 기회를 놓쳐 버린 것은 단적으로 존재하지 않는 사항인 것이다. 그렇지는 않다고 믿는다고 한다면 그것은 미리 존재하고 있는 다수의 허구세계가 있고 그들 중의 어느 것인가에 대해 작가가 어떤 종류의 특별한 접근을 행하는 것이라고 상정하는 것과 같다. 게다가 원리적으로는 작가 이외의 사람도 그 접근을 행할 수 있게 될지도 모르는 것이다. 그렇게 하면 등장인물의 운명이 어떻게 되는가 판단하는 것은 텍스트를 잘 읽는 것에 의해 결정되는 것이 아니라 해당 허구세계에 접근하는 것에 의해 결정될 것이다. 피터팬은 하늘을 날 수 있다는 저자 배리의 말을 우리가 그저 믿는 것은 불가능하게 될 것이다. 우리는 배리가 보고하고 있는 허구세계에 접근하도록 노력하고, 피터팬이 실은 숨겨진 와이어에 매달려 있었다든가 제트 추진기를 사용하고 있었다든가 하는 것은 아닌지 스스로 확인해야만 하게 될 것이다. (Heintz, 1979: 92)

이 귀결은 명백하게 불합리하므로 작가는 이야기를 '보고'하고 있는 것이 아니라 '창작'해 내고 있다고 해야만 한다.[13] 따라서 작가가 만들어

---

13) Devine, 1974를 참조하라. 비평가가 쓰는 문장은 작품의 내용에 관한 진술이기 때문에 참이나 거짓일 수 있지만 작품이 작품 내에 기술하는 문장은 어떤 것에 관한 진술이 아니며, 때문에 진리치를 가질 수 없다는 주장이 첫 부분에 명시되어 있다. 이것은 필립 시드니(Philip Sidney) 이래의 통설이라 해도 좋다. "시인은 진실이 아닌 사항을 들기는 하지만, 그것을 진실이라고 말하

내지 않은, 즉 암시적으로도 쓰지 않았던 것은 단적으로 무(無)라고 해야만 한다는 것이다. 따라서 원자명제 Fa는 필연적 참도 필연적 거짓도 아니므로 Fa도 ~Fa도 텍스트에 명기 또는 함축되어 있지 않다면 그 어느 쪽도 무의 영역에 있기 때문에 참이라고는 인정할 수 없다. 그러나 한편 Fa∨~Fa는 단순한 논리적 필연명제이고 a가 무엇이든 그 형식 때문에 항상 암묵적으로 텍스트에 함축되어 있기 때문에 참이다. 이것이 허구세계는 이치적이지 않지만 배중률은 적용된다는 것의 의미이다. Fa와 ~Fa는 모호하기보다는 전혀 아무것도 기술하고 있지 않는 것이다. 다수의 명석화를 설정하는 모호성 이론의 초가치보다, 형식적 자유논리의 초가치에 기반한 생각이다.

확실히 작가의 행위는 무로부터의 창작인가 발견정보인가라고 묻는다면 후자를 부정하고 그 결과 전자를 긍정해야만 하게 될 것이다. 그리고 궁극적으로, "허구세계는 세계는 아니다. 소설은 결국 단순한 언어인 것이다"(Heintz, 1979: 98)라는 작품관에 도달한다. 앞 절에서 우리가 '언어설'이라 명명한 입장이다. 그러나 이것은 너무나도 단순한 이분법일 것이다. 작가의 행위는 발견정보가 아님과 동시에 무로부터의 창조도 아니라는 입장이 있을 수 있을 것이다. 하인츠의 허구의미론이 이원적 작가행위론에 입각하고 있다고 하면 그 의미론은 근거를 갖지 않는다는 것을 다음으로 논해 보자.

고 있는 것은 아니므로, 거짓말을 하고 있지는 않는 것이다"(Sidney, 1965: 123). 그 외에 Searle, 1975; Plantinga, 1974: 161~162; Crittenden, 1966: 317; Urmson, 1976 등을 참조하라. 또한 작가의 언어를 대상언어, 비평가의 언어를 메타언어로 구별하면 앞의 각주 12번에서 본 연산자/술어의 구별에서는 후자의 시각을 채용한 쪽이 알기 쉽게 된다.

4. 발견, 선정, 창조

허구작품의 작가가 기재(予在)하는 세계의 존재 양식을 목격하고 보고하고 있다는 모델이 불합리하다는 것은 확실히 쉽게 간파할 수 있다. 그러나 그 시각을 버린다고 해서 '무로부터의 창조'라는 허구관을 취하지 않으면 안 될 이유는 없다. 중간적 입장이라 말할 수 있든지 없든지 어쨌든 제삼의 선택지를 생각할 수 있는 것이다. 가령 지금 1장에서 작품의 현상적 특징을 표시한 방식에 따라서 어떤 허구작품 F를 다음과 같이 표시하자.

$$F = \{P_1\ P_2\ P_3\ P_4 \cdots\cdots P_{n-1}\ P_n\}$$

$P_1 \cdots P_n$은 F의 내용 속에 명시되어 있거나 함축되어 있는 명제를 모두 채우고 있고 또한 그러한 명제 이외에는 들어 있지 않다고 하자. '발견'설에 따르면 목록에 없는 명제 $P_{n+1}\ P_{n+2}\ P_{n+3} \cdots\cdots$에 관해서도 미리 F에 그 긍정이 포함되는 것인지 부정이 포함되는 것인지 결정되어 있음에도 불구하고 간혹 작가가 미처 기술하지 못하고 있다는 것이 되는데, 그렇다고 한다면 하인츠가 기술하듯이 목록에 있는 명제들에 관해서도 정말로 그 목록으로 좋은지, 예컨대 P_4는 작가의 정보의 오류로 실은 $\sim P_4$인 경우가 있을 수 있는 것은 아닌가 하는 바보 같은 의심이 원리적으로는 생겨야만 하게 된다. 그러나 우리는 보통 작품에 쓰여진 것을 '신용해서' 읽지 않으면 허구체험이 불가능하게 되어 버리는 것이다. 따라서 확실히 발견설은 불합리한 것이 된다.

그러나 하인츠가 채택한 창조설의 불합리함도 같은 정도로 간단하게 나타낼 수 있다. 창조설에 따르면 목록에 있는 명제는 모두 반박 불가능하다. 작품은 작가가 만든 것이므로 그 내용에 만들어진 것 이외의 것이 있을 리 없다. 작품의 문맥은 항상 있는 그대로 인정해야만 한다. 이것이 창조설로부터 논리적으로 나오게 되는 귀결일 것이다. 그런데도 예컨대 작품 내에 모순된 기술이 행해지고 있다면 어떠할까. 즉 F가 $P_m \wedge \sim P_m$을 함께 포함하고 있다면 어떠할까. P_m과 $\sim P_m$의 존재는 $P_m \wedge \sim P_m$을 함축하므로 그 문장도 F의 목록에 포함된다.[14] 그러면 모순된 명제로부터는 임의의 명제를 도출할 수 있기 때문에, F는 임의의 명제를 포함하게 된다.[15] 그러나 예컨대 톨스토이의 「이반 일리치의 죽음」에서 결말에 거의 다다른 부분에서는 이반의 마음에 죽음의 공포가 없어져서 한 점의 광명이 나타난 것은 이반이 "죽기 한 시간 전의 일이었다"고 쓰여져 있는 한편, 두 페이지 뒤에서는 "그의 임종의 고민은 다시 두 시간 이어졌다"고 쓰여져 있는데, 그렇다고 해서 「이반 일리치의 죽음」의 세계에서 임의의 명제가 참이라고, 즉 대체로 모든 사건이 일어나게 되지는 않을 것이다. 즉 P_m을 "이반은 깨달은 뒤 한 시간 살아 있었다"라고 한다면 우리는 P_m이나 $\sim P_m$ 중 어느 쪽인가를 작가의 착오로 생각하여 F의 목록에서 빼고 일관적인 이야기 세계를 재구축해 그것이 진정한 「이반 일리치의 죽음」이라고 생각할 것이다. 적어도 작가의 명확한 부주의에 의한 실수로 생각되는 경우는 그러할 것이다.[16] 즉 작가의 '창조'가 제공한 명제의 목록도 신성불가침은 아닌 것이다. 작가의 기술이 신뢰 불가능한 경우가 확실하게 있다. 경우에 따라서

---

14) 다음 절부터 볼 데이비드 루이스의 체계에서는 이 '논리적 함축하에서의 폐쇄'를 방기할 가능성도 고찰되고 있다(Lewis, 1983: 277~278). 모순을 인정하는 이론들에 관해서는 이 책의 3장을 참조하라.
15) 단 하인츠는 연관논리학을 자유논리와 병용하는 것을 통해 이 '함축의 역설'을 회피하고 있다. 그렇지만 그 방책은 "허구의 논리학은 친숙한 양화 논리와 어떠한 점에 있어서도 다를 필요는 없다"(Heintz, 1979: 93)라는 그의 말과 명백하게 양립할 수 없다.

는 명기된 정보를 의심하고 정정할 필요가 있는 것이다. 따라서 작품세계란 확실히 작가의 기술에 의해 만들어지기는 하지만 어떤 의미에서는 작가의 행위에 앞서, 그것을 초월한 논리에 복종하는 기재물이어야만 하는 면도 함께 갖게 되는 것이다.[17]

이상을 정리하면 이러하다. 작품세계는 작가가 '발견'한 것이기 때문에 문맥의 진위를 독자적으로 검증, 반증할 수 있는 것이라는 이론은 작품의 명기된 부분, 게다가 모순 등을 범하고 있지 않은 부분에 관해서는 완전히 불합리하다. "피터팬은 하늘을 날 수 있다"와 같이 작품 속의 다른 명제와 아무런 충돌을 하지 않는 명제의 진실성은 전혀 의심의 여지가 없는 것이다. 한편 작품세계는 작가가 '창조'한 것이기 때문에 쓰인 대로의 사태를 전부 참으로 인정해야만 한다는 견해는 모순 등이 작품에 나타나고 있는 경우 오류가 된다. 작가의 기술이 그것을 지시하고 있기 때문이라고 해서 「이반 일리치의 죽음」의 세계에서는 한 시간과 두 시간이 동시에 경과하는 것이다" 등으로 결론지어야 할 이유는 없다.

이리하여 우리가 채용해야 할 입장은, 왜곡을 두려워하지 말고 단순화해서 말하자면, 작품의 의혹 부분과 쓰여져 있지 않은 부분에 관해서는 발견설과 유사한 생각을 채용하고 남은 의혹을 느끼게 하지 않는 기술 부

---

16) 「이반 일리치의 죽음」의 일본번역서에서는 두 군데 모두 '2시간'으로 통일되어 번역되어 있다(トルストイ, 1928: 100, 102). 또한 이 '모순'이 톨스토이의 부주의에 의한 실수인 것인지 어떤 효과를 노린 것인지에 관해서는 연구가도 판단이 서지 않는 듯하다(가와바타 가오리川端香男里 교수의 교시敎示에 의한다). 부주의가 아닌 명백하게 작가가 작품의 본질적 부분으로서 '모순'을 도입하고 있는 경우에 관해서는 다음 3장에서 논한다.
17) "신뢰할 수 없는 작가"와 함께 "신뢰할 수 없는 화자"(Booth, 1983)라는 개념도 당연히 생각해 내야 한다. 단 화자의 착각이나 거짓말에 의한 이야기의 비일관성은 작품세계 그 자체의 모순이 아니라 심리의 모순을 반영하는 것으로 파악되므로 형이상학적 문제를 불러일으키지는 않는다.

분에 관해서는 창조설과 유사한 생각을 채용하는 것이 될 터이다. 보통 창조는 대부분은 잘 기능하고, 작가의 생각대로 작품세계는 전개된다. 그러나 잘못 쓰거나 빠트린 부분에 관해서는 작가의 의사(意思), 기재(記載)를 초월한 논리에 따라서 작품세계 내의 자율적 사실들의 진위, 실재를 인정해야만 한다는 생각이다.

여기서 여전히 '발견', '창조'라는 단어를 계속 사용하는 것은 오해를 낳을 우려가 있다. 이 작품관의 근저에는, 작가가 행하고 있는 것은 결국 무수하게 기재하고 있는 가능세계를 원료(stock)로 해서 몇몇 특징을 생각한 채로(창조적으로) 열거하는 것을 통해 그것에 해당하는 세계를 선택해 내는(보고하는) 것이라는 착상이 있다. 무로부터의 창조도 아니고 수동적인 발견보고도 아니다. 즉 기재하는 무한의 가능성 속에서 의의 있는 것을 선택, 제시하는 행위를 '선정'이라 부르자. 자신이 제시하고 있는 가능세계는 이것이다, 하고 자신의 행위의 대상을 선출하고 그것이라고 지정하는 것이다.

선정 행위는 이미 기술했듯이 전적인 창조는 아니므로 신성불가침은 아니다. 작가가 선정한 지면상의 내용이 정정되어야만 하는 경우가 있다. 이런 의미에서 선정 결과(작품세계)는 작가의 의도를 초월해 있다. 이렇게 작가의 의도를 초월해 있기 때문에 작가가 쓰지 않고 놓아둔 부분도 마찬가지로 미리 결정되어 있다고 생각하는 것에 아무런 불합리도 없다는 것이 된다. 즉 작가가 제시하는 텍스트는 크기에서도 세부적인 점에서도 무한하게 펼쳐진 세계의 그저 일부분을 표현하고 있고, 단지 실제로 표현한 부분에 관해서는 원칙적으로 신뢰할 수 있는 자율적 성격을 가진 장치라고 생각할 수 있는 것이다. 비유적으로 말하자면 텍스트는 거울이다. 그 앞쪽에 여러 다수의 옥석(玉石)이 있다. 거울이 어떠한 옥을 향해 어떠한 각도로 놓여지는가는 거울을 손에 든 창조자의 의사에 달려 있다(문체, 표현 등이 창조의 부분이다). 이 거울은 거울 표면의 부분적인 흐림이나 일그러짐이나 균열 때문에 상(像)이 부자연스럽게 기형화된 곳이 있을지도 모르고 그런 한에서 영상을 정정하면서 진상을 이해해야만 하는 경우도 있을 수 있지만, 대체적으로 대상을 정확하게 비춰 낸다(여기가 발견, 보고의 부분이다). 그리고 일단 옥이 선택되었다고 하면 이미 창작가의 손을 초월해 거울상이 미치지 않는 부분, 예컨대 옥의 뒤쪽에는 일의적으로 정해진 모양이 실재하고 있는 것이다(작가는 특정 거울상=문장에 의한 옥=세계를 선정한 것이다).

앞에 인용한 하인츠의 소론, 피터팬의 숨겨진 와이어 및 제트추진기 운운하는 논의는 작가의 행위가 창조가 아니라고 한다면 순수한 발견이어야만 한다는 단순한 양자택일을 무리하게 밀고 나간 결과였다는 것이 이것으로 판명된다. 이 예는 최초의 인상대로 불합리한 전제로부터 결과적으로 나오는 조크에 지나지 않는 것으로 텍스트가 발견의 산물이 아니라는 것을 납득시켜 주기는 해도 창조의 산물이라는 것을 증명하고는 있지 않은 것이다. 그리고 텍스트 내용의 정정 가능성이 실제로 인정되고 있다는 점에서 보면, 텍스트가 전적인 창조의 산물이라는 것을 인정할 수는 없다는 것을 이 절에서 우리는 보아 왔다. 즉 텍스트란 선정이라는 남은 하나의 선택지의 산물이라고 결론지어야만 하는 것이다.

5. 데이비드 루이스의 집합설

남은 문제는 그러면 '선정'이란 무엇인가 하는 것이다. 텍스트는 선정의 산물이라고 말했는데, 그러면 실제로 쓰여져 있지 않은 부분, 미규정으로 되어 있는 듯 보이는 불확정 영역은 어떻게 선정되어 있다는 것일까. 작가의 의도도 독자의 독해도 미치지 않는 무수한 미규정 정보, 그것들은 어떠한 형태로 선정되어 있다는 것일까.

이 질문에 대해서는 데이비드 루이스가 대단히 알기 쉽고 간명한 집합설 모델을 제공하고 있다. 루이스는 "허구 f에 있어서 ø이다"가 성립하기 위한 필요충분조건을 모색한 결과, 다음과 같은 결론에 도달한다.

분석 1 "허구 f에 있어서 ø이다"≡"f가 사실로서 말해지고 있고[18] 그리고 ø가 참인 세계가 있는데, 그것은 f가 사실로서 말해지고 있고 그리고 ø가 거짓인 어떠한 세계와 비교해도 전체적으로 봐서 우리의 현실세계와의 차이가 보다 작다"(Lewis, 1978: 270)

분석 2 "허구 f에 있어서 ø이다"≡"w가 f를 낳은 공동체(community)가 품은 신념세계의 하나일 때, f가 사실로서 말해지고 있고 그리고 ø가 참인 세계가 있어서 f가 사실로서 말해지고 있고 그리고 ø가 거짓인 어떠한 세계와 비교해도, 전체적으로 봐서 세계 w와의 차이가 보다 작다"(1978: 273)

기준이 되는 세계가 현실세계인가(분석 1), 작품 창작 시의 현장에 있어서 사회 상식이 품는 세계인가(분석 2)의 차이뿐으로, 둘 다 우리에게 있어서는 2절에서 살펴보았던 램지 테스트식의 반(反)사실 정의의 복습

---

18) "f의 내용이 사실로서 성립하고 있고"란 뜻으로 해석해도 좋다. 엄밀히는 다르지만(이 장 7절의 각주 27번을 참조) 당면 취지에 영향은 없다. 다음 분석 2도 같다. 또 "공허하게 참인 경우"는 여기서는 생략했다. 이것은 다음 장의 테마이다.

이다. 루이스는 이 중 어느 쪽을 취해야 하는가에 관해서는 결정을 보류하고 있다. 우선 단순하고 알기 쉬운 분석 1에 따라서 텍스트의 미규정 부분의 처리 방식을 확인해 보자. 예컨대 『셜록 홈스』(장단편 합친 연작을 하나의 텍스트로 간주해서)에서 "홈스는 달에 간 적이 있다"라는 명제 ø는 참인가 거짓인가. 홈스의 주변 묘사로부터 추정하기에 그 사회가 ø를 참으로서 갖고 있는 경우와, ø를 거짓으로서 배제하고 있는 경우를 비교하면 (어느 쪽 경우도 무수한 세계를 포함하고 있지만), 전체적으로 생각해서, 즉 조건이 같다면 후자 쪽이 전자 쪽보다도 현실세계에 가깝다(유사하다)고 말할 수 있다. 따라서 『셜록 홈스』에서는 분석 1에 의해 ø는 거짓이 된다. 이와 마찬가지로 "홈스에게는 비장(脾臟)이 있다"라든가 "왓슨의 증조부모에게는 이름이 있다"라든가 하는, 글의 내용에 암시조차 되어 있지 않은 무수한 명제를 참으로서 유도할 수 있다. 그러나 물론 모든 명제에 관해서 그것이 해당 허구세계 내에서 참인지 거짓인지 결정할 수 있는 것은 아니다.

> 셜록 홈스의 세계라는 것은 홈스가 왓슨과 처음 만난 순간 홈스의 머리에 머리카락이 짝수 개 있었던 세계일까, 홀수 개 있었던 세계일까. 레스트레이드 경감의 혈액형은 무슨 형인가. 셜록 홈스의 세계에 관한 이러한 질문에 답이 있다고 생각하는 것은 바보스럽다. 이것에 관한 가장 좋은 설명은 셜록 홈스의 세계가 복수라는 것, 그리고 다른 세계에 있어서는 앞과 같은 질문이 다른 답을 갖는다는 것이다. 알려진 사실로서 이야기가 말해지고 있는 세계들 중, 우리의 세계와의 차이가 최소인 세계가 있다고 생각할 수 있다고 해도 그러한 세계는 셜록 홈스의 세계들(worlds)이 된다. (Lewis, 1978: 270)

간단하게 말하면 허구의 내용이 실제로 성립하는 세계들 중 현실세계와 가장 유사한 세계들의 집합이 바로 그 허구가 된다("가장 유사한 세계들"이라는 표현은 실은 정확하지는 않다. 이유는 3장 16절에서 설명하겠지만, 그때까지는 직관적으로 이해하기 쉬운 이 표현을 사용하자). 이리하여 분석 1로부터 나오는 귀결로서 허구세계의 존재론이 유도되고, 나아가서는 다음과 같이 허구의 의미론이 도출된다.

그 세계들 전부를 통해 참인 사항은 이야기에 있어서 참인 것이고 세계들 전부를 통해 거짓인 사항은 이야기에 있어서 거짓이다. 몇몇 세계들에서 참이고 다른 세계에서 거짓인 사항은 이야기에 있어서 참도 거짓도 아니다. 앞에서 제시했듯이 바보스런 질문에 대한 답은 어떠한 것도 틀림없이 마지막 범주에 속할 것이다. (Lewis, 1978: 270)

2절에서 우리가 거칠게 묘사한 소박한 집합설과 달리 이것은 미규정 부분의 모순된 선택지를 동시에 참으로 인정하거나 하고 있지 않다. 의미론적으로는 결과적으로 하인츠의 작품관과 일치하고 있다. 단 하인츠의 이론이 형식적 자유논리의 초가치에 입각하고 있다고 하면 루이스의 이론은 모호성 이론의 초가치(Fine, 1975a), 다수의 후보해석으로의 분할이라는 전략에 확실히 입각하고 있다고 말할 수 있을 것이다. 텍스트는 이치성을 갖지 않는다. "홈스는 왓슨과 처음 만난 순간 머리카락이 홀수 개 있었다"라는 명제는 참도 거짓도 아니다. 어느 쪽 해석(세계)도 후보이기 때문이다. 그러나 "홈스는 왓슨과 처음 만난 순간 머리카락이 홀수 개 있었다는 것은 참이든지 거짓이든지 둘 중 하나이다"라는 것은 어떤 해석(후보세계)에서도 성립하므로 참인 것이다.[19]

이렇게 하인츠의 모델과 루이스의 모델에서는 허구의미론의 구성상 뚜렷한 유사성이 인정되지만 물론 미규정 부분에 관해 견해를 달리 하고 있다. 하인츠에 의하면 작가가 창조하지 않았던 부분은 단적으로 무 혹은 불확정이었는 데 비해, 루이스에 의하면 작가가 창조하지 않았던 부분은 모든 가능성에 대응해서 분기하고 있다. 루이스는 하인츠의 이론에 관하여 다음과 같이 말한다. "그(하인츠)는 각각의 허구에 있어 단 하나의 세계를 생각해야 한다고 한다. 단 몇 가지 점에 있어서 불확정한 듯한 세계라고 한다. 나는 불확정세계라는 것이 무엇을 의미하는지 알 수가 없다. 즉 불확정세계라는 것을 불확정성을 해소하는 모든 가능한 방식의 공존(superposition)으로서 이해하는 것이 아닌 한 나는 의미를 알 수 없다"(Lewis, 1978: 270). 하인츠식의 불확정세계(정확히는 불완전세계라 해야 하겠지만)가 "무엇을 의미하는지 알 수 없는"지는 차치하고라도 루이스처럼 허구를 생각하는 쪽이 알기 쉬운 것은 확실하다. 그것은 허구작품을 "문제가 되는 불확정한 점들에 있어서 다른 확정된 세계의 집합으로서 이해하는"(Lewis, 1978: 270) 것이 가능한, 즉 가능세계 의미론의 표준적인 틀을 쉽게 적용할 수 있고 우리의 논리적 직관에 잘 받아들여지는 도식을 그리게 되기 때문이다.

    그러한 감각적인 이유는 별도로 하고 앞 절에서 본 '선정'이라는 작가

---

19) 도식화해서 정리해 보자. P세계와 ~P세계는 동등하므로, 'inFP'는 참이 아니고 'inF~P'도 참이 아니지만, 'inF(P∨~P)'는 참이라는 것은 분석 1의 (2)에 비추어서 확인할 수 있다[여기서 inF는 '픽션 내에서'(in Fiction)라는 의미다.—옮긴이]. 또 'inFP∨inF~P'는 분석 1의 (2)에서는 참이 되지 않는다는 것에 주의하라. 선언지(選言肢) 어느 쪽도 참이 아니기 때문이다. 초가치를 더욱 철저하게 적용하면 'inFP∨inF~P'도 참이 됨은 4장 16절에서 볼 것이다. 그 절의 각주 81번과 비교해 보라.

행위론의 관점에서 보아도 하인츠 모델보다도 루이스 모델 쪽이 뛰어나다. 하인츠 모델은 무로부터의 창조(혹은 혼돈으로부터의 부분적 창조)를 전제로 하고 있지만 루이스 모델은 허구작품의 내용의 질서가 작가의 행위에 앞서서 **실재**하고 있다는 것을 인정하고 있다. '확정된 가능세계의 집합'은 '불확정한 세계'와는 달리 논리학상의 실재로 간주할 수 있기 때문이다(단 반드시 루이스식의 양상실재론적인 의미에서라고는 한정할 수 없는 논리학의 일반적인 기본개념으로서 실재). 따라서 루이스의 관점에 서면 작가는 미리 실재하는 대상을 선택해 취함과 동시에 단순히 수동적으로 발견하는 것이 아니라 능동적으로 결정한다―즉 선정한다고 볼 수 있는 것이다.

모순에 관해서도 루이스 모델 쪽에 이점이 있다. 루이스 모델은 실재론적이므로 모순이나 불합리를 포함한 텍스트는 그 글의 내용을 정정하고 실재할 수 있는 '가능세계의 집합'을 표현하도록 해야만 한다. 하인츠와 같이 "소설은 세계가 아니라 결국 말에 지나지 않는다"고 생각해 버리면 아무리 보잘것없는 오류나 모순도 문자 그대로 인정해야만 하게 되고 허구작품의 내용이라는 것이 논리적 실재로부터 완전히 유리된 것이 되어 버린다. 『셜록 홈스』에서 왓슨이 전쟁에서 얻은 (단 하나의) 상처 자국이라는 것이 어떤 곳에서는 어깨라고 되어 있고 어떤 곳에서는 허벅지라고 되어 있다면, 그 양쪽을 만족하는 가능세계의 집합이라는 것은 없기 때문에 텍스트 내용을 논리적 실재에 대응시키기 위해 우리는 텍스트에 명시되어 있는 상처 부위 중 적어도 어느 쪽을 부정해야만 하게 되는 것이다.[20] 말하자면 이 작가에 대한 반역은 루이스식의 실재론―말보다도 확실한 실재인 가능세계 이론―에 입각해서 용인될 것이다.

6. 외삽원리와 모호성

그러나 루이스의 이론이 정말로 만족스러운 이론이라고 말할 수 있는 것은 아니다. 루이스 자신이 말하듯이(Lewis, 1978: 270), 우리는 종종——이라기보다 통상——허구세계(the world of a fiction)라는 표현을 쓴다. (한국어에서는 명확하지는 않지만) 역시 『호밀밭의 파수꾼』의 세계' 등으로 말할 때, 암묵적으로 정관사를 붙인 것과 동등한, 유일한 대상을 우리는 지시하고 있다. 물론 루이스식의 허구의 정의인 "『호밀밭의 파수꾼』이 참으로서 말해지고 있는 세계 중 현실세계와 가장 가까운 가능세계의 집합"이라는 것도 확실히 '유일한 대상'이다. 그러한 집합은 한 가지로 결정될 것이기 때문이다. 그렇지만 세계들의 집합을 '세계'라는 말로 표현하는 것이 반드시 기묘한 것은 아니라 해도, '……의 세계'라 말할 때에 역시 문자 그대로 하나의 구체적 세계라는 의미에서 유일한 대상을 우리는 암묵적으로 전제하고 있는 것은 아닐까. 2절에서는 독자는 집합 같은 추상적 보편이 아닌 구체적인 세계와 마주보고 있을 것이라는 이 소박한 직관으로부터 허구존재론으로서의 집합설을 부정했다. 허구를 수학적 집합이 아닌 세계의 구체적 총체(ensemble)라 생각해도 시점이 결정되지 않는다

---

20) 왓슨의 전상(戰傷)을 서술하는 부분에 모순이 있다는 예는 루이스를 비롯한 많은 이론가가 사용하는 예이므로, 나는 셜록 홈스 이야기를 통독하고 그 모순이 어떠한 형태로 표현되고 있는지 확인하는 노력을 하지는 않았지만, 작가의 부주의에 의한 모순의 예로서 아래에서도 들기로 한다. 또한 『셜록 홈스』가 논리적 허구론에 있어서 빈번하게 예로서 사용되는 것은 현실적인 (real) 이야기이므로 허구와 실재하는 대상과의 관계를 생각하기 쉽다는 것, 문제가 평이하므로 수사나 넌센스 등 쓸데없는 문제로 고민할 필요가 없다는 것, 왓슨이라는 적당히 '신용할 수 없는' 화자가 있다는 것, 속편이나 외전이 풍부해서 스토리 간의 캐릭터의 동일성 문제를 포함하고 있다는 것 등의 이유 때문이다. 팬들이 쓴 셜록 홈스 연구서 같은 공백에 대한 탐구 및 문헌에 관해서는 小林&東山, 1994가 편리하다.

는 점에서는 같았다. 그러나 라일, 브레이스웨이트와 같이 이론가 중에는 허구라는 것을 한 개의 명제로, 즉 추상적 실체로 생각하는 것에 주저하지 않는 사람들도 있다(Ryle, 1933; Braithwait, 1933). 확실히 허구체험의 구체성이라는 것과 허구 그 자체의 구체성이라는 것은 나눠서 생각할 수 있을지도 모른다. 예컨대 숙달된 수학자 중에는 5차원 다양체라든가 르베그(Lebesgue) 측도라든가 하는 것을 생생하게 구체적으로 상상하는 사람이 있을지도 모른다. 혹은 역으로 수를 막 처음 배운 유아는 3이라든가 5를 역시 구체적인 것으로서 상상할 수밖에 없을지도 모른다. 그렇다고 해서 그러한 것이 존재로서 구체적인 것이 되지는 않는다(허구에 대한 일반 독자의 존재론적 지적 수준은 어느 정도일 것인가. 수학자급인가, 아니면 유아와 동급인가?) 혹은 나아가서 허구 체험은 특수에 관한 체험이 아니라 보편적 실재에 관한 체험이라고 주장하는 문학론도 오랜 전통을 갖고 있다(4장 6절에서 소개할 것이다). 그러면 허구 체험이 허구의 본성에 관해 아무런 결론도 제시하지 않는다고 한다면, 완전하지는 않지만 체계적이면서 일의적인 허구존재론을 제시해 주고 있는 집합설 쪽이 아직 보지 않은 단일세계설보다도 우수한 학설인 것일까. 아니, 허구이론을 전개함에 있어서 현실적, 방법론적 이유로 인해 집합설이 적어도 단일세계설에 비해서 이점이 있는 것은 아니라는 것을 제시할 수 있다고 생각되는 것이다.

무릇 집합설이 주장되는 동인의 하나는 미규정 부분이 있는 이상 자의적이지 않은 방식으로 하나의 가능세계를 선택할 수 없다는 것이었다. 이는 모든 자의적인 방식으로 선택한 세계를 평등하게 허구 속에 포함하면 되는 것 아닌가. 이것으로 감상, 비평, 허구이론의 대상이 한 가지로 정해진다고 간주된 것이었다. 그러나 텍스트의 공백 부분을 채울 때 루이스의 방법에 두 종류가 있다는 것을 5절에서 보았다. 그것은 대략적으로 말하면 허구에 포함되는 세계들을 "현실세계와 가장 유사한 세계들로 하는 방법"(분석 1), "작가가 속하는 신념세계와 가장 유사한 세계들로 하는 방법"(분석 2)이라는 두 가지였다. 4장에서 볼 예정이지만 월터스토프 (Wolterstorff, 1980), 월턴(Walton, 1990) 등 다른 이론가들도 이 두 종류의 외삽원리를 제시하고 있고 게다가 어떤 논자도 그 어느 쪽을 선택할지에 관해서는 태도를 결정하고 있지 않다. 각자를 월턴에 따라서 '현실원리'(Reality Principle), '공통신념원리'(Mutual Belief Principle)라 부르자. 게다가 허구론의 틀로 선호되고 있는 외삽원리는 이 두 개만은 아니다. 그 외에도 예컨대 다음과 같은 원리를 생각할 수 있을 것이다. 텍스트를 구성하는 세계들은,

- 작가의 의도에 합치하는 정도가 최대인 세계로 한다. (의도원리)
- 독자가 어떠한 신념세계를 품고 있는가에 관해 작가의 신념에 합치하는 정도가 최대인 세계로 한다. (추측원리)
- 여러 문학 텍스트가 조성하는 문학적 상식의 세계에 대한 유사도가 최대인 세계로 한다. (문학원리)
- 그 텍스트의 미적 가치를 최대로 하는 세계로 한다. (미적 원리[21])

이 외삽원리들은 때로는 같은 세계들을 텍스트로 포함하고, 때로는 서로 다른 세계들을 포함할 것이다. 예컨대 문학원리에 의하면 현대의 어

---

21) 괄호 안의 명명은 전부 내가 한 것이다. 여러 외삽원리의 형식적 설명에 관해서는 Walton, 1990: §4.3을 참조하라. 의도원리의 예는 Hirsh, 1967; 1976을, 추측원리는 Fish, 1972; 1980을, 미적 원리에 관해서는 Stevenson, 1950을 참조하라. 단 이 논자들은 5차 층위의 분기에 관해서는 논하고 있지 않고 따라서 여기서 말하는 집합설을 신봉하고 있는 것은 아니다.

떤 문학작품 속에 용과 닮은 동물이 나온다면 그 동물이 불을 토하는 장면이 그려져 있지 않고 암시도 되어 있지 않다고 해도 용에 관한 전설, 이야기 전통의 축적에서부터 추측해서, 혹은 판타지라는 문학 장르에 있어서 일어나는 사건의 확률로부터 판단해서 그 동물은 불을 토할 것이라고 추측된다. 한편 용은 현실에는 존재하지 않고, 게다가 불을 토하는 동물도 현실에는 존재하지 않(는다고 생각되고 있)으므로 현실원리, 공통신념원리로부터 그 동물이 불을 토한다는 허구적 진리를 도출하는 것은 아마도 불가능할 것이다. 오히려 그 동물이 불을 토하지 않는다고 해야 현실세계 혹은 공통신념세계에 가까운 세계가 얻어진다고 생각되기 때문이다. 혹은 작가나 독자가 마음에 그리는 작품세계가 규정 부분이 성립하는 세계들 중 가장 미적인 세계들이라고는 단정할 수 없으므로 의도원리나 추측원리가 미적 원리와 일치하지 않는다는 것은 매우 있을 법하다. 또 어니스트 존스에 의한 프로이트 정신분석의 응용(Jones, 1949)이 옳다는 가정하에, 현실원리에 의하면 햄릿의 미망의 원인은 오이디푸스 콤플렉스에 의한 것이 될 것이고, 공통신념원리에 의하면 셰익스피어 시대에 무의식의 심리학이 알려져 있지 않았으므로 오이디푸스 콤플렉스를 도입하는 것은 틀렸고, 햄릿 개인의 사색적인 성격에 원인이 있다고 해야만 한다.

 이리하여 복수의 외삽원리가 다른 세계들을 허구세계로서 선택한다고 하면, 그리고 어떤 외삽원리가 옳은 것인지 결정할 수 없다고 한다면 집합설은 허구의 본성을 한 가지로 결정한다는 이점을 확보할 수 없게 되는 것은 아닌가. 그렇지만 아직 집합설을 포기하는 것은 너무 이르다. 텍스트의 성격, 장르, 문화적 배경 등에 따라 어떠한 작품에 어떠한 외삽원리가 적용되어야 하는 것인가를 그때마다 결정하는 메타원리를 세우는 것이 불가능한 것은 아닐지도 모른다. 혹은 참인 외삽원리는 단 하나지만 그 단 하나의 원리에 의한 허구적 진리에 도달하기 위한 잠정적, 편의적인 방법이 다른 외삽원리인 것이라고 결정하는 것도 가능하다. 있을 수 있는 외삽원리의 수는 결국 유한할 것이므로 이러한 궁극적인 원리를 결정하는 것에 그렇게 곤란함은 없을지도 모른다. 여기서 그 최고의 외삽원리가 결정되었다고 해보자. 그런데 이것으로 허구의 본성은 결정된 것일까.

어떠한 외삽원리를 선택해도 논의의 구조는 같으므로 알기 쉽게 하기 위해 '현실원리'가 궁극적이고 유일한 외삽원리라고 해보자.[22] 여기서 명백한 문제가 생긴다. 파인(Fine, 1975b), 리처즈(Richards, 1975), 잭슨(Jackson, 1977), 슐로스버거(Schlossberger, 1978), 보이(Bowie, 1979) 등 많은 논자들이 반사실적 조건문에 관해 지적하듯이, 현실세계에 보다 가까운 세계라 말할 때 그 유사성의 대소 판정은 보통의 직관적인 유사성 판단과는 다른 특수한 시스템에 기반하고 있어야만 한다. 예컨대 파인의 예

---

22) 현실원리와 공통신념원리의 각자의 이점에 관해서는 Walton, 1990: §4.3을 참조하라. 나 자신은 실제로 현실원리 쪽이 뛰어나다고 느끼고 있다. 월턴이 들지 않은 현실원리의 이점을 두 가지 제시하자. 우선 『설국』의 세계에는 자주색 공룡이 존재한다"라는 명제 P를 생각하자. 필시 현실원리, 공통신념원리 중 어느 쪽에 의해서도 P는 거짓이다. 그러나 지구상에 있는 인간들 중 누구에게도 알려져 있지 않지만 실은 아마존 오지의 동굴에 자주색 공룡이 자고 있다고 하자. 그러면 P는 현실원리에 의하면 참이 된다. 일견 이것은 상식에 반하는 듯 보인다. 그러나 다음 조건문을 생각해 보자. "자주색 공룡이 현실에서 사람이 알지 못한 채 존재한다"를 Q라고 하면 'Q라면 P'가 참이므로, 연역정리(Deduction Theorem)에 의해 Q라는 조건하에서는 'P'가 참으로 간주된다. 즉 사회의 상식이 어떻든 Q가 만약 참이라면 일반적으로 인정되는가 아닌가에 관계없이 P가 참이라고 우리는 일반적으로 인정하고 있는 것이 된다. 이것은 관념론보다도 실재론이 일반 상식에 가깝기 때문에 자연스러운 결론이다. 실재론이라는 공통신념에 호소하면 공통신념원리는 그 논리상 필연적으로 현실원리로 귀착하는 것이다. 현실원리 쪽이 유력한 또 하나의 이유는 다음과 같다. 공통신념원리, 의도원리, 추측원리 등은 기준이 되는 공통신념세계, 의도세계, 추측세계가 하나의 세계로 결정되지 않는다는 것에 주의했으면 한다. 그 자체가 공백을 가져 불완전하므로 세계들의 집합으로 간주해야만 한다. 그것은 어떠한 집합인가 하면 어떤 기준세계에 대해 가장 가까운 세계의 집합일 것이다. 그리고 그 기준세계는 무한후퇴를 피하려고 한다면 유일한 세계, 즉 현실세계여야만 하는 듯 생각된다. 즉 모든 외삽원리의 기초에는 현실원리가 있는 것이다.

"닉슨이 버튼을 눌렀다면 핵전쟁이 일어났을 것이다"(Fine, 1975b: 452)는 참인 반사실적 조건문이라고 생각되지만, 통상의 판단에 의하면 이것은 닉슨이 미사일 발사버튼을 누른 세계들 중 현실세계(핵전쟁이 일어나지 않은 세계로 한다)에 가장 가까운 세계를 선택한 것은 아니다. 왜냐하면 핵전쟁이라는 것은 큰 문제이므로 닉슨이 미사일 발사 버튼을 눌렀음에도 불구하고 어떠한 사정으로 핵폭발은 일어나지 않은 세계 쪽이 현실세계와 가까울 것이기 때문이다. 그런데도 우리는 앞의 반사실적 조건문을 참이라고 느끼고 "그리고 대통령은 버튼을 눌렀다"라는 한 문장으로 끝나 있는 소설을 특별한 반대 근거가 없는 한 그 직후 핵전쟁에 돌입한 세계를 그린 것이라고 받아들일 것이다. 따라서 반사실 및 허구적 진리를 다루는 분석 1의 현실원리의 '유사성' 개념은 통상의 유사성과는 상당히 다르다고 생각해야만 한다. 우리는 2절에서 유사성 판단기준의 시안(試案) ①~④를 내었지만(이 책의 53쪽), 루이스에 의하면 세계의 유사도를 평가하여 정할 때의 기준은 다음과 같은 것이다.

    (가) 법칙의 뚜렷한, 광범위한, 다양한 탈피를 피하는 것이 가장 중요하다.
    (나) 개별적인 사실의 완전한 일치가 성립하는 시공 영역을 최대로 하는 것이 두번째로 중요하다.
    (다) 법칙의 작은, 국소적인, 단순한 탈피를 피하는 것이 세번째로 중요하다.
    (라) 우리의 이해관심에 크게 관련되는 문제이지만, 개별적 사실의 유사성을 확보한다는 것은 대개, 또는 전혀 중요하지 않다. (Lewis, 1979: 47~48)

이 판정 시스템이 우리의 시안 ①~④, 혹은 다르게 생각할 수 있는 각종 요인의 우선 목록과 같은 순서로 각 가능세계를 현실세계의 주변에 배열하게 되는지는 전혀 확실하지 않다. 유사성을 평가해서 정하는 시스템이 한 가지로 결정되지 않고 따라서 어떠한 세계들이 어떤 허구텍스트에 포함되는 것인지 일정하지 않게 된다(Goodman, 1955: 17~24; Rescher, 1964: 11~16도 참조하라).

물론 여기서도 외삽원리의 복수성에 직면했을 때와 마찬가지로 문맥에 따라 어떠한 작품에 어떠한 시스템을 적용하는가를 결정하거나, 최고의 유사도 평가·결정 시스템을 발견하거나 하는 것이 가능할지도 모른다. 적어도 원리적으로 그것이 불가능한 이유는 없다. 그러나 또한 한 개의 유사도 평가·결정 시스템을 설령 정해도 오히려 그것이야말로 원리적으로 세계의 집합은 한 개로 결정될 수 없을 것이라고 주장하게 하는 상식적이면서 강력한 근거가 있다. 그것은 말과 개념의 모호함에 관한 것이다. 예컨대,

"픽션[허구] 『셜록 홈스』에서 왓슨은 출생 시에 3000g이었다."

쉽게 추측할 수 있는 것이지만 루이스의 분석 1에 의하면 이것은 참도 거짓도 아니다. 『셜록 홈스』의 사건이 성립하는 세계들 중 왓슨이 출생 시에 3000g이었던 세계 중에서, 예컨대 3100g이었던 어떠한 세계보다도 현실세계와 가까운 세계가 있냐 하면 그렇다고는 말할 수 없기 때문이다. 왓슨이 출생 시 3000g이었든 3100g이었든 2800g이었든 이러한 5차 층위의 분기에 관해서는 현실원리는 아무런 선호도 보이지 않는다. 그 가능세계들을 구별 없이 전부 포함할 뿐이다. 그러나 다음 명제는 어떠한가.

"픽션[허구]『셜록 홈스』에서 왓슨은 출생 시에 7000g이었다."

분석 1에 의하면 이것은 거짓일 것이다. 현실세계에 7000g의 아기가 태어날 수 없는 것은 아니라고 해도, 그러한 아기는 성장하고 나서도 두드러지게 큰 몸을 갖고 있든지, 다른 육체적 특징을 갖고 있을 것이다. 그렇지 않다 해도 그러한 예외적 사실은 어떠한 때에 화제에 오를 법할 것이다. 그러나『셜록 홈스』에는 그런 종류의 어떠한 간접적인 증거도 부여되어 있지 않으므로 3차 층위의 상식으로서 왓슨의 출생 시의 체중은 '보통'이었다고 하는 것이 타당하다.

"픽션[허구]『셜록 홈스』에서 왓슨은 출생 시에 700g이었다."

이것도 상당한 간접적인 증거를 작중에서 발견할 수 없으므로 거짓이 될 것이다. 그러나 왓슨의 출생 시의 체중이 얼마일 때까지가 참도 거짓도 아니고(즉 그러한 세계가 작품 내의 세계들에 속하고 있고), 얼마일 때부터 거짓이 되는(그러한 세계가 작품 내의 세계들에 속하지 않게 되는) 것일까. 4500g의 세계는 어떠할까. 4300g 정도가 한계일까. 4350g 정도까지 허용될까. 1500g은 안 되는 것일까. 2000g 정도가 아니면 안 될까. 그렇지 않으면 1700g 정도도 받아들일 수 있을까.

지금 든 예는 미규정 영역의 경우이지만 기술된 영역에 관해서도 술어의 모호성은 본질적으로 따라다닌다. 다음 명제를 생각해 보자.

"픽션[허구]『붉은 구두』에서 소녀 카렌은 붉은 구두를 신고 춤췄다."

이것은 참이다. 『붉은 구두』는 카렌의 구두가 붉은색인 세계만을 포함하고 있다. 그러나 확실히 구두가 붉은색인 세계는 틀림없이 이 허구에 포함되지만 경계선상의 경우, 즉 핑크색이나 주황색이나 자홍색인 세계는 어떠한가. 구두의 붉은색은 어디까지 붉어야 하는 것일까. 여기서도 허구가 포함하는 세계의 외연이 하나로 결정되지 않는 예가 보인다.

경계선상의 사례는 모두 버리고, 틀림없는 경우만을 포함하면 된다고 생각될지도 모른다. 그러나 이 방침은 무익하다. '보통의 체중' 혹은 '붉은색'의 틀림없는 사례와 경계선상의 사례 사이에는 선명한 구별이 없기 때문이다. 어떤 사례, 예컨대 4290g은 어떤 시각에 따르면 틀림없이 보통의 체중이고 다른 시각에 따르면 경계선상의 사례일지도 모른다. 무게나 색과 같은 연속적 값의 경우는 특히, 틀림없이 사례인가 경계선상인가 하는 문제에 있어 경계선상의 사례인 경우가 반드시 존재한다. 그러한 고찰 뒤 여전히 남은 2단계의 경계선상의 사례를 버리고 틀림없는 경우만 남겼다고 해도 반드시 3단계의 경계선 사례가 여전히 대기하고 있는 것이다. 경계선상의 세계를 버리는 것이 아니라 그들을 모두 포함하려고 해도 사정은 당연히 같다. 나아가서 경계선상의 어딘가에서 버리는가에 따른 모든 경우에 따라 복수의 집합을 만들고 그 집합들의 집합을 허구로 인정하려는 방침(바로 여기서 버리는 방식이 상황설에, 포함하는 방식이 집합설에 대응한다. 단 세계가 아니라 세계의 집합에 관해)을 취해도 같다. '어디에서 버리는가에 관한 모든 경우'가 결정되지 않기 때문에 집합의 집합이 하나로 결정되지 않고, 따라서 집합의 집합의 집합을 만들지 않으면 안 되고……, 하고 무한하게 진행하기 때문이다. 어디에서 이 작업에 매듭을 지을 것인가는 완전히 자의적일 것이다. 따라서 기술에 적어도 모호함의 여지가 있는 경우는 그 기술을 참이게 하는 세계의 집합이라는 것을 하나로 결정하는 합법적인 방법은 결코 있을 수 없는 것이다.

　이상으로 아무리 주전원(周轉円, epicycle)을 조합한 복합적인 정의를 갖고 있어도 일의적으로 외연을 결정하는 것은 불가능하다는 것은 모호한 말이 본질적으로 가진 성격이다. 이리하여 집합설은 결코 하나의 집합을 선택해 내는 것에 성공하지는 못한다. 물론 말의 모호함에서 기인하는 이 '집합의 불확정성'이 무릇 쓰여지지 않은 것에서 기인하는 '세계의 불확정성'과 같은 층위의 결함인가 아닌가에 관해서는 더욱 신중하게 검토해야만 한다. 그렇지만 모호함이라는 것도 일종의 '기술의 결함'에 지나지 않는다. 술어의 외연을 유한 개의 어구로 완전하게 규정할 수 없다는 것은, 유한 개의 문자로 가능세계의 정보를 샅샅이 다 말할 수 있다는 것은 불가능하다는 본래의 사정과 동질적일 것이다. 따라서 단일세계설과 집합설이 불확정성에 관해 적어도 구조적으로는 다른 상황이 아니라는 것만은 확실하다. 집합설은 사실상 허구작품의 공백을 메우는 것이 가능하지 않다. 그렇다면 처음부터 공백을 메운 셈으로, 완전한 단일세계를 상정하는 단일세계설을 채용해 버리는 것이 이른바 사유의 경제에 맞는 것이 아닐까.

7. 개체의 추적

그러나 집합설을 여전히 고집해서 다음과 같이 반론하는 사람이 있을지도 모른다. "확실히 집합을 한 가지로 선정하는 것은 불가능하다. 그러나 주변에 아무리 세계들의 출입이 있다고 해도, 중심부에 있어서는 해당 허구에 속하는 것이 틀림없는 세계가 몇 개 있다는 것은 사실일 것이다. 그러한 세계가 어떠한 세계인가 하는 외연의 정확한 결정은 불가능하지만 그것은 문제는 아니다. 중심에는 세계가 적어도 틀림없이 하나는 있다는 것으로 충분하다. 그 세계, 고층의 경계선상에 있는 다수의 세계가 만들어 내는 두터운 안개에 둘러싸인 그 세계에 주목할 처방전을 주는 것이 허구 작품이다. 단 하나로 무리하게 초점을 정하려고 하는 단일세계설보다도 흐릿한 안개에 싸인 중심세계에 대충 조준을 맞춰 가는 집합설 쪽이 상식 적이면서 무리가 없는 것이다."[23]

확실히 모든 독자, 모든 비평가의 시야에 들어와 있는 세계는 있다. 그러한 세계는 물론 단수는 아닐 것이지만 모든 독서, 비평의 공통의 대상 이 되고 있는 가능세계가 몇 개인가 있는 것으로 충분하지 않은가. 우리는 그 이상의 엄밀한 대상의 특정을 바라고 있지는 않다. 원래 엄밀한 특정 같은 것은 일상생활에서도 항상 행해지지는 않는다. 사람이 거짓말을 할 때 같은 인물에 관해 말하고 있는 것인지 아닌지 철저하게 검증하면서 이 야기를 진행하는 것은 아니다.[24] 그러므로 엄밀한 특정법의 결여는 단일

---

23) 이 반론은 말의 모호함에 기반한 '더미의 역설'의 초가치적 처리를 부분적으로 옹호하는 세인 스버리의 잠정적 논의(Sainsbury, 1988: 35~37)를 참고로 지금의 화제로 변환한 것이다. [더미의 역설(paradox of the heap). 모래더미는 수많은 모래로 이루어져 있다. 여기서 모래 한 알을 제거해도 여전히 남은 것은 모래더미일 것이다. 하지만 이 과정을 반복하여 모래알이 하나만 남았을 때도 이것을 모래더미라 부를 수 있는가? 어느 지점부터 모래더미는 더 이상 더미가 아니게 되는가? 하는 문제를 말한다.—옮긴이]

24) 물론 일상적인 현실세계 내의 대상에 관한 대화는 지시의 인과성에 의지하는 것이 가능하기 때문에, 가능세계(의 집합)를 지시할 때의 난점에 상당하는 것은 아니라고도 말할 수 있다. 그러나 순수하게 기술에 의한 대화('23세기 최초의 아이'에 관해 말하고 있다고 할 때 태어나면서 첫 울음소리를 터트린다는 의미인가, 수정되었다는 의미인가, 산달을 지났다는 의미인가……'세계에서 가장 무거운 사람'에 관해 위장이나 자궁 안에 든 것은 어떻게 할 것인가, 손톱이나 때는 넣을 것인가……) 의 경우에는 같은 문제가 생길 것이다. 단 허구적 캐릭터와의 비교를 확보하려고 한이 한정 기술들의 경우 어디까지나 '개체'의 특정이 문제가 되고 있고 '개체의 집합'의 특정이 문제가 되고 있는 것은 아니라는 데 주의하라. 비한정 기술 '무거운 사람', '대시인(大詩人)', '23세기의 첨단기술자' 등은 '개체의 집합'을 특정하는 것이 문제가 되는 예이지만 이 예들이 캐릭터와의 유비를 지키고 있는가 그렇지 않은가는 의문이다.

세계설이든 집합설이든 허구이론 특유의 결함은 아니다. 사물의 본성상 엄밀한 특정이 불가능하다는 같은 입장에 있는 이상 서투르게 불가능한 일의 달성을 가장한 단일세계설의 절망적 비약보다도, 모호하지만 후보(의 후보, 의 후보, 의 후보……)를 시야에 넣어 '주어진 자원으로 최대한 해결하려는' 방식으로 가는 계산적 집합설 쪽이 현실적인 듯 보이기도 한다. 근거도 없이 딱 잘라 하나 이외의 것을 잘라내 버리는 단일세계설은 오류일 수 있지만 집합설은 적어도 중심적 집합의 선정에 관해 틀리지 않은 것은 아닌가. 그렇지만 문제는 실천상의 사항보다도 바로 논리에서 구해져야만 한다. 이하 단일세계설에 대한 지지를 보강할지도 모르는 네 개의 논리적 근거를 제시하고 이 장의 논의를 마치자.

첫번째로 '하나의 세계를 결정한다'라는 것은 아무리 비현실적으로 보여도 항상 불가능한 것은 아니다. 실제로 만약 이 현실세계에서 일어난 현실의 사건만을 충실하게 묘사한 '허구작품'이 있다고 한다면(여기에 아무런 불합리는 없다[25]), 그 허구는 집합설의 분석 1에 따를 때조차 이 현실세계 그 자체를 유일한 후보로 하는 것이 될 터이다. 글의 내용에 기술된, 즉 현실세계에서 성립하는 사건이 참인 세계들 중 현실세계와 가장 유사한 세계라는 것은 현실세계 자체에 다름 아니기 때문이다. 그렇게 하면

---

25) Ryle, 1933: 39; Beardsley, 1958: 442 등을 참조하라. 이에 비해 허구가 우발적으로 내용상 현실과 일치한다고 해도 제도적으로 허구인 이상, 현실세계의 사건이나 인물을 지시하는 것은 있을 수 없다 ─ 허구명제는 필연적으로 거짓이라는 주장이 Moore, 1933: 68; Macdonald, 1954: 428; Margolis, 1965: 155~156 등에서 확인된다. 어느 쪽이 정설인가 하면 후자 쪽이겠지만 내용의 일치만이 아닌 문제의 '허구작품'의 성립 자체에 관해 작가가 사실을 기록할 셈으로 썼다는 것이 다시 판명되었다고 한다면, 그 텍스트는 제도적으로 실록으로 재인정되어야 할 것이므로 후자의 논자들도 그 책이 허구가 아닌 실록이었다는 것에 동의할 수 있을 것이다. 단 실록과 허구 간에 존재론적 단층을 인정하는 것은 비교적 손쉬울지도 모르므로, 여기서의 논점에 있어서는 허구가 논픽션 소설이라 판명되었다고 상정해 두는 것이 바람직할지도 모른다.

그러한 틀림없는 유일세계인 허구작품과 다른 반사실적 내용을 가진 허구 사이에 존재론적인 질적 단절이 있다고 상정하지 않는 한 후자의 일반적 허구를 단일세계가 아닌 '세계의 집합'으로 파악하는 것에는 무리가 있게 될 것이다. 그리고 실제로 반사실적인 내용을 가진 소설이라 생각되었던 것이 사실의 해명이 진행됨에 따라서 실은 모든 사항이 현실세계와 일치한 논픽션 소설인 경우, 또한 소설조차 아닌 전기, 실록, 일기 등등인 경우조차 일어날 수 있는 것이다.[26] 그러한 경우 처음은 세계의 집합이었던 것이 새로운 발견 뒤에는 즉시 단일세계로 수렴한다는 일종의 양자역학적인 현상이 거시 층위에서 생긴다는 존재론적 단층을 기분좋은 것으로서 받아들이지 않는 사람은 처음부터 허구 일반에 관하여 단일세계설을 채용해야 할 것이다. 극적인 질적 수렴이 일어난 것이 아니라 우발적으로, 특정할 수 없었던 하나의 세계가 단순히 특정 가능한 하나로 되었음에 지나지 않는다는 것이다.

두번째로 명백한 반사실적 허구에 관해서는 세계의 특정이 영구히 불가능하다고 해도 임시적으로 특정해서 논의를 진행한다는 것은 일상회화뿐만 아니라 자연과학, 형식과학의 모델이론에서도 잘 사용되는 것이다. 논리학자도 종종 현실세계 이외의 가능세계를 고유명으로 부르는 경우가 있다. 예컨대 캐플런은 영구문장의 완전한 제시를 행할 때 시각(時刻)과 가능세계를 특정하고 "가능세계 찰리에서 1970년에……"라는 상대

---

26) 허구의 외연은 무엇인가. '허구'라는 개념은 예컨대 '문학', '예술'이라고 제도적으로 정의하는 (외견이나 기능보다도 사회에 의해 어떻게 취급받는가에 따라 설정하는) 것이 어울린다고 생각된다. 설은 "작품이 문자인지 아닌지를 결정하는 것은 독자이고 허구인지 아닌지를 결정하는 것은 작가이다"(Searle, 1975: 59)라 말한다. 독자(특히 무지한)는 기능, 현상에 감응하고 작가는 제도적 취급을 지령(指令)한다는 관찰일 것이다.

화를 행해 보인다(Kaplan, 1978a: 235, n.13). 여기서 고유명 '찰리'는 가능세계의 집합이 아니라 한 개의 가능세계를 골라내고 있다. 모든 성질을 특정 불가능한 채로 한 개의 가능세계를 골라낸다는 작업은 논리철학에 있어서 당연히 실행 가능하다고 상정되고 있다. 그렇지 않으면 진리치나 개체 영역을 개개의 세계로 상대화한다는 개념이 의미를 갖지 않게 되는 것이다. 따라서 허구이론에 있어서 기술의 공백을 품은 채 특정 가능세계의 선출이 가능하다고 하는 것에 어떠한 특유의 불합리가 있을 리 없다.

세번째로 작가도 독자도 보통 어떤 결정된 인물들의 행동을 쓰고 읽고 있는 셈이 되고 있다. 그 인물들이 다수의 세계의 주민이든 한 세계의 주민이든 어찌되었든 하나의 세계(또는 하나하나의 세계)를 취했을 때 등장인물은 (각각) 한 명으로 결정된다고 상정되고 있다. 예컨대 메리 허드슨은 하나의 세계에 있어 한 명의 여성을 가리키고 있다고 상정되어 있다. 「웃는 남자」가 그리는 대로의 메리 허드슨은 동일한 가능세계에 단 한 명밖에 존재하지 않는 것이다. 뉴욕의 한정된 시각에 메리 허드슨과 똑같은 인물이 두 사람도 세 사람도 있다는 가능세계는 현실세계의 통상의 존재양식과는 동떨어져 있기 때문에 앞의 분석 1에 의해서도 제일 먼저 제외될 것이다. 그러나 「웃는 남자」보다도 훨씬 기술이 진부하고 어디에서나 있을 듯한 사건만이 쓰여져 있는 허구도 생각할 수 있다. 예컨대 논의를 알기 쉽게 하기 위해 극단적인 경우로서 다음 한 문장으로 이루어진 단순한 허구 Ω를 설정해 보자.

Ω "다카히로(孝弘)는 쇼핑하러 나왔다가, 도중에 넘어졌지만 바로 일어나서 쇼핑을 마치고 길가의 고양이를 쓰다듬고는 날이 저물기 전에 집으로 돌아왔다."

보다 허구작품다운 긴 사례를 생각할 수도 있겠지만 당면 모델로서는 이 짧은 작품 Ω로 충분하다. 그런데 이 허구는 통상의 허구와 마찬가지로 하나의 세계에 관해 한 명의 인물 '다카히로'를 그리고 있다. 그러나 보는 대로 이 허구 Ω에 쓰인 사건 전체는 이 현실세계와 닮은 세계에서는 몇 명이나 되는 인물에 적용되고 있다고 추측할 수 있을 것이다.[27] 그래도 역시 우리는 Ω가 단지 예문, 필기연습이나 비유가 아닌 픽션인 이상 **한 명**의 인간을 묘사한 것이라고 생각할 것이다. 시부야구(澁谷區)의 다나카 다카히로(田中孝弘), 가와구치시(川口市)의 야마시타 다카히로(山下孝弘), 나가노시(長野市)의 오가와라 다카히로(大瓦孝弘), 쇼와(昭和) 원년의 무라카미 다카히로(村上孝弘), 헤이세이(平成) 6년의 요시오카 다카히로(吉岡孝弘), 2001년 섣달 그믐날의 이즈미 다카히로(泉孝弘)가 동시에 그려지고 있다고는 느끼지 않고, 그렇게 생각할 수 없을 것이다. 하나의 세계에 대하여 한 명의 다카히로를 특권적으로 골라내는 것이 불가능함에도 불구하고 우리는 Ω가 한 명의 인간을 그린 것이라고 상정하는 것이다.

많은 동등한 후보 중에서 자의적으로 한 명을 선출하는 것. 게다가 그것이 어떠한 후보인지도 알지 못한 채 어쨌든 한 사람을 선출하는 것. 하나의 세계 속에서 그것이 허용된다면 다수의 가능세계에 사는 많은 '다카

---

27) Ω는 이 현실세계에서 성립하고 있는 사건과 일치할 전망도 크다. 그렇다면 Ω와 같은 단순무개성의 허구는 모두 동등하게 현실세계를 그리고 있는 것일까? 루이스의 분석 1, 분석 2의 정의항에서, "f가 사실로서 말해지고 있고"라 간주되고 있었다는 것을 상기하라. 허구 내에서는 "f가 사실로서 성립하고 있다"로는 불충분하고 화자에게 사실이라고 알려지고 그렇게 말해지고 있을 필요가 있는 것이다. 따라서 이 현실세계에 있어서 Ω가 창작으로 만들어진 문장이었고 작가가 사실로서 알고 사실로서 말하고 있는 문장이 아니라면 루이스의 분석에 의하면 Ω의 허구세계, 즉 "Ω가 사실로서 말해지고" 있는 세계라는 것은 현실세계와는 다른 어떤 세계들이라는 것이다.

히로'로부터 한 세계의 다카히로를 선출하는 것이 불가능할 이유는 없다. 만약 불가능하다고 한다면 동일세계 내에서의 선출과 세계들 간에서의 선출 사이에 근본적인 절차상의 차이가 있다는 것을 증명해야만 한다. 그러나 보았듯이, Ω의 경우 한 개체를 선택할 단서가 부여되어 있지 않다는 점에서는 어느 쪽도 같은 조건인 것이다. 따라서 세계 내에서의 선출이 가능하다면 세계 간의 선출도 또한 가능해야만 할 것이다(단 Ω와 같은 허구는 동일세계 내의 복수의 대상에 관하여 말하고 있는 것이라고 인정하는 방향을 시사하는 것으로서 Ryle, 1933: 39~40이 있다. 같은 취지의 다른 이론들은 4장에서 소개한다. Currie, 1990: §4.6도 보라).

네번째이자, 마지막 논의로 허구 속의 허구라는 것을 생각해 주었으면 한다. 등장인물 중에 예컨대 소설가가 있어 그가 소설을 쓰는 경우가 그것이다. 허구 속의 허구라는 이 현상은 『천일야화』의 세헤라자드의 이야기나 『햄릿』의 극중극, 『카라마조프가의 형제』의 대심문관의 우화 등 극히 흔한 것으로 '액자 이야기'(frame story)라고도 불리고 있다. 그런데 한 걸음 나아가서 허구 속의 허구(내측의 허구)의 등장인물이나 사건이 허구(외측의 허구)에서 현실화하고 실체화해서 외측의 허구의 등장인물이나 사건과 상호작용하기 시작하는 유형의 허구를 생각해 보자. 이것은 예외적인 허구이지만 드문 것은 아니다. 허구나 꿈이 실체화하게 되는 이야기는 예컨대 판타지 작가 조너선 캐럴이 장기를 보이는 분야이고(Carroll, 1980; 1987; 1989), 일본에서도 최근 쓰쓰이 야스타카(筒井康隆)나 구로이 센지(黑井千次)가 이런 종류의 실험적인 작품을 발표하고 있다(筒井, 1992; 1993; 黑井, 1993). 그 작품들이 엄밀하게 볼 때 문자 그대로의 '허구의 현실화'를 그리고 있다고 말해도 좋은지는 의문의 여지가 확실히 있다. 즉 무언가 다른 흥미로운 사실을 표현하기 위한 일종의 은유로서 일견 허구가 현실화한 듯한 사건을 그리고 있다고 해석할 여지도 있다. 그러나 정말로 허구적 대상이 현실로 빠져나온 사건을 문자 그대로 그리고 있는 허구작품에 선험적(a priori)인 불합리는 포함되어 있지 않다고 생각된다. 허구의 현실화가 반드시 허구로부터 현실로의 인과관계를 나타내는 것은 아니고 허구와 현실의 등장대상에 관한 성질상의 완전 일치를 나타내는 것이라고 한다면 이것은 불합리하지 않을 것이기 때문이다. 허구가 현실로 화하는 것을 **승격**(昇格)이라 부르고 승격을 진리로서 그리는 허구를 **승격허구라 부르기**로 하자. 그런데 승격허구는 허구라는 것의 본성에 관해 우리에게 무엇을 시사해 주는 것일까.

현실과 허구의 관계는 허구와 허구 내 허구와의 관계와 같을 것이다. "허구의 등장인물이 그 허구세계의 사건이나 인간을 지시하는 방식은 본질적으로 우리가 이 현실세계의 사건이나 인간을 지시하는 방식과 같다"(Margolis, 1965: 160)는 것을 인정하고 또한 지시라는 관계 이외의 모든 관계에 있어서도 같은 것이 성립한다고 인정한다면, 그리고 상식에 일치한다고 생각된다면, 그렇게 해서 액자 이야기의 겉껍질의 허구로부터 보면, 허구 내 허구는 바로 단순한 허구이고 이 현실로부터 본 겉껍질의 허구와 같은 신분에 있기 때문이다. 즉 다음의 비례식이 성립한다.

F1 현실 : 허구 = 허구 : 허구 내 허구

그런데 승격이란 허구가 현실 속에 나타나는 것, 혹은 허구 내 허구가 허구 속에 현실화하는 현상이다. 승격허구가 선험적(a priori)으로 불가능하지 않다는 것은 이미 확인했다. 그것은 허구 : 허구 내 허구의 관계에 있어서 승격이 일어날 수 있다는 것이다. F1에 의하면 우변에서 일어날 수 있는 것은 좌변에서도 일어날 수 있어야만 한다. 이것은 현실에 있어서 승격이 일어날 수 있다는 것이다. 물론 여기서의 "일어날 수 있다"의 의미는 어렵다. 셜록 홈스가 이야기 속에서 빠져나오거나 어젯밤 꿈에서 본 괴물이 현실까지 쫓아오거나 하는 것은 문자 그대로의 인과적인 의미에서는 도저히 불가능하다. 아무것도 아닌 공간에서 갑자기 홈스 같은 자가, 꿈속의 괴물 같은 것이 우리 눈앞에 출현했다고 해도 우발적으로 똑같은 것이 똑같은 기억, 성질, 자의식을 비인과적으로 갖추고 여기에 나타나게 되었다고 우리는 생각하고, 허구적 대상과 유사관계는 어쨌든 인과적·수적 동일관계로 묶인 대상이 실재하게 되었다고는 인정할 생각이 들지 않을지도 모른다. 그러나 허구적 대상이란 구체적이면서 인과적으로 연결되어 있지 않아도 완전히 동일하게 있을 수 있는 기묘한 존재일지도 모르는 것이다. 기묘? 아니, 관세계적 동일성의 철학은 우리 자신과 같은 통상적인 대상에 관해서조차 비인과적 동일성을 허용하고 있는 것은 아닌가! F1과 승격허구의 가능성을 인정하는 한, 이리하여 개념적으로는 이 현실세계에 있어서 승격을 일관적인 관념으로 인정해야만 할 것이다.[28] 즉 실제로는 인정하기 힘든 것으로 알고 있어도 개념틀 내에서는 잠재적으로 승격을 받아들일 준비가 항상 되어 있어야만 한다.

『파프리카』의 꿈의 괴물이든 『K씨의 비밀』의 K씨든 승격하게 되는 허구적 대상은 구석구석까지 채워져 있다. 완전한 구체적 개체이다. 공백 투성이었거나, 무수한 결정 상태가 공존하는 중첩이었거나 하는 것이 아

---

[28] 승격을 인정할 경우 역의 경우인 격하, 즉 현실의 인물이 허구 내에 들어가는 경우도 인정해야만 할지도 모른다. 그러나 『이상한 나라의 앨리스』 등 일견 격하 허구처럼 보이는 작품도 실은 인물이 꿈을 꾸었던 것에 지나지 않는다는 해석을 면하기는 어려울지도 모른다(실제로 『이상한 나라의 앨리스』에서는 꿈이었다).

니라—그렇다면 글의 내용에 암시될 터이고 무엇보다도 그러한 현실화가 물리적으로 가능한지 불가능한지 명확하지 않다—허구 내에서는 현실의 이치(二値)적인 개체인 것이다. 그것은 규정적 부분을 포함해서 허구적 대상은 잠재적으로 모든 성질이 이치적으로 결정되어야만 한다는 것이다. 즉 일반적으로 허구는 유일한 완전가능세계여야만 하는 것이다.

그러나 예컨대 복수의 셜록 홈스가 승격한다는 가능성을 어떻게 생각해야 할까? 한 사람의 셜록 홈스의 오른쪽 귀 속에는 점이 있고 또 한 명에게는 없다. 그러한 방식으로 무수한 홈스 중 임의의 것이 승격하게 된다는 것을 개념적으로 인정할 수 있는 것은 아닐까. 따라서 승격 가능성은 허구적 대상의 이치적 결정성을 증명하지는 않는 것은 아닐까.

이 반론에 대해서는 인물의 확정이라는 까다로운 논의에 호소해서 해결해야만 하는 듯 생각된다. 만약 버나드 윌리엄스를 모방해서 인물의 확정은 동일성 관계에 기반해야만 하고 동일성 관계는 일대일 대응관계라는 것을 인정한다고 한다면 시공적 연속성을 가진 육체에 의해 확정이 행해져야만 하게 될 것이다(단 전술했듯이 승격의 순간만은 인과연속성이 끊어질지도 모르지만).[29] 그러면 같은 세계에서 같은 인물이 두 개의 육체를 가지고 등장한다는 것은 인정해서는 안 된다. 오른쪽 귀 속에 점이 있

---

[29] Williams, 1973의 처음 다섯 논문을 참조하라. 여기서 논점은 인물의 동질성을 기억의 연속성이나 성격의 유사성이라는 심적 기준으로서 행해야 하는가, 육체의 시공적 연속성이라는 몸의 기준으로 행해야 하는가라는 질문을 해결하려는 것이다. 전자를 채용하면 동시에 복수의 인물(이라고 상식적으로 인정되는 것)이 같은 기억, 예컨대 나폴레옹의 정확한 기억을 갖고 탄생하는 경우도 있을 수 있으므로 동일성의 일대일 대응이 성립하지 않게 된다. 따라서 동일성은 후자에서 이루어져야 한다는 것이 윌리엄스의 논지이다. 풍부한 창의성을 가진 많은 사고실험이 전개되고 있고 환생이나 전생이나 신체교환이나 육체분열 등의 불가능성이 귀결되는 등 흥미로운 함축이 제시되었다. 관련문헌으로서, Lewis, 1971; 1976b; Wiggins, 1980: 6; Noonan, 1989(특히 §10)등도 보라.

는 홈스와 점이 없는 홈스는 다른 가능세계에 존재하는 경우에는 동일 인물일 수 있어도[30] 같은 가능세계에 동시에 나타나게 되면 즉시 다른 인물이 되어야만 할 것이다. 이것은 이미 홈스 그 사람의 승격이라고는 인정할 수 없으므로 승격이라는 것은 단 하나, 단 한 가지의 육체의 현실화여야만 한다고 정의할 수 있을 것이다. 따라서 역시 허구란 본질적으로 단 하나의 완전한 가능세계이다.

이상 이 장에서는 텍스트 내의 잉여정보라는 현상적 수단으로부터 출발해서 앞 절까지 정비한 직관적이면서 현실적인 근거를 네 개의 논리적 근거에 의해 보충하고 단일세계설을 지지하는 논의를 해보았다. 그 개개의 논의들 중 어느 것도 필시 단독으로는 결정적인 논증이 될 수 없다. 특히 마지막 승격허구에 호소하는 논의는 승격허구라는 것의 선험적인 가능성에 의거하는 것이지만, 승격이 가능하다는 것은 정말로 어떠한 의미인가를 보다 엄밀하게 논의, 정의해야만 할 것이다. 그리고 단독으로는 결정적이지 않은 논증이 모여 결과적으로 결정적인 논증을 만들어 내고 있는지 아닌지도 명확하지는 않다. 그러나 어찌 되었든 단일세계설이 집합설에 비해 신빙성에 있어서 전혀 뒤떨어지지 않는다는 것은 보여 줄 수 있었던 것은 아닌가 하고 생각한다. 해석상대주의와 더불어 집합설(과 상황설)이 압도적으로 우세를 자랑하는 현 상태에 있어서 단일세계설의 복권을 어느 정도 논증적으로 시도하는 것이 가능했으므로 우리는 우선 만족해 두어야 할 것이다.

---

[30] 물론 복수의 세계에 동일한 개체가 존재한다는 관세계적 동일성 문제에는 어려운 점이 뒤따른다. 여기서는 깊이 들어가지 않을 것이다. 동일자 식별 불가능의 원리에 대한 위반, 동일성의 이행성에 대한 위반, 동일성 기준의 결여라는 세 가지 문제점의 개설은 Loux, 1979: 36~44를 참조하라.

(덧붙이자면 허구의 이치성에 관하여 마지막으로 생각해야만 하는 것으로서 '불완전한 것을 명시하고 있는 허구'를 어떻게 다룰 것인가가 있다. '어차피 허구다'하고 등장인물 자신이 초탈한 듯한 모습으로 작품언어가 망라cover하는 범위 밖의 사실의 부재를 전제로 해서 행위하는 소설. 이러한 스스로의 불완전성이나 모순을 자각하고 과시하는 작품이야말로 세계의 집합은커녕 '세계가 아닌 단순한 언어다'라고 해석되어야 할지도 모른다. 그러나 그러한 작품은 극히 예외적이다. 게다가 단순한 시나 언어게임이 아닌, 참된 의미에서 픽션이라고 부를 수 있는 그러한 작품이 정의상 존재할 수 있는지 없는지는 의문이다.)

루이스와 하인츠의, 특히 하인츠의 논의의 목적은 허구라는 것에 특유한 추론법칙, 진위의 논리를 수립하는 것이었다. 하인츠는 그것을 허구논리학(fictional logic)이라 칭하고 그 두 가지 커다란 특징은 이치적이지 않을 것, 모순이 허용될 것이라고 한다. 그러나 이것이 허구세계가 현실세계와 달리 "본질적으로 불완전하다.⋯⋯ 비일관적이게 있을 수 있다"(Heintz, 1979: 93~94)라는, 말하자면 허구의 존재론에서 유래하면서 그것을 지지하는 것이라고 생각한다면 그것은 오류이거나 적어도 성급한 생각이다. 우리는 허구에 관한 논리학과, 허구에 있어서의 논리학을 구별해야만 한다.[31] 전자는 인식론이고 후자는 존재론이다. 확실히 현실세계에 사는 우리는 작가가 어떠한 가능세계를 선정한 것인지를 알 방도는 없다.

---

31) 따라서 하인츠 논문의 제목은 "Reference and Inference in Fiction"이 아니라 "Reference and Inference on Fiction"이어야만 했다. 게다가 허구에 관한 논리학도, 허구에 있어서의 논리학과 궁극적으로는 일치해야만 할 것이다. 게임을 행하는 플레이어가 이해하고 따르는 것과 같은 룰을 관객도 이해해야(경우에 따라서는 따라야)만 하는 것이다. 허구론의 게임의 실상에 관해서는 이 책 마지막에서 결론으로 기술할 것이다(이것은 허구론에 관한 책이므로 물론 그 결론도 게임 내에 있다).

따라서 루이스의 이론과 같이 최종 후보로 남은 다수의 세계를 모아 해당 허구로서 인식해야만 한다. 따라서 허구인식론의 논리학은 현실세계의 시야에 있어서의 현상으로 보면 이치적으로는 있을 수 없다. 그러나 이것은 허구에 한정되지 않고 세상의 모든 사항에 관한 우리의 인식도 마찬가지인 것이다. 따라서 이치적인 인식을 수용하지 않기 때문이라고 해서 허구 그 자체가 존재로서 불확정적이라거나 복수라고만 단정할 수 없다. 불확정하거나 모호하거나 하는 것은 아마도 어디까지나 우리의 인식내용에 지나지 않는 것이고 허구 내의 실재는 확정되어 있으면서 일관적이라고 **우선** 생각해야 한다. 그리고 인식론은 궁극적으로는 존재론과 일치해야 하는 것이다. 이런 의미에서 표준논리와는 다른 특유한 논리라는 의미에서의 허구논리학은 잠정적인 인식론의 정식화로서는 유효해도 허구의 형이상학을 해명하는 열쇠는 아마도 될 수 없을 것이다.

전술했듯이 우리는 집합설을 결정적으로 반증하고 논박한 것은 아니므로 이후에도 집합설의 타당성에 관해서는 유보한 채 진행하기로 하겠지만, 그러나 적어도 **완전성**에 관한 허구 특유의 비이치 논리에서는 적극적인 이점을 발견할 수 없다는 것을 알았다. 다음으로 이번에는 모순에 관하여 허구논리학이 어떻게 성립할 것인지 살펴볼 때이다.

3장 _ 허구세계란 무엇인가: 모순

1. 모순에 의거하는 이야기

레이 브래드버리의 시간여행 소설 「천둥소리」(Bradbury, 1952)는 과거의 상황에 대해 본래 존재하지 않았던 간섭을 주는 것을 통해 현재의 상황을 바꿔 버리는 이야기이다. 서력 2055년, 군국주의적 후보 도이처(deutscher)를 격파하고 평화주의자 키스(Keith) 대통령이 탄생한 다음날, 사냥을 취미로 하는 남자 에켈스(Eckels)는 타임 사파리에 참가한다. 타임머신으로 6천만 년 전의 밀림으로 거슬러 올라가 공룡을 총으로 쏘는 것이다. 과거에 영향을 주어 역사를 바꿔 버리지 않도록, 사냥감이 되는 공룡은 추적조사에 의해 미리 죽을 때가 확인되어 있는 개체에 한정되어 있고, 수렵대는 반중력 도로에서 벗어나서는 안 된다. 그러나 엄중하게 주의받았음에도 불구하고 에켈스는 티라노 사우루스의 거대함에 겁을 내고 도망쳐서 도로에서 벗어나 나비 한 마리를 밟아 뭉개버렸다. 일행은 2055년으로 돌아오지만 거기서 선거에 이긴 것은 키스가 아닌 '철인'(鐵人) 도이처라는 것을 알게 된다. 역사를 바꾼 죄로 에켈스는 총살된다.

하인츠가 비일관을 '본질적으로' 포함하는 작품의 예로서 이 「천둥소리」를 제시한 이래(Heintz, 1979: 92~93) 논리적 허구론을 다루는 문헌에서 종종 이 작품이 인용되므로, 우리도 픽션에 있어서의 모순을 논의하는 데 있어 이 작품을 검토하면서 시작하는 것은 나쁘지 않을 것이다. 일반적으로 시간여행이 주제인 SF에서는 논리적 일관성을 지키려고 하는 경우가 많다. 로버트 하인라인의 「시간의 문」(Heinlein, 1941)과 「윤회하는 뱀」(1942)은 그런 종류의 SF작품의 가장 잘 만들어진 예이다. 그에 비해 브래드버리의 작품은 시간여행의 역설을 처음부터 회피하려고 하지 않고, 그것을 전제로 한 이야기를 구축하고 있다. 그리고 실제로 모순된 두 상황이 생기는 것이다.

이 모순은 따라서 작가가 잘못 쓴 것에서 야기된 것은 아니다. "2055년 미국의 대통령에 취임한 것은 키스이다", "2055년 미국 대통령에 취임한 것은 키스가 아니다"라는 서로 모순된 두 명제가 확실히 각자 이야기 속에서 본질적인 역할을 하고 있다. 「천둥소리」의 세계는, 그리고 작품으로서의 재미는 모순에 의해 유지되고 있다.

그러나 이것은 진정으로 모순일까. 에켈스 일행들은 공룡시대의 밀림에서 나비를 밟아 뭉개고 타임머신에 올라탔을 때 다른 시간선을 타고 다른 세계의 다른 미래, 2055년을 향해 '귀환'한 것은 아닐까. 원래 세계에서는 원래대로 키스가 대통령이 되어 있고, 이 다른 세계는 단순히 우발적으로 도이처가 대통령이 된 세계인 것은 아닐까. 「천둥소리」는 모순을 그린 작품이 아니라 두 세계를 그린 작품인 것은 아닐까.[1] 그러나 하인츠는 이 해석을 다음과 같이 부정하고 있다. "에켈스의 가이드는 '미래를 바꾸는' 것을 걱정하고 있고 미래로의 영향이 '큰 울림인지 사소한 바스락거림(rustle)인지'를 걱정하고 있는 것이다"(Heintz, 1979: 93, n.11). 확실히

"그 혈거인(穴居人)은 살아도 죽어도 좋은 그냥 인간이 아닙니다. 아니에요! 그는 장래의 국민 전체인 것입니다"(Bradbury, 1952: 112)라는 가이드의 말은 그들이 사는 세계는 단일하고 유일한 세계라는 것을 함축하고 있다. 물론 시간의 전문가라고는 해도 이 가이드의 견해가 작품세계 내의 진리를 나타내고 있다고는 할 수 없다. 그러나 몇 번이나 반복되는 공룡의 포효와 최후의 총성이 상징하는 「천둥소리」, 즉 '커다란 울림'(Bradbury, 1952: 113)이 단지 하나의 시간의 흐름을 지배하는 논리가 파괴된 소리 그 자체였다고 해석하는 것도 자연스러울 것이다. 과거와 미래를 연결하는 필연성의 사슬이 에켈스의 행위에 의해 단절되어 버린 것이다. 같은 하나의 세계의 2055년의 같은 날에 "키스가 미국 대통령에 취임했다"가 참이기도 하고 거짓이기도 한 사태가 생겨 버린 것일지도 모르는 것이다.[2]

2. 두 종류의 모순

아직 결정적인 해석을 정하는 것은 불가능하지만 어쨌든 브래드버리의

---

1) 두 개의 '가능세계'를 그리고 있다는 의미는 아니다. 하나의 현실세계 그 자체가 다원세계로 이루어져 있고 키스 대통령의 세계도 도이처 대통령의 세계도 그 속에 포함되어 있다는 것이다. 살아 있는 몸뚱아리를 가진 인간이 복수의 '가능세계'에 등장하는 경우가 있다고 해도 3절에서 보듯이 어떤 가능세계로부터 다른 가능세계로 이동한다는 것은 가능세계의 정의상 불가능하다. 가능세계론자의 시간론은 Lewis, 1976a; 1979를 참조하라. 루이스는 '부모살해의 역설'은 논리적으로 생기지 않는다고 주장한다──실행하려고 해도 "어떤 흔한 이유, 불의의 소리로 조급해진다든가 총알이 빗나간다든가 담력이 좋지 못하다든가"(1976a: 76)에 의해 반드시 실패한다. 단 이것은 보통 말하는 '죽일 수 없다'의 의미는 아니라고 해서 'can'의 논리적 의미와 능력적 의미를 구별하고 있다(1976a: 77).
2) 무모순을 의도해서 정교하게 구축된 하인라인 「시간의 문」의 세계에서도 작가가 의식하지 않았던 모순이 포함되어 있을지도 모를 가능성에 관해서는 히로세 타다시(廣瀨正)의 에세이 「「시간의 문」을 열다」(1963)를 참조하라.

「천둥소리」에 표현되어 있는 것이 참된 논리적 모순일 수도 있다는 것을 확인했다 해도, 그러면 이것이 어떠한 종류의 모순인가를 생각해 보자. 논리적 모순은 일반적으로, 그리고 소설이나 극이 스토리 속에 포함할 수 있는 모순은 일반적으로 두 종류로 나뉠 수 있다. 그 두 개를 '강한 모순', '약한 모순'이라 부를 수 있다. 앞 장까지 우리는 주로 불완전성과 모순을 픽션[허구] 특유의 논리적 특징으로 간주해 왔지만, 모순의 고찰을 시작하는 데 있어 지금까지의 논의를 커다란 틀 속에서 재편성하기 위해 모순과 불완전성, 그리고 또 하나, 함축하에서의 폐쇄(closure)라는 개념을 더하여 이들 개념들이 병행하는 구조를 여기서 분석해 두기로 하자. 현대논리학 중 비이치적인 체계에서는 일반적으로 다음과 같은 취지와 등가적인 구별이 행해지는 경우가 많다.

▷ 일관성·비일관성(모순)

어떤 체계가 **강한 일관성을 가진다**는 것은 그 체계의 어떠한 명제 P에 관해서도 P가 그 체계에서 참이고 또한 ~P도 그 체계에서 참인 경우는 없다는 것이다.

어떤 체계가 **약한 일관성을 가진다**는 것은 그 체계의 어떠한 명제 P에 관해서도 'P 그리고 ~P'가 참인 경우는 없다는 것이다(이것이 일반적으로 말하는 "모순율이 성립한다"는 것이다).

이들을 각자 부정하면 차례대로 '약한 모순', '강한 모순'이 얻어진다. 즉 어떤 체계가 **약한 모순을 가진다**는 것은 P가 그 체계에서 참이고 ~P가 그 체계에서 참인 명제 P가 그 체계 내에 있다는 것이다.

어떤 체계가 **강한 모순을 가진다**는 것은 'P 그리고 ~P'가 그 체계에서 참인 명제 P가 그 체계 내에 있다는 것이다.

(덧붙여 모순의 일반적인 형식은 P와 어떤 명제들의 연언이 서로 비일관인 경우이다. 예컨대 ∃xFx가 참이고 또한 x에 대입될 수 있는 구체적인 어떠한 n에 관해서도 ~Fn인 ω비일관의 경우가 있다. ω비일관은 약한 모순보다 더욱 약한 모순이다. 뒤에 기술할 '강한 논리적 폐쇄'가 인정된다면, ω비일관은 약한 모순과 동치가 된다.)

▷ 완전성·불완전성

어떤 체계가 **강한 완전성을 가진다**(혹은 강하게 완전하다——이 환언 가능성은 이하 마찬가지)는 것은 그 체계의 어떠한 명제 P에 관해서도 P가 그 체계 내에서 참이든지, ~P가 그 체계 내에서 참이든지 적어도 둘 중 하나라는 것이다(이것은 2장의 3절에서 본 "이치성二値性의 법칙이 성립한다"는 것이다).

어떤 체계가 **약한 완전성을 가진다**는 것은 그 체계의 어떠한 명제 P에 관해서도 'P 또는 ~P'가 그 체계 내에서 참이라는 것이다(이것은 2장의 3절에서 본 "배중률이 성립한다"는 것이다).

이들을 각자 부정하면 차례대로 '약한 불완전성', '강한 불완전성'이 얻어진다. 즉 어떤 체계가 **약한 불완전성을 갖는다**는 것은 P가 그 체계에서 참이 아니고 ~P도 그 체계에서 참이 아닌 명제 P가 그 체계 내에 있다는 것이다.

어떤 체계가 **강한 불완전성을 갖는다**는 것은 'P 또는 ~P'가 그 체계에서 참이 아닌 명제 P가 그 체계 내에 있다는 것이다.

(덧붙여서 불완전성의 일반적인 형식은 어떤 총괄적인 exhaustive 명제들이 어느 것이나 참이 아닌 경우이다. 예컨대 ∃xFx여야만 할 때 x에 대입될 수 있는 구체적인 어떠한 n에 관해서도 Fx가 참이 아닌 ω불완전의 경우

가 그것이다. ω불완전은 약한 불완전성보다 더욱 약한 불완전성이다. 다음에 기술할 '강한 논리적 폐쇄'가 인정된다면 ω불완전은 약한 불완전성과 동치가 된다.)

▷ **논리적 함축 내에서의 폐쇄**
어떤 체계가 **논리적 함축에 대해 강하게 닫혀 있다**(closed)는 것은 그 체계의 어떠한 명제 $p_1, p_2, p_3 \cdots p_n$에 관해서도 $p_1, p_2, p_3 \cdots p_n$이 그 체계에서 참이고 그리고 $p_1, p_2, p_3 \cdots p_n \vdash p_{n+1}$이라면, p_{n+1}이 그 체계에서 참이라는 것이다.($\vdash$는 표준논리에서 함축, 귀결, 혹은 도출관계[3]).

어떤 체계가 **논리적 함축에 대해서 약하게 닫혀 있다**는 것은 그 체계의 어떠한 명제 p_1에 관해서도 p_1이 그 체계에서 참이고, 그리고 $p_1 \vdash p_2$라면 p_2는 그 체계에서 참이라는 것이다.

이들을 각자 부정하면 차례대로 "강하게 닫혀 있지는 않다", "약하게 닫혀 있지도 않다"가 얻어진다. 판명한 용어상의 편의적인 통일을 위해 각자를 (논리학에서 그다지 사용되지 않는 말일지도 모르지만) "약하게 비폐쇄이다", "강하게 비폐쇄이다"라고 부르기로 하자. 즉,

---

[3] implication, consequence, entailment, necessitation 등은 미묘하게 뉘앙스가 다르지만 여기서는 일괄해서 써도 논의에는 지장이 없다. 또한 '폐쇄'에 관해 설명해 두자면 이것은 수학에서 말하는 "연산에 대해 닫혀 있다"와 같은 의미이다. 예컨대 자연수의 체계는 덧셈이라는 연산에 대해 닫혀 있다. 임의의 자연수 a, b에 덧셈을 행한 결과는 반드시 자연수이기 때문이다. 그러나 자연수는 뺄셈이나 나눗셈에 대해서는 닫혀 있지 않다. a−b나 a÷b는 자연수가 아닐 수 있기 때문이다. 정수는 뺄셈에 대해서 닫혀 있고 유리수는 나눗셈에 대해서 닫혀 있다. 수학과의 유비로부터 알 수 있듯이, 정확히는 본문의 기술은 '어떤 체계는'이라 하지 않고 '어떤 체계에 있어서의 진리는'이라고 해야 하지만 (자연수라는 수의 성질이 연산에 대해서 지켜지는 것과 마찬가지로 참이라는 명제의 성질이 함축이라는 연산에 대해서 지켜진다는 것이므로) 완전성, 모순의 기술과 맞추기 위해 생략어법을 사용하고 있다.

어떤 체계가 **논리적 함축**에 대해서 **약하게 비폐쇄**이다라는 것은 어떤 명제 $p_1, p_2, p_3 \cdots p_n$이 그 체계에서 참이고 그리고 $p_1, p_2, p_3 \cdots p_n \vdash p_{n+1}$임에도 불구하고 p_{n+1}이 그 체계에서 참이라고는 단정할 수 없다는 것이다.

어떤 체계가 **논리적 함축**에 대해서 **강하게 비폐쇄**이다라는 것은 어떤 명제 p_1이 그 체계에서 참이고 그리고 $p_1 \vdash p_2$임에도 불구하고 p_2가 그 체계에서 참이라고는 단정할 수 없다는 것이다.

그런데 "허구작품 W에 있어서의 진리"라는 체계 S를 생각해 보자. S는 허구작품 W에 있어서 참이 되는 명제의 집합이다. 논리적 허구론의 문헌들에서 대략 의견이 일치하고 있는 것은 일반적으로 S는 강한 완전성은 갖지 않지만 약한 완전성을 갖고(즉 강한 불완전성은 갖지 않지만 약한 불완전성을 갖고), 강한 일관성을 갖는다고는 단정할 수 없지만 약한 일관성을 가지며(즉 강한 모순은 갖지 않지만 약한 모순을 가지는 경우는 있을 수 있고), 논리적 함축하에서 강하게 닫혀 있다고는 단정할 수 없지만 약하게 닫혀는 있다(논리적 함축하에서 강하게 비폐쇄인 것은 아니지만 약하게 비폐쇄인 경우는 있을 수 있다)는 것이다(Woods, 1974; Routley, 1979; Heintz, 1979; Howell, 1979; Heydrich, 1982 등. 하월은 '약하게 불완전', '강하게 불완전'을 각자 '비근본적으로nonradically 불완전', '근본적으로 radically 불완전'이라 부르고 있다. Howell, 1979: 134~136, n.14, 41). 요컨대 완전하고 일관적이며 논리적으로 닫혀 있는[4] 현실세계와 비교할 경우

---

4) 이하 표현을 간결하게 하기 위해 종종 "논리적 함축에 대해 닫혀 있다(있지 않다)"를 "논리적으로 닫혀 있다(있지 않다)", "논리적 함축하에서의 (비)폐쇄"를 "논리적 (비)폐쇄"라 쓰기로 한다.

에 허구세계가 특히 가지는 불완전성, 모순, 논리적 비폐쇄라는 세 특징에 관해 허구세계는 어느 것이나 약한 쪽의 버전을 띨 수 있다—모순된 허구세계는 실제로 띠고 있다는 것이 된다.

이것은 허구의 진리체계 S가 인간의 마음이 품는 신념체계와 유사하다는 가정에 기반해서 세워진 모델이라는 것을 나타내고 있는 듯 생각된다. 한 인간의 신념의 집합 B를 취해 보자(한 인간이 아니라 한 사회 전체의 신념이어도 좋다). 일반적으로 B에 관하여 다음이 성립한다.

① 사람은 현재(顯在)적인(의식적인) 신념을 가짐과 동시에 잠재적인(무의식의) 신념을 갖는다.

② 사람은 서로 모순된 신념을 가질 수 있다. 예컨대 집 출입문에 자동잠금장치가 되어 있어서 스미스가 집의 열쇠를 갖지 않고 외출했다고 하자. 왜 그는 외출했을까. 아내를 맞이하러 가기 위해서이다. 왜 열쇠를 갖고 나가지 않았을까. 아내가 안에서 열어 준다고 생각했기 때문이다(이 예는 Currie, 1990: 88에 의한다). 이런 종류의 착각 사례는 일상생활에서 비교적 흔하다. 여기서 스미스는 아내가 집에 있지 않다는 것을 믿고 또한 아내가 집에 있다는 것을 믿고 있다. 그러나 아내가 집에 있으면서 아내가 집에 없다는 것을 믿고 있는 것은 아닐 것이다.

③ 사람은 어떤 것에 관해 옳다고도, 틀리다고도 믿지 않는 경우가 있다. 예컨대 불가지론자는 "신은 있다"라는 것이 옳다고도 믿지 않고 그것이 틀리다고도 믿지 않는다. 그러나 옳든지 그르든지 어느 한쪽이라는 것은 믿고 있을 것이다. 또한 나는 케네디를 저격한 것이 오스월드라고도, 오스월드가 아니라고도 믿는 것은 불가능하다. 그러나 오

스윌드이든지 오스윌드가 아니든지 둘 중 하나라는 것만은 확신할 수 있다. 그리고 유한한 사색 용량밖에 갖지 않은 우리의 신념은 일반적으로 배중률은 믿는다고 해도 모든 구체적인 화제를 샅샅이 살필 수 없을 것이다.

④ 사람은 자신이 믿고 있는 것의 논리적 귀결을 전부 믿고 있는 것은 아니다. 수학을 배우기 시작한 중학생은 유클리드 기하학의 공리를 전부 옳다고 믿는다고 해도, 그 논리적 귀결인 복잡한 정리를 옳다고 인식하는 것은 아니다.

신념체계 B에 관하여 이상의 사실은 각자 허구 진리체계 S의 외삽적 해석의 여지, 약한 모순, 약한 불완전성, 약한 비폐쇄와 그대로 대응하고 있다. 커리는 이것으로서 픽션이란 '허구적 작가'(fictional author)라는 인격적 캐릭터의 신념을 표현한 것이라고 해석하고 있는 듯하다(Currie, 1990). 단 여기서 주의해야 할 것은 두 가지이다. 첫번째로 ②, ③에 관하여 어떤 사람들은 모순율이나 배중률을 거짓이라고 믿는 것도 가능한 것은 아닌가, 즉 사람의 마음은 그들이 믿고 있는 단일한 강한 모순 및 강한 불완전성을 갖는 것도 가능한 것은 아닌가 하는 것과, 두번째로 ④의 경우 사람의 마음은 그것이 믿고 있는 단일한 명제의 귀결에 관해서도, 그것이 복잡한 명제일 때에는 그것을 때마침 (기계적 혹은 관습적으로) 믿고 있다고 해도 그 논리적인 모든 귀결을 믿고 있다고는 반드시 말할 수 없는 것은 아닌가, 즉 강하게 비폐쇄인 것은 아닌가 하는 것이다. 허구에 관해서는 어떠할까. 이 문제에 관해서는 뒤에서 간단하게 접해 보고자 한다.

이상의 구별을 확인했으므로, 모순된 허구의 구체적 분석으로 돌아갈 준비가 되었는데, 그전에 또 하나, 이하의 논의를 매끄럽게 하기 위해 불완전성, 모순과 논리적 폐쇄의 관계를 대략적으로 살펴 두고 싶다. 표준 논리하에서 필연명제는 어떠한 명제에 의해서도 함축되므로 체계 S가 논리적으로 약하게 닫혀 있다면, S가 하나라도 명제를 포함하는 한 필연명제는 S에 있어서 참이 된다. 따라서 허구세계는 통상 모든 필연명제가 참인 것으로서 성립하는 세계가 된다. 그런데 배중률과 모순율은 필연명제의 예이다. 따라서 배중률이 참이라는 '약한 완전성'과 모순율이 참이라는 '약한 일관성'은 '약한 논리적 폐쇄'가 성립하는 것에 의해 보증되게 된다. 특히 다음의 '초가치'

p는 참이 아니다   ~p는 참이 아니다   그러나 p∨~p는 참이다

와 그 모순에 관한 대응물

p는 참이다   ~p는 참이다   그러나 p∧~p는 참이 아니다

가 보증된다. 특히 p∧~p는 ~(p∧~p)가 항진이기 때문에 어떠한 허구에 있어서도, 이를테면 모순된 허구에 있어서도 거짓이 되는 것이다. 그렇다는 것은 역으로 말하면 서로 모순된 명제가 각각 참이라는 '약한 모순'의 가능성이 '약한 논리적 비폐쇄'가 성립하는 것에 의해 보증되고 있다는 것이 된다. 즉 S가 허구 특유의 성격으로서 명제 p와 ~p를 참인 명제로서 포함하고 있다고 해도,

p, ~p ⊢ p∧~p   ∴ p∧~p

이라는 추론이 '약한 논리적 비폐쇄'에 의해 봉쇄(block)되어 허구 S는 모순율을 범하지 않고 p와 ~p를 참인 명제로서 포함할 수 있게 된 것이다.

또 하나 중요한 것은 '약한 논리적 비폐쇄'를 인정하는 것에 의해 모순된 허구가 임의의 명제를 참인 것으로서 포함해 버리는 불합리를 회피할 수 있다는 것이다. 모순된 체계가 임의의 명제를 체계 내에서 참으로 한다는 것은 다음과 같은 것이었다. 즉 체계 S가 p와 ~p를 참인 명제로서 포함한다면, 임의의 명제 q에 관하여

$$p \vdash p \vee q \quad \therefore p \vee q \qquad p \vee q, \sim p \vdash q \quad \therefore q$$

따라서 임의의 명제가 S 내에서 참인 명제로서 포함되어 버린다(cf. C. I. Lewis, 1918). 브래드버리의 「천둥소리」에서는 "2055년 미국 대통령에 취임한 것은 키스이다", "2055년 미국 대통령에 취임한 것은 키스가 아니다"라는 모순이 포함되어 있기 때문에 결과로서 모든 명제, "1+1=2", "1+1=3", "일본의 수도는 오사카(大阪)이다", "고양이는 파충류이다", "2055년 미국 대통령에 누구도 취임하지 않았다" 또는 "p∧~p"(강한 모순!)조차도 그 세계에서 성립하는 것이 된다. 이것은 무차별의 진리에 의해 동일하게 포화한 최대 엔트로피의 혼돈 상태이다. 모든 것이 일어나고 있다는 것은 아무것도 일어나고 있지 않다는 것과 같은 의미일 것이다. 이 이야기를 성립시키는 열쇠가 되어야 할 한 개의 유의미하고 흥미로운 모순에 의해 허구세계 전체를 붕괴시키는 논리는 합리적인 논리라고는 말할 수 없다. 위의 도출에 있어서 '약한 논리적 비폐쇄'가 이런 종류의 파멸적인 붕괴를 막아 주고 있다는 것은 명백하다. 첫번째 도출 "$p \vdash p \vee q \therefore p \vee$

q"는 약한 논리적 폐쇄에 기반한 도출이므로 문제없지만 두번째의 "p∨q, ~p⊢q ∴q"는 강한 논리적 폐쇄에 의한 것이므로 약한 논리적 비폐쇄가 이것을 금한다. 따라서 모순된 허구는 논리적으로 강하게 닫혀 있지 않기 때문에 진위가능·불가능의 온갖 명제를 포함하는 파멸을 피할 수 있는 것이다.[5]

모순에 관해 정리하자면 허구세계는 '약한 논리적 비폐쇄' 덕분에 강한 모순을 봉쇄(block)하면서 약한 모순을 포함할 수 있게 된다. 허구론의 통설에 따른 이상과 같은 허구논리의 인식에 의해 '모순된 허구'를 잘 설명할 수 있을지 검토에 들어가 보자.

3. 합병의 방법

불완전성에 관해서는 앞 장에서 하인츠와 같은 상황설 이론가와, 루이스와 같은 다세계 이론가 사이에 그 취급에 큰 차이가 있고 루이스식의 전략 쪽이 유망하다는 것을 살펴보았다. 상황설에서는 불완전성을 한 개의 세계 속에 있어서 공백으로서 취급하고 다세계설에서는 불완전성을 공백 없는 완전다세계 간의 어긋남으로서 표현했었다. 상황론자가 세계의 성질로서 상상한 불완전성을, 다세계론자는 세계 간의 관계로서 파악했다. 허구의 불완전성을 상황론자가 문자 그대로 불완전세계 내의 문제로 간주한 것에 비해 다세계론자는 그것을 완전세계 **간**의 문제로 했다고 말해

---

[5] 강한 논리적 폐쇄를 유지하면서 임의의 명제의 성립을 막으려고 하는 전략이 여러 연관논리들이다. 논리적 폐쇄에 대해서가 아니라 도출의 개념에 제한을 가하는 것을 통해 이것을 실현하려고 하는 것이다. 이 장의 6절을 참조하라.

도 좋다. 이것은 루이스의 체계 쪽이 불완전세계라는 표준적 존재론에는 없는 종류의 새로운 실체를 도입하지 않고 해결된다는 점에서 직관적이면서 경제적으로 뛰어나다는 것을 보여 주고 있다. 그렇지만 모순에 관해서 사정은 다르다. 하인츠와 마찬가지로 루이스도 모순은 하나하나의 세계 내의 문제로 생각할 수밖에 없는 듯 생각된다. 모순을 세계 간의 문제로 환원하는 것이 불가능한 이유는 '픽션에 있어서의 참'의 정의 방식에 있다. 텍스트의 불완전성, 즉 불확정성을 세계의 분기로서 표현하고 그 서로 용납하지 않는 분기 부분은 그 픽션에 있어서 '참도 거짓도 아니다'라고 정의된다. 앞 장에서 검토한 루이스의 '허구에 있어서의 진위'의 정의는 세부를 제거하고 여기서 필요한 본질적 부분만을 생각하자면 다음과 같은 것이었다.

- '허구 f에 있어서, ø'는 참이다 ≡ f가 사실로서 성립하는 모든 최소이탈세계[6]에 있어서 ø는 참이다
- '허구 f에 있어서, ø'는 거짓이다 ≡ f가 사실로서 성립하는 모든 최소이탈세계에 있어서 ø는 거짓이다
- '허구 f에 있어서, ø'는 참도 거짓도 아니다 ≡ f가 사실로서 성립하는 어떤 최소이탈세계에 있어서 ø는 참이고 다른 어떤 최소이탈세계에 있어서 ø는 거짓이다

[6) '최소이탈'(minimal departure)이란 말은 Ryan, 1980에 의한다. 이는 기준세계와 가장 유사한 세계를 말한다. 라이언에 의한 루이스 이론의 해석은 허구세계로서 단지 하나의 최소이탈세계를 상정한다는 점에서 꽤 간략화 내지 데포르메되어 있지만 그것에 관한 적절한 주석을 포함하고 있지 않다.

이것을 바꿔 말하면,

① '허구 f에 있어서, ø'는 참이다 ≡ f가 사실로서 성립하는 모든 최소이탈세계에 있어서 ø가 참이다
② '허구 f에 있어서, ~ø'는 참이다 ≡ f가 사실로서 성립하는 모든 최소이탈세계에 있어서 ~ø가 참이다
③ '허구 f에 있어서, ø'는 참도 거짓도 아니다 ≡ f가 사실로서 성립하는 어떤 최소이탈세계에 있어서 ø가 참이고 다른 어떤 최소이탈세계에 있어서 ~ø가 참이다

그런데 「천둥소리」와 같이 작품 f의 글 내용에 ø와 ~ø 양쪽이 옳은 것으로서 기재되어 있다고 하자. 루이스의 정의에서는 이 모순을 세계 간의 관계로서 나타내는 것은 불가능하다. 즉 모순된 각 문장을 참이라 인정하기 위한 가장 자연스러운 방법은, f가 사실로서 성립하는 어떤 세계들에서는 ø가 참이고 또 다른 세계들에서는 ~ø가 참이라는 이른바 분할책에 의지하는 것일 테지만, 여기서는 'f에 있어서 ø' 그리고 'f에 있어서 ~ø'를 인정하는 것은 불가능하다. ø에 관해서도 ~ø에 관해서도 위의 ①, ②가 만족되어 있지 않고 ③이 만족되고 있는 것이 되므로, ø, ~ø 모두 참도 거짓도 아니라는 것이 되기 때문이다. 이것은 "트레비스의 혈액형은 A형이다"와 같은 '전혀 쓰여져 있지 않은 명제'를 참도 거짓도 아니게 하는 (이것은 루이스의 의도에 부합하고 있다) 것과 마찬가지로, "키스는 2055년 대통령에 당선되지 않았다"와 같은, 이야기상 중요하고 본질적으로 진리치를 갖지 않으면 안 되는 듯 생각되는 명제도 트레비스의 혈액형 운운하는 것과 **완전히 같은 의미**에서 참도 거짓도 아니라고 판정해야만 하게 되는 것이다. 이것은 불확정성과 모순의 의미론적 구별을 잃어버리는 것이

고, 당연한 일이지만 루이스의 의도에는 부합하지 않는다. 그래서 루이스의 다세계 체계에서도 모순은 불완전성과 달리 다세계 간의 관계로 환원은 불가능하고, 하나하나의 세계 속의 현상으로서 파악해야만 하는 듯 생각된다. 이리하여 일견 다세계설은 모순을 다루는 것에 관해서는 상황설에 비해 직관적인 이점을 갖고 있지는 않은 것처럼 보인다.[7]

허구 내의 모순에 대한 루이스의 태도는 따라서 처음에는 "모순은 인정하지 않는다"라는 것이었다. 정확히는 루이스는 우선 모순된 허구를 두 종류, 즉 '명백하게 불가능한(blatantly impossible) 허구', '사소하게 불가능한(venially impossible) 허구'로 나눈다(Lewis, 1978: 274~275). 전자의 경우는 모순이 이야기의 본질적 요소를 이루고 있는 허구, 후자는 작가가 의도하지 않은 실수(miss)에 의한 모순을 포함하는 허구이다. 전자의 경우 정의 내의 "f가 사실로서 성립하는 어떤 세계"라는 것이 존재하지 않으므로, 그 허구 내에서 모든 명제가 공허한 의미에서 참이 된다. 즉 허구에 있어서 참이라는 개념이 온전한 의미를 이루지 않는다고 말하는 것과 같다. 후자의 경우는 바람직한 정정을 가해서 이야기의 일관성을 회복한 뒤에 그 정정판 f'에 예의 그 허구에 있어서의 참의 정의를 적용하면 된다고 한다.[8] 전자의 경우는 모순된 허구는 온전한 작품이라고는 인정할 수 없

---

[7] 미규정 정보를 모순된 규정 정보와 동일시하는 2장 2절의 느슨했던(naive) 논의의 불충분함은 여기에 있다. 그 절의 각주 10번도 참조하라.
[8] 정확히는 다음과 같이 된다. 예컨대 왓슨이 입은 유일한 전상의 위치가 어깨이다, 허벅지이다 중에 원칙적으로는 이야기 전체로 봐서 우세한 쪽(빈도가 높은 쪽, 다른 요소들과의 관련이 깊은 쪽……)이 선택되지만 그 어느 쪽이든 같은 정도로 바람직한 경우에는 각 정정 버전의 공통부분만을 참으로서 채용한다. 즉 왓슨의 상처의 위치가 어깨라는 것은 참이 아니고 허벅지에 있다는 것도 참이 아니다. 단 이것은 왓슨의 전상의 위치에 관해 아무것도 쓰여져 있지 않은 경우와 같은 것이 된다는, 즉 모순이 불확정성과 같은 취급을 받는다는 것은 되지 않는다. 왜냐하면 왓슨은 전상을 입었다고만 쓰여져 있고 어깨라고도 허벅지라고도 한정되지 않은 불확정의 경우에는 예

다는 결의를 나타내고 있고 후자의 경우는 작품은 실제로는 모순되지 않는다고 확정하고 있는 것이 되므로, 어느 쪽이든 루이스의 입장은 허구에 있어서 모순은 인정할 수 없고, 허구는 무모순의 가능세계의 집합에 다름 아니라는 지점에 자리잡고 있는 것이 되는 것이다.

그러나 '사소하게 불가능한 허구'의 경우는 차치하고 '명백하게 불가능한 허구'의 경우, 루이스의 재단은 신뢰할 수 있는 방식이라고는 생각되지 않는다. 「천둥소리」는 확실히 '명백하게 불가능한 허구'의 전형적인 예지만 이 이야기에서 무엇이 참이고 무엇이 거짓인가를 판단하는 것이 의미를 가지지 않는다는 것은 우리의 문학적 직관에 반한다. "에켈스는 트레비스와 이야기를 했다", "에켈스는 나비를 밟았다", "2055년에 미국에서 대통령 선거가 이뤄졌다", "키스는 인간이다", "키스는 심장을 갖는다" 등은 명백하게 「천둥소리」에 있어서 참이다. "키스는 개다"는 거짓이다. 이 구별을 말소하는 논리는 그 외에 어떠한 이점을 주장할 수 있든지 정당

컨대 "왓슨의 상처는 왼쪽 발의 엄지발가락에 있다"는 참도 거짓도 아니게 되지만, 어깨, 허벅지라는 모순된 한정이 행해지는 경우에는 두 후보가 명시되어 있는 이상 "왓슨의 상처는 왼쪽 발의 엄지발가락에 있다"는 확실히 거짓이 되기 때문이다. 이 차이는 다음 사실에서 생긴다. 비일관적인 기술쌍을 P, Q라 하면 P와 Q는 보통 서로 반대의(contrary) 관계에 있고, 공백부의 분기는 쌍으로 환원하면 P, ~P라는 모순의(contradictory) 관계에 있다. 반대(contrariety)란 어떠한 가능세계에 있어서도 양쪽이 참이 되는 것은 불가능하지만 양쪽 다 거짓이 되는 것은 가능한 관계이고, 모순(contradiction)이란 어떠한 가능세계에 있어서도 양쪽이 참이 되는 것은 불가능하고 양쪽 다 거짓이 되는 것도 불가능한 관계이다. 양쪽을 합해서 비일관(inconsistency)이라 한다. 따라서 왓슨의 상처의 경우는 전자에 해당하므로, P, Q가 아닌 다른 경우가 남게 되고 그 남는 부분이 거짓으로서 배제된다는 것이 결정된다. 공백의 경우는 남는 부분이 없이 불확정으로 다 채워져 있으므로 아무것도 결정되지 않는 것이다. 이 장의 각주 14번도 보라. 또한 본문에서는 비일관의 경우를 반대의 경우도 포함, 대부분 '모순'이라 써 왔지만 ① '모순율'이라는 용어와의 통일을 도모할 것, ② 비일관성을 논할 목적으로 한정하면 P와 ~P의 관계로서 나타내기만 하면 되는 것이 대부분이라는 것(P와 Q가 반대의 경우, Q는 ~P를 함축하므로 Q를 ~P로 대용할 수 있다), ③ 반대의 경우는 하나의 명제기호로 명제 간의 논리적 관계를 명시할 수 없다는 것, 이상 세 가지 이유에 의해 특별한 경우를 빼고 이후에도 '비일관', '모순'을 혼용하고 '반대'는 굳이 사용하지 않기로 한다.

하다고는 말할 수 없다.

그래서 루이스는 5년 뒤에 원래의 자기 주장을 보충, 수정해서 모순된 각 명제를 이야기에 있어서 참으로 인정할 수 있다는 안을 제시한다. 먼저 모순된 텍스트를 일관적인 복수의 (보통은 두 개의) 흐름으로 분할한다. 그 흐름들에 관해 무모순 완전세계의 집합을 구성하고 각각의 흐름에 있어서 참을 그 분석 1 혹은 분석 2와 같이 정의하고 적어도 하나의 흐름에 있어서 참인 것이 그 허구 전체에 있어서 참인 것이라고 규정한 것이다 (이것을 루이스는 '합병의 방법'method of union[9]이라 부른다). 이리하면 허구 f가 ø와 ~ø를 본질적으로 포함할 때 다음이 성립하게 된다.

- f에 있어서 ø는 참이다
- f에 있어서 ~ø는 참이다
- f에 있어서 ø∧~ø는 거짓이다(ø∧~ø가 참인 **일관적인 흐름**은 존재하지 않으므로).

이것은 앞에서 확인했던 약한 모순을 인정하면서 강한 모순을 저지하는 전략에 다름 아니다. f에 있어서는 ø, ~ø로부터 ø∧~ø가 유도될 수 없게 되어 논리적 함축하에서 약한 비폐쇄가 되는 것이다(Lewis, 1983: 278).

---

9) '합집합의 방법'이라 번역하기도 한다. 이에 비해 이 방법 이전에 루이스가 제시한 것은 '교집합(intersection)의 방법'이라고 하는 것으로, 합집합의 방법에서는 서로 모순되는 명제 P와 ~P는 그 대명제를 거짓으로 하는 분기한 세계에서 각각 참이 됨에 비해 교집합의 방법에서는 P, ~P 모두 거짓이고 'P∧~P'만이 참이 된다. 여기서는 원문의 표현대로 '합병의 방법'이라고 번역했다.—옮긴이

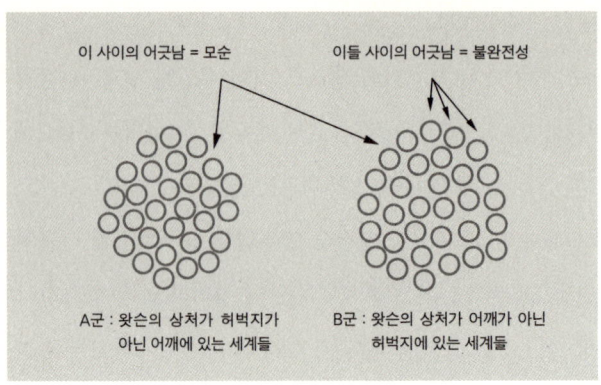

그림 1 모순과 불완전성(합병의 방법)

이것은 극히 강력한 논의이다. 만약 "왓슨의 유일한 전상(戰傷)은 어깨에 있고, 또한 어깨에 없다" 등의 문장이 텍스트에 확실히 명기되어 있었다고 해도(『셜록 홈스』 시리즈는 현실적이므로 이런 상정은 괴상하지만, 다른 판타지 작품 등의 경우를 생각해도 좋다), 두 개의 '일관적인 흐름'으로 분해된 뒤 '합병의 방법'을 적용하면 '『셜록 홈스』에 있어서의 참'에서 "왓슨의 유일한 전상은 어깨에 있고, 또한 어깨에 없다"는 배제되고 '왓슨의 유일한 전상은 어깨에 있다", "왓슨의 유일한 전상은 어깨에 없다"가 보존된다. 모순율이 글의 내용에서 명백하게 파괴되고 있는 경우에조차, 모순율을 지키고 약한 모순 쪽을 건져낼 수 있는 것이다. 이것은 2절에서 본 허구의 논리에 관한 통설을 가장 세련된 형태로 표현한 모순율이라고 말할 수 있을 것이다.

루이스의 이 새로운 이론에 있어서, 그러면 허구 내의 모순은 대체 무엇을 환원해 낸 것이 되는 것일까. 원래의 이론을 이어받아서 불완전성은 완전히 같은 구조로 세계 간의 관계로 환원되고 있다. 모순 쪽은 이 절의 처음에 예상했던 대로 세계 내의 현상으로 간주되는 것이 아니라 '합병의 방법'에 의해 바야흐로 세계의 집합 사이의 관계로 환원되는 것이다(왼쪽 그림 1).

4. 해석의 존재론

'합병의 방법'은 너무나도 교묘하지만 모순된 허구를 잘 설명할 수 있는 것일까. 왓슨의 상처의 위치와 같은 경우는 확실히 무리 없이 처리 가능하다고 말할 수 있을 것이다. 그러나 「천둥소리」와 같은 작품의 경우, 합병의 방법을 가지고서도 여전히 허구 내의 진리를 올바르게 확인하는 것은 불가능하다. 〈그림1〉의 왼쪽 세계의 집합을 "2055년 키스가 대통령이 되는 세계의 집합", 오른쪽 세계의 집합을 "2055년 키스가 대통령이 되지 않은 세계의 집합"으로 하고 전자의 구성원을 세계 A, 후자의 구성원을 세계 B라 부르기로 하자. 합병의 방법에서는 확실히 "2055년 키스가 대통령이 된다", "2055년 키스가 대통령이 되지 않는다" 양쪽을 참으로 하는 것이 가능하고 "2055년 키스가 대통령이 되고 또한 되지 않는다"와 같은 모순 명제를 배제하는 것이 가능하다. 그러나 다음과 같은 명제는 어떠할까.

    E "에켈스는 키스가 대통령이 된 다음 날과 키스가 대통령이 되지 않았던 다음 날을 체험했다."[10]

---

[10] E 및 이하의 기술 중 '다음 날'은 이야기 속의 에켈스가 명시적으로 등장하는 부분이 대통령 선거의 다음 날이 되어서이기 때문으로 '다음 날'을 '당일'로 해서 이하를 전부 바꿔 읽어도 논의에 지장은 없다. 단 '다음 날의 체험'에서 '당일의 체험'을 도출하기 위해서는 추리의 '약한 논리적 폐쇄'가 필요하게 될 것이다.

에켈스가 타임머신을 타고 2055년으로 돌아와서 데스크 뒤의 담당자에게 대통령 선거의 결과를 들었을 때 받은 충격과 후회는 E가 참이라는 것을 나타내고 있다. 그리고 E는 모순명제는 아니다. 즉 E는 "에켈스는 키스가 대통령이 된 다음 날을 체험하고 또한 에켈스는 키스가 대통령이 된 다음 날을 체험하지 않았다"와는 다르다. E는 다음과 같이 기술할 수도 있다.

> E "에켈스의 체험에는 키스가 대통령이 된 다음 날과 키스가 대통령이 되지 않았던 다음 날이 포함되어 있다."

여기서 체험이란 체험자의 마음이 감지한 사건이라는 의미뿐만이 아니라 당사자를 둘러싼 외계가 실제로 그러한 사건을 의미한다는 것이라고 ― 체험한다는 것은 '거기 있었다' 정도의 의미라고 ― 하자. E는 「천둥소리」 내에서 참이다. 루이스가 인정하는 약한 논리적 폐쇄에 의해 E는 "에켈스의 체험에는 키스가 대통령이 된 다음 날이 포함된다"를 함축하므로 이것이 「천둥소리」 내에서 참이 되고 마찬가지로 "에켈스의 체험에는 키스가 대통령이 되지 않았던 다음 날이 포함된다"도 참이 된다. 여기서부터 "키스는 대통령이 되었다", "키스는 대통령이 되지 않았다"가 함께 참이 될 수 있다. 한편 E는 "에켈스의 체험에는 키스가 대통령이 되고 또한 키스가 대통령이 되지 않았던 다음 날이 포함되어 있다"를 함축하지 않는다. 이야기의 어디를 찾아보아도, 에켈스는 "키스가 대통령이 되고 또한 키스가 대통령이 되지 않은 다음 날" 같은 날을 체험하지 않는다. "키스가 대통령이 된 다음 날", "키스가 대통령이 되지 않은 다음 날"을 사적 시간 내에서 따로따로 체험한 것뿐이다(시간여행에 있어서 '외적 시간'

external time과 '사적 시간'personal time의 구별은 Lewis, 1976a: 69를 참조하라). 따라서 E는 "키스가 대통령이 되고 또한 키스가 대통령이 되지 않은 다음 날이 있었다"와는 다르고, 따라서 "키스는 대통령이 되고 또한 키스는 대통령이 되지 않았다"를 함축하는 것은 아니다. 따라서 E로부터 부적절한 귀결은 나타나지 않는다.

이리하여 텍스트의 해석에 지지되고 모순율에 반하지도 않는 E는 「천둥소리」에서 참이다. 그러나 이 E는 합병의 방법, 즉〈그림1〉의 어느 세계에서 성립하고 있는 것일까.

세계 A는 아니다. 세계 A는 전부 '키스가 대통령이 된 세계'이고 "키스가 대통령이 되지 않았다"라는 것은 일어나고 있지 않은 세계이므로, 에켈스도 다른 누구도 '키스가 대통령이 되지 않았던 다음 날을 체험'하는 것은 불가능하고, 따라서 당연히 '키스가 대통령이 된 다음 날과 키스가 대통령이 되지 않은 다음 날을 체험'하는 것도 불가능하다. E는 참은 될 수 없다. 세계 B도 완전히 마찬가지이다. 에켈스는 세계 A에 있어서도 세계 B에 있어서도 E를 참으로 하는 체험을 가지는 것은 불가능하다. 즉 E는 틀림없이 작품 내의 진리임에도 불구하고 루이스의 합병의 방법에 의해 진리 속으로 산입(算入)할 수 없는 것이다.

왜일까. 왓슨의 상처의 경우와 같은 모순을 '병행모순', 「천둥소리」와 같은 모순을 '계기(繼起)모순'이라 부르자(이 호명방식 자체가 다소 모순의 냄새가 나지만[11]). 병행모순의 경우는 모순을 체험하는 대상은 다른

---

[11] 왓슨의 모순은 필시 작가의 부주의(사소한 불가능)이고, 시간여행의 모순은 본질적 정보(명백한 불가능)라는 차이가 이미 있었지만 여기서의 병행모순, 계기모순의 구별은 생각할 수 있는 다른 예도 포괄해서 전혀 다른 유별이라고 이해해 주었으면 한다. 또한 '계기모순'이라는 호칭 자체가 모순적으로 이해된다는 것은 이 장 6절의 결론에서 용인, 지지된다.

대상이라고 해석될 여지가 있다. 실제로 합병의 방법은 그러한 방법으로 모순에 대응해서 2군(群)의 세계, 2군의 대상을 나눠서 모순을 강한 모순이 아니게 한 것이었다. 어깨에 상처를 가진 왓슨이 있는 A세계, 허벅지에 상처를 가진 왓슨이 있는 B세계. 한 명의 동일 인물이 A세계와 B세계에 걸쳐 속하는 것은 아니다.[12] 따라서 동일 인물이 서로 모순된 체험을 하는 것도 아니다. 모순은 다른 세계 속의 다른 인간(단 서로 이론적 상대역 counterpart 관계에 있다)에게 일어난 다른 사건으로 환원된다. 이것은 하나의 세계 내에서는 어떠한 모순도(강한 모순뿐만 아니라 약한 모순도) 생길 수 없는 가능세계로 허구 내용 전체를 구성하려고 하는 필연적 귀결이다. 그런데 「천둥소리」에서는 "2055년 키스가 대통령이 되었다", "2055년 키스가 대통령이 되지 않았다"라는 서로 모순된 체험이 **단 한 명의 에켈스의 몸에서 일어나고 있는 것이다**.

단 한 명의 에켈스란 시공적으로 연속된 인과선을 그리는 하나의 심신이다. 이 한 명의 에켈스가 두 개 이상의 가능세계에 걸쳐 나타나는 것은 불가능하다. 시공적으로 연속된 한줄기의 인과선이 한 세계의 틀을 초월하는 경우는 있을 수 없다. 그렇다면 「천둥소리」는 두 명의 에켈스를 그리고 있는 것일까. 어딘가에서 이야기는 가능세계의 경계를 초월해 시점을 바꾼 것일까. 어디에서 그 에켈스 A로부터 에켈스 B로의 논리적 단절이 생긴 것일까, 티라노 사우루스가 천둥 같은 소리로 포효한 순간(Bradbury, 1952: 115)일까. 에켈스가 나비를 밟은 순간일까. 그러나 이야

---

12) 특히 루이스의 체계에서는 동일물이 다른 가능세계에 속하는 것은 있을 수 없다. Kripke, 1963과 같이 동일물이 다수의 세계에 등장하는 것을 인정한다면 현 논의의 '동일 인물'을 '동일 인물의 동일 단편'으로 바꿔 읽어도 좋다. 이하의 언어 사용은 루이스의 세계론에 의거한다. 루이스와 크립키의 차이는 '데 딕토', '데 레' 이론의 차이이지만 이것은 4장에서 상세하게 논할 것이다.

기의 시작과 끝에서 에켈스의 동일성(연속성)이 지켜지고 있지 않다고 생각하는 것은 변칙적인 독해일 뿐만 아니라 이야기의 이해를 현저하게 방해한다. 마지막 장면에서 도이처가 이겼다고 듣고 에켈스가 충격을 받고 있는 것은 물론 사파리 출발 전에는 키스가 이겼다는 기억을 아직 갖고 있기 때문인데도, 어떠한 세계 B의 어떠한 시점에서도 키스가 한 번 이겼다는 사실은 없으므로 에켈스의 이 기억에는 아무런 근거도 없다는 것이 된다. 기억이라는 것은 인과적 현상에 지나지 않는데 마지막 장면의 에켈스 B는 **처음부터** 세계 B에 존재했으므로, 인과적으로 다른 사람인 에켈스 A의 체험을 기억하고 있을 이유가 없는 것이다.[13] 따라서 세계 A로부터도 에켈스 A로부터도 영향을 받을 리 없는 에켈스 B의 마지막 심리적 혼란은 아무런 명확한 원인이 없는 돌발적인 환각일 뿐이라는 것이 되어 버린다. 그러나 트레비스의 같은 반응을 보면, 에켈스의 반응에 근거가 없다고는 말하기 어렵다. 이야기 처음의 에켈스는 이야기 마지막의 에켈스의 원인이 되고 있다고 말하지 않을 수 없다. 따라서 에켈스 A는 에켈스 B와 동일 인물이고 동일한 가능세계 내에서 시종일관 존재하고 있었어야만 한다. 그 세계란 이미 보았듯이 세계 A도 아니고 세계 B도 아니다. 모순을 설명하기 위해 도입된 루이스의 '합병의 방법' 모델에 에켈스가 사는 세계는 포함되어 있지 않고, 그의 체험을 표현한 허구 내 진리가 성립하는 세계도 존재하지 않는다. 이리하여 가능세계의 집합의 집합(쌍pair)으로서 허구세계를 나타내려고 하는 루이스의 '합병의 방법'은 시간의 역설(Time

---

13) 앞의 각주를 참조하라. 논의 중인 관(貫)가능세계 이동의 설명과는 달리, 1절에서 언급한 가능세계 내-관평행세계 이동의 경우, 이동하는 것은 살아 있는 몸을 가진 인간이고 이동하는 인물의 동일성, 인과관계, 따라서 기억이 보존되어도 좋다. 관가능세계 이동의 경우, 인간의 심신의 인과적 이동이 아니라 단순히 이야기 시점의 이동으로서밖에 있을 수 없다는 것에 주의하라.

Paradox)의 모순을 수용하는 데는 실패하고 있다고 말하지 않을 수 없는 것이다.

'합병의 방법'은 아마도 모순이 아니게 해석하는 문제를 처리하는 데 적합할 것이라고 생각된다. 해석이나 논쟁의 대상이 되는 불확정성(2장에서 생각한 4차 층위)과 불완전성에서 기인하는 단순한 공백(5차 층위)의 존재론적 차이를 합병의 방법은 잘 표현할 수 있을 듯하다. 해석의 필요성을 환기하는 텍스트의 "모호함은 스토리 내에서 P가 참인지 스토리 내에서 Q가 참인지 우리가 확신할 수 없을 때 일어난다. 비결정성은 스토리 내에서 P 또는 Q가 참인데도 P도 Q도 참이 아닐 때 일어난다"(Currie, 1990: 82, n.35)라는 직관을 조금 더 발전시키면 다음을 인정해도 좋을지도 모른다. 즉 공백부에 잠재하는 명제들은 참도 거짓도 아님에 비해, 타당한 해석이 그 사이에서 진동하는 모호함의 선언지가 되는 명제들은 (서로 모순되면서) 각자 참이다. 단적인 공백은 세계 사이의 관계로 환원되고 해석의 대상이 되는 모호함은 세계의 집합 간의 관계로 환원된다는 것이다. 예문과 함께 그림으로 나타내면 이렇게 된다(그림 2). 공백에 관한 취급은 지금까지의 불확정성 일반과 같지만 모호함에 관해서는 병행모순과 동등하게 취급되고 있다. 해석의 수만큼 텍스트는 일관적인 복수의 흐름으로 분할되고 각자가 완전무모순세계의 집합으로서 분석 1이나 분석 2에 따라, 적어도 하나의 흐름에서 참이라 인정할 수 있는 명제가 참이 되는 것이다. 이것은 모호한 부분에 관한 해석은 각자 동시에 참으로 인정한다는 해석상대주의의 입장에 가까운 전략이다. 2장의 필연적인 귀결에 따라 나는 이 입장에 찬성하지는 않지만, 만약 해석상대주의를 지지한다면 루이스식의 합병의 방법 모델로 모호함과 단순한 공백의 차이를 **존재론적으로** 명확하게 나타낼 수 있다는 것만 여기서 시사해 두고 싶다. 소기의 목적과는

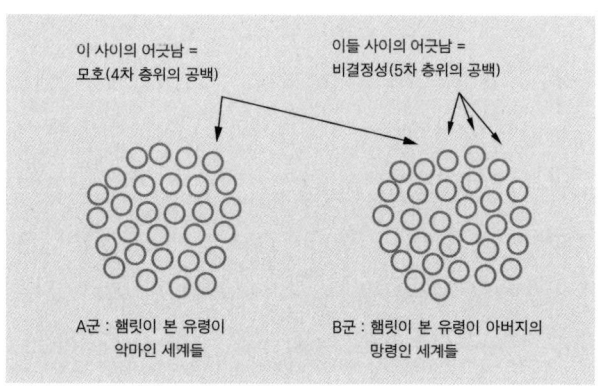

그림 2 모호함과 비결정성(해석상대주의)

다른 합병의 방법의 부산물 — '조리가 통하는 해석'의 존재론이다. "햄릿은 남성이다"와 같은 명백한 진리(집합 A에서도 집합 B에서도 참), "햄릿이 본 유령은 악마다"와 같이 논의의 여지가 있는 해석하에서의 진리(집합 A에서만 참), "햄릿은 50미터를 7초에 달린다"와 같은 불확정적인 명제(몇몇 세계 A와 몇몇 세계 B에서 참)의 세 종류의 정보의 구별을 이 모델은 확실하게 이 이상 알기 쉬울 수 없을 정도로 명확하게 표현해 주고 있다.[14]

---

14) 이 장의 각주 8번을 참조하라. 해석, 즉 "햄릿이 본 유령은 악마다", "햄릿이 본 유령은 아버지의 영혼이다"라는 쌍은 모순이 아니라 반대 관계라는 데 주의하라. A집합과 B집합은 유령의 정체가 악마인 경우와 아버지의 유령인 경우 이외(예컨대 유령이 집단 환각인 경우)를 배제하고 있다. 불확정한 경우, 즉 "햄릿은 50미터를 7초에 달린다/달릴 수 없다"와 같은 경우도 몇 개의 세계 A와 몇 개의 세계 B를 합치고 다른 세계 A와 세계 B를 정리하는 것에 의해 집합 전체를 양분할 수 있지만 반대가 아닌 모순이라는 점이 위 해석의 경우와 다르다. 단 해석의 분기가 반드시 반대 관계여야만 한다는 것은 아니다(이것은 명시된 비일관이 반드시 반대 관계여야만 하는 것은 아니라는 것과 같다). 만약 두 해석이 모순 관계에 있다면 존재론적으로는 불확정의 경우와 같으므로, 어느 쪽 해석도 참이 아니라고 하는 '회의주의'를 지지하게 된다. 따라서 논리적으로는 해석에 적용한 합병의 방법 모델(그림 2)이 해석상대주의와 해석회의주의 중 어느 쪽을 지지하는지 결정된 바가 없다. 단 실제적으로는 그 자체의 한정적 의의로서 제시된 해석들끼리 '모순' 관계에 있을 것 같지 않다. 각각의 해석의 의의는 그 특정성에 있기 때문이다.

그러나 그것도 계기모순을 포함하지 않는 허구작품의 해석에 한정했을 때일 것이다. 왓슨의 몸에 일어난 병행모순과 마찬가지로 햄릿에게 일어난 모호함도, 『나사의 회전』의 가정교사에게 일어난 모호함도 엄밀히는 다른 세계에서 다른 사람에게 일어난 각각 모호하지 않은 사건의 쌍(pair)으로서 생각할 여지가 있다. 그러나 「천둥소리」에서 에켈스의 몸에 일어난 계기모순은 다른 사람의 몸에 일어난 다른 사건으로 간주해서는 의미를 갖지 않는다. 에켈스에게 무엇이 일어났는가에 관한 해석은 확실히 이것도 일종의 모호함에서 생기고 있다고 말할 수 있지만, 그것은 『햄릿』이나 『나사의 회전』의 모호함과는 근본적으로 층위를 달리한다. 그리고 〈그림2〉와 같은 합병의 방법으로는 이런 종류의 해석을 가능케 하는 수단은 얻을 수 없는 것이다.

5. 논리적 비폐쇄와 최소이탈

세계의 집합 간의 관계로서 모순이 표현 불가능하다고 하면 남겨진 길은 역시 하나하나의 세계 내의 모순을 인정하는 소박한 모델밖에 없다. 모순된 허구는 쓰여져 있는 대로의 모순, 즉 「천둥소리」의 경우는 "2055년 키스가 대통령이 되었다", "2055년 키스가 대통령이 되었다는 것은 거짓이다" 양쪽을 진리로서 포함한, 약하게 모순된 불가능세계의 집합이 된다. 그러나 불가능세계를 루이스의 분석 내에 받아들일 수 있는 것일까. 루이스의 다세계이론이 아직 성립하고 있어야만 한다고 하면 그 이론 전체가 그리는 일반적인 허구의 내용은 통설의 재확인도 포함해서 다음과 같은 것이 된다.

허구는 전체로서 불완전하므로 무수한 완전세계의 집합으로서 표현된다. 그 집합의 개개의 세계는 많은 경우 가능세계이지만 허구텍스트가 모순을 포함하고 있는 경우는 각 세계는 명제 ø와 명제 ~ø를 동시에 참인 것으로서 포함한다. 단 ø∧~ø가 성립하면 임의의 명제 ψ에 관해 ø∧~ø⊢ψ이기 때문에 약한 논리적 폐쇄에 있어서조차 ψ가 성립하게 되어 버리지만 이러한 이른바 '진위의 붕괴'는 허구론의 통설상 인정되지 않으므로 강하게 모순된 세계는 허구 내에 포함되지 않는다. 따라서 각 세계는 ø와 ~ø를 동시에 참으로서 포함하면서 ø∧~ø는 참으로서 포함하지 않는 '약하게 모순된' 세계이다. 약하게 모순된 세계라면 약한 논리적 폐쇄에 있어서 논리적 함축을 모두 참으로서 구해 내면서(예컨대 "2055년 키스가 대통령이 되었다"가 참이기 때문에 "2055년 이후에 키스가 대통령이 되었다"도 참으로서 인정할 수 있다), 약한 논리적 비폐쇄 때문에 무차별적인 무질서(anarchy)한 진리등록은 방지된다. 통설이 인정하는 허구텍스트 내의 명제들의 진리는 모두 이 모델 ─ 각자 약하게 모순되고 약하게 논리적으로 비폐쇄인 개개의 불가능세계의 집합이라는 모델 ─ 에 의해 정확하게 진리라 확정할 수 있을 것이다. 이것은 약하게 모순된 세계라 할지라도 불가능세계라는 실체를 결코 인정하지 않는 루이스가 실제로 채용할 수 있는 이론은 아니지만 그러나 합병의 방법이 실패하고 있는 이상, 루이스의 다세계 이론을 구하려고 하면 이 소박한 모순다세계 이론에 의거할 수밖에 없을 것이다.

이 모델은 루이스의 분석 1, 분석 2와 잘 합치할 수 있을까. 「천둥소리」에서는 p와 ~p가 성립하고 있다. 그리고 p, ~p를 포함해 이야기 내에서 성립하고 있는 모든 명제가 사실로서 말해지고 있는 세계들 중에서 현실세계(분석 1)와 혹은 통념세계(분석 2)와 가장 가까운 세계(최소이탈세계)의 집합이 「천둥소리」이다.[15] 그런데 그 집합의 구성원인 각 세계들에서 p∧~p는 성립해서는 안 된다. 여기서 생각하고 있는 모델에서는 p∧~p는 「천둥소리」에 있어서 진리일 수 없기 때문이다. 그러나 p, ~p가 사실로서 말해지고 p∧~p가 참으로서 성립하지 않는 어떤 세계 쪽이 p, ~p가 사실로서 말해지고 p∧~p가 참으로서 성립하는 어떠한 세계보다도 현실세계 혹은 통념세계와 가깝다고 말할 수 있는 것일까. 바꿔 말하면, 약하게 논리적 비폐쇄인(=강하게 논리적으로 닫혀 있지는 않은) 어떤 세계가 강하게 논리적으로 닫혀 있는 어떠한 세계보다도 현실 혹은 통념에 가깝다고 말할 수 있는 것일까.

주의해야 할 것은 「천둥소리」에는 (그리고 모순을 포함해 필시 모든 허구작품에서) "이 세계는 논리적으로 강하게 닫혀 있지는 않다", "이 세계는 논리적으로 강하게 닫혀 있다"라는 명제가 명시적으로 쓰여져 있는 것은 물론 암시, 함축되어 있는 것도 아니라는 것이다. 따라서 허구텍스트의 내용이 참인 세계 중 현실 혹은 통념과 가장 가까운 세계들이 논리적 폐쇄에 관해 어떠한 성질을 갖는지는 허구텍스트에 기술된 실마리와는 독립적으로 판단되어야만 하게 된다.

여기서 행해야만 하는 비교는 다른 조건이 같다면, 다음 어느 쪽이 현실-통념에 가까운가 하는 것이다.

---

15) 여기서 분석 1과 분석 2 중 어느 쪽을 채용하는가 하는 것은 논점과 직접 관계가 없다. 논리법칙에 관해 통념이라는 것이 있는지 없는지 의심스럽고 이야기를 전문적 통념에 한정한다면 사실이나 자연과학의 진리와 달리 형식과학인 논리학의 경우, 전문적인 동의(同意)의 세계가 인정하는 논리가 현실의 논리로 간주될 것이기 때문이다. 단 6절의 연관논리학에 관한 논의를 참조하라.

세계 I p, ~p가 사실이면서 p∧~p가 참으로서 성립하지 않는 세계, 일반적으로 말하면 p, q가 참일 때에도 p∧q가 참이라고는 단정할 수 없는 세계(=논리적으로 약하게 비폐쇄인 세계)

세계 II p, ~p가 사실이면서 p∧~p가 참으로서 성립하는 세계, 일반적으로 말하면 p, q가 참이라면 p∧q가 참인 세계(=논리적으로 강하게 폐쇄되어 있는 세계)

세계 I이란 모순된 대(對)명제를 참으로서 몇 쌍 포함하면서 각 쌍의 연언이 어느 것도 참이 아닌 세계이고 세계 II란 모순된 대명제를 참으로서 몇 쌍 포함하고, 각 쌍의 연언이 어느 것이나 참인 세계이다. 여기서 일반적으로 세계 I과 세계 II 중 어느 쪽이 현실-통념과 가까운가를 직접적으로 판정하는 것은 아마도 불가능할 것이다. 세계 I은 약한 논리적 폐쇄에 있어서도 임의의 명제가 참이 되는 사태를 막고 있다는 점에서 현실세계와 유사하다. 한편 세계 II는 논리법칙의 하나인 연언의 진리표(즉 ∧도입규칙)가 성립한다는 점에서 현실세계와 유사하다. 어느 쪽의 유사 방식이 보다 중요한 유사성인가 하는 것은 무조건적으로는 성립하지 않고, 어떤 전제하에서만 판정할 수 있다고 생각된다. 그 전제란 우리의 문제에 관한 한에서는 말할 것도 없이 허구세계의 이해 가능성이 지켜져야만 한다는 것이다. 허구에 있어서 일어나고 있는 것이 납득 가능한 방식으로 파악될 수 있는 것은 어느 쪽의 경우인가를 생각해야만 하는 것이다. 허구세계의 평가에 있어서는 바꿔 말하면 그 '납득 가능성'이야말로 '현실-통념에 대한 유사도'로서 인정해야만 할 것이다.

그런데 허구작품을 체험함에 있어서, 감상의 대상으로서 세계 I과 세계 II 중 어느 쪽이 보다 직관적으로 납득이 가는 세계일까. 그것을 판정하기 위해서는 작품 내에 p, ~p가 명확하게 나타나 있는 부분을 살펴보아야 만 한다. 「천둥소리」의 결말 가까운 부분에서 다음 부분을 생각해 보자.

> The room was there as they had left it. But not the same as they had left it. The same man sat behind the same desk. But the same man did not quite sit behind the same desk.
> 방은 그들이 떠났을 때처럼 거기에 있었다. 그러나 떠났을 때와 같지는 않았다. 같은 남자가 같은 데스크 뒤에 앉아 있었다. 그렇지만 같은 남자가 같은 데스크 뒤에 앉아 있는 것은 아니었다. (Bradbury, 1952: 120)

"같은 남자가 같은 데스크 뒤에 앉아 있었다"를 P라 하면 지금 인용하고 있는 단락에는 p와 ~p가 서로 이웃해서 나타나 있다. ~p에 해당하는 문장에는 quite라는 수식어가 붙어 있지만 그래도 역시 p와 비일관인, 즉 ~p를 함축하는 것으로 바뀌지는 않는다. 즉 데스크 뒤에 앉아 있는 남자는 에켈스 일행들이 출발하기 전, 도이처가 대통령이 되지 않았던 것을 기뻐했던 남자이다. 또한 그는 에켈스 일행들이 귀환한 지금, 따라서 출발 전에도 당연히 도이처가 대통령이 된 것을 기뻐했던 남자이다. 전자의 사실을 p라 하면 후자의 사실은 확실히 ~p를 함축하고 있다. 이것은 동일한 남자에 관한 계기모순에 지나지 않는다.[16]

이리하여 이 소설은 ……. p. ~p. ……라 말하고 있다. 이 허구세계가 세계 I이라고 한다면 p∧~p는 이 세계의 진리는 아니다. 세계 II라고 한다면 p∧~p는 이 세계의 진리이다. 어느 것을 채용하는 쪽이 현실-통념과 가까울 것인가. p와 ~p는 독자가 알아차리기 힘든 서로 먼 곳에 떨어져서 출현하고 있는 것이 아니고 또한 설령 접근해 있어도 한쪽이 다른 쪽 명제의 숨겨진 함축으로서 잠재하고 있는 것도 아니다. 함께 **명시적으로**, 인접해서, 참으로서 제시되어 있는 것이다.

2절에서 확인한 허구의 논리를 뒷받침하는 구조를 동반하는 마음의 신념체계 B의 특징을 상기하자. 모순에 관해 이 책의 108쪽 ②에서 스미스는 아내가 집에 없다고 믿고 또한 집에 있다고 믿었지만 이 상황이 꽤 개연적인 것은 스미스가 거의 무의식적으로 기계적으로 행동하고 있고 따라서 모순된 두 신념 중 양쪽 혹은 적어도 한쪽을 의식하고 있지 않은, 즉 잠재적 신념으로서만 품고 있었던 경우이기 때문일 것이다. 정말로 "나는 밖에 있는 아내를 맞이하러 간다", "아내는 집에 있으므로 괜찮다"고 어딘가에서 명확하게 의식했다고 해도, 스미스는 이 두 개를 동떨어진 시각에 의식한 것으로 그 사이에 무관계한 잡념이나 감정이 개입해서 두 신념의 직접적 연결을 끊고 있었을 것이다. 그렇기 때문에 비로소 스미스는 "아내는 집에 있고 또한 집에 없다"라는 바보 같은 신념(강한 모순)을 갖지 않고 모순(약하게 모순)되는 것이 가능했던 것이다. 그런데 브래드버리의 이 이야기에서는 "p. 지만 ~p."라는 형태로 모순쌍이 인접해서 나타나고 있다. 이 약한 모순은 마침표(period)를 하나 제거하는 것만으로 "p

---

16) 일반적으로 말하면 작품 그 자체가 모순을 갖는 것에서부터 자동적으로 임의의 등장인물에 관한 서로 모순된 명제를 유도할 수 있다. 인물 a를 취하고 CxP를 'P가 성립하는 세계에 있다'로 해서,
 ⋀xCx(~2055년 도이처는 대통령이 되었다) a
 ⋀xCx(2055년 도이처는 대통령이 되었다) a
가 각자 도출되고 전자를 p라 하면 후자는 확실히 ~p를 함축하고 있다. 헤겔-브래들리류의 개별 성질과 세계 전체의 성질의 일관적 조응 이론에 기반한 발상이지만 단 강한 논리적 폐쇄가 전제되지 않으면 이 모순은 유도할 수 없을지도 모른다. 여기서 문제로 삼고 있는 '데스크 뒤의 남자'의 경우는 인접한 말의 표면적 의미가 모순되어 있는 특수한 사례이므로 아래에서 보듯이 강한 논리적 폐쇄가 전제되지 않아도 그 모순성이 인정되어야만 한다.

그리고 ~p."라는 강한 모순으로 전화하는 것이다. 게다가 접속사로 and 가 아닌 but가 사용되고 있다는 것은 이 내레이터의 의식에 p와 ~p가 병존하고 있다는 것을 나타내고 있다. 만약 스미스가 단번에 "아내는 집에 있다. 그리고 아내는 집에 없다"로 정말로 믿었다고 해도 단시간에 신념이 분열되고 기억이 단절되었을 뿐으로 정말로 강한 모순은 품고 있지 않은 것이라는 변명이 성립할지도 모른다. 그러나 "아내는 집에 있다. 그렇지만 아내는 집에 없다"하고 단번에 자각했다고 한다면 역설의 접속사에 기억의 연속과의 관련이 함축되어 있을 것이기 때문에 스미스는 제정신을 잃어버리지 않았다면 실천적인 변증논리학자나 연관논리학자라고 말할 수 있을 것이다. 정말로 강한 모순을 믿고 그 양쪽에 맞는 행동을 취했을 것이다.

「천둥소리」에서 일어나고 있는 것은 바로 이것이다. 다른 세계의 사건으로 분할 불가능한 계기모순이 명시적으로 동시에 기술되어 있다. 실제로 브래드버리는 그때의 기분에 따라 "The same man sat behind the same desk, but the same man did not quite sit behind the same desk."라는 식으로 중간에 마침표 대신에 쉼표를 찍으려고 생각했다면 간단하게 찍을 수 있었음에 틀림없다. 그것에 의해 본질적인 의미의 차이는 생기지 않을 것이다. 마침표와 쉼표가 근본적으로 다른 논리에 대응하고 있는 세계야말로, 현실-통념에서부터 동떨어진 세계라고 간주해야만 한다. 인접한 계기모순의 기술이 한 문장으로 표현될 수 있는 것, 이것이 바로 루이스나 그 외 허구모순론의 통설을 뒤집는 열쇠이다.

이리하여 이 특별한 경우에 관해 p∧~p가 그대로 인정되면, p와 ~p가 함께 허구 내에 포함되어 있는 다른 경우에 관해서도 p∧~p를 인정하지 않는다는 입장의 동기는 박약(薄弱)하게 되어 버린다. p∧~p가 하나라도 인정되면 그 '진위의 붕괴' 효과가 생길 수 있게 되고 강한 모순을 금한 이유를 잃게 되기 때문이다. 이리하여 허구에 관한 한 최소이탈세계는 세계 II, 논리적으로 강하게 폐쇄된 세계가 될 것이다. 이 파괴적 사태에 대한 대응책으로서 필시 다음 네 가지 가능성을 생각할 수 있다.

① 모순된 픽션은 인정하지 않는다는 입장으로 돌아가는 것
② 약한 논리적 폐쇄까지 인정하지 않는 것
③ 도출관계를 재해석하는 것
④ 모순을 모순이 아니도록 재해석하는 것

이 네 가지 가능성을 극히 간략하게 평가해서 적절한 길을 선택하고, 모순된 픽션의 유일한 해석법에 도달하기로 하자(그리고 하나 더, ⑤ 모순된 픽션 속에서는 모든 명제가 참이라는 것을 용인하고 텍스트는 그 모든 명제 중 명기된 부분에 초점을 맞춰 독서 시에 제공하고 있는 것이라고 결론지은 언어설에 가까운 제안도 생각해 볼 수 있지만(Walton, 1990: 148~149), 허구세계의 참된real 논리를 생각함에 있어서 흥미로운 이론은 아니므로 생략한다).

6. 논리적 은유

앞 절까지 p와 ~p가 각자 진리로서 허구 내에 포함되어 있다면 p∧~p가 진리로서 포함되지 않는다고 상정할 이유는 없다는 것을 확인했다. 여기서부터 채용되어야 할 가장 간단한 해결법은 루이스의 원래 입장, 즉 ① 모순된 픽션은 인정하지 않는다는 생각으로 돌아가는 것이다. p와 ~p 중

어느 쪽이 작가의 부주의로 보인다면 한쪽을 허구로서 제거한다. 「천둥소리」와 같이 p와 ~p 어느 쪽도 본질적으로 포함되어 있다면 공허한 의미에서 모든 명제가 참이 되고 이야기세계는 붕괴한다. 모순된 소설은 어느 것이나 다 같은 내용을 기술하고 있는 것이 되어 버린다. 그러나 이것은 이미 보았듯이 납득이 가는 생각은 아니다. 설령 "2055년 키스가 대통령이 되고 또한 2055년 키스가 대통령이 되지 않았다"를 참으로 인정할 수 있다고 해도 에켈스는 엄연히 남성으로 결코 여성일 수 없다. 무엇이든 동등하게 옳게 되는 것은 아닌 것이다.

즉 자연적인 사고방식은 $p \wedge {\sim}p$가 참이라 해도 임의의 명제가 참이 되는 것은 아니라고 하는 것이다. 이것에는 두 종류의 방침이 있다. 우선 ②논리적 폐쇄라는 것은 강한 것이든 약한 것이든 허구에서는 일반적으로 성립하지 않는 것이라고 하는 것이다. 2055년 키스가 대통령이 되었는가 되지 않았는가에 관해서는 p와 ~p가 참이고 또한 $p \wedge {\sim}p$가 참이라는 구조가 성립한다. 그러나 그것이 성립하는 것은 강한 논리적 폐쇄가 그것을 귀결시키기 때문이 아니라 오로지 그 모순이 이야기의 의의에 본질적이기 때문인 것이다. 마찬가지로 '데스크 뒤의 남자'에 관해서도 p와 ~p가 참이고 또한 $p \wedge {\sim}p$가 참이라는 구조가 성립하고 있지만 그것도 강한 논리적 폐쇄와는 관계가 없고 오로지 p와 ~p의 출현이 극도로 근접해 있었다는 특수한 사정에 의한 것이다. 즉 허구에서는 p와 q로부터 $p \wedge q$는 일반적으로 유도할 수 없고, 마찬가지로 약한 논리적 폐쇄조차 성립하지 않게, 즉 허구 내에서 p_1이 참이면서 $p_1 \vdash p_2$임에도 불구하고 p_2가 그 허구에서 참이라고는 단정할 수 없게 된다. $p \wedge q$나 p_2는 논리적 폐쇄에는 의존하지 않는 독자적인 이유에 의해 참이 되어야만 하는 것이다.

그러나 이것은 현실세계에서는 논리적 폐쇄가 성립하고 있음에도 불구하고(확실히 현실에서 p와 q로부터 p∧q는 항상 유도할 수 있고 p_1과 $p_1 \vdash p_2$로부터 항상 p_2가 유도된다), 허구 내에서는 그것이 성립하지 않는다는 것이므로 최소이탈의 원리에 반할 우려가 있다. 2장 6절에서 인용했던 루이스의 "세계 간의 유사성을 평가해서 정할 때의 우선성"의 목록에서도 "법칙의 지나치게, 넓은 범위에 걸친, 다양한 일탈을 피하는 것"이 가장 중요하다고 간주되었다. 논리법칙은 그 범위에 있어서 극단적인 법칙이므로 최소이탈을 유지하기 위해서는 논리적 폐쇄(특히 약한 논리적 폐쇄)는 인정하지 않을 수 없을 것이다. 그러면 남겨진 길은 현실세계에서 성립한다고 간주되고 있는 논리법칙의 재검토라는 방향으로 공격하는 것이다. 즉 ③ 표준논리에서 이용되고 있는 도출관계라는 것을 정말로 그대로의 형태로 인정할 수 있는지 다시 질문하는 것이다.

진리가 논리적인 도출에 따라야만 한다는 것은 확실히 현실세계의 표준논리로부터 확인된 절대적 규칙이다. 따라서 최소이탈세계도 그 규칙에 따라야만, 즉 논리적으로 폐쇄되어야만 한다. 그러나 형식적으로는 표준논리가 말하는 대로라고 해도 도출이라는 것의 내용에 있어서 보다 올바른 정식화가 있을 수 있다고 한다면, 즉 만약 표준논리의 상식과는 달리 전제-결론 간의 도출이라는 관계는 단지 전제가 불가능하기만 하면 자동적으로 타당하게 되는 관계는 아니라고 한다면 어떨까. 이 방침을 채용하는 대표적인 생각이 이미 몇 번이나 이름만 언급되어 온 연관논리학(relevant logic, relevance logic)이다. 전제 p∧~p로부터 임의의 결론 q를 도출하는 추리를 다시 한번 상세하게 살펴보자.

(1) p∧~p   전제
(2) p   (1), ∧-소거

(3) ~p   (1), ∧-소거
(4) p∨q   (2), ∨-도입
(5) q   (3), (4), 선언삼단논법

이론적으로는 이 각 단계를 비판할 수 있다. Nelson, 1933; McCall, 1964와 같이 ∧-소거나 ∨-도입 혹은 그 양쪽을 거부하는 것도 가능하고, Geach, 1976; 1977과 같이 각 단계를 인정하면서 귀결의 이행성을 거부하는 길도 있다. 그러나 가장 가망이 있을 듯한 것은 Anderson & Belnap, 1958에서 시작, Anderson & Belnap, 1975: 165~166에서 상술, 정비된 '선언삼단논법의 거부'라는 전략일 것이다. 표준논리에서는 p∨q는 ~p ⊃q와 동치이므로 ~p와 p∨q로부터 q를 도출하는 선언삼단논법은 단순히 긍정식(modus ponens)에 대응하는 추리에 지나지 않는다.[17] 그러나 연관논리학자에 의하면 p라면 q라 말할 수 있기 위해서는 p와 q 간에 관련이 있어야만 한다. '…라면'(if… then)의 관계는 ⊃로 표시되는 단순히 진리함수적인 관계가 아니라 전건과 후건 사이의 내용적 관련을 필요로 하는 관계인 것이다. 그런데 여기서 q는 p와도 ~p와도 아무런 관련이 없는 임의의 명제로 간주되고 있기 때문에 진정한 의미에 있어서 if를 포함한 참의 긍정식에 의해서는 유도할 수 없고 따라서 표준논리의 선언

---

17) 표준논리에서의 추리와 조건명제의 관계는 다음과 같다. 연역 정리(Deduction Theorem)에 의해, $p_1, p_2, \cdots\cdots p_n, p \vdash q$이기 위한 필요충분조건은 $p_1, p_2, \cdots\cdots p_n$, if p then q일 것이다. 따라서 ~p, p⊢q의 필요충분조건은 ~p⊢if p then q일 것이다. 즉 p가 거짓이라는 조건하에서는 q의 내용이 무엇이든 if p then q가 참이라는 표준논리의 실질적 함축(material implication)이 인정된다면 ~p, p⊢q 즉 모순하에서의 진위가 붕괴된다. 엄밀 함축(strict implication)의 경우도 마찬가지로, 일반화한 연역정리를 사용해 모순하에서의 진위의 붕괴가 증명된다. 연관논리의 함축은 진위의 붕괴를 막기 위해 엄밀 함축을 또 제한한 것이다.

삼단논법에 의한 q의 도출은 타당하지 않게 된다. 환언하면 ∨-도입은 ∨를 진리함수적으로 해석했을 때만 타당한 한편, 선언삼단논법은 ∨를 진리함수적이 아닌 내포적으로 해석했을 때에 한해 타당하므로 연결사(connectives)의 의미를 일의적으로 유지하고 있는 한 q의 도출은 타당하지 않게 되는 것이다.[18] 즉 위의 (1)~(5)의 도출은 선언연결사의 모호함에 의지한 거짓 도출이었다. 결국 연관논리에 의하면 추리가 타당하기 위해서는 전제가 모순되어 있는 것만으로는 충분하지 않은 것이다(마찬가지로 결론이 필연적이라는 것만으로는 충분하지 않다).

여기서부터 어떤 명제정항 p_0에 관해 $p_0 \wedge \sim p_0$가 정리라는 루틀리, 메이어의 변증법 논리학의 체계 DL[변증법 논리학Dialectic Logic](Routley&Meyer, 1976) 등도 전개될 여지가 생기게 된다. 어쨌든 모든 '함축의 역설'에 골치를 앓고 있는 사람들에게 있어서는 이 비진리함수적인 연관논리는 매력적인 생각일 것이다. 그러나 뛰어넘어야만 하는 장애물이 몇 가지 있다. 그 중에서도 진리조건과 주장 가능성을 준별해서 고전논리는 진리조건과 관련되고, 연관논리류(類)는 진리와는 직접 관계가 없는 주장 가능성(assertibility)이라는 화용론적 조건을 분석하는 것이라고 하는 그라이스식의 논리관은 경청할 가치가 있다(Grice, 1975). 결국 우리의 주된 관심이 허구텍스트를 보고 우리가 무엇을 말할 수 있는가라는 우리의 능력에 관한 관찰이 아니라 허구세계에 있어서 무엇이 일어나고 있는가 하는 존재론적 진리라고 한다면, 화용론적 논리인 연관논리는 부차

---

[18] 외연적인 선언에서는 선언삼단논법이 성립하지 않는다는 연관논리학자의 전형적인 이유는 다음과 같다. "'P 또는 Q'를 주장하는 근거가 P라면, P가 거짓일(즉 'not-P'가 참일) 것을 아는 것은 Q로 나아가는 것을 가능케 하기는커녕, 본래 'P 또는 Q'를 주장하기 위한 보증을 무너뜨리는 것이 된다"(Read, 1988: 33). Dunn, 1986: 151~152도 보라.

적으로만 중요성을 갖게 될 것이다. 연관논리는 단순히 명제나 추리의 주장 가능성이 아니라 그 진리나 타당성을 결정하는 것이라는 논증도 있기는 하다(Read, 1988: 24~28). 그것이 옳다면 연관논리는 표준논리를 대신해야 할 실로 옳은 논리가 되고, 연관논리가 현실세계를 옳게 기술하기 위한 논리인 이상 최소이탈의 허구세계도 같은 논리에 따를 것이다. 따라서 설령 모순이 참으로서 포함되어 있고 논리적 폐쇄가 성립하고 있다고 해도 임의의 명제가 참이 되고 진위가 붕괴하는 궁지에 빠지지 않고 해결된다. 참인 그 특정 모순의 각 연언지에 관련, 함축된 명제만이 참이 될 뿐인 것이다. 이것은 복잡하게 얽힌 문제를 잉태하고 있고, 여기서 판정을 내릴 만한 논의를 행하고 있을 여유는 없다. 그러나 적어도 말할 수 있는 것은 루틀리 등 변증법 논리학자가 가정하는 $p_0 \land \sim p_0$와 같은 구체적 예가 현실적으로 성립하고 있다는 증거를 우리는 지금까지 하나도 발견하지 못한 것이다. 오히려 우리는 무엇이 일어나든, 그것을 논리적 모순의 구체적 예라고는 간주할 수 없다고 하는 강한 경향, 이라기보다 정의(定義)를 갖고 있다. 특히 일상생활 층위에서의 거시적 사건에 있어서는 그러하다. 모순은 사실적으로 일어나는 현상의 성질이 아니라 언어의 형태이다. 그렇다면 모순이 **현실세계에** 생기지 않는 이상(허구세계에서는 일어난다고 하는 것은 논점 선취에 지나지 않는다) 그것으로부터 야기되는 파멸적 귀결을 피하려 하는 연관논리의 동기는 잃게 되어도 좋다(적어도 주장 가능성이 아니라 현실 및 허구 내의 진리조건의 기술로서의 연관논리의 동기는 잃어버리게 된다). 결국 귀결의 파멸성이야말로 모순을 불가능케 하는 고전논리의 동기를 강화한 것일 터이다.

이리하여, 이상으로 세 가지 길을 관찰했다. p와 ~p가 참이라면 $p \land \sim p$가 참이고, $p \land \sim p$가 참이라면 논리적 귀결로서 아무래도 모든 명제를 참으로 하지 않으면 안 되고, 나아가 논리적 폐쇄를 인정해야만 한다면, 그러므로 또한 모순된 허구세계를 이해 가능한 것으로 하기 위해 남겨진 길은 '④ 모순을 모순이 아니도록 재해석하는 것'밖에 없다. 이것은 ①의 전략과 닮아 있지만 본질적인 모순이라 간주되는 것과 직면했을 때 허구세계 그 자체를 해소해 버리는 것이 아니라 '본질적 모순' 쪽을 단적인 p∧~p로서가 아니도록 해석하는 방도를 찾는 것이다.

이미 보아 왔듯이 우리는 최소이탈의 원리에 따라 허구세계는 논리적으로 폐쇄되어 있다고 간주해야만 한다. 동시에 진위의 붕괴를 피해야만 한다. 논리적 폐쇄와 p∧~p하에서는 진위의 붕괴가 생기기 때문에 허구세계에서 p∧~p가 참이라고 인정해서는 안 된다. 그것은 p와 ~p가 함께 참이라고 인정해서는 안 되는 것이다. 왜냐하면 p가 참이고 ~p가 참이라면 강한 논리적 폐쇄에 의해 p∧~p가 참이 되어 버리기 때문이다. 따라서 우리의 최후의 전략은 이렇게 된다. 「천둥소리」는 "2055년 키스가 대통령이 되었다", "2055년 키스가 대통령이 된 것은 거짓이다", 둘 다 자의(字意) 그대로의 진리로서 포함하고 있는 듯 보이지만 실은 둘 중 하나는 거짓인 것이다.

확실히 모순에 의존하고 있는 듯 보이는 이 시간여행 이야기에 관해 그러한 일관된 해석이 가능할 것인가. 자의 그대로의 글 내용을 왜곡해서 읽는다는 것에 관해 몇 가지 선행적 논의를 참조해 두자.

허구적 대상을 액면 그대로 취하는 것, 즉 작품 내에 주어져 있는 성질을 모두, 그리고 그것들만을 가진 구체적 대상으로 간주하는 마이농주의로 유명한 테런스 파슨스는 허구 캐릭터가 구체물이라는 설을 옹호하기 위한 시도로서 다음과 같은 공상적인 작품의 예를 제시하고 있다.

애거사는 길을 걷고 있다가 눈부시게 아름답게 옷을 차려입은 수(數)(a rather brightly dressed number)가 어딘가 서툰 발끝회전을 하고 있는 것과 우연히 마주쳤다.
"이상해"하고 그녀는 중얼거렸다. "수가 춤 같은 걸 추다니 몰랐어. 아니 그것보다…… 수가 눈에 보이다니 몰랐었어."
"그건," 수는 화난 듯 대답했다. "인간중심주의의 전형이군. 내가 지금까지 만나 온 패턴과 똑같구먼."……(Parsons, 1982a: 318)

이러한 스토리[19]에 관한 파슨스의 생각은 우선 여기에 나오는 신경질적인 캐릭터가 액면 그대로 수라는 것이다. 자신이 수라는 그의 자의식이 충격적인 가치를 갖기 위해서는 그것은 문자 그대로의 진리로서 해석되어야만 한다. 그러나 한편 그는 춤추거나 얘기하거나 하는 존재이다. 그렇다면 시공적 위치를 점하는 구체물이라고 인정해야 한다. 구체물이기도 하고 수이기도 한, 즉 구체적이면서 추상적인 존재라는 것이 가능한 것일까. 아니라고 파슨스는 말한다. 스토리에 의하면 그는 수이지만 그렇다고 해서 자동적으로 그가 추상적 존재가 되는 것은 아니다. 오히려,

이 현실세계에서 (추상적인) 수가 행하는 역할을 이 이야기의 세계에서는 뭔가 구체적인 존재들이 행하고 있다는 것을 이 이야기는 말하고 있다고 우리는 해석하는 것이다. 이런 종류의 더 긴 이야기를 읽으면 다음

---

[19] 이런 종류의 작품의 명확한 실제 사례로서는 마루야마 겐지(丸山健二)의 『천일의 유리(千日の 瑠璃)』(丸山, 1992)가 있다. '나는 잡담이다'(下, 7), '나는 측량이다'(下, 310), '나는 결론이다' (下, 468).

과 같은 것이 판명될지도 모른다. 즉 추상적인 수라는 것은 없으므로, 산수는 어떤 기묘한 (구체적인) 생물의 행동에 관한 인간적 신화인 것이고, 그 신화를 어떤 사람들이 추상적인 사물에 관한 정확한 설명이라고 잘못 믿고 있는 것이라고. (Parsons, 1982a: 318)

여기서 문제가 되고 있는 캐릭터는 글자 뜻 그대로 수이고 또한 구체적이라고 인정되고 있다. 이 소설은 구체적인 수라는 것이 등장하는 세계를 그리고 있다는 것이다. 그러나 문제는 남는다. 첫번째로 집합론에서 기하학에 이르기까지의 모든 수학을 구체적 사물에 관한 신화로 해석하는 것에는 한계가 있을 것이다. 즉 그렇게 이해한 순간 그 캐릭터는 진정한 '수'가 아니라 뭔가 다른 것으로 간주된 것이라는 의심이 남는다(금융경제에서 우주론에 이르기까지 모든 영역의 모든 현상에 적용 가능한 수란 특정 구체물이 아닌 본질적으로 추상적인 것이라고 정의하는 것은 당연하지 않을까). 두번째로 이 수가 자신을 단순히 "수이다"가 아니라 "추상적인 수이다"라고 주장하고 주(主)가 되는 문장에서도 '추상적인 수'라는 호칭이 이용되고 있는 경우를 상정할 수 있다. 그런 경우에는 위 파슨스의 타협책은 사용할 수 없다. 확실히 추상적이라고 기술되고 있음에도 불구하고, 이야기가 '충격적인 가치를 갖기 위해서는' **가능한 한 자의 그대로 이해되어야만 한다**는 것은 확실하다고 해도 문자 그대로 추상적인 수가 말하거나, 춤추거나 하는 것은 있을 수 없다. 이것은 모순이라기보다도 범주 오류(category mistake)이다. 범주 오류로 표현된 말은 무의미하고, 무의미한 말이 지시하는 명제는 없으므로, 그것에 대응하는 사태가 허구세계 내에서 일어나는 것은 불가능하다. 따라서 이야기의 이해를 위해서는 '추상적'이라는 술어나, 혹은 "옷을 차려입다", "발끝회전하다", "화난 듯 대답하다"라는 술어 중 어떤 것을 자의 그대로가 아닌 변칙적인 표현으로서 이해해야 할 것이다. 이것은 자의 그대로는 추상적일 터인 수를 구체적으로 해석한 파슨스의 처음 해석과 사실상 같은 선상을 따라가는 방법에 다름 아니다.[20]

허구적 대상을 가능한 한 자의 그대로 파악하려고 하는 파슨스와 같은 마이농주의자조차 어떤 종류의 이야기에 관해서는 말의 의미를 정정해서 해석한다는 사실을 여기서 간파할 수 있다. 이것은 은유의 이해에 있어서 우리가 일상적으로 당연하게 행하고 있는 조작이다. "어떤 명사와 다른 명사들이 서로 기본적 의미 사이에 논리적 대립이 생기는 방법으로 결부되어 있을 때 기본적 의미로부터 부차적 의미로의 전이가 생기고, 그 전이에 의해 그 단어가 은유적으로 이해되어야만 한다는 것이 제시된다" (Beardsley, 1962: 270). 모든 '논리적 대립'에는 파슨스의 예와 같은 범주 오류와 나란히 「천둥소리」에 있어서와 같은 직접적인 모순의 경우도 포함될 것이다. '미소 짓는 태양', '변덕스러운 달' 등이, 나아가서는 필시 '눈부시게 아름답게 옷을 차려입고 춤추는 수'도 자의상의 논리적 대립을 해결하도록 은유로서 이해되어야만 하는 것과 마찬가지로 "2055년 키스가 대통령이 되고 또한 2055년 키스가 대통령이 되지 않았다"도 또한 그 단적

---

[20] 파슨스의 체계에서는 '춤추다', '말하다', '서툴다', '수(數)이다' 등 통상의 (핵nuclear) 성질과는 달리 '구체적', '추상적'이라는 술어는 통상적이지 않은 (핵외extranuclear) 성질로 분류된다고 생각된다. 스토리 내에서 허구적 대상이 갖는 핵성질은 그 대상이 단적으로 갖는 성질로서 그대로 계승되지만 스토리 내에서 허구적 대상이 갖는 핵외성질은 반드시 그 대상이 단적으로 갖는 성질이라고는 단정할 수 없다고 간주된다. 따라서 스토리 내에서 '추상적인 수'와 같은 기술이 있어도 파슨스의 허구론에서는 특히 문제를 낳지 않는다. 단 이것은 허구적 대상을 현실세계에 속하는 것으로 생각하는 마이농주 특유의 성격 때문이고 현재 우리들의 목적은 허구적 대상을 가능세계의 거주자로 생각하는 입장을 음미하는 것이므로, 파슨스설의 상세한 부분은 생략해도 좋다. 파슨스설을 포함한 현실정위 허구론의 유형들은 다음 장에서 논한다.

인 모순을 모순이 아니게 하는 조리가 맞는 은유적 이해가 요구되고 있는 것이라고 말할 수 있다.[21]

이 말하자면 어이없을 정도로 보수적인 방법으로 우리의 난제는 해결된다. 정리하자면 이렇다. 자의상 모순된 픽션도 독특한 의미를 갖는다고 인정해야만 한다(①의 거부). 그 경우 최소이탈의 원리에 의해 강한 논리적 폐쇄를 인정하면 안 되고(②의 거부), 게다가 일단 표준논리의 도출 관계에 있어서 논리적 폐쇄의 개념으로 그것을 인정하면 안 된다(③의 거부). 이리하여 진위의 붕괴를 막는 단 하나의 길은 무릇 어떠한 픽션에도 모순된 사건이 일어난다는 것은 있을 수 없다고 하는 것이다(④의 채용). 모순되어 있는 것은 말뿐이다. 그리고 그 말은 은유적으로 무모순의 사건을 표현하고 있는 것이다. '계기모순'이라는 개념이 그 자체로 모순이고, 불합리하며 재해석을 요구하는 듯 생각된 앞의 우리의 직감은 옳았던 것이다. 이 사고방식은 가장 보수적인 길임과 동시에 그러나 작품의 가장 풍부한, 재미있는 해석을 발견하는 길일 것이다. ①~③의 길은 어느 것이나 해결로서 논리학적 메타 해석의 층위로 돌아간 것에 비해 ④는 개개의 작품 내용 그 자체를 구체적으로 해석하는 세계 이해의 층위에 해결이 달려 있다고 하기 때문이다. 문제는 일괄적인 방식의 논리 문제가 아니라 개개의 작품 내용이 가진 개성의 개별적 분석으로 환원된다는 점이다. 게다가 각 작품의 외견상의 모순은 허구세계 전체의 묘사를 명백하게 왜곡시키므로 모순이라는 '은유'는 국소적 사건의 재해석이 아니라 대국적 구조에

---

21) 그 외 허구의 현실화를 그린 허구를 은유적으로 해석할 여지에 관해서는 2장 7절에서 접했다. 단 '허구의 실재화'가 범주 오류나 논리적 모순과 같은 정도의 부조리이고, 같은 정도로 은유적 해석을 요구하는 것인지 아닌지는 연구할 여지가 있다.

대한 대규모의 재이해를 요구한다. 여기서 모든 모순 문제 중에 가장 까다로운 연습문제, 즉 시간여행의 무모순화를 성공적으로 행할 수 있다면 무모순적인 허구작품으로서의 「천둥소리」의 모순 표현은 실제로는 무엇을 나타내고 있는 것일까.

7. 2055년에 무엇이 일어났는가

이야기의 시작에서는 '2055년에 키스는 대통령이 되었던' 것이 되고 있고 이야기의 끝에서는 '2055년에 키스는 대통령이 되지 않았던' 것이 되고 있다. 이야기에 있어서는 처음보다도 결말 쪽이, 일반적으로는 뒤에 나오는 정보일수록 중요하다고 한다면, "2055년에 키스는 대통령이 되었다"보다도 "2055년에 키스는 대통령이 되지 않았다" 쪽이 굳이 따지자면 우선권이 있다. 실은 대통령이 된 것은 도이처였다는 점에 이 이야기의 충격이 있기 때문이다. 그러면 모순을 모순이 아니도록 해석하기 위해서는 "2055년에 키스는 대통령이 되었다"를 거짓, "2055년에 키스는 대통령이 되지 않았다"를 참으로 하는 해석이 우선은 그럴듯하게 될 것이다. 그러한 해석은 구체적으로는 어떠한 작품세계의 설정에 기반한 것일까.

"2055년에 키스는 대통령이 되었다"가 거짓이었다는 것은 무릇 그러한 사실은 없었던 것이어야만 한다는 것이다. 그런데 트레비스도 에켈스도 과거로 출발하기 전에는 "2055년에 키스는 대통령이 되었다"고 굳게 믿고 있으므로 그들은 출발 전 환각이나 착각에 빠져 있었던 것이어야만 한다. 그러나 둘 다 각자 출발 전 2055년의 세계에 잘 적응하고 있었던 듯 보인다. 실제로 '데스크 저쪽의 남자'와 나눈 대통령 선거에 관한 대화도 잘 맞물려 있다. 그러면 두 사람이 출발 전에 "2055년에 키스는 대통령이 되었다"라고 굳게 믿고 있었다는 사실 자체가 존재하지 않았던 것이어야만 한다. 그런 것이 가능할까? 가능하다. 둘은 "자신이 출발 전에 '2055년에 키스는 대통령이 되었다'고 굳게 믿고 있었다"고 귀환 후에 믿고 있다는 사실만이 확실한 것이다. 즉 가장 신뢰할 수 있는 최후의 몇 장면에 의하면 트레비스도 에켈스도 "출발 전 2055년에 키스는 대통령이 되었다", "출발 전 2055년에 자신은 사회에 지적으로 적응하고 있었다", "(따라서) 출발 전 자신은 '2055년에 키스는 대통령이 되었다'고 굳게 믿고 있었다"고 믿고 있다. 그러나 이들 중 참은 두번째 명제뿐으로 첫번째 명제는 거짓이고 따라서 세번째 명제도 거짓일 수 있으며, 실제로 거짓이다. 즉 귀환 뒤의 신념 ─ 출발 전의 상태에 관한 기억 ─ 이 잘못되어 있는 것이다.

이렇게 보면 「천둥소리」는 그 전반부에 있어서 '신뢰할 수 없는 화자'의 이야기였다는 것을 알 수 있다. 에켈스가 나비를 밟은 시점에서 그들의 기억에 균열이 생겨, 없었던 과거(그들의 사적 시간에서 말하자면 근近과거. 객관적 시점에서는 원遠미래)를 있었던 것처럼 굳게 믿고, 귀환하자마자 그간 틀렸던 기억에 반하는 참된 2055년의 모습을 접하고 충격을 받은 것이다. 그러나 실제로는 출발 전도 같은 상황이었던 것으로, 도이처가 대통령이 되었던 것이고 그것을 두 사람은 출발 전 알고 있었으며, 그것에 만족하고 있었던 것이다. 변한 것은 귀환 뒤의 그들의 기억뿐인 것이다. 출발 전 마침 트레비스나 에켈스가 키스의 승리를 믿고 기뻐했었듯이 그려진 이야기의 전반부는 실은 실제 시간(real time)의 묘사가 아니라(실제 시간에는 키스의 승리라는 사실은 없었으므로) 귀환 뒤의 그들의 의식, 정확히는 아마도 에켈스가 나비를 밟은 시점을 경계로 해서 그 뒤의 그들의 의식으로 본 2055년의 세계의 묘사인 것이다(보다 정확히는 물론 에켈스가 나비를 밟은 시점을 경계로 한 그후에 그들의 의식으로 본 '에켈스가 나비를 밟은 시점까지의 사적 시간'의 묘사인 것이다).

따라서 예컨대 중생대의 정글에 도착했을 때 트레비스가 수렵대 일동에게 했던 말 "이것이 키스 대통령 시대로부터 거슬러 올라온 6천만 2500년 전의 정글입니다"(Bradbury, 1952: 111)는 실제로는 "이것이 도이처 대통령 시대로부터 거슬러 올라온 6천만 2500년 전의 정글입니다"였을 것이다(혹은 그것에 상당하는 말은 일절 없었다고도 생각할 수 있다). 그러나 에켈스가 나비를 밟은 시점을 거울 표면처럼 끼고 반환, 반전된 그들의 기억 ——흡사 키스가 대통령이 된 것처럼 재형성된 그들의 기억 ——이 귀환 뒤의 본래의 현실세계에 적용할 수 없게 되어 버렸다는 것이 판명되는 것이다. 「천둥소리」는 객관적 세계가 모순에 빠지는 소리가 아니라 수렵대 일행의 기억이 전후 비일관에 빠진 내적, 개인적인 단층의 상징이었던 것이다. 따라서 참된 모순은 전혀 아니다.

이 해석에는 어려운 세부가 남아 있다. 객관적 세계 그 자체에는 아무런 변화도 없는데도 왜 트레비스와 에켈스를 비롯한 수렵대 일행 **전원이 한결같이** 같은 기억변환을 당해야만 했던 것일까. 또 단순히 기억이 변화했던 것이라고 한다면 도이처가 대통령이 된 것은 에켈스의 책임이 아니므로 그가 벌로써 죽음을 당할 이유는 없는 것이 아닐까. 첫번째 의문에는 일단 시간여행의 특수한 부작용 때문(손쉬운 표현을 사용해 버리자면)이라고 답할 수 있을 것이다. 두번째 의문으로는 트레비스는 시간에 관한 잘못된 생각에 사로잡혀서 에켈스가 정글에서 한 행위가 정말로 현재를 바꿔 버렸다고 굳게 믿고 있기 때문에 무고한 에켈스를 죽인 것이라고 답할 수 있을 것이다. 그러나 정말로 그러한 것일까. 두번째 문제에 관해서는 특히 재고할 필요가 있으므로 곧 다시 다룰 것이다.

기억변환이라는 해석 외에 정말로 세계가 바뀐 것이라는 해석도 생각할 수 있다. 에켈스가 나비를 밟은 순간에 세계가 키스 대통령의 세계로부터 도이처 대통령의 세계로 확 변화했다. 즉 나비를 밟은 에켈스의 그 개인적 시각에 대응하는 객관적 시각인 '에켈스의 출발-귀환 사이의 어떤 시각'에서, 세계가 정말로 사람들의 기억, 외계인식을 모두 포함해서 돌연 대규모로 체계적으로 변화해 버린 것이라고. 그 순간에 새로운 세계가 창조된 것이다. "세계는 단지 한순간 전에 그때 그대로의 모습으로 전혀 실재하지 않는 과거를" 상기하는 "모든 주민과 함께 돌연 존재하기 시작했다는 가설에 어떠한 논리적 불가능성은 없다"고 러셀이 자주 드는 예를 상기하자(ex. Russell, 1921: 159). 여기서는 실재하지 않는 과거란 도이처가 대통령 선거에서 이겼다는 것이고 그때의 모습이란 도이처가 대통령이라는 것이다. 이 해석에서는 "2055년에 키스는 대통령이 되었다"가 참이지만 다음 날에 키스는 대통령이 아니게 되었던 것이다. 이 해석은 모순을 피하고 있고, 게다가 논리적으로 기억변환설보다도 전망이 있는 듯 생각된다. 즉 기억변환설은 직면한 앞의 두 의문에 어렵지 않게 대응할 수 있다. 우선 귀환 뒤에 수렵대 일행 **전원이 한결같이 같은** 종류의 기억 부적응을 일으켰던 사실을 설명할 수 있다. 대변화의 순간에 2055년에 속하지 않았기 때문에, 사실 인식이 원래대로 유지되고 변화로부터 떨어져 남겨졌기 때문이다. 그리고 에켈스의 책임도 명백하다. 에켈스가 나비를 밟은 행위가 원인이 되어서 먼 2055년의 현실이 변모했던 것이기 때문이다.

기억변환설과 이 대변동설에서는 2055년의 모순의 해석이 현저하게 다르지만, 중생대의 정글에 있어서의 모순(밟히지 않았을 터인 나비가 에켈스에 의해 밟혔다)의 처리는 같다. 즉 처음부터 나비는 에켈스에게 밟혀 있었던 것뿐이다. 기억변환설의 경우, 나비의 죽음은 멀리 도이처 대통령 취임으로 연결되고 즉시 탐험대 일행의 기억변화를 야기했다. 대변동설의 경우, 나비의 죽음은 멀리 키스 대통령 취임과 그 하루 뒤의 돌연한 도이처 대통령 취임을 인지하는 것으로 인과적으로 연결되었다. 그러나 대변동설은 인과관계의 연결에 불명료한 점이 있다. 에켈스가 6천만 2500년 전의 정글에서 행한 행위가 어떻게 해서 멀리 떨어진 2055년의 시공에 대단층을 생기게 한 것일까. 거시의 인과적 영향이 미치기 위해서는 어떠한 시공적 접촉이 요구될 것이다. 기원전 6천만 년부터 기원후 2055년을 향해 도달한 물리적 사건이란 수렵대의 귀환이라는 사건밖엔 없다. 그렇다면 에켈스가 나비를 밟은 행위 그 자체가 대변화의 원인이라기보다 나비를 밟은 에켈스가 2055년으로 돌아간 것이 전체적으로 대변화의 원인을 형성했다고 말하는 쪽이 정확할 것이다. 즉 정치와 사람들의 기억의 대변화는 수렵대의 타임머신이 원래의 사무실로 돌아간 순간에 생겼다는 것이 된다(혹은 에켈스만 돌아가지 않았다면 대변화는 생기지 않았을지도 모른다. 이런 의미에서 성난 트레비스가 "당신은 여기에 남겨두고 갈 겁니다!" 하고 호통친 것은 올바른 판단을 나타내고 있었을지도 모른다. 실행은 되지 않았지만). 그러나 이런 종류의 순간적 대변화는 아마도 광속에 가까운 속도로 극히 복잡한 원자 구성의 체계적 변화가 세계 규모의 거대함에서 생긴 것이 아니면 될 수 없으므로, 논리적으로 불가능하지 않다고 해도 물리적으로는 아마도 거의 불가능하다고 말해도 좋고, 사실적인(realistic) 해석상으로는 꽤 무리를 동반하지 않을 수 없다. 이 물리적 불합리를 피하는 길로서는, 변화한 것은 사무실 내 관계자의 외계인식과 문자뿐으로, 넓은 외계에 있어서는 여전히 키스가 대통령이라는 해석도 가능하지만 이것은 너무나도 임시방편적(ad hoc)이고 시시한 해석이다.[22] 이리하여 다소나마 재미있는 해석을 유지하려 한다면 상당한 물리적 무리를 피할 수 없다. 이 점에서는 이 대변동설은 앞의 기억변환설보다 못한 듯하다.

어느 쪽 해석을 채택해야 하는지 나는 알 수 없다. 대변동설은 물리적 넌센스를 포함한 장대한 익살극의 양상을 작품에 부여한다. 기억변환설 쪽은 굳이 따지자면 철학적인 인과론과 행위론의 음영을 작품에 가져온다. 전자는 명쾌하고 호쾌하며, 후자는 미묘하고 심오할지도 모른다. 따라서 난해함의 정도가 큰 것은 기억변환설 쪽이므로 이 설이 함축하는 바를 다소 음미하며 이 장을 끝내 보자.[23]

기억변환설에 의해 해석된 「천둥소리」는 이른바 뉴컴의 문제[24]와 관

---

22) 에켈스 일행을 과거로 보낸 타임 사파리의 사무실에 원래 원인이 있었다고 한다면 스스로가 뿌린 원인의 결과를 집중적으로 받게 되는 것은 그 사무실이 있는 건물 내의 사건이어야만 한다는 것도 재미있는 해석이다. 하지만 수렵대 일행이 함께 변화를 받지 않았다는 것이 조리가 맞지 않게 된다. 사무실과 수렵대의 인식에 어긋남이 생기고 있는 이상, 기억변환설이나 대변동설 중 어느 하나여야만 하는 듯 생각된다.
23) 내가 이미 한 번 착안해서 관심을 두고 있는 해석으로 '자아변환설'이라고도 명명하고픈 것이 있다. 키스 대통령의 현실세계에 있는 에켈스 일행들은 전부 도이처 대통령의 세계의 하나에 거주하는 자기 자신(혹은 자신의 상대역)과 돌연 자의식을 교환한 것이라는 해석이다. 육체적으로는 세계를 초월한 인과적 이동은 당연히 없었음에도 불구하고 주관적 시점이 똑같이 이동했다는 것이다. 이것에는 2장 7절에서 접한 '캐릭터의 승격'과 닮은 철학적 난해함이 있고 또한 역으로 벌거숭이 자아, 혼과 같은 실체를 미리 안이하게 상정하게 될 위험도 느껴지므로, 여기서는 제기하는 데 머물러 둔다.
24) '뉴컴의 문제', 혹은 '뉴컴의 역설'은 물리학자 윌리엄 뉴컴(William Newcomb)이 제안한 것으로 여러 버전이 있지만 대략 다음과 같은 사고실험이다. 당신 앞에 두 개의 상자 A, B가 놓여 있는데 A에는 1만 달러가, B에는 100만 달러가 들어 있거나 아무것도 들어 있지 않다. 당신은 두 상자를 모두 선택하거나 또는 상자 B만을 들고 갈 수 있다. 그런데 어느 미래를 거의 완벽하게 예측할 수 있는 존재가 상자 B에 들어갈 액수를 미리 정해 놓았으며, 만약 당신이 두 상자를 다 선택한다면 그는 B에는 아무것도 넣어 놓지 않을 것이고, B만을 선택한다면 B에 미리 100만 달러를 넣어 둘 것이다. 어떤 선택을 하는 것이 합리적인가? 하는 질문이다. 전지한 존재의 예언이 (거의) 100% 정확하므로 내가 A를 가져간다면 그는 B상자를 비워 두었을 것이고, 1만 달러만 가져가게 되는 데 비해 상자 B만 가져간다면 100만 달러를 얻게 되므로 상자 B만 가져가는 게 합리적이라고 생각할 수 있다. 하지만 달리 생각해 본다면 내가 상자를 선택하는 시점에 이미 상자 속 돈의 액수는 정해져 있다. B상자에 돈이 들어 있다면 나는 101만 달러, 들어 있지 않다면 1만 달러를 얻게 되는데 상자 두 개를 모두 가져가는 쪽이 어쨌든 1만 달러를 더 얻을 수 있으므로 유리하다. 이 문제가 역설인 것은 두 해답이 모두 논리적으로 그럴듯해 보임에도 전혀 다른 결론을 내리고 있기 때문이다. 이 문제에 대한 여러 방식의 접근이 있고, 문제 자체가

련을 갖는 듯 생각된다. 즉 '증거에 의해 과거를 바꾸는' 문제의 한 사례이다. 뉴컴 문제의 알기 쉬운 예로서 흡연의 경우를 생각하자(뉴컴 문제의 사례와 논의는 Dummett, 1964; Nozick, 1969; Gibbard & Harper, 1978 등을 참조하라. 다음에 언급되는 흡연의 예는 Horwich, 1987: ch.XI에 등장하는 예이다). 흡연과 암 사이에 높은 상관관계가 있다는 것을 알고 있다고 해서 암에 걸리고 싶지 않은 사람 A는 담배를 삼가야 하는가 하는 논의이다. 담배의 연기가 물리적 인과가 되어 암을 일으키는 것이라면 틀림없이 A는 금연해야 한다. 그러나 실제로는 문제의 상관관계가 발암과 담배를 좋아하는 심리 양자의 원인인 어떤 공통의 미발견 유전자로부터 야기된 결과라는 것만이 과학적으로 알려져 있다고 한다면 어떨까. 그 사실을 알고 있는 A는 암을 피하기 위해 담배를 삼가야 하는가 그렇지 말아야 하는가. 문제의 위험유전자를 피하기에는 너무 늦었으므로, 인과적으로 보면 A가 담배를 삼가는 것은 무의미하다. 그러나 담배를 피우면 위험유전자를 갖고 있을 확률이 확실히 증가하므로 통계적·개연적으로 보면 A는 담배를 삼가야 한다. 여기서 일어나고 있는 것은 현재의 행위가 과거에 인과적 영향을 미치는 것은 불가능함에도 불구하고, 다른 개연적이라고도 말할 수 있는 의미에서 현재의 결단이 과거의 사실을 결정하는 것은 아닌가 하는 것이다. 현재의 담배를 피울까 피우지 않을까 하는 결단 및 행위에 관하여 유리한 과거를 실현해야 하고 행위해야 한다는 입장(증거주의)과, 이미 결정되어 있는 과거는 물리적으로는 변할 수 없으므로 현재의 결단이나 행위는 과거에 대해서는 무의미하다는 입장(인과주의)이 현실적으로 대립할 수 있을 것이다.

성립하지 않는다는 주장도 있다.─옮긴이

물론 인과주의하에서도 어떤 의미에서는 현재의 행위에 의해 얼마든지 과거를 바꿀 수 있다. 예컨대 3년 전에 헤어진 그녀에게 다시 접근해서 결혼에 도달했다면 옛날의 그 연애는 우리들의 결혼을 위한 전주곡이 된다. 만약 접근하지 않고 끝났다면 그 같은 연애는 단순히 흔한 실연의 한 장면에 머물렀을 것이다. 즉 현재의 행위는 과거 사건의 의미를 바꿀 수 있다. 그러나 현재의 행위가 과거 사건의 물리적 배열 그 자체를 바꾸는 것은 불가능하다. 그런데 마찬가지로 이미 결정된 사건의 물리적 배열을 유리한 방향으로 결정하기 위해 현재 행위해야 한다는 증거주의의 입장에도 직관적인 설득력이 따르는 것이다(나의 소설 중 행위가 과거의 물리적 배열을 결정한다는 증거주의적 테마를 다룬 것이 1994년에 발표한 「통신판매기」通信販賣機, 적어도 과거의 의미를 바꾼다는 인과주의적 테마를 좇은 것이 1993년에 발표한 「옥토파 바이브레이션」オクトパ·バイブレーション이었다. 있었던 과거를 없애는 것도, 없었던 과거를 존재하게 하는 것도, 물리적 의미가 아닌 의미론적 의미에 있어서는 인과주의에 반하는 것은 아니다).

「천둥소리」는 뉴컴 문제의 한 이야기로서 읽을 수 있다. 수렵대는 과거를 물리적으로 바꾼 것은 아니다. 2055년에서 본 (객관적 시간에 있어서의) 원과거인 중생대의 작은 나비의 운명을 바꾼 것도 아니고, 중생대에서 본 (수렵대의 사적 시간에 있어서의) 근과거인 2055년의 정치 정세를 바꾼 것도 아니다. 그 어느 쪽도 논리적으로 불가능하기 때문이다. 수렵대가 행한 것은 (수렵대의 사적 시간에 있어서) 이미 결정되어 있는 근과거 2055년의 정치 정세를 증거주의적으로 결정한 것이었다. 에켈스가 나비를 밟아 죽여도 밟아 죽이지 않아도 인과주의적으로 말하면 2055년의 정치 정세는 변할 수 없다. 그러나 증거주의적으로는 에켈스의 (사적 현재에 있어서의) 행위가 2055년의 정치 정세를 바꾼 것이다.

요컨대 시간여행이 과거를 물리적으로 바꾸는 것이 불가능한 이상, 실제로는 과거의 세계에서 무엇을 해도 좋은 것이다. 역사를 보호하기 위한 반중력 도로 따위도 필요하지 않았다. 그러나 증거주의적으로는(심리적으로는) 그렇지 않다. 시간여행을 출발한 원래 시대에 있어서, **상세하게 알려지지 않은** 여러 기존 사실에 관해 엉뚱한 변동(variation)이 일어나지 않기를 원한다고 생각하면(예컨대 시간여행자 자신이 출발 **전**에 시험을 받았다고 하고, 보통 자기 실력으로 당연히 합격할 터인 그 시험에 귀환 뒤의 합격발표에서 예정대로 합격하고 싶다고 생각한다면), 반중력 도로로부터 벗어나는 것은 유리한 전략은 아니다.[25] 현재를 바꾸는 것을 암시하는 증거를 피하는 것보다 더 나은 것은 없다. 이 심리법칙을 파괴했기 때문에 뜻밖에 시간여행자가 본래 **알고 있을** 터인 **명료한** 사실에 관해, 기억의 변묘라는 거친 트릭의 형태로 반전이 생겨 버렸다는 비극, 그것이 「천둥소리」의 진상이었던 것이다.

이 비극에 직면하여, 말하자면 에켈스는 인과주의자이고 트레비스는 증거주의자이다. 에켈스가 나비를 밟는 행위는 물리적·인과적으로 2055년을 바꾼 것은 아니므로, 인과주의적으로 보면 에켈스에게 책임은 없었다. "나는 무고하다. 나는 아무것도 하지 않았어!"(Bradbury, 1952: 120)라는 에켈스의 변명은 나비를 밟기 전에 비해 나비를 밟은 뒤의 자신에게 죄가 있을 리가 없다는 것이다. 왜냐하면 자신이 나비를 밟기 전부터 이미

---

25) 시간여행이 귀환 뒤에 받는 시험의 결과에 관해서는 어떠할까? 여행 전의 과거에서 발을 잘못 디뎌도 출발까지의 상황은 출발 전과 전혀 변하지 않기 때문에, 같은 원인은 같은 결과를 낳는다고 가정하면 역시 과거에 남은 족적이 외적 시간의 인과에 따라 수험결과에 영향을 미치는 일은 없게 된다. 물론 여행 전에 발을 헛딛은 것이 본인의 심리에 영향을 미처 **사적 시간의 인과에** 따라 시험결과를 좌우한다는 것은 있을 수 있겠지만.

2055년의 물리, 정치 상태는 결정되어 있기 때문이라는 인과주의적 사실을 이미 호소하고 있기 때문이다. 한편 증거주의적으로 보면 에켈스에게는 책임이 있었다. 길을 벗어나 나비를 밟는 것은 아직 나비를 밟지 않은 출발 전에 비해 2055년의 물리 상태가 변화하고 있다는 것을 증명하고 있다. 그 구체적인 현상이 수렵대의 기억 내용의 변모이다. 에켈스의 행위를 눈앞에서 보고 증거의 원리에 압도당한 트레비스 일행들은 도이처 대통령 취임을 축복하던 심리에서 도이처를 저주하는 심리로 변화하고, 미리 결정되어 있던 그 도이처 정권이라는 사실을 실현시킬 개연성을 뒷받침한 에켈스의 행위를 용서하기 어려웠던 것이다. 무엇보다도 증거주의적 법칙(rule)을 파괴한 에켈스만 없다면 자신들은 처음부터 키스 정권의 세계에 살 수 있었을 것이기 때문에.

「천둥소리」의 상황은 엄밀히 말하면 순수한 뉴컴 문제와는 다르다. 에켈스가 나비를 밟은 행동은 확실히 수렵대의 사적 시간을 더듬어 가 보면 도이처 정권 탄생 뒤에 있고 원인으로는 될 수 없는 단순한 증거이지만, 외적 시간을 더듬어가면 도이처 정권 탄생 전에 있고 물리적 원인이 될 수 있다. 그러나 외적 시간의 시간순서에서 봐도 실제로는 그것은 원인이라기보다도 조건(필요조건)이다. "A는 왜 암에 걸렸는가"라는 질문에 대해 "담배를 좋아하는 유전자를 갖고 있었기 때문이다"라고 대답하는 것은 원인을 특정하고 있고 적절하지만, "A가 이 세상에 태어났기 때문이다"라고 대답하는 것은 단순한 조건의 제시이고, 적절하지 않다. 원인이라는 것은 조건들 중에서 결과와 시공적으로 충분하게 가까운 사건을 가리키는 말일 것이기 때문이다(Russell, 1921: 94~95). 마찬가지로 나비의 죽음과 도이처 정권 탄생 사이에는 6천만 년 이상의 인과연쇄가 있으므로 에켈스의 행위를 원인이라 부르는 것은 적절하지 않다. 그러나 외적 시간에서의 인과연쇄에 있어서는 어쨌든 수렵대의 사적 시간에 있어서는 에켈스의 행위는 도이처 정권 탄생과 인접하고 있고, 주관적으로 원인이라 불릴 수 있는 것으로(실제로는 뒤에 생긴 증거에 지나지 않지만) 증거주의자의 분노를 환기하는 데는 충분하다. 객관적 세계가 아닌 개인의 내면이 문제인 한, 주관적 증거의 도의적 의미는 크다.「통신판매기」에서는 자신 앞으로 누가 편지를 우체통에 넣은 것인지가 지금 판매기의 문자 버튼을 누르는 것에 의해 결정되고 있는데, 이때 주인공의 손가락의 움직임이 자신의 과거나 현재에 대해 도의적 책임을 지고 있다는 것도 같은 의미에 있어서이다.[26]

    덧붙여 대변동설을 채용하면 에켈스의 행위와 귀환이 도이처 정권 탄생의 직접적 원인이 되고 있다는 것에 의심의 여지는 없고 그 이외의 해석은 없다. 그러면 인과주의적으로 보는가 증거주의적으로 보는가에 따라 에켈스가 한 행위가 갖는 책임의 무거움이 달라지게 된다는 복잡한 독해, 즉 기억변환설 쪽이 단순명쾌한 대변동설보다도 음미할 바가 많다고 말할 수 있을지도 모른다. 앞에서 기술했듯이 나로서는 기억변환설과 대변동설 중 어느 쪽을 채용해야 하는지 아직 결론은 내기 힘들다. 그러나 단 하나 확실하게 말할 수 있는 것은 다음과 같은 것이다. 즉 이렇게 작품

---

[26] 단 큰 차이는 있다.「천둥소리」에서는 문제가 되는 현재의 행위를 본 것만으로는 과거의 결과를 직접 간취할 수 없는 단순히 물리적인 (비기호적인) 미지의 증거관계가 취급되고 있지만,「통신판매기」에서는 문자라는 기호로 매개된 추측 가능한 증거관계가 다뤄지고 있다. 흡연의 사례는 기지의 통계적 지식이 기호가 되어 매개하는 증거관계의 예일 것이다. 나비의 살해와 도이처 정권, 판매버튼의 선택과 타자의 접근, 흡연과 발암과의 관계는 각자 인과관계가 아니라 증거관계이다. 다르게 말하면 어느 것이나 공통원인에 의해 묶여진 두 개의 결과이다. 행위자의 실존적 결단이나 반성이 심각함을 띠면 띨수록 불합리 혹은 해학이 되어 가는 상황의 원천은 거기에 있다. 자유의지가 틀린 대상을 목표로 해서 공전(空轉)하는 것, 많은 아이러니 문학작품이 자아내는 희비극은 이 모티브에 의해 은연중에 지지되고 있다고도 생각할 수 있을 것이다.

의 개성과 의미를 존중하고 보다 정밀한 해석으로 진전하는 것이 문학연구의 가장 중요한 과제라고 한다면(내가 여기에 찬성하는 것은 아니지만. 개별 작품 연구와 해석지상주의에 대한 논쟁적인 공격으로서는 Culler, 1976을 참조하라), 글의 내용의 모순을 그대로 모순으로서 무비판적으로 인정하고 현실세계의 논리와 다른 허구에 독특한 논리를 만들어 내기보다도 모순을 해소하는 방향으로 합리적인 해석을 구하는 노력을 거듭하는 쪽이 성과가 풍부한 올바른 자세인 것이다. 현실에서는 성립하지 않는 모순을 인정하는, 허구에 독특한 일반논리는 그것이 앞 절까지 개관했던 각 전략, '논리적 폐쇄의 제한'이든, '추리법칙의 제한'이든, '연관논리학'이든, 작품 내용의 개성적 이해라는 문학연구의 큰 목적을 압살해 버릴 우려가 있다. 특수한 형식논리 개척의 학술적 문맥에서는 어쨌든 구체적 사태의 상상이 요구되는 허구독해의 문맥에 있어서 우리는 자신의 상상력을 관대하게 허용해서는 안 된다. 즉 상상 불가능한 것을 마치 상상 가능한 척하고 보편적 논리의 확보를 표면적으로 취해서 직관적 해석의 실감을 희생해서는 안 되는 것이다(특히 논리적 함축의 실감을 회복하려고 한 연관논리가 허구 이해의 실감을 잃어버린다는 것은 매우 얄궂은 일 아닌가). 허구에 독특한 포괄적인 논리는 확실히 필요하지만 그러한 메타해석의 논리란 바로 "표면상의 모든 모순을 재해석해서 무모순이면서 유일한 가능세계를 파악해야 한다"라는 격률(格律)에 다름 아닌 것이다.

4장 _ 허구적 대상(캐릭터)이란 무엇인가: 관련 이론 개관*

이미 우리는 허구세계의 본성에 관하여, 그것을 그저 현실세계에 있어서의 언어로 보는 '언어설', 불완전한 다른 세계(상황)로 보는 '상황설', 완전한 세계의 집합으로 보는 '집합설', 그리고 온전한 하나의 세계로 보는 '단일세계설'이라는 네 가지 유형으로 나눠서 각자의 논리적 특징을 관찰했다. 지금까지의 결론은 허구는 불완전성과 모순이라는 두 개의 특징에 의해 가능세계와 구별되지만 적어도 모순 쪽은 텍스트 내용에 관계없이 용인해서는 안 되고, 불완전성에 관해서는 언어설과 상황설보다도 집합설이, 그리고 집합설보다도 단일세계설이 유망한 듯하지만 아직 결정적인 확정은 없다는 것이었다. 이러한 큰 틀에서 허구세계의 본성을 탐구하는 것뿐만 아니라, 그 속에 거주하는 허구적 대상(character)이란 무엇인가라는 것을 다시 연구해 보면 허구이론은 더욱 상세하게 하위 분류됨을 알 수

---

* 여기서 소개하고 있는 각 '~설'들은, 우리말로는 '~이론'이나 '~론'으로 옮기는 쪽이 더 자연스럽겠지만, 해당 학자들의 공식적인 주장이라기보다는 저자의 해석, 재구성을 통해 제시된 가칭들이다. 따라서 '가설'의 뉘앙스를 띤 '집합설', '상황설' 등을 비롯해 이 장의 용어들은 원문대로 일관되게 번역하는 쪽이 적절하다고 판단하여, 수정하지 않고 옮겼음을 밝힌다. —옮긴이

있다. 이 장에서는 허구적 대상이란 무엇인가라는 것에 관해 상세한 변형태들(variations)을 현행 이론들에 따라 열거, 해설한 뒤에 최종적으로 바람직한 종류의 이론에 도달하도록 노력해 보고자 한다.

1. 기술이론(버트런드 러셀)

허구적 존재는 지시대상이 아니다. 허구명은 논리적 단위가 아니다.

허구적 대상의 이름(이하 '허구명'이라 약칭한다)을 포함해 비존재의 이름 일반에 관해서 하나의, 아마도 유일한 패러다임을 설정한 것이 러셀의 기술이론이라는 것에 의심의 여지는 없다. 이름을 다루는 전통적 이론들이나 금세기 후반 이래의 새로운 이론들도 모두 그 진리와 의미의 확립을 위해서는 우선 직접적으로 대결하지 않으면 안 되는 벽이 이 기술이론이다. 기술이론은 지시이론들의 그물망 속에서 대단히 넓은 용법과 작용을 갖지만 지시 일반에 관한 논의를 전개하는 것이 이 책의 목적은 아니므로 허구명에 관한 문제점에 초점을 좁혀 이하 러셀류의 분석이 포함하는 몇 가지 귀결을 정리해 보고 싶다.

러셀(Russell: 1905a)에 의하면 일상언어의 명사 및 명사구는 어떤 대상을 지시한다고는 단정할 수 없다. 특히 단칭어(singular term)라 불리는 한정 기술 및 고유명사는 전통적으로 문법상의 주어로서 유일한 대상을 지시한다고 간주되어 왔지만 논리적으로 그것은 자율적인 실체와 전혀 대응하고 있지 않을지도 모른다. 잘 알려져 있듯이 기술이론에 의하면 예컨대 "프랑스 국왕은 대머리이다"(The king of France is bald)라는 문장이 표현하는 명제는 다음과 같은 논리구조를 갖는다고 간주된다.

∃x(Fx∧Kx∧∀y(Fy∧Ky⊃x=y)∧Bx)

어떤 것 x가 (적어도 하나) 존재하고, 그것은 프랑스의 국왕이고, 무엇이든 그것이 프랑스 국왕이라면 그것은 저 x와 동일하며(많아야 하나이며), 그리고 그러한 x는 대머리이다.

러셀의 이 분석에서는 the king of France라는 문법적으로는 통합된 단위인 주어가 논리적으로는 Kx(king), Fx(of France), ∃x(······∀y(Fy∧Ky⊃x=y)······)(the)[1]라는 식으로 분해되고 명제 내에서 뿔뿔이 흩어져 버린다. 즉 지시구는 불완전 기호로 "그 자체는 결코 어떠한 의미도 갖지 않고 지시구가 그 언어 표현의 일부로서 나타내는 명제 각각이 의미를 갖고 있다"(Russell, 1905a: 43). 지시구는 명제 전체를 떠나서 단독으로는 아무것도 지시하지 않는다는 것이다. 주어-술어명제로 보이는 외견은 외관상 그럴 뿐이고 실제로는 지시구를 주어로서 포함하는 문장은 존재명제를 나타내고 있는 것이다. 그리고 거기에서 주어는 존재의 함축을 포함하지 않는 중립적 변항 x에 의해 대신되어 원래 주어는 명제함수의 술어와 단일존재주장으로 나눠져 독자적 단위가 아니게 된다. 지시구란 이렇게 존재상으로도, 범주상으로도 그 자체로서 결정된 어떤 것도 아닌 명제 내의 내용을 편의상 결정해 나타낸 문법장치에 지나지 않는다.

이리하여 러셀 자신이 이전에 품고 있었던(Russell, 1903) 마이농적인 존재론은 근본적으로 논박된다. 마이농식으로 말한다면 모든 지시구에 대응해서 그 지시대상이 있는 것이 되고 예컨대 왕정을 실시하고 있지 않은 현재의 프랑스에 대해 "프랑스 국왕은 대머리이다"라고 말한 경

---

1) 단일 존재주장 '단 하나'란 뜻.

우, 프랑스 국왕은 실재하지 않는다고는 해도 지시되고 있는 이상, 어떤 의미에서 '있지' 않으면 안 되게 된다. 그러나 기술이론에 의하면 프랑스 국왕이 존재하지 않는 경우는 명제의 참된 논리형식을 나타내는 논리식인 ∃x(Fx∧Ky……) 부분이 거짓이므로 그것을 연언지로 하는 명제 전체가 단적으로 거짓이 된다.[2] (덧붙여서, 다른 한편으로 프랑스 국왕이 두 사람 이상 있는 경우에는 (……∀y(Fy∧Ky⊃x=y)……)(x는 고작 하나밖에 없고……) 부분이 단적으로 거짓이므로 이것도 명제 전체가 거짓이 된다). 따라서 '프랑스 국왕'에 대응하는 피지시 단위를 가지지 않는 형식을 갖는 한 명제가 단지 거짓일 뿐이라는 이야기이므로, 프랑스 국왕의 존재성은 조금도 함축되지 않게 된다. 러셀에 의하면 비존재물은 어떠한 의미에서도 단적으로 없는 것이다.

이 분석은 지시구 전체에 응용할 수 있는 것으로, 문법적 주어가 기술구인 경우뿐만 아니라 어떠한 고유명사의 경우에도 적용된다. 러셀의 기술이론을 채용하면서 콰인이 기술하고 있듯이 "페가수스라는 개념이 극히 모호하거나 [너무] 기본적이어서 기술구에 대한 적절한 번역이 바로는 발견되지 않는 듯하다고 해도, 인공적이면서 일견 사소하게 보이는 다음과 같은 수단에 호소할 수 있다. 즉 페가수스임(being Pegasus)이라는 가정에 의해 분석 불능이자 환원 불능인 속성에 호소하고 그 표현으로서 '페가수스이다'(is-Pegasus)라든가 '페가수스화하다'(Pegasizes)[3]라는 동사

---

[2] ∃x(Fx∧Kx∧∀y(Fy∧Ky⊃x=y)∧Bx)(=프랑스 국왕은 대머리이다)는 ∃x(Fx∧Kx)∧∃x(∀y(Fy∧Ky⊃x=y)∧Bx)를 함축하고 ∃x(Fx∧Kx)가 단적으로 거짓이기 때문에 이 전체도 거짓, 따라서 원래 "프랑스 국왕은 대머리이다"는 거짓이 된다.
[3] 이 책의 원문은 직역한다면 '페가수스하다'이지만 여기서는 국역을 따랐다. 윌러드 콰인, 『논리적 관점에서』, 허라금 옮김, 서광사, 1993.—옮긴이

를 채용하면 된다"(Quine, 1948: 7~8). 이리하여 고유명사도 '페가수스화 하는 것'과 같은 기술과 같고, 기술이론의 분석에 따르게 된다. 무엇보다 러셀에게 있어서 일상의 고유명사 대부분은 '페가수스화한 것'과 같은 인공적 기술이 아니라 '날개가 있는 말'과 같은 정식의 기술과 같다고 간주된다. 방금 본 콰인의 방책은 어디까지나 그러한 통상의 기술이 일견 발견되지 않을 때의 편의적 수단이다(덧붙여 러셀에 비해 콰인이 '페가수스'와 같은 허구명을 단칭어로 인정하지 않는 것은, 첫번째로 논리적이라기보다 편의적인 이유——과학언어의 매끄러움smooth, 단순성, 우아함——때문이라는 느낌이 있다. ex. Quine, 1960: 177).

러셀의 이 명사론에 관해서는 허구명 이론의 관점에서부터 보면 주의해야 할 것이 세 가지가 있다. 우선 첫번째로 콰인이 행했듯이 고유명이 기술로 항상 환원 가능하다고 하면 콰인 자신이 잠깐 언급하고 있듯이 "'페가수스화하다'와 같은 술어를 도입하면, 그것에 대응하는 속성, 즉 페가수스화하는 것이 플라톤적 천상계나 사람의 마음속에 있다고 개입하는 것이 된다고 생각되겠지만 그래도 상관없다. 우리도, 와이먼도 맥스도[4] 보편자가 있다든가 없다든가 하는 것에 관해 싸우고 있었던 것이 아니라 페가수스의 있고 없음에 관해 싸우고 있었던 것이다"(Quine, 1948: 8). 그렇다. 실체, 개체, 특수자로서의 햄릿이라는 것이 없다고 해도 어떤 종류의 보편, 속성으로서 햄릿의 존재가 인정되는 것은 아닐까. 아니, 햄릿은 복

---

[4] 와이먼(Wyman), 맥스(McX)는 콰인이 논의 속에 등장시킨 가공의 철학자이다. 와이먼은 이 장의 4절에서 논할 마이농주의를 신봉하는 사람이고 맥스는 "페가수스와 같은 비존재물은 인간의 마음속에 관념으로서 있다"라는 생각을 신봉하는 자이다. 이 책에서는 맥스적인 소박심리주의는 채택하지 않았다. 이 이론을 콰인은 "이 심적 실체는 사람들이 페가수스가 있다는 것을 부정할 때 말하고 있는 것은 아니다"(Quine, 1948: 2)라고 결론짓고 있다.

잡한 속성의 집합이고 분해 가능할 것이므로, 여기서 정말로 있을 법한 허구이야기를 상정하자. 그 이야기 내에서 "다로(太郎)가 있다"라는 문장이 제시되어 있고, 다로인 것은 그 문장에서밖에 등장하지 않으며 게다가 그 문장은 이야기 속의 다른 문장과 일절 관계를 갖고 있지 않다고 하자. 그러한 이른바 독립적 캐릭터는 분석 불가능, 환원 불가능할수록 기본적이므로 다로에 관해서는 단지 "다로가 있다" $\exists x(Tx)$ 혹은 $\exists x(Tx \wedge Ex)$라는 명제를 기술할 수 있을 뿐이다.[5] 그래서 실체로서의 다로는 확실히 소실되고는 있지만, T(다로성)라는 **결정(結晶)적인 단위**로서 재등장하게 된다. 범주가 다르므로 '다로'의 지시대상은 역시 존재하는 것이 된다. 그것은 다로임이라는 보편자이다. 러셀의 기술이론은 논리적으로는 비존재에 대한 지시구가 개체로서의 지시대상을 갖는다는 것을 부정하고 있을 뿐으로 보편자로서의 허구적 대상을 부정하고 있지는 않을 것이다. 이것은 뒤에서 볼 이론적 실체설(5절)이나 종류설(6절)을 허용할 여지가 기술이론에 있다는 것을 의미한다. 단 이것도 엄밀한 의미에서는 정말로 단순한 허구적 대상에밖에 적용할 수 없고, 햄릿과 같은 많은 속성으로 이루어진 보통의 허구적 대상은 여전히 속성과 존재주장의 다발로 분해되어 완전히 소거될 것이지만(러셀의 존재론이 명제함수라는 성질 실체를 세계의 기본적 구성요소로서 요청하는 내포논리라는 관찰은 Linsky, 1983이 상세하게 다루고 있다).

---

5) '다로'(太郎)라는 이름을 갖는다는 성질이 부여되어 있으므로 그러한 기술로 환원할 수 있다고 생각될지도 모른다. 그러나 '다로'는 작중의 인물이 작중에서 갖는 이름이 아니라 작가가 현실에서 조작을 위해 편의적으로 붙인 부호인 경우도 상정할 수 있다(희곡에서 자주 '남자 1', '남자 2'라는 이름이 나오는 것을 상기하라). [다로는 이름으로도 쓰이지만 글자 뜻 그대로는 '장남'이라는 의미로 사용되며, 따라서 이름으로 쓰일 경우도 보통 첫째 아들에게 붙인다. ─옮긴이]

두번째 문제점은 "프랑스 국왕은 대머리가 아니다"와 같은 문장의 분석으로부터 유도된다. 러셀에 의하면 이 문장은 두 개의 명제를 나타낼 수 있는 모호한 문장이다. 즉,

A "프랑스 국왕은 '대머리가 아니다'라는 성질을 갖는다"
 $\exists x(Fx \wedge Kx \wedge \forall y(Fy \wedge Ky \supset x=y) \wedge \sim Bx)$
B "'프랑스 국왕은 대머리이다'라는 것은 아니다"
 $\sim \exists x(Fx \wedge Kx \wedge \forall y(Fy \wedge Ky \supset x=y) \wedge Bx)$

A는 원래의 명제 "프랑스 국왕은 대머리이다"와 마찬가지로, $\exists x(Fx \wedge Kx)$가 거짓인 이상 전체가 거짓이다. 한편 B는 원래의 명제에 대한 모순명제, 즉 거짓인 명제 전체를 부정하는 것이므로 참이다. '프랑스 국왕'과 같은 지시구가 A와 같은 형태로 나타나는 현전 방식을 러셀은 1차적 출현(primary occurrence)이라 부르고 B와 같은 현전 방식을 2차적 출현(secondary occurrence)이라 부른다. 비존재 지시구가 1차적 출현으로 들어간 명제는 항상 거짓이고 2차적으로 들어간 명제는 참일 수 있다. 그런데 문제는 이렇다. 위의 예는 연산자(operator)가 '가 아니다'라는 부정연산자(~)의 경우였다. 그러면 연산자가 허구연산자라고 불러야 할 것이었다면 어떠할까. 즉 위의 '가 아니다'를 '허구에 있어서'로 치환하고 지시구를 적절한 이름, 예컨대 햄릿이라 둔 모호한 문장 S "허구 내에서 햄릿은 남성이다"를 생각해 보자. '햄릿'의 1차적 출현, 2차적 출현에 대응해서 S로부터 다음 두 명제가 나온다.

SA "햄릿은 '허구에 있어서 남성이다'라는 성질을 갖는다"

∃x(Hx∧∀y(Hy⊃x=y)∧inFMx)

SB "허구에 있어서 '햄릿은 남성이다'라는 것이 성립한다"

inF ∃x(Hx∧∀y(Hy⊃x=y)∧Mx)

이 두 명제의 구별은 뒤에 고찰할 '데 레'(de re) 명제, '데 딕토'(de dicto) 명제의 구별에 해당한다.[6] 전자는 햄릿에 관한 어떤 것을 말하고 (현실에서 햄릿의 단일 존재를 암묵적으로 주장하고), 후자는 햄릿을 포함한 문장 전체에 관해 어떤 것을 말하고 있다(현실에서의 햄릿의 단일 존재는 주장하지 않는다). 러셀이 행한 기술의 이론적 분석에서 도출되는 것은 SA는 거짓이고 SB는 참일 수 있다는 것이 전부이다. SB는 참인가 거짓인가. 필시 러셀은 SB가 참이라고 인정할 것이다. 그러면 SB가 참이라는 것은 어떠한 것인가. SB는 현실에 있어서는 아니고 F(허구)에 있어서 ∃x(Hx∧∀y(Hy⊃x=y)∧Mx)가 성립한다고 말하고 있다. 즉 F(허구) 내의 햄릿의 단일 존재를 주장하고 있다. 그것은 대체 햄릿이 어떠한 존재방식을 취하고 있다고 말하는 것인가. 이것에 관해서는 뒤에서 보겠지만 이론들이 분기될 수 있고, 기술이론이 그것만으로 독자적 입장에 개입하는 것은 아니다. SB와 같이 2차적 출현에 있어서 허구명이 나타날 때, 기술이론의 틀 내에서도 햄릿과 같은 실체가 어떠한 의미에서 결정(結晶)화된 존재성을 가질 여지가 남겨져 있는 것이다. 무엇보다 러셀 자신은 『수리철학서설』의 '기술(記述)' 장(章)에서 허구적 대상에 관해 다음과 같이 말하

---

[6] 단 러셀의 '기술 범위'는 여러 단계를 허용하므로, '데 레'/'데 딕토'(혹은 지시적/속성적)라는 어떠한 이분법으로도 다 충족할 수 없다는 지적을 크립키가 행하고 있다(Kripke, 1977: 10). 이 장의 각주 50번을 참조하라.

고 있다. "동물학이 유니콘을 인정할 수 없는 것과 마찬가지로 논리학도 유니콘을 인정해서는 안 된다고 나는 주장하고 싶다.……유니콘이 문장학(紋章学)이나 문학이나 상상 속에 존재하고 있다고 말하는 것은 실은 불쌍하다고 해야 할 정도로 하잘것없는 핑계이다. 문장학 속에 있는 것은 살과 피로 이루어진 자력으로 운동하고 호흡하는 동물이 아니며 존재하는 것은 그림이고 말에 의한 기술이다.……셰익스피어나 독자의 사고, 감정 등과 같은 것만이 실재이고 그 이외에 객관적인 햄릿 따위는 없다. 그것이 허구의 본질이다"(Russell, 1919: 169). 이것은 우리가 이미 다뤘던 언어설, 그 중에서도 이 장 8절에서 볼 대입적 양화 이론에 가까운 생각이다. 'inF'를 '허구세계 내에서' 등으로 이해해서는 안 된다는 것이다. 그러나 이것은 러셀의 반쯤은 비공식적 생각으로, '현실세계의 일반적인 구조를 다루는' 그의 기술이론에서 엄밀하게 귀결되는 논리와는 독립적이다. 현실세계 속에서는 어쨌든 inF라는 문맥 혹은 상황 혹은 세계 속에서는 햄릿은 적어도 실체로서 기본단위로 등장 가능하다고 해석할 수 있는 것이다. 따라서 기술이론은 뒤의 12, 13, 14절에서 논할 '데 딕토' 가능세계설과 직접적으로 모순되지는 않는 듯 생각된다.

　　마지막으로 뒤에 볼 다른 허구론과 관계되는 것으로 러셀의 악명 높은(악명 높다고 해야 할지) '논리적 고유명'과 관련되는 논점을 살펴보자. 당연하지만 러셀의 기술적 환원은 허구명이라는 고유명만이 아니라 실재하는 인명이나 지명과 같은 고유명에 대해서도 적용되어야만 한다. 러셀에 의하면 일상언어의 문법 범주(category)는 엉터리이다. 고유명사 전부가 논리적으로 보면 실은 고유명이 아니라 생략된, 혹은 위장된 기술인 것이다. 진짜 고유명은 궁극적으로는 '이것', '저것', '여기'라는 지표적 지시사가 되지만(ex. Russell, 1911), 그렇게까지 직시적으로 철저하지 않아도 러셀의 기술이론은 지시행위의 인과선(因果線)과 결부된 종점만을 지시 대상 후보로 인정하는 생각으로 길을 열고 있다. 이것은 11절에서 볼 직접 지시-물리주의와 같은 생각이지만 러셀식의 기술주의에 반대해서 시작되었고 논리적으로도 대립한다고 보통 생각되는 크립키식의 직접지시 이론이 러셀 이론의 논리적 귀결에 그 뿌리를 두고 있다는 것을 잠깐이라도 확인해 두는 것은 중요할 것이다.

그 외에도 이하 차례대로 논해 갈 허구이론은 모두 신구(新舊) 비존재론의 교차점이라고도 할 수 있는 러셀 기술이론을 참조하는 것에 의해 새롭게 보이게 되는 점이 많다는 것을 본문에서는 하나하나 지적하는 번거로움은 피할 것이지만, 독자 여러분께는 미리 명기해 두는 바이다.

2. 위장주장설(존 설)

일단 창조된 허구적 대상은 진실된 지시의 대상이 된다.

피터 스트로슨은 러셀의 기술이론에 대해 처음으로 근본적인 비판을 가한 논문(Strawson, 1950)에서 지시구나 문장 그 자체(타입)와 지시구, 문장의 특정 사용을 대조시킨다. 스트로슨에 의하면 의미를 갖는 것은 언어 표현의 타입이고 지시, 언급, 진위를 갖는 것은 언어 표현의 구체적 사용이다. 의미라는 것은 "표현을 지시에 이용하기 위한 규칙, 관습, 규약의 집합이다"(Strawson, 1950: 64). 타입으로서의 지시구 그 자체는 의미를 갖지만 지시구 그 자체는 아무것도 지시하지 않는다. 마찬가지로 타입으로서의 문장 그 자체는 의미를 갖지만 문장 그 자체는 참도 거짓도 아니다. 지시구도 문장도 구체적으로 사용되어야 비로소 지시를 행하고 진리치를 가질 수 있는 것이다. 러셀의 오류는 "표현을 특정 문맥에 있어서 그 사용과 혼동하고 의미를 언급, 지시와 혼동했다"(Strawson, 1950: 63)는 것이다(앞 절에서 인용한, 지시구는 "그 자체로는 결코 어떠한 의미도 갖지 않고……"라는 러셀의 말을 상기하라). 유의미한 지시구는 반드시 지시대상을 가져야만 한다는 잘못된 확신에서부터 러셀의 이론적 고유명이라는 '성가신 신화'가 생기고 유의미한 문장은 반드시 참이나 거짓이어야만 한다는 잘못된 확신에서 필요 이상으로 복잡한 기술이론의 논리분석이 시작된다는 것이다. "프랑스 국왕은 대머리이다"라는 명제(문장의 의미)를 러셀은 그것이 유의미한 이상은 참이나 거짓이어야만 되기 때문에 "프랑스 국왕이 단 한 사람 존재한다"라는 연언지를 갖는 것으로 분석했다. 그렇지만 스트로슨에 의하면 "프랑스 국왕은 대머리이다"라는 명제는 단일 존재 **주장**을 포함하고 있지는 않다. "프랑스 국왕이 단 한 명 존재한다"라는 것은 화용론적으로는 전제되어 있지만 의미론적으로는 함축되어 있지는 않다. 그것은 "프랑스 국왕은 대머리이다"의 발화 조건이지만 기술된 내용의 일부는 아닌 것이다. 따라서 러셀과 같이 단일 존재가 성립하지 않는 것으로서 "프랑스 국왕은 대머리이다"를 거짓이라고 하는 것은 틀렸고 단일 존재라는 전제조건을 결여한 진술은 단적으로 참도 거짓도 아니라고 해야 하는 것이다. "프랑스 국왕은 대머리이다"는 참이나 거짓 진술을 이루는 데 이용되기 위한 규칙, 관습, 규약에 따르고 있기 때문에 문장으로서 유의미하지만 프랑스 국왕의 단일 존재라는 전제를 결여한 문맥에서 발화되면 구체적 진술로서는 참도 거짓도 아니라는 것이다.

스트로슨은 이리하여 러셀식의 복잡한 인공언어적 환원은 무용하고 주어-술어 범주를 유지하는 일상언어와 '진술의 전제, 문맥'의 관찰에 의해 지시 문제는 해결된다고 한다. 이것이 러셀의 기술이론에 대한 올바른 비판인지 아닌지는 차치하고[7] 이러한 일상언어학파의 일반적인 생각이 존 설의 언어행위론에 의해 허구론에 전문적으로 적용될 때 어떠한 고찰이 생겨났는가를 간략하게 살펴보기로 하자. 설은 허구 언어가 통상의 실재물과 관계하는 언어와 완전히 같은 의미를 갖고 있으면서도 언어와 세계를 잇는 규칙이 왜 발효하고 있지 않은 것인가를 묻는다. 「빨간 두건 소녀」(Little Red Riding Hood)의 '빨간'(Red)은 보통 현실의 빨간 것을 언급할 때의 '빨간'과 완전히 같은 의미를 갖고 있다. 그렇지 않으면 "허구작품에 포함되는 모든 단어와 그 외의 요소에 관해 새로운 의미 체계를 배우지 않고는 그 허구작품을 이해하는 것은 누구에게도 불가능하다. 게다가 어떠한 문장이든 허구에 출현할 수 있으므로, 언어 내의 모든 문장이 허구적(fictional) 의미와 비허구적(nonfictional) 의미를 갖는 것이 되고 사람은 해당 언어를 또 한 번 다시 배워야만 하게 된다"(Searle, 1975: 64). 그런데 그것은 불합리하다. 의문문이 평서문과 의미가 다르다고 해서 허구문이 비허구문과 의미가 다르지는 않다. 그리고 문장의 언표에 있어서 수행되는 언표 내 행위가 그 문장의 자의 그대로의 함수인(Searle, 1969: 18; Searle, 1975: 64) 이상 허구를 말하는 행위는 독특한 언표 내 행위일 리는 없다. "픽션의 작가·화자는 질문을 한다든가, 의뢰를 행한다든가, 약속을 한다든가, 기술을 한다든가 하는 통상의 언표 내 행위와 동렬의 독자적 언

---

7) 러셀은 비지시구에 술어화를 행하는 문장의 진리치에 관한 스트로슨과의 차이를 '거짓'이라는 말이 갖는 용법의 문제라고 생각하고 있다. "나는 나의 용법이 일상언어에 의해 지지되고 있다고 주장하는 것은 아니지만 그(스트로슨—옮긴이)도 그렇게 주장할 수 있다고는 생각할 수 없다. 예컨대 어느 나라에 "우주의 통치자는 현명하다"라는 것을 거짓이라고 생각하는 사람은 공직에 취임하는 것이 불가능하다고 결정되어 있는 법률이 있다고 하자. 스스로 무신론자라고 공공연히 말하는 사람이 스트로슨의 이론을 이용해서 자신은 이 명제를 거짓이라고 생각하고 있지 않다고 말한다면 그 사람은 그다지 신용할 수 없는 인물이라고 간주될 것이다"(Russell, 1957: 179).

표 내 행위의 레퍼토리를 갖고 있다는 분석은 잘못"(Searle, 1975: 63~64)인 것이다.[8]

　이리하여 설에 의하면 허구를 쓰는 것, 말하는 것이란 '허구를 말한다'라는 언표 내 행위가 아니라 주장, 의문, 약속, 기술, 명령이라는 의미상 대략 허구 내에 나타날 수 있는 모든 종류의 언표 내 행위를 행하는 '척을 하는' 것에 다름 아니다——단 대부분은 주장, 설명이라는 평서적인 언어행위인 척하는 것이지만. 발화와 세계를 결부 짓는 '수직적 관습'에 따르는 진실된 (현실적인) 언표 내 행위의 발효를 저지하고 허공에 뜨게 한 '수평적 관습'이 주장인 척하는 위장적 주장인 픽션을 가능케 하는 것이다. 그리고 스트로슨의 관찰과 마찬가지로 설에게 허구작품 내의 문장은 주장이 아니기 때문에 참일 수도 거짓일 수도 없게 된다.

　픽션의 작가가 진실된 주장에 기생하는 '위장주장'에 종사하고 있다는 논점은 이것으로 알게 되었다. 그러나 작품이 쓰인 뒤에 독자나 비평가에 의해 행해지는 "셜록 홈스는 결혼하지 않았으므로 셜록 홈스 부인은 존재하지 않는다. 그러나 왓슨은 결혼했으므로 왓슨 부인은 존재한다"

---

[8] 니시무라 기요카즈(西村清和)는 픽션을 말하는 행위는 기생적이지 않은 독특한 언어행위라고 하고 있다. "설은 명백하게 자신이 세운 전제에 모순되고 있다. (중략) 문장을 픽션에 이용하는 것은 설 자신이 인정하듯 하나의 독자적 습관에 의거하고 있다. 그리고 문장의 사용에 관한 습관, 규칙이 다르다는 것은 그것만으로 이미 각 문장의 언표 내 행위로서의 전체적인 의미가 다르다는 것이어야만 한다"(西村, 1993: 35). 그러나 설은 의미를 구성하는 습관은 수직적이고, '픽션이 의거하는 독자적 관습'은 수평적이라고 구별하고 있으므로, 픽션은 독자적 언표행위가 아니라는 생각은 "문장의 언표에 있어서 수행되는 언표 내 행위가 그 문장의 자의 그대로의 의미의 함수이다"라는 전제에 적어도 모순되지는 않는다(다른 문제는 생긴다 해도). 또 설은 도처에서 "의미는 사용이다"라는 주장을 비판하고 있고(ex. 1969: ch.6, sec.4), 의미는 일반규칙, 관습의 산물, 언표행위는 개별적 사용의 산물로 간주하므로 "설도 문장의 전체적인 의미를 단순히 문장의 자의 그대로의 문법적인 의미 표현에 머물지 않고 일정 언표의 문맥에 있어서 문장의 사용행위 내에 머문다"(西村, 1993: 35)는 것은 아닌 것이다. 설의 전제 그 자체에 대한 비판은 Currie, 1990: 14~16를 참조하라. 그러나 커리의 비판은 논점 선취적인 듯 생각된다.

라는 진술에 관해서는 어떠한가. 본래 이 책의 주된 고찰대상은 이러한 문장이었다. 설은 이런 종류의 문장을 들여오기 위해 진실된 언설과 허구언설에 더해 허구에 관한 진실된 언설이라는 범주를 만든다. 이 세번째 종류의 언설은 참이나 거짓일 수 있다. 작품의 내용과 일치하고 있으면 참이고 일치하지 않으면 거짓이다. 덧붙여서 러셀도 이 세번째 종류의 언설이 문자 그대로는 아니지만 참일 수 있다는 것에는 동의한다(앞 절과 다음 절을 보라). 단 러셀은 두번째 종류의 허구 언설이 어디까지나 거짓인 명제라고 하는 점에서 다른 것이었다(ex. Russell, 1921: 268). 뒤에 몇 번이나 보겠지만, 허구 내의 언설에 관한 통설은 설 이론식의 위장주장 이론을 지지하고 있다. 설에 의하면 픽션을 둘러싸고 일어나고 있는 것은 다음과 같다. 작가는 허구이야기를 쓰면서 "허구 캐릭터를 정말로 지시하고는 있지 않다는 것에 주의하라. 왜냐하면 미리 존재하고 있던 캐릭터라는 것은 없기 때문이다. 오히려 인물을 지시하는 척하는 것으로 작가는 허구 인물을 창조하고 있는 것이다. 그리고 일단 허구 캐릭터가 창조되면 허구이야기 밖에 있는 우리는 허구의 인물을 정말로 지시할 수 있게 된다. 주의해야 할 것은 셜록 홈스의 결혼에 관한 위 문장에 있어서 나는 어떤 허구 인물을 정말로 지시하고 있었(즉 나의 진술은 지시의 규칙을 만족하고 있)다는 것이다. 나는 현실의 셜록 홈스를 지시하는 **척 하고 있었던** 것은 아니다. 나는 허구의 셜록 홈스를 **현실에서 지시하고 있었던 것이다**"(Searle, 1975: 71~72).

말하자면 작가가 '현실의 인물을 허구지시'한 것에 의해 독자들이 '허구의 인물을 현실지시'할 수 있게 되는 구조이다. 그러나 여기서 두 가지 의문이 남는다. 허구의 인물을 지시한다는 것은 어떠한 것인가. 창조된 허구 캐릭터란 대체 어떠한 종류의 존재인가. 전자의 질문에 대해서는 설의 고유명 이론(Searle, 1958)을 참조하면, 지시대상에 대응하는 상당수의 불특정 기술을 지향적으로 마음에 품으면서 명사를 이용하는 게 될 것이라고 추측된다. 그러나 그리하여 지시된 그 허구 캐릭터란 무엇인가라는 두번째 질문에 관해서는 설은 모호한 것밖에 말해 주지 않는다. 즉 "셜록 홈스와 같은 허구적 인물이 존재한다는 사실은 그 인물이 어딘가 초감각적 세계에 존재하고 있다는 견해, 혹은 그 인물이 어떤 특별한 존재양식을 갖고 있다는 견해 중 어느 쪽을 부득이하게 취하도록 만들고 있지는 않다"(Searle, 1969: 79)고 말하면서 홈스는 "허구 내에 존재한다(exist-in-fiction)"(Searle, 1969: 79)고 말한다. '특별한 존재양식'은 아닌 듯한 '허구 내 존재'란 대체 무엇인가. 존재와 지시의 관계에 관해서 설은 다음과 같이 명료한 '존재 공리'를 설정한다.

  지시된 것은 어떠한 것이든 존재하고 있어야만 한다. (Searle, 1969: 77)

설이 주에서 기술하듯이 여기서 존재란 무절제하게 해석된 존재이다. 현존하는 것만이 아니라 이전에 존재했던 것이나 그것 때문에 존재하는 것도 지시할 수 있기 때문이다. 그런데 언어행위론에서 지시가 언표행위의 규칙에 의해 행해지는 것인 이상 존재란 관습의 문제로 환원되는 것일까. 그렇다고 한다면 존재란 모두 관습적 존재이고, 존재란 존재한다고 간주되는 것이 된다. 그러나 실재하는 인물도 허구의 인물도 관습상 존재로 인정할 수 있다는 의미에서 동등하다고 말하고 끝내 버릴 수는 없다. 설에 의하면 **통상**의 현실적 언어 사용의 문맥에서 "셜록 홈스는 오늘밤 우리집의 파티에 온다"고 말하면 전혀 지시를 행하고 있지 않는 것이 되기 때문이다(1969: 78). 역시 허구의 인물은 통상이 아닌 관습하에서의 존재물, 즉 '특별한 존재양식'을 가지는 대상이라고 말해야만 하게 될 것이다. 그 특별한 존재양식이란 '초감각적' 허구세계 내에서 존재하는 것은 아니라고 해도(확실히 설은 가능세계 등 기타 현실 밖의 별세계는 고려에 넣지 않는다. Ryan, 1980: 412~413) 현실세계에 있어서 허구적 존재라 할 정도의 특별한 존재 정도가 될 것이다.

그런데 현실세계에 살고 있으면서 통상의 존재가 아닌 허구적 존재란 어떠한 존재인가. 통상의 물리적-시공적 개체에 대해 어떻게 다른 종류의 개체인 것인가. 그림자 같은 존재인가. 그림자처럼 있으면서 허구 캐릭터는 우리와 같은 인물인 것인가. 그렇지 않으면 아예 완전히 별종의 존재인가. 의미와 지시를, 의미와 진위를 떼어놓는 것으로 러셀의 기술이론을 비판하고 허구문장의 주어-술어 구조를 부활시킨 언어행위론은, 그러나 이리하여 그 주어이자 지시대상인 허구 캐릭터란 무엇인가 하는 일단 러셀이 피했던 문제를 당연하지만 다시 짊어지게 되었다. 다음 절 이후 허구 캐릭터에 대한 지시를 인정하든 인정하지 않든 더욱 구체적인 제안을 행하고 있는 허구이론을 차례대로 살펴나가기로 하자.

3. 환원주의 (길버트 라일)

허구적 대상에 관한 명제는 실제로는 텍스트에 관한 명제이다.

설과 같이 지시대상으로서의 허구적 대상을 인정하는 것이 아니라, 허구 대상에 대한 외관상의 지시행위를 다른 언어행위에 의해 설명하는 것도 가능하다. 그것은 이미 러셀이 시사하고 있던 방법, 즉 '이야기에 있어서'라는 한정을 가하는 것에 의해 명제의 참된 내용을 허구적 대상에 대한 지시를 포함하지 않는 형태로 환원하는 것이다. 라일, 브레이스웨이트, 무어가 참여한 심포지엄 '상상(想像)의 대상'(Ryle, 1933; Braithwait, 1933; Moore, 1933)이 이 방향을 대략적으로 주장하고 있다. 논의의 선두를 맡은 라일은 훗날의 주저 『마음이라는 개념』(Ryle, 1949)에서도 일관되게 행동주의적 환원주의를 전개했다. 심리철학은 우리의 주제는 아니지만, 직관적으로는 일종의 심리적 대상이라고도 파악할 수 있는 허구적 대상에 관해 라일이 어떠한 환원을 시도했었는지, 심포지엄에서 그가 제시한 취지를 극히 간단하게 개관해 보자.

피크위크에 관한 것으로 보이는 명제에는 다음 세 가지 종류가 있다. ⓐ디킨스가 『피크위크 페이퍼』에 쓴 명제, ⓑ"피크위크는 로체스터를 방문했다"와 같이 독자에 의한 명제, ⓒ"피크위크는 상상의 대상이다"와 같은 철학자에 의한 명제. 이 중 ⓐ는 디킨스가 피크위크에 관해 올바른 명제를 기술하고 있는 듯 위장한 명제이고 피크위크는 실제로는 존재하지 않으므로 이러한 명제는 참도 거짓도 아니다. 여기까지는 스트로슨, 설의 이론과 같다.

ⓑ는 허구이론 일반에 있어서도, 우리의 논의에 있어서도 중심이 되는 명제이지만 이러한 명제는 실은 이야기 혹은 책에 관한 명제이다. 표층의 주어 술어 구조를 받아들이지 않고 심층구조로의 환원을 시도한다는 점에서 러셀과 유사하지만, 러셀의 기술이론에 충실하게 논리적 환원으로 일관하면 ⓐ도 ⓑ도 마찬가지로 거짓인 명제가 될 수밖에 없으므로, ⓑ에 관해서는 디킨스의 허구작품이 화제가 되고 있다는 일상언어적 문맥에 따라 환원을 행하는 것이다. 말하자면 기술이론이 내포된 내적 성질로의 분해를 꾀한 데 비해 라일의 환원주의는 현실의 외적 관계로의 분해를 행하는 것이다. 따라서 ⓑ는 "『피크위크 페이퍼』에는 '피크위크는 로체스

터를 방문했다' 혹은 그것을 함축하는 명제가 쓰여져 있다"와 같이 읽히든지, 혹은 "『피크위크 페이퍼』에 쓰여져 있는 것이 참이라면 피크위크라는 이름으로 이러이러한 클럽을 주최하고……, 로체스터를 방문했던 인물이 있게 될 것이다"와 같이 읽혀서, 스토리에 관한 사실과 대조해서 참 혹은 거짓으로 판정된다(바꿔쓰기Paraphrase 방법에 관해서는 라일은 후보를 암시하고 있을 뿐으로 엄밀히는 기술하고 있지 않다). 이렇게 ⓐ가 쓰인 뒤에도 지시대상으로서의 허구적 대상의 존재를 인정하지 않는다는 점에서 환원주의는 설의 이론과 다르다. 작가가 캐릭터를 창조한다는 것은 "이야기를 최초로 만들어 냈다"라는 것(Ryle, 1933: 32~33) 혹은 "그것에 의해 표현되는 복합적인 성질들의 사례가 존재했을지도 모르는 복합적 술어를 만들었다"라는 것(Ryle, 1933: 40)에 다름 아니고, 피크위크를 만들어 냈다는 것은 아니다. 창조상의 대상은 대상이 아니고 존재하지 않으며 만들어져 있지 않기 때문이다.

따라서 ⓒ는 피크위크라는 상상의 인물이 있다는 의미에서는 있을 수 없고, 단적으로 "'피크위크'는 가짜 지시구(pseudo-designation)이다"라는 의미가 된다. 이리하여 ⓐ, ⓑ, ⓒ 어떤 종류의 명제도 피크위크에 관한 명제는 아니다.

단 라일의 이론 중 복합적 술어 부분은 다음을 함축한다. 만약 우연히도 디킨스가 알지 못한 곳에서 피크위크의 묘사와 같은 성질, 행동을 가진 실재하는 사례(인물)가 발견되었다고 한다면 『피크위크 페이퍼』는 단순한 위장전기라고 생각하고 있었지만 바야흐로 그것은 우연히 진짜 전기였다고 판명되었다고 말해야 하는 것이다"(Ryle, 1933: 39). 그때 『피크위크 페이퍼』 내의 문장은 그 인물에 **관한** 명제를 나타내고 있는 것이 된다. 러셀은 기술 지시이론의 대표자로서 이것에 찬동할 수 있을 것이다. 그렇지만 심포지엄의 동석자 브레이스웨이트와 무어는 라일의 논의를 대략적으로 인정하면서도 이 부분에는 함께 반론하고 있다. 뒤에서 살펴볼 물리주의(인과적 지시이론)로 대표되듯이, 허구론의 통설도 이 점에 관해서는 라일의 이론을 반박하고 있다고 말해도 좋을 것이다(우연에 의한 지시라는 문제에 관해서는 Currie, 1990: 162~164도 참조하라). 어쨌든 ⓐ가 기술 대상을 골라내고 있지 않은 경우에는 라일에 의하면 ⓑ, ⓒ는 문학이나 잉크나 스토리나 책이나 작가나 말이나 명제에 관한 문장이 된다.

허구적 대상에 관한 환원주의는 언어설의 일종이지만 허구명을 포함하는 명제에서 스토리에 관한 바꿔쓰기가 단순하게 되지 않는 명제가 있다는 것을 생각하면 허구적 대상에 대한 지시 없이 어디까지 설명할 수 있는가에 관해서는 의문이 남을지도 모른다. 반 인와겐은 다음과 같은 예를 들고 있다. "19세기의 소설 캐릭터 중에는 18세기의 어떠한 소설 속의 캐릭터보다도 자세한 신체적 묘사가 행해지는 것이 있다", "18세기의 어떠한 소설 내의 여성 캐릭터이든, 그보다 상세한 신체적 묘사가 행해지는 19세기의 소설 내의 캐릭터가 있다". 이 두 문장은 필시 둘 다 참이라고 인정되고, 게다가 캐릭터를 양화한 명제로 양자를 취한 경우, 후자의 진리성은 전자의 진리성으로부터 표준논리학에 의해 직접 도출할 수 있다. 그러나 환원주의를 취하면 이 두 문장은 함께 스토리, 정확히는 아마도 소설의 집합에 관한 명제를 나타내고 있는 것이 되고 각자 적당하게 규정된 술어 D, P를 이용하면 "19세기 소설의 집합 Ds 18세기 소설의 집합", "18세기 소설의 집합 Ps 19세기 소설의 집합"으로 표현되지만 설령 이 양자가 옳다고 인정할 수 있다고 해도 후자의 진리성을 전자의 진리성으로부터 논리적으로 도출하는 것은 불가능하든지, 적어도 곤란할 것이다(Van Inwagen, 1977: 303~304). 그러나 좋은 바꿔쓰기란 각 문장의 진위를 지키는 것만이 아니라 문장끼리의 논리적 관계(도출 관계)도 지켜야만 한다. 문장끼리의 논리적 관계를 지키기 위해서는 바꿔쓰기 전의 원문이 갖고 있던 캐릭터에 대한 양화 혹은 동등한 양화를 필요로 하는 듯 보인다. 일반적인 '캐릭터'가 등장하는 문장에 관하여 행해진 이 고찰은 특정 캐릭터의 이름이 등장하는 문장에 관해서도 적용될 것이다(예컨대 "홈스는 18세기의 어떠한 소설 속 캐릭터보다도 똑똑하다"와 "18세기의 어떠한 소설 내의 여성 캐릭터도 홈스만큼 똑똑하지 않다"의 논리적 관계를 생각하라).

허구적 대상에 대한 지시, 양화를 다른 구체물(텍스트)이나 술어(말)에 대한 지시, 양화로 치환하려고 하는 환원주의는 이리하여 벽에 부딪친다. 이것은 어떠한 기술(技術)적 고안에 의해 극복 불가능한 벽은 아닐지도 모르지만, 이 벽을 뛰어넘어 『마음이라는 개념』에 필적하는 정밀한 이론을 라일도 브레이스웨이트 등 다른 환원론자도 허구론에는 부여하지 못하는 것이다.

4. 마이농주의(테런스 파슨스)

> 허구적 대상은 핵성질의 집합과 일대일로 대응한다. 비존재라는 양태로 현실세계에 속해 있다.

설의 허구론에서는 창조 후의 허구적 대상은 지시대상이라는 점만이 확인되고, 그 허구적 대상의 본성은 무엇인가라는 중요한 문제에 대해서는 답이 내려지지 않았다. 굳이 해석한다면 허구적 대상은 허구적 존재라는 뭔가 모호한 존재성, 설의 말에 반해 특별한 존재성을 가지는 존재라는 결론으로 유도되어야만 했다. 게다가 그렇게 말했다고 해도 허구적 대상의 본성은 무엇인가라는 문제는 여전히 열려져 있다. 한편 라일류의 환원주의에 대해서도 캐릭터에 대한 지시를 모든 경우에 소거할 수 있는지 없는지는 크게 의문이 남는다는 것을 보았다. 그러므로 허구적 대상에 대한 지시를 인정하면서 그 본성을 확정하는 이론이 요구될 것이다. 오늘날 테런스 파슨스, 리처드 루틀리, 윌리엄 라파포트를 비롯한 마이농주의자들은 허구적 대상의 존재양식과 그 논리에 관하여 극히 체계적이면서 명확한 일련의 논고를 발표하고 있다. 마이농의 대상론(주로 Meinong, 1904)을 현대논리학 체계 내에 부활시키려 하는 그들의 논설은 필시 비존재를 다루는 현행 사상들 중 가능세계 이론과 나란히 가장 중요하고 극히 상세한 이론이라 해도 좋을 것이다. 이 절에서는 그 중에서도 가장 세련된 형태라 간주되는 파슨스의 허구론을 중심으로 채택해 보자.

간단히 말한다면 마이농주의란 지시구에는 반드시 지시대상이 있다는 생각이고 따라서 실재하는 대상을 가리키지 않는 지시구(예컨대 '페가수스')도 존재하지 않는 어떤 대상을 가리키고 있다는 생각으로, 임의의 술어의 집합에 대해 반드시 하나의 지시대상이 결정된다는 생각이다. 이것은 "모든 것은 존재한다"(Everything exists)라는 정통적인 존재론의 부정이고 "존재하지 않는 것이 있다"(There are objects that don't exist)라는, 말하자면 현실세계의 구성원(member)의 집합과 존재자의 집합의 어긋남을 인정하는 생각이다(후자가 전자의 진부분집합이 된다). 그러나 이 입장을 어디까지 일관적으로 전개할 수 있는가는 예로부터 문제가 되어 왔다. 마이농의 대상론에 대한 러셀의 주된 반론의 하나로 다음과 같은 논의가 있다. '현재의 프랑스 국왕', '황금산', '둥근 사각형'이라는 문법상 올바른 지시구에는 반드시 지시대상이 있다고 생각하는 것은 자유이다. 그러나 그렇다면 예컨대 '존재하는 황금산'(The existent golden mountain)이라는 한정 기술에 관해서는 어떠한가. 황금산이라는 것은 실제로 존재하지 않는다. 따라서 존재하는 황금산이라는 것은 없다. 그럼에도 불구하고 기술 내용으로부터 '존재하는 황금산'은 존재해야만 한다. 이것은 모순율에 반한다. '둥근 사각형'과 같은 명시적인 모순 대상뿐만 아니라 많은 모순 대상이 생겨 버린다. 따라서 기술에 대해 무제한적으로 대상을 인정하는 것은 불가능하다(Russell, 1904; 1905b).

이것에 대한 마이농의 대답은 "존재하는 황금산은 존재한다"(The existent golden mountain exists)라 하는 경우 전자의 '존재하는'(existent)과 후자의 '존재한다'(exists)를 구별해야만 하고, 전자는 '존재하는 황금산'으로 올바르게 술어화 가능하지만 후자는 그렇지 않다는 것이다(Meinong, 1907). 러셀은 이것에 대해 자신은 양자 간에 어떠한 차이도 인정할 수 없다고 재반론했다(Russell, 1907). 언어상의 차이가 마음에 걸린다면, "The existent golden mountain"이라는 기술을 "The existing golden mountain", 혹은 더 직접적으로 "The golden mountain that exists"로 바꿔 써 보면 된다. 이렇게 했을 때 "존재하는 황금산은 존재한다"라는 문장이 실제로 거짓이라는 것을 마이농은 어떻게 설명할까.

다음 두 절에서 보듯이, "'The so and so' 라는 기술이 가리키는 대상은 기술 내용에 해당하는 so and so라는 성질을 실제로 갖고 있어야만 한다"[9]라는 전제 없이 전개되는 이론을 채용하는 것도 가능하다. 그러나

---

9) 램버트(Lambert, 1974: 311)가 정식화한 IP, 즉 ∀x(x = (ιy)(y는 so and so 이다)≡x는 so and so 이고 x만이 so and so이다)에 기반한다(여기서 (x)는 존재하는 것만이 아닌 모든 것을 범위로 삼는 양화사). IP로부터의 일반적 귀결이 루틀리(Routley, 1976: 249)의 AP가 된다(AP: (ιy)(y는 so and so이다)는 so and so이다). 이것이 본문에서 기술한 마이농적 전제이다. 불가능 대상의 존재론적 신분에 관해서 이 전제가 곤란한 문제를 잉태한다는 것에 관해서는 위에서 기술한 두 문헌과 Lambert, 1976을 참조하라.

마이농과 대부분의 마이농주의자들은 그 길을 취하지 않는다. 대상에 서술화되어 있는 술어에 대응하는 성질은 반드시 해당 대상이 가지고 있다는 것을 마이농적 대상론은 유지하고 있다. 그러면 어떻게 해서 '존재하는 황금산'이 존재하지 않을 수 있는 것인가. 여기서 파슨스가 취하는 전략은 우선 마이농에게 있어서 모호했던 술어의 구별 '핵술어'와 '핵외술어'를 엄밀하게 구별하는 것이다. '존재하는 황금산'의 문제로 들어가기 전에, 파슨스설의 세부를 간략하게 해설해 두자. 파슨스는 우선 다음의 예를 들며 우리가 두 종류의 술어를 구별할 수 있도록 유도한다(Parsons, 1979: 101~102; Parsons, 1980: 23).

핵술어(nuclear predicates):

'푸르다', '키가 크다', '소크라테스를 차다', '소크라테스에게 차이다', '누군가를 차다', '황금이다', '산이다'

핵외술어(extranuclear predicates):

- 존재론적 : '존재하다', '신화적이다', '허구적이다'
- 양상적 : '가능하다', '불가능하다'
- 지향적 : '마이농에 의해 생각된다', '누군가에 의해 숭배된다'
- 기술(技術)적 : '완전하다'

이 각자에 대해 '핵성질', '핵외성질'이 대응하게 된다. 직관적으로는 핵성질이란 그것을 가진 대상의 본질 혹은 동일성을 구성하는 성질이고 핵외성질이란 그 이외의 성질이다. 핵성질이란 예부터 철학자들이 문제없이 대상의 '진정한 성질'로 인정해 온 것이고 핵외성질이란 철학자들에 의해 성질임을 의심받아 온 것(예컨대 칸트에 있어서 '존재하다'), 일종의 메타성질이라고 말해도 좋을지도 모른다. 보다 엄밀히는 파슨스는 양자의 구별을 다음과 같이 정의한다. 즉 어떠한 핵성질 F도 다음 조건을 만족하지 않는다.

S ∃X (X는 핵성질의 집합이다∧F∉X∧∀x(x는 X의 모든 원소를 갖는다⊃x는 F를 갖는다)) (Parsons, 1979: 103)

예컨대 X로서 소설 내에 쓰인 셜록 홈스의 핵성질의 집합을 취하면 그것들을 전부 가진 x는 모두 '허구적이다'라는 성질을 가질 것이다. 따라서 '허구적'은 핵외성질이다. 한편 셜록 홈스의 핵성질을 모두 가진 x는 반드시 '겨드랑이 아래 직경 3밀리 이상의 점이 있다'라는 성질을 갖지는 않을 것이다. 따라서 '이러이러한 점을 갖는다'는 핵성질이다. 마찬가지로 어떠한 핵성질 F도 다음 조건을 만족하지 않는다.

S′ ∃X (X는 핵성질의 집합이다∧F∉X∧∀x(x는 X의 모든 원소를 갖는다 ⊃x는 F를 갖지 않는다[10])) (Parsons, 1979: 103)

---

10) 이 정의는 물론 처음 몇 개의 핵성질이 알려져 있다는 것을 전제로 하고 있다. 그 출발점이 주어져야 비로소 S, S′를 다른 성질 분류의 테스트에 사용하게 된다. 물론 명백한 핵성질의 예는 있으므로 문제는 없다. 핵/핵외의 모호함에 대해서는 다음 절의 각주 25번에서 다룰 것이지만 예컨대 '소크라테스에게 걷어차였다'가 핵성질임에 비해 '소크라테스에 의해 생각된다'가 핵외성질이라는 것을 어느 정도 납득하기 위해서는 Parsons, 1974: 569, n.13 등을 보라. '생각된다'도 생각되는 것이 생각하는 자와의 긴밀한 인과관계를 포함하고 있는 경우에는 생각되는 것의 핵성질로 간주할 수 있을 것이다. 일반적으로 관계적 성질 (⟨x⟩)(Fax)가 Fyx가 인과관계를 전제로 하지 않는 경우(x와 y가 서로 다른 가능세계에 있어도 성립할 수 있는 경우)에는 (⟨x⟩)(Fax)는 핵외성질이라 해도 좋다.

X로서 다시 셜록 홈스의 핵성질의 집합을 취하면 그들을 모두 가지는 x는 결코 '존재한다'는 성질을 갖지 않는다. 따라서 '존재한다'는 핵외성질이다. 한편 셜록 홈스의 핵성질을 모두 갖는 x 중에는 '겨드랑이 아래 직경 3밀리 이상의 점이 있다'라는 성질을 갖는 것도 있을 것이다. 따라서 '이러이러한 점을 갖는다'는 핵성질이다. 즉 직관적으로 알기 쉽게 말한다면 핵성질이란 대상 x가 원리상 자유롭게 여러 가지 조합으로 갖거나 갖지 않거나 하는 것에 의해 몇 개라도 새로운 대상을 만들어 낼 수 있는 성질이라고 말해도 좋을 것이다.

이리하여 파슨스는 대상이라는 것을 핵성질의 집합과 일대일로 대응하는 것으로 정의한다. 대상은 핵성질의 집합 그 자체가 아니라 일대일로 대응하는 별개의 구체적 개체이다. 예컨대 {황금성, 산성(山性)}에는 황금산이, {둥근성, 사각성}에는 둥근 사각형이 대응하게 된다. 또 {p: 마릴린 먼로는 p를 갖는다}에는 마릴린 먼로가, {p: 셜록 홈스는 p를 갖는다}에는 셜록 홈스가 대응하게 된다. 기술(技術)적으로는 이 집합이 대상과 대응한다기보다 대상 그 자체인 듯이 말해도 파슨스의 대상이론의 **구조**를 나타냄에 있어서는 문제는 없다. 어쨌든 핵성질의 집합이 대상을 일대일로 '표현하는'(represent)(Parsons, 1974: 565) 것이다. 성질의 어떠한 집합에도 대상이 일대일로 대응하고 있다는 것에서부터 귀결되는 것은 우선 첫번째로 불가능한 대상이 있다는 것, 또한 불완전한 대상이 있다는 것, 그리고 논리적으로 닫혀 있지 않은 대상이 있다는 것이다. 둥근 사각형은 불가능하고 따라서 존재할 수 없지만 현실세계 내에 대상으로서 있는 것이다. '황금산'은 두 개의 성질밖에 가지지 않아서 예컨대 '북아메리카에 있다'라는 성질에 관해서 긍정도 부정도 갖지 않으므로 불완전하고 따라서 존재할 수 없지만, 현실세계 속에 대상으로서 있는 것이다(여기서 성질 p의 부정이란 존재하는 대상 중에서 p를 갖지 않는 대상 전부, 그리고 그러한 대상만이 갖는 성질이다. Parsons, 1979: 100. 범주 오류의 경우도 무의미하다 해서 예외 취급하지 않고 전부 수용된다. 예컨대 후지산은 '질투심이 많다'의 부정 성질을 갖는다. Parsons, 1974: 565, n.5. 셜록 홈스의 모자도 마찬가지이다. 단 그의 어머니 쪽의 조모는 '질투심이 많다'도 그 부정성질도 갖지 않을 것이다). 또한 {황금성, 산성}과 {황금성, 산성, 황금이면서 산인 성}은 다른 집합이므로 별개의 대상에 대응한다. {황금성, 산성}에 대응하는 황금산으로서 최소한의 황금산은 황금이고 산인 것이지만 황금이자 산이라는 성질은 포함하고 있지 않다. 즉 표준논리로부터 유도되는 어떤 성질을 갖지 않는다는 의미에서 논리적으로 닫혀 있지 않은 것이다. 덧붙여 말하면 {황금성, 산성, 황금이자 산인 성}에 대응하는 대상('황금이면서 산인 황금산')도 아직 논리적으로 닫혀 있지는 않다. 왜냐하면 그것은 예컨대 '황금이고 그리고 산이고 그리고 산이다'라는 성질을 갖고 있지 않고 또한 '북아메리카에 있든지 북아메리카에 없든지 둘 중 하나다'라는 성질도 갖고 있지 않기 때문이다. 논리적으로 닫힌 황금산을 얻기 위해서는 {황금성, 산성}에 황금성과 산성에 의해 논리적으로 함축되는 모든——무한 개의——성질을 부가해야만 한다. 실재하는 대상은 어느 것이나 가능하고 완전하며 논리적으로 닫혀 있다.

이리하여 대상은 스스로가 가진 핵성질의 집합에 대응한다. 그리고 임의의 핵성질의 집합에 그들 전부만을 갖는 한 대상이 대응하는 것이다. 그런데 '존재하는 황금산'은 어떠한 것일까. 그것은 대상이라 말할 수 있는 것일까. '존재하다'는 S(및 S´)를 만족하므로 핵성질은 아니다. 따라서 {황금성, 산성, 존재성}은 핵성질의 집합은 아니다. 따라서 그것은 대상이 아니고 따라서 존재하지 않을 뿐만 아니라 **있지도 않다**는 것이 된다. 단적으로 '존재하는 황금산'이라는 것은 없다. 마찬가지로 '완전한 황금산', 이나 '가능한 둥근 사각형', '존재하는 셜록 홈스'[11]라는 대상은 없는 것이다.

그러나 파슨스는 조금 더 앞으로 나아간다. 마이농이 행한 두 가지 존재성의 구별을 모든 핵외성질에 관해 체계적으로 행하는 것이다. 핵외성질 P의 '희석판'(希釋版, watered-down version)인 핵성질 p라는 것이 다음과 같이 결정된다. 즉 P와 p의 구별을 간파하는 것이 어렵다는 것, 엄밀히는 P와 p가 어떠한 실재하는 대상에 관해서도 그것이 P를 가질 때 그리고 그때에만 p를 갖는다는 관계에 있는 경우 p는 P의 희석된 핵성질이 된다. 허구적 대상 등 존재하지 않는 대상의 경우는 p를 갖고 있으면서 P를 갖지 않는, 혹은 그 역이 있을 수 있다. 예컨대 '완전한 황금산'은 핵외성질로서의 '완전하다'를 갖고는 있지 않지만 희석판의 핵성질 '완전하다'는 갖고 있다. 마이농주의에 있어서 대상은 핵성질의 집합에 대응하므로, 이리하여 {완전성, 황금성, 산성}에 대응하는 대상은 '놀랍게도' 있게 되는 것이다. 희석판의 핵성질 '가능하다', '존재한다'를 생각하면 '가능한 둥근 사각형', '존재하는 셜록 홈스'도 마찬가지이다. '가능한 둥근 사각형'은 핵외성질로서는 불가능한 대상이지만 [희석판의 핵성질로는] 역시 가능한 것이다. 또한 실제로는 (핵외성질상으로는) 존재하지 않는 홈스는 확실히 작품 속에서 (핵성질상으로는) 남성성이나 탐정성과 함께 존재성도 부여되어 있을 터이다. 이리하여 모든 핵외성질에 대해 희석판의 핵성질을 인정하는 것에 의해 마이농주의는 문자 그대로 모든 대상을 이 세계의 구성원

---

11) 다시 말하자면, '허구의 셜록 홈스'라는 대상도 없다(즉 {핵성질 p: 셜록 홈스는 p를 갖는다}∪{핵외성질 '허구이다'}에 대응하는 대상은 없다). 대상에 대응하는 성질의 집합의 원소는 전부 핵성질이어야만 하고 핵성질과 핵외성질을 혼재해서 포함하는 집합에 대응하는 대상을 파슨스는 인정하지 않는다(Parsons, 1980: 170~173).

으로서 받아들일 수 있게 된다.

이미 보았듯이 파슨스에게 있어 비존재 대상은 논리적으로 닫혀 있지 않은 것이 보통이지만 비존재 대상 중에서도 허구적 대상은 일반적으로 논리적으로 닫힌 방향으로 가까워진다고 그는 생각한다. {황금성, 산성}과 대응하는 단순한 황금산과는 달리, 셜록 홈스는 명시적으로 규정되어 있는 성질들 이외의 방대한 성질을 포함하고 있다. "스토리의 최종적 해석에 있어서 대다수의 문장은 인쇄된 것 내에서는 나타나지 않는 문장이고 인쇄된 것 내에서 나타나는 문장으로부터 추론된 문장일 것이다"(Parsons, 1980: 76). 그러나 완전한 대상은 결코 아니다. 또한 특별한 경우에는 논리적으로 닫혀 있지 않을지도 모른다. 정설로서 앞 장에서 보았지만 스토리가 있을 수도 있는 모순을 포함하고 있는 경우, 즉 빤히 들여다보이는 모순이 아니라 일견 숨어 있는 모순을 갖는 경우, 대립되는 대(對)정보는 각자 참으로서 유지되어야 하지만 모순 그 자체는 인정되지 않는다. 따라서 왓슨이 {······⟨xp,······⟨x~p,······}에 대응한다고 해도 그 집합이 {······⟨x(p∧~p),······}라는 형태는 아니다. 그러나 여전히 명시되어 있지 않지만 명시적 성질로 함축되는 무수한 성질을 갖고 있다는 의미에서 파슨스의 허구적 대상은 단지 비존재인 대상과는 구별되는 것이다.

자주 마이농주의의 최대의 난점이라 간주되고 있는 것이 실재와 비실재의 관계이다. 예컨대 웰스의 화성인은 뉴욕을 파괴했다. 이 경우의 뉴욕은 실제의 뉴욕을 가리키고 있다. 즉 실제의 뉴욕이 이입(移入, immigrant) 대상으로서 스토리에 나타나 있다. 따라서 화성인은 '(실제의) 뉴욕을 파괴했다'라는 성질을 갖는다. 그럼에도 불구하고 현실에서 뉴욕은 화성인에게 파괴된 것은 아니다. 그러면 화성인이 현실세계의 구성원으로서 있고 게다가 뉴욕을 파괴했다는 성질을 현실세계에서 갖는다는 것은 불가능하지 않은가(Plantinga, 1974: 156). 그러나 파슨스의 체계에서는 이 '핵관계'[12]에 관한 문제는 매우 쉽게 해결된다. 설명의 편의상 가장 단순한 이항관계를 다뤄 보자. R을 핵관계라 했을 때 x[Ry]와 [xR]y가 동치임, 즉 단적으로 xRy라고 써도 모호하지 않은 것은 x와 y가 함께 존재하는 대상일 때에 한정된다고 하는 것이다(Parsons, 1980: 60, 75~77). 예컨대 r을 임의의 핵성질로 할 때,

$$E!x_1 \supset ([x_1r]x_2 \wedge E!x_2 \equiv x_1[rx_2])$$

는 정리(定理)이다. 여기서부터

$$E!x_1 \wedge \sim E!x_2 \supset \sim x_1[rx_2]$$

가 함축된다. 그러나 한편,

$$E!x_1 \wedge \sim E!x_2 \supset \sim [x_1r]x_2$$

가 함축되지는 않는다. 비형식적으로 말하면 존재물이 비존재물과 핵관계를 갖는 것은 불가능하지만, 비존재물은 존재물과 핵관계를 가질 수 있는 것이다. 뉴욕은 화성인에게 파괴된다는 핵관계를 갖는 것은 불가

---

12) $F(x_1 x_2 \cdots x_n)$에 있어서 1개의 변항 x_1을 뺀 다른 n-1개의 변항을 각자 대상의 이름으로 메우(plug up)면 핵성질 $G(x_1)$이 얻어질 때, F를 핵관계라 한다. 예컨대 '때린다 (x, y)'는 x를 '다로'(太郎)로 메우면 '다로에게 얻어맞는 (y)'라는 핵성질이 만들어지므로 핵관계이다. 핵성질은 변항의 빈 곳이 하나인 특수한 핵관계로 보인다.

능하다(핵외관계는 별개이다. 글래드스턴은 '셜록 홈스를 존경한다', '윌리 로먼보다 유명하다' 등의 핵외성질을 가질 수 있다. 즉 비존재물과 핵외관계를 가질 수 있다). 한편 화성인은 뉴욕에 대해 파괴한다는 핵관계를 가질 수 있다(뿐만 아니라 존재물이 있다면, 어떤 비존재물이 존재물과 핵관계를 갖는다는 것이 정리이다. Parsons, 1980: 76). 삼항 이상의 다항 관계에 관해서도 일반적인 기법은 복잡하게 되지만 이치는 같다.

존재도 비존재도 동등하게 대상으로서 인지한다고는 하면서 이상과 같이 핵외성질과 그 희석판의 동치성, 대상의 완전성, 핵관계의 취급 등에 있어서 결국은 존재와 비존재를 엄격하게 구별한다는 이 일견 임시방편적(ad hoc)으로까지 보이는 파슨스의 전반적 전략은, 그러나 모든 것의 성질과 상호관계를 그 명칭대로 일체 인정한다는 마이농류 존재론의 정신에 실로 충실한 방식이다.[13] 뒤에 또 다른 논점에서도 접하기로 하겠지만, 파슨스의 체계는 형이상학으로서도 인공언어로서도 극히 정치하게 구성되어 있고, 그 내적 일관성에 관해서 내가 여기서 더 깊이 들어간 논의를 할 수 있을 것이라 생각하지 않는다. 단지 허구적 대상론으로서 전체적으로 볼 경우의 명백한 문제를 간단하게 지적해 두자.

우선 "코난 도일이 셜록 홈스를 창조했다"라는 사실을 인정할 수 없게 되는 것은 아닌가 하는 문제. 파슨스의 체계에서는 대상은 핵성질의 집합과 일대일 대응하고 있으므로, 예컨대 작품 내에서 홈스에게 주어져 있는 성질만을 모두 갖는 대상은 도일의 집필이 행해지든 행해지지 않든 항구적으로 있는 것이 된다(존재는 하지 않지만). 그러면 작가에 의한 창조

---

13) 단 현대 마이농주의자들 중에서 가장 마이농의 사상에 가까운 것은 리처드 루틀리(Routley, 1980)라고 평가된다(특히 모순의 취급에 관해서). Lambert, 1983: 61; Parsons, 1983: 173~174.

란 무엇인가. 파슨스에 의하면 그것은 작가가 캐릭터를 존재시켰다는 것은 아니다. 왜냐하면 캐릭터는 통상 존재하지 않기 때문이다. 또 작가가 캐릭터를 대상으로서 있게 했다는 것도 아니다. 왜냐하면 캐릭터는 스토리에 나타나기 전부터 대상이었기 때문이다. 이것은 결국 산문(山門, 절의 정문)의 인왕(仁王)을 능숙하게 조각한 운케이(運慶)의 우화와 유사하다——"눈썹이나 코를 끌과 망치의 힘으로 파낼 따름이다. 마치 흙 속에서부터 돌을 파내는 듯한 것이므로 결코 틀린 것은 아니다"(「夢十夜」第六夜. 夏目, 1908: 42). 파슨스에 의하면 작가에 의한 창조란 작가가 캐릭터를 허구적 대상으로 삼는, 환언하자면 허구적 존재를 부여한다는 것이다. 허구적 존재란 ⁄x(∃y)(y는 실재하는 허구작품이다∧y에 있어서 x는 존재한다)라는 성질인 것이다(Parsons, 1980: 188).

창조라는 사실을 처리하는 이 방식은 필시 그 자체로 불합리하지는 않다. 그렇지만 작가의 창조에 의해 대상이 획득한 허구적 존재(=등장하는 실제 작품을 갖는다)라는 성질은 핵외성질인 데다, 그 희석판의 핵성질도 그 허구적 대상은 갖지 않는다. 따라서 허구적 존재는 허구적 대상의 확정-개체화와는 관계하지 않는 성질이다. 허구적 대상의 창조가 그 대상의 확정에 아무런 관련을 갖지 않는다는 이 함축에 문제가 없는지는 다소 음미를 요할 것이다.[14]

두번째 문제는 구별 불가능한 캐릭터에 관해서이다. 개개인의 특징이 묘사되지 않고 군중이 기술되는 경우가 자주 있는데 그 경우 군중의 구성원에 관해서는 모두 '이러이러한 군중의 일원이다'로밖에 말할 수 없기

---

14) 창조란 어떤 토큰(token) 혹은 특수한 개체를 만드는 것이 아니라 개체에 구현되어야 할 동적 타입(type)을 만드는 것이라는 생각이 일반적인 듯하다. Glickman, 1976: 1788을 참조하라.

때문에 핵성질의 차이에 의해 구별할 수 없고, 따라서 본래 다수일 터인 허구적 대상을 구별할 수 없게 되는 것은 아닌가. 파슨스의 회답은 명쾌한데 그것으로도 좋다는 것이다. 구성원의 개성적 기술을 동반하지 않는 군중은 전체로서 하나의 허구적 대상인 것이다. 쌍둥이로서 기술되어 있지만 각자를 구별하는 묘사가 행해져 있지 않은 경우도 마찬가지이다. "쌍둥이 쌍은 스토리에 있어서 창조된 허구적 대상이지만 쌍둥이 중 어느 한쪽이 그렇지는 않은 것이다"(Parsons, 1980: 191). 파슨스는 스토리에 그려진 핵성질로 개체화 불가능한 것은 캐릭터로서 인정하지 않는다. 물론 스토리 속에서는 군중 속의 다수의 인간이나 쌍둥이 각각이 다른 존재로서 살 것이다. 그렇지만 "스토리 속에서 참인 것이 모두 현실에서 참이라고 추론하는 것은 불가능한 것이다"(Parsons, 1980: 194). 그러나 이것은 스토리에 그려진 캐릭터의 성질을 문자 그대로 인정하고 허구적 존재를 용인한다는 강한 마이농주의에서 한 발짝 후퇴한 자세는 아닐까. 쓰여져 있지 않으므로 구별 불가능하다면, 본래의 비존재 대상설로부터 언어설로 붕괴해 버릴 위험한 이론적 빈틈이 어른거리고 있지는 않은가. 이렇다면 로티가 파슨스의 허구론을 다음과 같이 평하는 것도 수긍할 수 있을 것이다――"'홈스는 탐정이다'라든가 '페가수스는 날개가 있는 말이다'라고 말할 수 있는 즐거움이 홈스에 관한 진리를 문장과 대상의 관계로 간주한다는 긴장에 의해 약해져 버리는 것은 아닌가"(Rorty, 1981: 125).[15]

또 다른 문제도 잠재하고 있다. "그것은 존재했다. 끝." 이런 단순한

---

15) 단 로티가 이렇게 평한 것은 불완전 대상의 취급을 둘러싼 다른 이유 때문이다. 로티는 본질적으로 불완전한 기술밖에 주어져 있지 않은 허구적 대상이 자의 그대로의 시공적 대상이기 위해서는 성질의 공백이 전부 채워져야만 한다(그리고 그것은 불가능하다)고 생각하는 듯하다.

이야기의 경우는 어떠할까. '그것'이라는 허구적 대상(?)은 핵성질을 갖지 않고 존재라는 핵외성질만이 기술되고 있다. 이야기 속의 핵성질의 집합에 일대일 대응한다는 허구적 대상의 정의가 여기서 '그것'의 확정을 위해 어떻게 적용될 수 있는 것인가. 또 명백하게 복수의 허구적 대상을 핵성질에 의해 구별할 수 없는 경우는 어떠한가. 이야기 속에 존재하는 인물과 상상의 인물에 같은 기술이 부여되어 있는 경우다. 다른 스토리 속에 같은 스토리가 나타나면 어떠한가. 이것들도 파슨스 자신이 들고 논하고 있는 문제이고 각자 그 나름의 해결이 시도되고 있으므로(Parsons, 1980: 197~201), 파슨스 이론의 결정적 난점이라고는 말할 수 없을지도 모른다. 그러나 그것들은 반드시 바람직한 단순함과 명석함을 가진 해결인 것만은 아닌 듯 생각되는 것이다. 우리는 이 이상 상세하게 깊이 들어가는 것은 그만두기로 하자. 단지 말할 수 있는 것은 허구적 대상을 글 내용의 핵성질의 집단에 대응하는 대상으로서 액면대로 인정하려고 한 외견상의 단순함의 대가가 여러 형식적 복잡함이 되어서 되돌아오고 있다는 것, 여기에 마이농주의의 주요한 문제가 있다는 것은 확실하다.

5. 이론적 실체설 (피터 반 인와겐)

허구적 대상은 현실세계에 속하는 것만이 아니라 존재하고 있는 추상적 실체이다.

마이농주의는 지시구에는 지시대상이 있고 지시대상은 현실세계에 속하며 현실세계에 속하는 대상에는 존재하지 않는 대상도 포함된다는 입장을 취했다. 그러나 지시구의 지시대상이 되는 대상이 현실세계에 속한다는 반러셀적 입장을 취한다는 점에서는 공통적이라도 무릇 이 세상에 있는 것은 이 세상에 존재하고 있어야만 한다(Everything exists)는 전통적 (orthodox) 존재론을 지키는 길을 취할 수도 있다. 프레게는 러셀과 마찬가지로 지시구는 반드시 존재자를 가리킨다는 원리를 지키려고 했다. 그러나 러셀이 모든 지시구와 고유명을 지시구의 지위로부터 끌어내리고 직접적인 앎의 대상과 결부하는 논리적 고유명만을 지시구로서 남기는 것으로 목적을 실현한 것에 비해, 프레게는 통상의 기술구, 고유명을 지시구로서 남기고 지시대상을 갖지 않는 듯 생각되는 구(句)에 한결같이 자의적인 지시대상(예컨대 수 0이나 공집합)을 할당한다는 전략을 취했다.[16]

그러나 이 길을 취하는 이론은 허구적 존재에 관해서는 마이농주의 이상으로 기묘한 외양을 보이게 된다. 비존재 대상을 인정하는 마이농주의의 배후에 있던 다음 전제를 재검토해 보자. "'The so and so'라는 기술이 가리키는 대상은 기술 내용에 해당하는 so and so라는 성질을 실제로 갖고 있어야만 한다." 예컨대 날개가 있는 말인 페가수스는 '날개가 있는 말'(the winged horse)이라는 기술에 의해 지시되므로, 당연한 일이지만 날개를 가진 말(a winged horse)이어야만 한다고 생각할 수 있고 날개를 가진 말은 실제로 존재하지 않으므로 페가수스는 존재하지 않는 대상이라고 간주되었던 것이다.

허구명은 아무것도 지시하지 않는다고 한 러셀, 허구명은 존재하지

---

16) Frege, 1982b를 참조하라. 마찬가지의 전략은 Quine, 1940; Carnap, 1947에 의해서도 모색되고 있다. 무엇보다 허구론의 문맥에서 러셀의 기술이론과 비교되어야 할 것은 프레게에 있어서는 '개체 개념' 이론 쪽일지도 모른다(ex. Frege, 1891; 1892a; 1892b). 자의적 대상의 할당은 수학과 같은 외연적 문맥에서, 개체 개념의 할당은 신념 문장이나 양상 문장과 같은 내포적 문맥에서 행해진다. 프레게의 '개체 개념' 이론을 허구적 대상의 이론으로서 응용하는 것은 이 절에서 채택할 반 인와젠식의 이론적 실체설과 흡사한 것이 될 것이다. Parsons, 1982b를 참조하라.

않는 것을 지시한다고 한 마이농주의 말고도 또 하나의 유력한 선택지가 있다. 즉 허구명은 지시를 행한다는 점에서 러셀과 대립하고, 지시를 행하는 이상은 존재하는 것을 지시해야만 한다는 점에서 마이농주의와 대립하며, 자의적이지 않은 응분의 대상을 할당하려고 하는 점에서 프레게설과도 다른, 반 인와겐의 허구론이다. 즉 캐릭터는 허구명의 지시대상이고 현실세계의 구성원이므로 허구 내에서 갖게 된 독자적 성질들이 부여된 채로 각각 현실에서 존재하고 있을 터이다——셜록 홈스나 햄릿이나 히카루 겐지(光源氏)는 각각 독특한 모습으로 실재할 것이라는 이론이다.

이 이론은 실은 언뜻 보이는 만큼 기묘한 것은 아니다. 그것을 살펴보기 위해서 우선 반 인와겐이 따르는 몇 가지 전제를 파헤쳐 보자.

전제 1 있음(being)과 존재(existence)는 같은 것이다. (van Inwagen, 1983: 68)

전제 2 존재는 일의(一義)적이다. (1983: 68)

전제 3 존재명제의 양화사에 속박된 변항의 값이 되는 것이 존재한다는 것의 의미이다. (1983: 69)

전제 4 허구문장에서 캐릭터에 대한 양화를 소거하는 것은 불가능하다. (1977: 301~304)

전제 5 무엇이 있는 것인지에 관한 우리의 신념을 결정하는 것은 어떠한 이론을 우리가 받아들이는가 하는 문제이다. (1983: 69~70)

전제 6 문예비평은 이론이고 거기서 주장되는 대부분의 명제는 참이다. (1977: 303)

전제 7 캐릭터의 존재론적 문제가 생기는 것은 작가의 허구작품에서의 언설에 관해서가 아니라 오로지 비평가나 주석가의 언설에서 전

형적으로 보이는 비평언어에 관해서이다. (1977: 301)

전제 8 허구작품이 캐릭터에 관해 기술하고 있는 성질들을 가지는 대상은 존재하지 않는다. (1977: 304)

(전제 1, 2, 3, 5는 van Inwagen, 1983의 앞부분에 번호 붙여져 정리된 4개의 콰인적 메타존재론의 주장(Quine, 1948)이다.)

전제 1은 반마이농주의 존재론을 나타내고 있고 전제 2는 '존재한다' (혹은 '있다')라는 말이 물질적 존재, 혹은 구체적 존재에 적용된 경우와 추상적 존재, 혹은 심적 존재에 적용된 경우에 뭔가 다른 의미를 나타내고 있다는 직관은 오류라는 것이다. '존재한다'(='있다')는 어찌되었든 몇 개 있다고 수로 셀 수 있다는 것을 의미하고 있고 양배추든 암 치료법이든, 마음이든 나라든, 원주 좌표든 유니콘이든, 일상적인 것이든 과학이론에서 다루는 대상이든 어떠한 종류의 존재든 존재한다는 것의 의미는 한 가지이다(van Inwagen, 1977: 302; 1983: 68~69). 이 두 전제로부터 허구적 캐릭터가 있다면 그것은 극히 통상적인 의미에서 존재해야만 한다는 것이 귀결된다.

전제 4는 라일식의 환원주의에 반대해서 허구적 캐릭터에 관한 문장을 작가나 텍스트나 이름에 관한 문장으로 바꿔쓰는 것이 항상 성공한다고는 단정할 수 없다고 논한다. 3절에서 접했듯이 설령 각 문장의 진리치를 그대로 지키면서 작가나 텍스트나 이름에 관한 문장으로 번역할 수 있었다고 해도 복수의 문장 간의 직관적인 논리관계를 유지하는 형태로 번역을 실행하는 것은 지난한 일일 것이다. 이 사실과 전제 3, 5, 6에서부터 캐릭터는 존재한다는 것이 귀결된다. 덧붙여 전제 6은 문예비평이 이론이라고 말하고 있지만 물리학과 같은 이론과는 달리 과학은 아니라고 반 인와겐은 말한다. 그러나 마찬가지로 이론인 예컨대 점성술 등과 달리 거기서 주장되는 대부분의 명제가 참인 이론인 것이다(van Inwagen, 1977: 303).[17]

그리고 이들과 전제 7로부터 허구적 캐릭터가 어떠한 종류의 존재인지가 결정된다.[18] 즉 캐릭터는 이론적 실체에 다름 아니라는 것이다. 전제 7은 설의 언어행위론을 살펴보았을 때 이미 친숙하게 된 "허구작품의 작가는 주장을 행하지 않는다"라는 관찰에 기반하고 있다. 작품 내의 문장은 참도 거짓도 아니고 지시도 기술도 아니며 명제를 나타내지조차 않는다(van Inwagen, 1977: 306). 따라서 여기서는 존재론의 문제는 없고, 문제가 생기는 것은 참 혹은 거짓인 주장이 행해지는 비평이라는 이론에 있어서이다. 이리하여 원주율이나 허수가 수학의 이론적 실체이고 질량이나 쿼크가 물리학의 이론적 실체임과 마찬가지로, 허구적 캐릭터는 문예비평의 이론적 실체에 다름 아니다(엄밀히는 캐릭터는 '허구의 창조물'이라는 범주의 하위범주이고, '허구의 창조물'은 '문예비평의 이론적 실체'라는 범주의 하위범주라고 간주된다. 캐릭터가 아닌 '허구의 창조물'에는 아덴의 숲이나 모리아티 교수의 저서와 같은 것도 포함되고 '허구의 창조물'이 아닌 '문예비평의 이론적 실체'에는 플롯, 음율, 차용, 소설, 문학형식 등이 포함된

---

17) 비평적 언설이 아닌 무릇 작가에 의한 허구의 제작이 과학적 설명과의 유비를 나타낸다는 생각은 伊藤, 1994에 언급되고 있다. 이것은 말할 것까지도 없이 전제 7과 충돌한다.
18) 존재로서의 종류와 존재방식의 종류를 혼동해서는 안 된다. 전자는 어떠한 종류의 존재인가 하는 것이고 구체적 존재, 추상적 존재, 물리적 존재, 심적 존재, 개별적 존재, 보편적 존재 등등 여러 가지 범주가 있다. 그러나 후자는 어떠한 존재 양식을 취하는가 하는 것으로 이것은 전제 2에서 보듯이 한 종류의 존재가 있음에 지나지 않는다고 간주된다. 인간과 원숭이는 존재자로서의 종류는 상세한 분류에 의하면 다르다고 말할 수 있지만 다른 존재방식을 취하고 있는 것은 아니다. 추상적/구체적 존재와 같은 대략적인 분류에 의한 다른 종류의 존재자인 경우도 완전히 같다는 것이다.

다(van Inwagen, 1977: 302~303). 덧붙여 파슨스는 반 인와겐의 '허구의 창조물'을 캐릭터라 부르고 있었다. 우리의 연구대상도 물론 '허구의 창조물'이다).

그러나 문예비평의 이론적 실체란 무엇인가. 그전에 전제 6까지의 귀결(캐릭터는 존재한다)과 전제 8(캐릭터가 갖게 된 성질들을 가진 대상은 존재하지 않는다) 사이에 일견 명백한 모순이 있다는 것에 주의하라. 예컨대 디킨스의 『마틴 처즐위트』(*Martin Chuzzlewit*)에 나오는 갬프 부인(Mrs. Gamp)에 관해 다음 술어가 적용될 것이다.

- 나이 들었다.
- 뚱뚱하다.
- 진(gin)을 좋아한다.
- '사라 갬프'(Sarah Gamp)라는 이름이다.
- '프릭 부인'(Mrs. Prig)이라는 친구를 갖는다.

그러나 전제 8에 도움받을 것까지도 없이 이 성질들을 모두 갖는 자가 1843년에 없었던 것은 확실하다. 틀림없는 경험적 사실이다. 그런데도 어떻게 사라 갬프가 존재한다고 말할 수 있는 것일까. 반 인와겐의 전제에 의하면 캐릭터는 존재해야만 하는 것이었는데 말이다.

마이농주의자라면 이 모순을 간단하게 피할 수 있을 것이다. 마이농주의적으로는 위 성질들을 전부 갖는 자가 없었다는 것은 **경험적 사실은** 아니다. 경험적 사실이라 말할 수 있는 것은 "위 성질들을 모두 갖는 **존재자는 없었다**"라는 것에 다름 아니고 비존재자로서 위 성질들을 전부 갖춘 캐릭터를 인정하면 될 뿐인 것이다.[19] 그러나 반 인와겐에 있어서 존재하는 것과 있는 것은 같은 뜻이므로 이러한 전략은 사용할 수 없다. 그가 부정하는 것은 경험적 사실이 아니라 사라 갬프가 위 성질들을 갖는다는 것이다. 위 성질들을 갖는 자는 틀림없이 존재하지 않는다. 그러나 사라 갬프는 위 성질들을 갖지 않으므로 존재할 수 있고, 존재하는 것이다.

그렇다고 해서 반 인와겐이 이 장의 첫 부분에서 본 프레게적인 자의 적 대상이론을 채용하는 것은 물론 아니다. 위 성질들은 어느 것이나 사라 갬프와 밀접하게 결부되어 있고 사라 갬프를 다른 캐릭터와 분간하는 개성을 형성하고 있는 것이다. 실제로 "사라 갬프는 뚱뚱하다", "사라 갬프는 진을 좋아한다"와 같은 비평가의 주장을 전제 6은 올바르다고 인정하고 있는 것은 아닌가. 그럼에도 불구하고 위 성질들을 사라 갬프가 갖고 있지 않다고 하면 대체 어떠한 형태로 그녀와 그 성질들이 결부되어 있다는 것인가?

여기서 이론적 실체란 어떠한 존재인가가 명백하게 된다. 이론적 실체인 캐릭터는 일종의 추상적인 존재인 것이다. 추상적 존재이므로 뚱뚱하다거나 진을 좋아한다거나 친구를 가졌다거나 하는 것은 불가능하고 따라서 '뚱뚱하다', '진을 좋아한다', '친구를 갖는다' 등의 성질을 **갖는** 것은 불가능하다. 그것은 갖는 것이 우발적으로 불가능한 것이 아니라 원리상 범주적으로 가질 수 없는 것이다(예컨대 한국인 중 누구도 소수素數일 수 없는 것과 마찬가지로). 그러면 사라 갬프는 어떠한 성질을 갖는 것인가. 반 인와겐에 의하면 다음과 같은 성질을 사라 갬프는 실제로 갖는다고

---

19) 그러나 물론 이것도 해당 성질들을 모두 갖는 비존재자가 있다는 것이 경험적 사실이라고는 말할 수 없을 것이다. 마이농주의는 원래는 심적 현상의 관찰에서 일어나는 일종의 경험론이라고도 말할 수 있겠지만 어떠한 의미에서의 경험론인지는 어쨌든 관여하여 논의할 가치가 있을지도 모른다.

한다(van Inwagen, 1977: 305).

- 소설의 캐릭터이다.
- 디킨스에 의해 창조되었다.
- 풍자적인 소악역(小惡役)이다.
- 1843년도에 고용된 간호원에 대한 충실한 묘사이다.
- 남자 같은 반(反)여성적 인격이 디킨스의 모든 소설 중 가장 눈에 선명하게 전개된 형태이다.
- 존재한다.[20]

즉 문예비평의 이론적 실체에 어울리는 이 '문학적 성질들'을 갖는 추상적 존재야말로 허구적 대상인 것이다.

그러면 '뚱뚱하다', '진을 좋아한다', '친구를 갖는다' 등 앞의 성질들은 어떠한가. 사라 갬프가 이 성질들과 밀접한 연관이 있지만 그것이 '갖다'(have)라는 관계는 아니라고 한다면 어떠한 관계인 것인가. 반 인와겐은 이 관계를 '부여'(ascription)라 부른다. "사라 갬프는 뚱뚱하다"란 실은 다음과 같은 논리형식을 가진 명제이다.

---

20) '존재한다'에 관해서는 반 인와겐은 "존재가 성질이라고 한다면, 그 가설에 관해서는 나는 태도를 결정하지 않았다"(van Inwagen, 1977: 305)고 말하고 있다. 물론 파슨스식으로는 존재는 성질(단 핵외성질)이다. 뒤에 보게 되겠지만, 반 인와겐은 희석판 핵성질로서의 존재성을 사라 갬프가 갖는다는 것은 부정할 것이다. 또한 앞의 "'사라 갬프'라는 이름이다"라는 성질에 관해 미리 주의해 두자면 반 인와겐이 사라 갬프가 갖지 않는다고 말한 것은 파슨스식 핵성질로서의 이 성질이다. 즉 파슨스식 핵성질로서의 이 성질(부모에게 '사라 갬프'라고 명명되다, 작중인물들에게 '사라 갬프'라 불리다 등)은 사라 갬프는 갖지 않지만, 파슨스식 핵외성질로서의 이 성질(디킨스에게 '사라 갬프'라 명명되다, 독자나 비평가에게 '사라 갬프'라 불리다 등)은 사라 갬프는 갖게(핵성질로서!) 된다.

A (뚱뚱함, 갬프 부인,『마틴 처즐위트』)

이것은 "뚱뚱함이 갬프 부인에 대해『마틴 처즐위트』에 있어서 부여되어 있다"라고 읽는다. 이것을 일상언어로는 편의상 줄여서 '갬프 부인은 뚱뚱하다'라는 식으로, 마치 뚱뚱하다는 성질을 갬프 부인이 갖고 있는 듯 말하는 것이다.[21] 그러나 위 논리형식이 보여 주듯이, 갬프 부인이 정말로 갖는 성질은 다음 명제함수로 표현되는 성질이다.

A (뚱뚱함, y,『마틴 처즐위트』)

그렇다. 일반적으로 허구적 대상에 관한 명제는 A(x, y, z)의 형태로 표현되고 x에 성질, y에 허구적 대상(반 인와겐의 용어로는 '허구의 창조물'), z에 장소가 대입된다. 장소는 작품도 좋고 장(章)도 좋고 페이지나 문장이나 문장 안의 절도 좋다. 허구적 대상과 그것이 일견 갖는 듯 생각되는 성질의 관계는 직접 갖는 주어-술어관계가 아니라 A라는 술어를 매개한 항(項)끼리의 관계라는 간접적 관계였던 것이다. 허구적 대상은 따라서 일반적으로 3항 관계 A(x, y, z)의 1항과 3항을 메우는 성질을 갖게 된다. 혹은 물론 1항 또는 3항을 메우고 다른 쪽을 양화사로 속박한 성질, 혹은 1항과 3항을 속박한 성질을 갖는 것이 된다. 갬프 부인은 위에서 말한 '마

---

[21] 데카르트 이론과의 유비(van Inwagen, 1977: 304~305)를 참조하라. 데카르트에 의하면 인간은 순정신적, 비물질적 실체이다. 따라서 '친절하다', '빈을 생각하고 있다'와 같은 성질은 갖지만 '신장이 6피트이다', '피부가 희다'와 같은 성질은 갖지 않는다. 때로 인간이 후자와 같은 종류의 성질을 갖는 듯이 말하는 경우가 있지만 그것은 실은 '신장 6피트의 몸을 활성화한다', '피부가 흰 몸을 활성화한다'의 생략형이다.

틴 처즐위트』에 있어서 뚱뚱함이 부여되어 있다'라는 성질을 가짐과 함께 '『마틴 처즐위트』 19장에서 뚱뚱함이 부여되어 있다'라는 성질을 가지며, '어떤 곳에서 뚱뚱함이 부여되어 있다', '『마틴 처즐위트』에서 어떤 성질이 부여되어 있다', '어떤 곳에서 어떤 성질이 부여되어 있다'라는 각 성질도 갖고 있다.

이것은 어떤 의미에서는 바꿔쓰기주의(主義)이다. 일상언어의 참된 의미를 파악하는 일종의 인공언어를 제시하는 것이기 때문이다. 그러나 이것은 러셀적인 극단적인 바꿔쓰기가 아니라 허구적 대상을 논리적 단위인 존재로서 유지함에 있어서의 바꿔쓰기이다. 단 유지된 존재인 허구적 대상은 마이농주의가 인정한 액면 그대로의 구체적 개체가 아니라 추상적 실체인 것이다.[22] 이것은 이미 직관적으로 인지된 허구적 대상에 관한 논리를 묻는 입장이 아니라 허구적 대상의 본성 자체를 재결정하는 입장이라고 말할 수 있을 것이다.

이 생각의 첫번째 장점은 논리법칙을 지킬 수 있다는 점이다. 예컨대 왓슨의 등에 직경 3밀리 이상의 점이 있는지 없는지 물을 경우, 마이농주의를 비롯한 다른 많은 이론에서는 점이 있다고도 없다고도 소설에 쓰여져 있지 않으므로 점이 있는 것도 아니고 없는 것도 아니라고 간주된다. 즉,

---

[22] 추상적 개체인가? 그렇지 않으면 추상적 보편자인가? 반 인와겐의 연구(van Inwagen, 1977: 303)는 문예비평의 이론적 실체란 "문예비평의 이론적 일반명사(general term)의 외연을 형성하는……실체"로서 있고, 각 캐릭터가 추상적 보편자일지도 모른다는 것을 암시하고 있지만 '플롯', '캐릭터', '소설' 등의 명백한 추상적 보편자(많은 개체에 적용된다)에 비해 '햄릿', '홈스', '갬프 부인' 등 각각의 캐릭터는 상대적으로 보아 개별자라는 것은 거부하지 않는다. 문예비평의 이론적 실체는 많은 보편자를 포함하지만 허구적 대상이라 부를 수 있는 것들은 **추상적 개체**라고 하는 것이 타당한 해석일 것이다. 이것에 관해서는 다음 절에서 조금 살펴볼 것이다. 구체/추상과 개별/보편이라는 두 구별의 차이에 관해서는 Parsons, 1982a를 참조하라.

Mw는 참이 아니고, ~Mw도 참이 아니다,

라고 간주된다. 즉 허구적 대상은 불완전하다. 그러나 반 인와겐에 의하면 왓슨은 인간이 아니라 이론적 실체이므로 점을 가질 리가 없다. 따라서 ~Mw가 참이 된다. 모든 성질에 관해 마찬가지로 적용할 수 있으므로 임의의 성질에 관해 허구적 대상은 그것을 갖든지 갖지 않든지 반드시 둘 중 하나인 것이다(예컨대 희다, 무겁다, 단단하다와 같은 보통 성질은 결코 갖지 않을 것이고 어떤 문학적 성질이나 고차적 성질 ─ 자기동일성, 존재 등 ─ 은 가질 것이다). 즉 허구적 대상은 완전하다. 따라서 이치성(二値性)의 법칙에 따르는 것이다. 또 파슨스의 이론을 음미할 때 보았듯이 Mw가 참이 아닌 경우는 ~Mw가 참이라고 하는 입장에 있어서도 다음과 같이 성질에 관한 이치성의 법칙은 파괴되어 버린다. 즉 부정을 명제 전체가 아니라 성질에 걸면,

Mw는 참이 아니고, (~M)w도 참이 아니다.[23]

왜냐하면 ~M이라는 술어가 w(왓슨)에 암시적으로라도 적용되는 서술은 소설 속에서 전혀 보이지 않기 때문이다. 그러나 반 인와겐은 이 법칙도 지킬 수 있다. 즉 반 인와겐에 의하면 일상언어에서 "왓슨은 점을 갖는다"로 표현되는 명제는 실은 Mw라는 논리구조가 아니라 A(M, w, H)라

---

[23] 파슨스에 의한 부정(否定) 성질의 정의를 상기하자. "어떠한 핵성질 p에 관해서도 **존재하는 대상이 p를 갖지 않을 때에 한해서 갖는** 다른 성질 q가 있고 그것을 p의 **핵부정(nuclear negation)**, 혹은 간단히 not-p라 부른다"(Parsons, 1980: 19. 강조는 원문).

는 논리구조를 갖고 있다. 한편 (~M)w는 A((~M), w, H)라는 논리구조를 갖고 있다. 이것들은 확실히 둘 다 거짓이다. 그러나 이 두 명제는 각각의 1차적 술어가 서로 부정(否定)으로는 되어 있지 않기 때문에 함께 거짓이어도 이치성 법칙에 위반하고 있지는 않은 것이다. A(M, w, H)의 부정(否定)은 ~A(M, w, H)이고 전자가 거짓인 이상 후자는 참이다. 왜냐하면 "왓슨은 『셜록 홈스』에서 등에 3밀리 이상의 점이 부여되어 있다는 것은 아니다"라는 것은 당연히 참이기 때문이다. 혹은 성질에 관한 이치성 법칙을 보기 위해 부정을 술어에 걸어 (~A)(M, w, H) "왓슨은 『셜록 홈스』에서 등에 3밀리 이상의 점이 '부여되어 있지 않다'" 쪽을 문제로 삼아야 할 것이지만, 이것도 틀림없이 참이다. 마찬가지로 A((~M), w, H)가 거짓이기 때문에 (~A)((~M), w, H)는 참이다. 허구적 대상에 관한 어떠한 명제에 대해서도 그 명제와 그것을 부정한 명제(명제 전체의 부정이든, 술어의 부정이든)가 함께 참이 아니라는 이치성의 법칙을 위반하는 일이 일어날 수 없는 것이다.

약한 모순에 관해서도 마찬가지이다. 3장에서 보았듯이 많은 허구론은 허구적 대상에 관해 약한 모순을 용인한다. 예컨대 I를 '어깨에 전상이 있다'라고 할 때 전상의 위치에 관해 스토리가 모순된 기술을 행하고 있음을 근거로, Iw가 참이고 ~Iw도 참이라는 것을 용인한다. 혹은 Iw가 참이고 (~I)w도 참이라는 것을 용인한다. 그러나 반 인와겐에 의하면 Iw는 실은 A(I, w, H)라는 논리구조를 갖고 (~I)w는 A((~I), w, H)라는 논리구조를 가지므로 서로 모순되지 않고 둘 다 참으로 아무런 문제는 없다.[24] 반 인와겐이 거짓으로 보는 것은 ~A(I, w, H)인데, 실제로 I가 H에 있어서 w에 부여되어 있는 것이므로 확실히 이것은 거짓으로 봐도 좋은 것이다.

이리하여 반 인와겐의 체계는 허구적 대상에 관한 이치성 법칙의 위반을 인정하지 않고 약한 모순도 인정하지 않는다. 허구가 현실과는 다른 논리를 갖고 있는 듯이 보이던 그 최소한의 일탈조차 인정하지 않는 것이다. 이것은 허구적 대상은 실재하고 있다는 테제의 당연한 귀결이다. 왓슨이나 햄릿이나 갬프 부인도 나나 당신이나 이 책상과 완전히 같은 논리법칙에 따르는 것이다. 이것은 어떠한 명제도 그 독자적인 특수한 논리를 요구하는 것은 아니라는 콰인의 논리관에 따르는 결론이고 반 인와겐이 출발점에 있어서 콰인식의 메타존재론을 채용한 것의 당연한 결과라고 말할 수 있을 것이다(van Inwagen, 1983: 76).

그런데 반 인와겐은 '어떤 장소에 있어서 부여된다'라는 대상과 성질의 관계를 '갖는다'와 구별한 생략어법으로 '수용하다'(hold)라고 나타내고 있다(van Inwagen, 1983: 75). 이 표현대로 하면 반 인와겐의 '갖는다'는 파슨스의 '핵성질로서 갖는다', 반 인와겐의 '수용하다'는 파슨스의 '핵외성질로서 갖는다'에 해당하게 된다. 전자는 허구적 대상의 본성을 직접적으로 구성하는 성질들이고 후자는 간접적으로 관련되는 성질이기 때문이다. 그러나 특정 허구적 대상, 예컨대 갬프 부인이 주어졌을 때, 그것이 '갖는(핵성질로서 갖는)' 성질과 '수용하는(핵외성질로서 갖는)' 성질은 정반대가 된다. 말하자면 앞에서 제시된 두 목록을 보면 일목요연하게 첫 번째 목록의 '나이 들었다' 이하의 성질들은 어느 것이나 반 인와겐에 의하면 핵외성질, 파슨스에 의하면 핵성질이고, '허구의 캐릭터이다' 이하의

---

24) ~(Iw)란 의미에서의 ~Iw의 논리구조는 반 인와겐의 체계에서는 ~A(I, w, H)가 될 것이다. 이것은 A(I, w, H)와 모순되므로 당연히 반 인와겐의 체계에서 거짓이다. 즉 일상언어에 있어서 ~(Iw)를 반 인와겐은 거짓이라 할 것이다. 단 문장부정과 술어부정의 취급에 관해서는, 특히 배중률을 둘러싸고 반 인와겐의 논술에 때로 사소한 혼란이 보인다. van Inwagen, 1983: 77을 참고하라.

두번째 목록의 성질들은 어느 것이나 반 인와겐에 의하면 핵성질, 파슨스에 의하면 핵외성질인 것이다.[25] 파슨스와 반 인와겐의 입장의 대비를 극적으로 표현하면 다음과 같이 될 것이다. 상식과 함께 둘 다 설록 홈스가 **현실에서 구체물로서 존재한다**고는 인정하지 않는다. 따라서 구체적이라는 것이나 존재한다는 것, 둘 중 하나를 부정해야만 한다. 전자는 홈스를 **구체적 비존재**로 인정하는 길을 선택하고 후자는 홈스를 **추상적 존재**로 인정하는 길을 선택했다는 것이 된다(덧붙여 '현실에서'라는 부분을 부정한 것이 가능세계설이다).

그러나 양자의 존재론적 입장(stance)을 비교계량하기 위해 파슨스의 핵성질/핵외성질의 대비가 반 인와겐의 가지다/수용하다와 극히 명확

---

25) 파슨스에 있어서 모든 핵외성질에 희석판의 핵성질이 있었던 것과 마찬가지로 어떠한 핵성질에 관해서도 그 핵외성질의 버전이 있다. 각자를 파슨스는 핵외성질의 핵투잉(投影, projection), 핵성질의 핵외영상(映像, image)이라 부르고 엄밀한 형식적 해설을 하고 있지만(Parsons, 1978a: 142~146), 나 나름대로는 거칠게 설명하자면 핵외성질 P가 투영된 희석 핵성질 p란 P가 대상의 핵이라고 내면화되어 생각된 것, 핵성질 p의 영상인 핵외성질 P란 'p로 간주되다' 혹은 'p로서 있다' 정도의 뉘앙스를 띤 메타성질로 외화한 것이라 말해도 좋을 것이다. 그러면 셜록 홈스는 (핵성질의 의미에서의) '존재하다'를 가질 수 있고, 역으로 '탐정이다'('탐정으로서 있다')라는 핵외성질도 갖게 된다. 결국 일상언어는 각 술어에 있어 핵성질/핵외성질의 두 종류의 의미를 갖는다는 점에서 모호한 것이다. 문제는 각 단어가 어느 쪽 의미에서 통상 사용되고 있는가 하는 것으로 단적으로 일상언어의 관찰이 필요케 된다. 예컨대 '보다 키가 크다' 등에 관해서는 파슨스의 연구를 참조하라(Parsons, 1980: 168~170). 이 연구에서 파슨스는 '포함하다', '갖다'라는 반 인와겐풍의 용어법을 시사하고 있다(Parsons, 1980: 171~172). "핵외성질에 관해서는 갖는 것과 포함하는 것 간에 선명한 일치는 있을 수 없다. 예컨대 셜록 홈스는 존재성을 포함하지만 갖고 있지 않고, 불완전성을 갖고 있지만 포함하고 있지 않다. 그러나 핵성질에 관해서는 이러한 불일치는 이상한 것으로 보인다. 나의 이론에 있어서처럼 허구적 대상은 그것이 포함하는 핵성질을 모두 갖고 있든지, 반 인와겐의 이론에 있어서처럼 포함하는 핵성질을 전혀 갖지 않든지 둘 중 하나이지, 그 이외의 선택지를 지지할 근거는 없듯 생각된다"(Parsons, 1980: 172). 대상의 무엇이 핵성질이고 무엇이 핵외성질인가는 그 대상의 본성을 어떠한 것으로(구체적, 추상적, 개별적, 일반적······) 지정하는가와 관련되어 있지만 어쨌든 핵성질이란 그것에 관해 미결정인 대상이 있는 성질이다. 그것에 비해 핵외성질은 어떤 대상도 그것에 관해 미결정인 것은 없는 성질이다(Parsons, 1974: 570).

하게 대응하는 것인지 아닌지를 검토할 필요가 있다. 파슨스의 핵성질의 조건을 상기해 두자. F가 다음 조건을 만족한다면 F는 핵외성질, 만족하지 않는다면 핵성질이었다.

S ∃X(X는 핵성질의 집합이다∧F∉X∧∀x(x는 X의 모든 원소를 갖는다⊃ x는 F를 갖는다)

S′ ∃X(X는 핵성질의 집합이다∧F∉X∧∀x(x는 X의 모든 원소를 갖는다⊃ x는 F를 갖지 않는다)(Parsons, 1979: 103)

예컨대 X로서 이론적 실체인 갬프 부인이 **갖는** 성질의 집합을 취하면 그들을 모두 갖는 x는 전부 '뚱뚱하다'라는 성질을 **수용할** 것이다. 따라서 '뚱뚱하다'는 확실히 핵외성질이다. x는 결코 '일본인이다'라는 성질을 **수용하지 않는다**. 따라서 '일본인이다'도 핵외성질이다. 여기까지는 좋다. 한편 '소설의 모든 장에 등장한다'는 어떠할까. '소설 내에서 말랐다는 성질이 부여되어 있다'는 어떠할까. 이것들은 이론적 실체가 **갖는** 데 어울리는 성질이므로 핵성질에 해당한다고 생각되는 것으로, X에 속한 성질을 전부 가지는 x는 결코 이 성질들을 갖지 않을 것이다. X에 속하는 성질을 모두 갖는 x란 필시 이론적 실체로서의 갬프 부인 하나뿐이고, 갬프 부인에게 '소설의 모든 장에 등장한다'라는 성질을 더한 대상은 없기 때문이다. '허구적이다', '존재한다', '셰익스피어에 의해 창조되었다' 등등도 마찬가지이다. 이리하여 〈핵성질/핵외성질〉=〈갖다/수용하다〉라는 등식은 형식적인 대응으로서는 무너지는 것이다.

왜일까. 반 인와겐에게 있어서도 파슨스에게 있어서도 존재론적 영역은 현실세계 하나이다. 그러나 파슨스의 현실세계에는 비존재물이 넘

치고 있고 그것들은 직관적으로 말하는 가능적 대상을 무수하게 포함하고 있다. 이에 비해 반 인와겐에게 있어서는 가능적 대상이라는 것은 인정되지 않는다. 존재하는 것이 전부이다. 따라서 반 인와겐에게 있어서는 핵외성질뿐만 아니라 핵성질도 대상 x가 자유롭게 여러 조합으로 갖거나 갖지 않거나 하는 것에 의해 몇 개라도 새로운 대상을 만들어 낼 수 있는 성질은 아닌 것이다. 어떠한 대상이 있는가는 현실세계의 존재물의 집합에 의해 결정되고 있는 것이다. 파슨스의 이론은 이것에 비해 존재물과 관계되는 부분(핵외성질)에 관해서만 한정되고, 대상 그 자체에 일종의 내재적인 핵성질에는 제한이 마련되지 않는다. 그것이 S, S'의 의미이다. 뒤에 음미할 가능세계 이론이 되면 가능적 대상을 더욱 많이 인정하므로 핵외성질에도 아무런 제한을 마련하지 않고 반 인와겐과는 반대의 의미에서 파슨스의 정의를 무효로 하게 될 것이다. 즉 반 인와겐의 이론에서는 핵성질도 핵외성질 S, S'를 만족하는 데 비해 가능세계 이론에서는 핵성질도 핵외성질도 S, S'를 만족하지 않는다. 예컨대 가능세계 이론은 '코난 도일이 창조했다'를 파슨스의 이론과 마찬가지로 홈스의 핵외성질로 간주할 것이지만 어떤 가능세계에서는 홈스(혹은 홈스와 똑같은 캐릭터)가 헨리 제임스에 의해 창조되었을지도 모른다. 현실의 어떠한 사실에도 속박되지 않는다는 점에서 가능세계설은 가장 현실 비정위적인 생각이다.

반 인와겐은 어떠한 성질도 S, S'를 만족한다고 하기 때문에 자신의 생각이 마이농주의보다도 뛰어나다고 주장하고 있다(van Inwagen, 1977: 308. 단 S, S'와 같은 형식화에 호소하고는 있지 않지만). 『마틴 처즐위트』의 주요한 풍자적 여성 악역'이라는 기술과 『마틴 처즐위트』의 모든 장에 나오는 주요한 풍자적 여성 악역'이라는 기술을 비교해 보자. 전자는 갬프 부인이라는 캐릭터를 지시하지만 후자는 어떠한 캐릭터도 지시하지 않

는다(또는 아무것도 지시하지 않는다). 이 구별을 마이농주의자는 성공적으로 행할 수 없을 것이다. S, S'에 기반한 파슨스식의 마이농주의는 핵외성질을 이용하는 기술에 관해서는 이 구별이 가능하지만 핵성질을 이용하는 기술에서는 어떻게 이 구별이 가능할 것인가. 예컨대 '∀x(x∈{x|x는 『마틴 처즐위트』에서 갬프 부인이 갖게 되고 있는 핵성질}≡a는 x를 갖는다)'인 a는 갬프 부인이라는 캐릭터에 대응하지만 '∀x(x∈{x|x는 『마틴 처즐위트』에서 갬프 부인이 갖고 있는 핵성질}∪{어깨에 반점이 있다}≡a'는 x를 갖는다)'인 a'에는 확실히 대상이 대응하는 그러한 캐릭터는 없다고 말하지 않을 수 없다. 4절에서 보았듯이 파슨스는 이 구별을 a 및 a'인 대상은 항구적으로 있지만 a는 디킨스의 창작행위에 의해 허구적 대상이게 된 것이고 a'는 허구적 대상으로 간주되고 있지 않다고 표현했던 것이다. 있는 캐릭터와 없는 캐릭터의 구별에 관해서는 확실히 이렇게 핵성질에 의해 개체화되는 한편 핵외성질('디킨스에 의해 창조되었다'와 같은)에 의한 변별을 필요로 하는 파슨스의 복선적 취급에 비해 반 인와겐의 핵성질 한 가지의 구별 쪽이 자연스럽고 무리가 없는 듯 보인다.

　　이것과 전술한 표준적 이론법칙의 준수, 그리고 현실주의에 기반한 존재의 종류의 제한, 이것들이 마이농주의와 비교했을 때 이론적 실체설의 장점으로 간주할 수 있는 주된 점일 것이다. 그러나 한편으로 반 인와겐 자신이 자각하고 있는 점으로서 "피크위크는 존재하지 않는다"라는 새삼 여전히 명백하게 참으로 보이는 명제를 그의 이론에서는 참으로 인정할 수 없다는 문제가 있다(van Inwagen, 1977: 308, n.11). 반 인와겐에 의하면 이 명제는 문자 그대로는 당연히 거짓이지만 "피크위크에게 부여되어 있는 성질들을 전부 갖는 것은 없다"라는 내용을 나타내는 생략 문장으로 생각하면 참으로 인정할 수 있다고 한다. 그러나 "피크위크는 존재하지 않는다"라는 문장은 문자 그대로 해석할 때 비로소 참이라고 우리는 보통 생각하고 있는 것은 아닐까. 이 직관에 반하는 반 인와겐의 이론은 결국 직관적으로 허구적 대상이 갖고 있는 성질을 실은 갖고 있지 않다고 하고, 구체적 대상과 같이 보이는 그것들을 추상적 실체로 해석한 방책에 꽤 비직관적인 무리가 포함되어 있다는 것을 암시하고 있다. 논리의 단순함과 일관성을 취할 것인가, 허구적 대상의 성질에 관한 직관을 취할 것인가에 따라서 이론적 실체설과 마이농주의 중 어느 쪽이 만족할 만한 허구론으로 보이는지가 결정될 것이다.

6. 종류설 (니컬러스 월터스토프)

허구적 대상은 묘사된 대로의 사물을 그 예로서 갖는 유형, 종류이다.

반 인와겐의 이론적 대상설과 동일한 방향을 취하는 이론으로 '종류로서의 허구적 대상'이라는 생각이 있다. 뒤에서 접하겠지만 어떤 의미에서 대단히 고전적인 사상이라고도 말할 수 있는 이 이론은 Wolterstorff, 1979에서 소묘되는데, 대략 같은 내용이 Wolterstorff, 1980에서 미적대상론, 작품세계론을 포함한 더욱 커다란 체계 속으로 편입되었다.

월터스토프에 의하면 허구적 작품은 감상자가 어떤 상황에 관해 생각하게 하기 위해 그 상황을 제시하는(presenting) 행위를 통해 특유의 세계를 투사하는 것이다. '제시함'(presenting)은 설의 '위장함'(pretending)의 이론을 반박하는 행위론으로서 제시되고 있다. 즉 지시하는 척하는 것으로 간주될 만한 개별대상인 것이 존재하지 않으므로, 그리고 주장하는 척하는 것으로 간주될 만할 **단순**명제가 존재하지 않으므로, 지시, 주장을 행하는 척/위장하는 것 자체가 불가능하다고 한다(Wolterstorff, 1980: 232~234). 즉 설의 이론에 반해 허구를 만드는 것은 독특한 언표 내 행위여야만 한다. 그리고 허구적 입장하에서 제시된 상황은 감상자의 일반적 고려를 위해 제시된 일반적 상황이므로 그 내용은 **일반명제**이고 거기에 등장하는 허구적 대상은 사람이든 사물이든 사건이든 종(種)이다.

모든 성질에 일대일 대응해서 종이 존재한다. '말이다'라는 성질에 대응하는 '말'(馬)과 같은 자연종만이 아니라 '이 방 안에 의자가 있다'라는 성질에 대응하는 '이 방 안의 의자'라는 명목종도 있다. 개개의 특정 말이나 의자가 각 종의 예(example)이다. 주의해야 할 것은 예는 우발적으로, 혹은 필연적으로 존재하지 않는 것도 있지만 그래도 종은 반드시 존재한다는 것이다(예컨대 유니콘, 둥근 사각형). 따라서 어떠한 복합적인 성질에도 당연히 하나의 종이 대응해서 존재한다. 종 K와 종 K′가 등등하다는 것은 K의 예이자 K′의 예가 아닌 것이 있다는 것이 불가능하고, 역도 또한 불가능하다는 것이다(Wolterstorff, 1980: 47). 그리고 중요한 개념인 '안에 본질적임'(being essential within)이라는 관계가 다음과 같이 정의된다.

성질 p(를 갖는 것)가 종 K의 **안에 본질적이다** =df 뭔가가 K의 예라면 그것은 p를 갖는다는 것이 필연적으로 성립한다는 것이다. (Wolterstorff, 1980: 54)

이리하여 허구적 대상은 종이지만, 보다 정확히는 허구적 대상은 종은 종이라도 작품세계의 '최대성분'(maximal component)이라는 종이다. 성분이란 다음과 같이 정의된 종이다.

종 K는 상황 S의 성분이다 =df S는 필연적으로 다음과 같은 것이다, 즉 만약 S가 일어난다면 K의 예가 어떤 시점에 존재한다. (Wolterstorff, 1980: 143)

여기서부터 작품세계 WW의 여러 성분 중에서도 캐릭터가 된다는 것은 최대성분이 되는 것이고 다음과 같은 '작품세계의 최대성분 K'의 정의가 우선 환기될 것이다. "K는 그 세계의 성분이고 또한 그 세계의 다른 성분 K*에서 다음과 같은 것은 아니다. 즉 K 안에서 본질적인 모든 성질이 K* 안에서 본질적이지만 K* 안에서 본질적인 어떤 성질이 K 안에서 본질적이지 않은 K*는 없다"(Wolterstorff, 1980: 145). 그러나 이대로는 어떤 일군의 성질을 가진 캐릭터와 그 성질들 전부에 더해서 다른 성질도 갖는 다른 캐릭터가 등장하게 된다는 가능성을 받아들이는 것은 불가능하다. 따라서 캐릭터인 최대성분의 정확한 정의는 다음과 같은 것이 된다.

K는 작품세계 WW의 최대성분이다 =df K는 WW의 성분이다. 또한 K 안에서 본질적인 모든 성질이 K* 안에서 본질적이지만 K* 안에서 본질적인 어떤 성질이 K 안에서 본질적이지 않은 WW의 다른 성분 K*가 있다면 WW가 발생했다고 했을 때 K*의 예와는 별개의 K의 예가 있어야만 할 것이다. (Wolterstorff, 1980: 146)

뒤의 문제와 얽히게 되므로 이것을 본문을 모방해서 '정의 3'이라 부르자. 허구적 대상은 '정의 3'에 합치하는 종, 즉 작가의 투사된 세계에 있어서 최대성분인 것이다(월터스토프는 component in, component of라는 두 가지 표현을 같은 뜻으로 사용하고 있다). 종 이론은 존재론적인 대가

(cost)가 아주 싸게 든다. 이것은 파슨스의 대상론과 비교하면 일목요연하다. 월터스토프는 파슨스와 마찬가지로 작가가 지정하는 성질을 모두, 그리고 그것들만을 캐릭터에게 '갖게 한다는' 점에서 일치하고 있지만 월터스토프의 이론 쪽이 두 가지 측면에서 상식적인 존재론과 조화하는 것이다(이하의 두 원리의 설명은 앞 절에서 반 인와겐의 이론을 파슨스의 이론과 비교했을 때의 설명과 실질적으로 유사하다). 월터스토프는 인정되어야 할 원리로서 다음 두 가지를 든다.

- 예시의 원리(Principle of Exemplification): 모든 것 x에 관해 다음이 성립한다. 즉 어떠한 성질 P와 어떠한 시각 t에 대해서도 x가 t에 있어서 P를 갖는다는 것은 x가 t에 있어서 존재하는 경우에 한정된다. (Wolterstorff, 1980: 137)
- 완전성의 원리(Principle of Completeness): 모든 것 x와 모든 P에 관해서 x는 P를 가지든지 P를 결여하고 있든지(P의 보補 성질을 갖는다) 둘 중 하나이다. (Wolterstorff, 1979: 105)

예시의 원리는 러셀-콰인의 정통적 존재론에 따르는 것으로, 다음 절에서 볼 플란팅가의 '존재론적 원리'에 해당하는 것이다. 완전성의 원리는 논리의 이치성을 보존하려고 하는 원리로 역시 콰인적 보수주의에 따르고 있다. 그런데 종류설은 일견 이 두 원리를 파괴하는 듯 보이는 허구적 대상의 논리를 두 원리로 잘 조화시키는 이론이라는 것을 알 수 있을 것이다. 우선 허구적 대상이 종(인물-종, 건물-종, 도시-종 등등)이라면, 허구적 대상은 **존재한다**. 성질 혹은 종은 통상의 형이상학에 의하면 그 사례가 존재하고 안 하고에 관계없이 어떠한 세계에서도 필연적으로 존재한다.[26] 예컨대 날개가 있는 말이 한 마리도 존재하지 않아도 날개가 있는 말이라는 종은 보편자로서 존재하고 있다고 말해도 좋고, 999999999999⁹⁹⁹⁹⁹⁹⁹⁹⁹⁹⁹⁹기가 톤이 이 우주의 무게를 훨씬 초월해 있으므로 그것을 나타내는 개체 예가 아무것도 없다고 해도 이 우주에 그러한 무게는 구체자로서가 아니라 보편자로서 존재한다고 말해도 좋을 것이다 (명제에 있어서 존재하기 위해서는 반드시 참인 명제일 필요는 없는 것과 마찬가지이다). 따라서 종류 이론은 허구적 대상의 존재, 게다가 항구적인 기재(既在)를 보증하는 것이 된다. 『죽은 혼』의 세계의 성분이고, '치치코프'란 이름이라는 성질을 안에 본질적인 것으로 하는 인물-종은 존재한다. 그러나 작가가 그 종을 만들어 낸 것은 아니다. 그는 그것을 선택한 것이고 우리의 주의(注意)에 도움이 되기 위해 우리 앞에 제공된 것이다.[27] 그러나 필시 어떤 인물-종을 세계의 성분으로서 포함하는 어떤 작품이 만들

---

[26] 유명론자는 이것에 찬성하지 않을 것이고 실재론자 중에는 이 현실세계 이외에는 유명론이 옳은 세계가 있다(즉 성질이나 종 등이 존재하지 않는 세계는 있다)는 것을 인정하는 이른바 경험적 실재론자가 있을지도 모른다. 어쨌든 종의 존재보다도 개체의 존재를 우선시하는 유명론에 있어서조차, 허구의 개체의 존재보다는 종의 존재 쪽이 확실한 듯하다고 생각하는 것이 보통일 것이다. 또한 '필연적 존재는 있는가'라는 질문(三浦, 1994c: 298)에 대해 이다 다카시(飯田隆)는 종이나 수학적 대상으로 대표되는 추상적 존재를 상식적 예로 들면서도, 수 등의 존재는 실은 비양상적이고 세계들의 밖에 있다고 하는 형(型)의 유명론을 시사하고 있다(飯田, 1994). 그 생각이 '아무것도 없는 세계'라는 (반유명론적?) 실체를 시사하는 균열을 발생시키는 것이 흥미롭다. 한편 쓰치야 슌(土屋俊)은 "필연적 존재의 예는 수, 논리적 대상 등이다. 이런 것이 어떻게 질문이 되는지 알 수 없다"(土屋, 1994: 314)라고 답하고 있지만 유명론적 세계에 대한 사색을 의식하지 않은 비철학적 독단이라 해야 할 것이다. 설령 논리적 명제를 필연적이라고 인정한다 해도 거기서부터 논리적 존재의 필연성을 도출할 수 있는지 없는지는 적어도 논의할 가치가 있을 것이다(비논리적 존재의 유비의 예로서 참인 전칭명제 "프랑스 국왕은 국왕이다"로부터 '프랑스 국왕'의 존재를 도출하는 오류를 상기하라). 또한 쓰치야는 질문을 주장으로 잘못 이해하는, 언어행위론의 역자라고 생각할 수 없는 혼동을 범하고 있다. '네 가지 가능한 질문'은 위장주장도 아니고 월터스토프가 말하는 '사상의 제시'(혹은 유발)였던 것이다. 필연적 범주와 허구적 존재의 관계에 관해서는 나가이 히토시(永井均)의 회답을 참조하라(永井, 1994).

어지지 않는 동안에는 허구적 대상이란 작품 내에 구상화된 종이라고 말해야 하는 것이다(항구적으로 있는 비존재 개체는 창조될 수 없지만 그것을 허구적 대상으로 만드는 것은 작가라는 파슨스의 창조론을 상기했으면 한다. 비존재 개체를 종으로 바꿔 읽으면 월터스토프류와 완전히 같은 형태의 타협적 창조론이 된다).

위의 두 원리[예시의 원리, 완전성의 원리]와의 관계를 확실히 하자. 물론 허구적 존재는 성질을 갖는다. 캐릭터로서의 홈스는 도일에 의해 창조되었다는 성질을 갖는다. 이것은 홈스가 종으로서 항상 존재하기 때문에 비로소 그 성질을 가질 수 있는 것이다. 이것은 예시의 원리를 위반하고 있지 않다. 또 어떠한 성질에 관해서도(예컨대 종이다, 붉다, 자연수이다, 소설의 주인공이다, 마릴린 먼로의 연인이다, 왓슨의 친구이다, 왓슨의 친구라는 성질을 안에 본질적으로 한다, 마릴린 먼로의 연인이라는 성질을 안에 본질적으로 한다 등등) 그것을 홈스라는 실재하는 종이 갖든지 갖지 않든지 둘 중 하나가 성립한다(덧붙여 차례대로 갖는다, 갖지 않는다, 갖지 않는다, 갖는다, 갖지 않는다, 갖지 않는다, 갖는다, 갖지 않는다). 이것은 우리 주변에 실재하는 인간이나 의자나 수와 완전히 마찬가지이다. 이것으로 완전성의 원리가 만족되고 있다. 이리하여 두 원리를 파괴하고 있는 파슨스식의 이론('존재하지 않는 개체가 있다')에 비해, 월터스토프식의 이론('종이 존재한다') 쪽이 명백하게 존재론적 대가가 적은 것이다. 말하자면, 종의 개체예(홈스의 경우 구체적 개인)가 반드시 있을 것을 파슨스는 요구

---

27) '선정'(選定)이라는 형태의 유사적 창조. Wolterstorff, 1989: 55~56도 참조하라. "작가는 하나의 세계를 만드는 것도 모방하는 것도 아니고 가능성과 불가능성의 방대한 영역에서 어떤 '세계'로서의 단편을 우리에게 생각게 하기 위해 선출하는 것이다"(1989: 56).

하고 있는 것이 되기 때문이다.

그런데 '~의 성질'(properties of)이 완전성의 원리를 만족한다는 것이 확인되었어도, '~의 성질'보다도 일반적으로 흥미로운 것은 '안에 본질적인 성질'(properties essential within) 쪽이다. 이 '안에 본질적인 성질'과 완전성의 원리는 직접 관계가 없다. 그렇지만 '안에 본질적인 성질'에 대해 '~의 성질'에 있어서의 완전성에 대응하는 '결정성'이라는 개념을 월터스토프는 다음과 같이 정의한다.

K는 결정적(determinate)이다 =df 어떠한 성질 P에 관해서도 P를 갖든지 P를 갖지 않는 것(P의 보성질을 갖는 것) 둘 중 하나가 K 안에 본질적이다. (Wolterstorff, 1979: 115; 1980: 146)

그리고 등에 점이 있다, 어머니의 혈액형이 O형이다, 왓슨과 처음 만난 순간 머리카락이 짝수 개였다 등등의 많은 반례로부터 이미 우리가 알고 있는 대로, 허구적 대상은 결정적이지는 않다. 월터스토프에 의하면 이 '비결정성'이야말로 보통은 '소박이론'이 허구적 대상의 불완전성이라 부르고 있는 내용인 것이다. 그것은 실제로는 불완전성이 아니다. 종 K가 비결정적이라는 것은 앞의 정의에 의하면 K의 예가 어떤 성질 P를 반드시 가지는 것도 아니고 반드시 가지지 않는 것도 아니라는 것이고, K 자신이 P를 갖는 것도 아니고, 갖지 않는 것도 아닌 것은 아니라는 것이다. 실제로 K는 완전한 것이므로, 등에 점이 있다, 모친의 혈액형이 O형이다 등 위에서 기술한 성질들에 관해서도 그것을 가지는가 가지지 않는가는 반드시 결정되어 있다(예컨대 K를 홈스라 하면 K는 그 어느 것도 갖지 않는다). K의 어떤 개체예도 P를 갖든지 결여하든지 둘 중 하나에 따르고 있다고는 말할 수 없을 뿐인 것이다. 종 자신은 완전하지만 종의 예가 가지각색이기 때문에 종 자신이 비결정이다. 이것이 종으로서의 허구적 대상의 형이상학적 위상이다. 따라서 월터스토프에 의하면 "우리의 (두 개의) 존재론 원리가 파괴되지 않고 소박이론가의 직관이 설명된다"(Wolterstorff, 1980: 147). 이것이야말로 캐릭터를 종으로 간주하는 이론의 장점인 것이다(모순에 관해서도 마찬가지라고 말할 수 있을 것이다. K의 안에 본질적인 성질로 서로 모순되는 쌍이 있다고 해도 K 자신이 가진 성질로서 서로 모순되는 쌍은 없을 것이다).

이제 여기서 이 월터스토프의 이론과 앞 절의 반 인와겐 이론의 유사점 및 상이점을 샅샅이 조망할 수 있는 단계에 도달했다. 뭉뚱그려 반마이농-파슨스적 이론이라고 부를 수 있는 것으로 유사점 쪽이 더욱 풍부하다. 우선 물론 허구적 대상의 본성이라 간주되는 것, 반 인와겐의 '이론적 실체'가 월터스토프의 '종'에 해당한다. 둘 다 시공적, 구체적 존재가 아니라 일종의 추상체이다. 반 인와겐의 '부여되다'(혹은 '수용하다')가 월터스토프의 '안에 본질적이다'에 해당한다. '부여되다'와 '안에 본질적이다'는 함께 외연적으로 대략 파슨스의 '핵성질의 핵외영상'(이 장의 각주 25번을 참조하라)에 해당하는 것이고 '이론적 실체'와 '종'의 미묘한 상이함에 따라 조정되는 한 최대한으로 동치라고 말해도 좋을 것이다. 또 당연히 반 인와겐과 월터스토프 양자의 허구적 대상에 관해 '(성질을) 갖는다'라는 말은 외연적으로 대략 파슨스의 '핵외성질의 희석판'에 해당하고 있다. 마이농주의와 이론적 실체-종류설은 이리하여 허구적 대상에 관한 한, 핵성질과 핵외성질을 선명하게 역전시킨 구도를 그리고 있는 것이다. 이러한 근본적 유사성으로부터 귀결되는, 여기서 굳이 상세하게 서술할 지면도 필요도 없는 방대한 모든 함축을 반 인와겐설과 월터스토프설은 공유하고 있다.

여기서 파슨스의 이론과 이론적 실체-종류설 중 어느 쪽이 올바른가 하는 문제가 생길지 말지 그 자체가 우선 문제가 된다. 파슨스와 반 인와겐, 또 파슨스와 월터스토프는 '허구적 대상'이라는 동일 개념에 관해 다른 진리를 주장하고 있는 것일까, 그렇지 않으면 처음부터 다른 것에 관해 제각기 다른 기술을 부여하고 있는 것일까? 양자 간의 너무나도 대조적인 역전구조에 비추어 볼 때 후자일 가능성이 높다. 서로 **상대가 기술하는 것에 대한 설명**으로서는 상대의 이론이 대략적으로 올바르다는 것을 부정하지 않을지도 모른다. "그것이 허구적 대상인 것이다"라는 인정의 문제 단 한 가지에 관해서만 의견이 다를지도 모른다(반 인와겐과 월터스토프로서는 마이농적 대상 같은 것은 애초에 없다고 말하고 싶어 하겠지만, 이에 대해서는 차치하고). 이 장의 각주 25번에서 슬쩍 엿본 파슨스의 반 인와겐 비판의 모호함으로부터 간파할 수 있듯이, (적어도 파슨스의 입장에서 보면) 상관하는 개체와 추상적 존재 양쪽의 성립을 인정할 수 있을지도 모른다. 실제로 뒤에서 보겠지만, 허구적 대상에 관한 이론들의 대립은 실질적인 충돌이라기보다 대체로 무엇을 무엇으로 인정하는가 하는 의미결정 문제로 귀착하는 것인지도 모른다. 이리하여 상이함이 두드러질 터인 개체설 대 추상적 실체설은 일반적인 형이상학의 문제로서 무엇보다도 중요하지만 허구적 대상론이라는 각론으로서 보면 반 인와겐 대(對) 월터스토프 쪽이 서로 극히 유사하기 때문에 오히려 동일한 주제의 본성을 다르게 기술하고 있어 양자택일해야 한다는 흥미로운 실질적 대비가 부상하고 있다고도 말할 수 있을 듯하다.

근본적으로는 반 인와겐은 비평가 중심의 관점을 취하는 데 비해 월터스토프는 세계 투사, 즉 작가의 관점을 중심으로 이론을 구성하고 있다.

그 기반의 차이로부터 귀결하는 것인지는 별도로 하고 양 이론의 내용적 차이를 열거해 보자. 둘 다 허구적 대상은 추상적 실체라고 간주하고 있다. 그러나 반 인와겐의 이론이 개별적 추상물을 취함에 비해 월터스토프의 이론은 보통의 추상물을 취한다. 이론적 실체는 그 자체로서 개체이고 종과 같이 많은 예에 적용되는 것은 아닌 것이다.

또 허구적 대상이 가진 성질에 관해 의외로 현저한 차이가 있다. 이론적 실체설은 어떠한 성질을 허구적 대상이 갖는지를 상세하게 규정한다. 예컨대 이론적 실체설 쪽에서는 '『부활』의 40절에서 처음 등장한다'와 같은 성질을 어떤 허구적 대상이 가질 수 있고, 게다가 필연적 사실로서 갖는 데 비해, 종류설 쪽에서는 책의 몇 절에서 처음 등장한다는 성질은 개체예가 가질 수 있는 성질이 아닐(허구적 대상이 안에 본질적으로 할 수 있는 성질이 아닐) 뿐만 아니라 그러한 편의적 색인(索引) 성질은 항상적인 종으로서의 허구적 대상 자체도 가질 수 없을 것이다.[28] 이 사실은 환언하면 이론적 실체설 쪽은 철저하게 현실정위적이고, 종류설 쪽은 현실정위지만 다소 허구세계에 가깝다고 표현할 수 있을 것이다(비평가 정위 VS 창작가 정위).

그리고 논리적으로 흥미로운 것은 현실정위의 비존재론의 패러다임

---

[28] 이것은 이야기의 기술상 분간되지 않는 복수의 인물이 등장하게 될 때의 취급의 차이를 의미한다. 반 인와겐의 이론에서는 (페이지상의 등장 부분, 작가나 독자의 의식, 약속된 사항 등에 호소해서) 캐릭터로서 어떻게든 개개의 구별이 될 듯하지만 앞에서 본 최대성분으로서의 캐릭터의 '정의 3'에서 귀결하듯이, 월터스토프의 이론에서는 "그것들이 정말로 '완전히 닮아 있다'면, 그 세계가 생겨났을 때, 그 하나의 인물—종의 두 개 이상의 예가 있게 될 것이라고 주장해야 한다" (Wolterstorff, 1980: 146, n.25)는 것이 된다. 이것은 쌍둥이-군중상황일 때 파슨스의 이론이 전부 합쳐서 한 개의 대상으로 한 것과 궤를 같이 한다. 그렇다고는 해도 개개의 대상을 (캐릭터로서는 아니지만 개체예로서) 개개로 구별하는 월터스토프와, 개체로서는 일절 구별, 확정하지 않는 파슨스 사이에는 역시 차이가 있다.

인 러셀 기술이론과의 관계이다. 기술이론은 외관상의 대상을 성질의 다발로 분해했지만 여기서 궁극적인 소재로서 남긴 성질 혹은 명제함수는 월터스토프의 종이라고 재해석할 수 있다고 생각된다. 물론 개개의 허구 문장의 바꿔쓰기 방식은 러셀식의 스타일과는 달라야 하지만, 존재론적 입장 그 자체는 러셀의 견해와 양립한다. 이것에 비해 이론적 실체설이 기술이론과 어떠한 관계에 있는지 이대로는 확실치 않다.

마지막으로 종류설은 고전적인 생각이라고 앞에서 기술한 대로 허구적 대상 개개의 구체예를 상정하는 월터스토프의 허구론은 예부터의 미학 전통과 합치하고 있다고 생각할 수 있다. 아리스토텔레스 『시학』의 다음 일설을 읽어 보자.

> 역사가는 이미 생기(生起)한 사실을 말하는 데 비해 시인은 생기할 가능성이 있는 사상(事象)을 말한다. (중략) 시가 말하는 것은 오히려 보편적인 사항임에 비해 역사가 말하는 것은 개별적인 사건이기 때문이다. 여기서 보편적이라 칭하는 것의 의미는 일반적으로 어떠한 성격의 인물에게는 어떠한 종류의 사항을 말하거나 행하거나 하는 것이 자못 일어날 듯한 개연성에 해당하는가, 또는 그렇지 않으면 안 될 필연성에 해당하는가 하는 것이다. 이러한 문제야말로 시작(詩作)이 노리는 바이고, 등장인물의 개인적인 이름 등은 본래 그다음 설정되는 문제인 것이다. (アリストテレス, ca. B.C. 330: 38~39)

실은 파슨스도 불완전한 마이농적 대상은 보편적으로 닮아 있다고 말하고(Parsons, 1974: 578), 유형(type)과 유사하므로 자신의 허구론은 아리스토텔레스 시학의 한 버전이라고 봐도 좋다고 말하고 있지만

(Parsons, 1975: 80), 그 유비는 다소 무리일 것이다.[29] 또한 반 인와겐의 이론도 허구적 대상을 추상적 존재로 보고는 있었지만, 타입 혹은 보편이라고 하고 있다고는 말할 수 없다. 개개의 사례를 포함하는 틀림없는 '종'으로서 허구적 대상을 파악하는 월터스토프의 이론이야말로 아리스토텔레스 시학의 현대적 형태라고 말해야 할 것이다.

그러나 물론 아리스토텔레스가 올바른가 그른가 하는 것과 종류설이 올바른가 그른가 하는 것은 엄밀히는 다른 문제이다. 작가의 목적 혹은 독자에 대한 암시나 효과가 '보편적인 사실의 인식'에 있다고 해도 그렇다고 해서 '허구적 대상 그 자체가 보편이다'라는 결론이 논리적으로 도출되는 것은 아니다.[30] 우리는 매일의 현실 속에서 보편이 아닌 개별적 인물이나 사건을 보고 끊임없이 그것들을 개별적이지 않은 보편적 교훈의 양식으로 삼을 수 있고 실제로 그렇게 하고 있는 것이다. 대상의 본성과 그 효과는 서로 독립적이라고 생각할 수 있는 것이다.

---

29) 파슨스의 관심은 일관되게 액면 그대로의 개체로서의 허구적 대상의 인지에 있고 실제로 파슨스의 1982년의 연구는(Parsons, 1982a) 개체만을 소재로 하는 유명론적 허구론의 형식적 구축을 실행해 보이고 있다. 또한 작품 내에 개체만이 아니라 허구적 보편자가 등장하게 되면 그것을 보편 캐릭터로서 인정할 것인지 그렇지 않을 것인지 하는 문제가 생겨날지도 모른다. 예컨대 『이 방에 친구는 있습니까?』(三浦, 1993b)에서는 우정도 동성애도 아닌 허구적 인간관계가 캐릭터로서 나온다고 주장하고 싶은 경우, 종류설은 물론 그대로 주장을 인정하고, 이론적 실체설은 보편성이 부여된 추상적 개체로서 인정할 것이지만 마이농주의는 특례의 약정을 설정하지 않는 한 필시 위의 주장을 인정하지 않게 될 것이다(단 보편자가 필연적으로 존재한다면 순수하게 허구적인 보편자는 없다. 『이 방』의 우정도 현실세계에 실재한다―아마 예시되고 있지 않을 뿐으로―는 것이 될 것이지만).
30) 2장 2절에서 기술한 '허구체험의 개별적 구체성'과 종류설이 반대의 함축을 갖고 있다는 것에 주의하라. 전자에 있어서도 그 체험의 성질로부터 허구 그 자체가 개별적이라고는 단정할 수 없다는 것을 우리는 2장 6절 첫 부분에서 확인해 두었다.

7. 우의설(앨빈 플란팅가*)[31]

어떠한 허구적 대상에도 그것과 동일한 실재하는 구체적 개체가 있다.

반 인와겐의 이론적 대상설, 월터스토프의 종류설에서는 둘 다 허구적 대상은 현실세계에 실재하는 것이었다. 그리고 둘 다 허구적 대상은 구체적 개체가 아니라 추상적인 대상이랄까 일종의 보편이었다. 즉 그들의 존재론은 허구적 대상이 지시대상으로서 존재한다는 것을 인정하는 대가로 그것들이 가진 성질이라고 일반적으로 생각되고 있는 성질을 그것들은 핵성질로서는 논리적으로 **가질 수 없다**는, 이른바 허구적 대상의 추상적 변환을 요청하는 것이었다. 그러나 여기서 허구적 대상의 실재를 인정하면서 그것들이 일반적으로 가지게 되는 핵성질을 **가질 수 있다**고 하는, 즉 우리 살아 있는 현실의 개인과 동종의 구체적 개체라는 한 이론이 성립할 가능성이 있다. 셜록 홈스나 햄릿은 틀림없이 살아 있는 인간이면서, 실재하고 있다는 것이다. 그러한 생각은 그야말로 기괴하다고 생각될지도 모른다. 그러나 지금까지의 이론이 명시적으로는 이용하고 있지 않았던 이 가능세계 개념을 이용하면 그다지 무리없이 이 '셜록 홈스 실제 개인설'을 전개할 수 있다. 그리고 그 이론의 극히 간략한 스케치를 앨빈 플란팅가의 『필연성의 본성』(Plantinga, 1974) 내에서 찾아낼 수 있는 것이다.

관련된 플란팅가의 논의를 간단하게 쫓아가 보자. 하나의 주어(subject)에 하나의 술어가 더해진 문장이 표현하는 명제를 단순명제

---

[31] 저자는 플란팅가가 우의설을 제시했을 뿐 주장하고 있지는 않다는 것을 제시하기 위해 이름 옆에 별표(*)를 붙여 두었다고 밝히고 있다. 본문 224쪽을 참조하라. —옮긴이

(singular proposition)라 부르기로 하면, 플란팅가는 다음과 같은 '존재론적 원리'를 옳다고 인정한다.

> 어떤 단순명제가 참인 어떠한 세계에도 그 명제의 주어(subject)인 것이 있다(there is). 즉 존재(existence) 혹은 존재성(being)을 갖는 세계이다. (Plantinga, 1974: 137)

그리고 이 원리와 단순명제의 한 종류인 단순부정존재명제(예컨대 "소크라테스는 존재하지 않는다")가 참인 경우(소크라테스가 존재하지 않는 세계에 있어서)로부터 다음과 같은 결론이 도출되는지 그렇지 않은지를 묻는다. 즉 소크라테스가 존재하지 않는 어떤 세계에서는 소크라테스는 존재하지 않으면서 어떤 존재성을 갖는다고 하면. 이것은 현실세계 혹은 어떤 세계에 있어서 해당세계에 존재하지 않는 대상이 그 세계 속에 있다는 것이다. 이것은 단순부정명제가 참일 수 있다는 사실과 존재론적 원리를 합하면 쉽게 도출될 듯한 결론이다.

그러나 플란팅가는 이 결론은 도출할 수 없다고 한다. 부정명제에는 두 종류가 있는데 예컨대 "소크라테스는 사자코가 아니다"는,

(1) 소크라테스는 비-사자코이다(소크라테스는 '사자코를 갖지 않는다'라는 성질을 갖는다).
(2) 소크라테스는 사자코이다라는 것은 거짓이다.

의 두 가지 의미를 갖는다. 이것은 이미 본 러셀의 구별에 해당하는 것으로 '데 레'(de re)/'데 딕토'(de dicto)의 구별에 대응하는 것이기도 하

다. 플란팅가는 (1)을 서술적 명제, (2)를 비서술적 명제라 부른다. (2)와 같은 '데 딕토' 명제는 주어가 되는 것에 성질을 부여하고 있는 것이 아니라 그것을 포함한 문장 전체에 거짓이라는 성질을 부여하고 있으므로 주어의 존재성을 함축하고 있지 않고 따라서 참인 단순명제가 아니다. 이 구별을 "소크라테스는 존재하지 않는다"에 적용하면 비서술적인 독해 (3) "소크라테스가 존재라는 성질을 갖는다는 것은 거짓이다"는 "소크라테스는 존재한다"에 대한 모순명제이기 때문에 소크라테스가 존재하지 않는 모든 세계에서만 참이 되지만, 다른 한편 서술적인 독해 (4)"소크라테스는 비존재라는 성질을 갖는다"는 소크라테스의 어떠한 존재도 존재성도 함축하지 않기 때문에 소크라테스가 존재하지 않는 세계에서 참이 된다고는 말할 수 없다. 만약 (4)가 참인 세계가 있다고 하면 "확실히 거기서는 소크라테스는 존재하지 않고, 있게 될 것이다. 그러나 실제로는 그러한 세계는 없다"(Plantinga, 1974: 151).[32] (4)는 필연적으로 거짓이고 소크라테스는 본질적으로 존재를 가진다(소크라테스가 속하는 세계에서 소크라테스는 반드시 존재를 갖고 있다)는 것이다. 존재하지 않는 소크라테스 같은 것은 어떤 가능세계에서도 없는 것이다.

이리하여 단순명제의 분석구별에 의해 존재(existence)와 그저 존재성(being)을 구별하는 소기의 동기를 잃게 되고, 존재론적 원리는 다음과 같은 '제한된 존재론적 원리'로 환원되어야 하게 된다.

어떤 서술적 단순명제가 참인 어떠한 세계도 그 명제의 주어인 것이 존

---

32) 이것은 논점선취한 표현이다. "그러한 세계가 있다는 근거는 없는 것이다" 정도로 말해 두는 것이 옳다. 물론 이하의 "exist와 be를 구별할 필요는 없다"라는 추론은 타당하다.

재하는(exists) 세계이다. (Plantinga, 1974: 152)

이것은 러셀이나 콰인의 격률 "존재하지 않는 대상이라는 것은 없다"를 양상적으로 강화한 것이다. 현실세계에서만이 아니라 어떤 가능세계에 있어서도 이 격률이 성립한다는 것이다. 이리하여 예컨대 단순명제 "소크라테스는 지혜롭다"는 소크라테스가 존재하면서 소크라테스가 지혜로운 모든 세계에 있어서만 참이다. "소크라테스는 지혜롭지 않다"는 서술적으로 취한다면 소크라테스가 존재하면서 "소크라테스는 지혜롭다"가 거짓인 모든 세계에 있어서 참이다. 비서술적으로 취하면 "소크라테스가 지혜롭다"가 거짓인 모든 세계에서 참이다(물론 그 중에는 소크라테스가 존재하지 않는 세계도 포함된다). 각 명제가 참인 가능세계들의 범위를 만약을 위해 그림으로 나타내 두자(오른쪽).

그런데 여기까지는 좋다. 그러나 허구적 대상을 포함한 단순명제를 생각하면 곤란해지는 듯하다. "햄릿은 미혼이었다"와 같은 단순명제를 어떻게 다루어야 하는가. 이 명제는 틀림없이 현실세계에 있어서 참인 명제들 중 하나인 듯하고 그런데도 (인간으로서의) 햄릿은 현실에 존재하지 않는다. 존재한다고 하면 다른 가능세계에 있다. 따라서 가능하지만 비존재인 대상이라는 것이 실제로 있게 되지는 않는 것일까.

그렇다고 한다면 극『햄릿』은 햄릿이라는 실재하지 않는 대상'에 관해' 그것이 현실에서(현실세계에서) 갖는 성질을 기술하고 있다는 것이 된다. 바로 소크라테스가 실제로 남성이자, 철학자이고, 독배를 마시고 등등의 사실을 소크라테스에 관해 기술할 수 있듯이, 작가는 햄릿에 관해 그가 남성이고, 유령을 보고, 미혼이고 등등이라는 사실을 기술하는 것이다. 플란팅가는 이것을 '기술주의의 전제'라 부르고 그 생각의 난점을 열거한

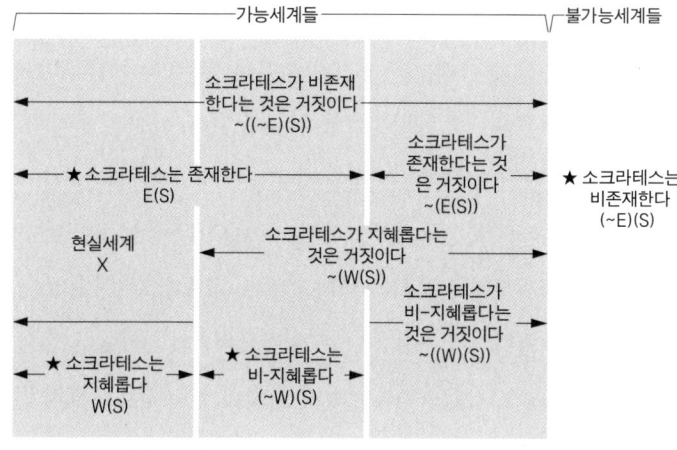

★가 붙은 명제가 서술적 단순명제

다. 1) 기술이라는 것은 틀릴 수 있는 것이 보통인데도, 작가가 허구적 대상을 기술하는 데 있어 틀릴 수 없는 것은 왜인가. 2) 실재하는 대상이라면 유한한 성질을 열거하면 하나로 대상이 결정될 수 있지만 허구적 대상이라는 실재하지 않는 대상의 경우 어떻게 그것이 가능한 것인가. 3) 존재하지 않는 것이 자신이 존재하지 않는 장소에서 여러 성질들을 가질 수 있는가——예컨대 웰스의 『우주전쟁』의 화성인은 금세기 전반의 어느 때에 뉴욕을 파괴하지만 현실에서는 뉴욕은 파괴되지 않았으므로 화성인은 현실세계 이외의 세계에서 '뉴욕을 파괴한다'라는 성질을 갖는다고 말해야만 하는 것은 아닌가. 4) 또는 이반 카라마조프는 자신의 우화 속 대심문관에 비해 확실히 '존재하는' 것이라고 말해야만 하는 것은 아닌가.[33] 지금의 문맥에서 가장 중요하게 되는 마지막 두 개의 비현실적인 성질들에 얽힌 논점에 관해서 살펴보면 기술주의는 현실에 존재하지 않는 허구적 대상이 자신의 여러 성질들을 **현실세계에 있어서 갖는 것은 불가능하고, 다른 가능세계에 있어서 갖는 것**이라는 점을 인정해야만 하게 될 것이다.

그렇지만 그렇게 하면 기술주의는 당초의 힘을 잃는다. "햄릿은 미혼이었다"는 문자 그대로의 진리가 아니라 "햄릿은 어떤 가능세계들에 있어서 미혼이었다"의 생략형이었다는 게 된다. 픽션은 현실에 관한 문자 그대로의 진실이 아니라 위장된 진실을 부여하고 있다는 것이다. 그러나 그렇다면 다른 가능세계에 있어서 비현실적인 성질들을 갖고 있는 그 대상 중 어디까지가 실재하지 않는 대상이라고 할 이유가 있는 것일까. "이야기는 캐릭터들의 **다른 가능세계들에 있어서의** 양태를 기술하고 있다고 말하는 것으로 기술주의적 직관이 만족될 수 있다면 그렇게 말하는 대신 픽션 작품은 **실재하는** 대상들을 그리고 있고 **그것들이** 다른 세계들에서 갖는 성질들을 그들에게 귀속시키고 있다고 말해도 좋은 것은 아닐까?" (Plantinga, 1974: 158) 결국 현실이 아닌 가능세계에서 갖게 되는 성질이라면 그것을 갖는 것이 실재하지 않는 대상이든 실재하는 대상이든 현실과의 모순은 생기지 않는 것은 아닐까. 왜냐하면 "어떠한 허구 캐릭터에 대해서도 다음과 같은 어떤 실재하는 대상들과 어떤 세계들이 있는 것이다. 즉 그 대상이 그 세계에 있어서 그 허구 캐릭터에 부여된 성질들을 갖고 있는 실재하는 대상과 가능세계이다" (Plantinga, 1974: 159)

즉 허구작품은 실재하지 않는 대상에 관한 기술이 아니라 모든 실재하는 대상에 관한 특수한 기술이라고 생각해도 아무런 불합리가 생기지는 않게 된다. 이것이 '우의설'의 근간이다.[34] 『전쟁과 평화』에서 나폴레옹

---

33) 이 난점들은 예컨대 파슨스의 마이농주의에 있어서는 전혀 생기지 않는다는 것에 주의하라. 두 번째 점은 대상의 정의에 의해 문제가 되지 않고 세번째 점과 네번째 점은 핵성질/핵외성질의 구별에 의해 회피된다. 이반은 핵성질로서의 존재(희석판)는 현실에서 갖고, 핵외성질로서의 존재는 단적으로 갖지 않는다고 구별된다. 뉴욕의 '화성인에게 파괴되었다'도 마찬가지. 그러나 exist와 be를 동의(同義)로 보는 플란팅가는 당연히 마이농주의를 인정하지 않는다.
34) 우의설의 비양상적인(단일세계적인) 버전은 다음과 같은 것일 것이다. "판타지의 세계가 현실

이 형상화되고 있다든가, 『독재자』에서 히틀러가 풍자되어 있다든가 하는 이른바 논픽션적, 패러디적 이야기뿐만 아니라 모든 허구작품에 지시구로 지시되고 등장하는 모든 인물, 장소, 사물, 동물이 실은 현실에 존재하는 인물, 장소, 사물, 동물을 가리키고 있다는 것이다. 『스케치북』 속의 립 반 링클은 로널드 레이건의 있을 법한 모습일지도 모른다. 이것은 존재론적 원리에 반하는 '존재하지 않는 것이 있다'라는 생각을 방지하는 의미에서 확실히 의의가 있다. "허구이야기가 어떤 대상에 관한 것이어야만 한다는 의심스러운 상정을 받아들인다고 해도 페가수스나 리어왕 등에 관한 이야기가 가능하지만 비존재의 대상에 관한 것이라고 상정해야 할 이유는 전혀 없게 되는 것이다"(Plantinga, 1974: 159).

플란팅가 자신은 이 우의설을 제시하고 있으면서 실은 이것에 관여하지 않는다. 이러한 식으로 생각되므로 '가능하지만 비존재인 대상'을 상정하는 강한 기술주의는 붕괴될 것이라고만 말하고 그 논거로 이용한 우의설 그 자체를 지지하지는 않는다. "허구이야기가 어떠한 대상에 관한 것이어야만 한다는 의심스러운 상정"이라 말하고 있는 것에서부터도 알 수 있듯이 명백하게 지지할 수 없는 우의설과 같은 귀결을 포함하는 기술주의의 근저를 이루는 대상이론 자체를 버려야 하고, 허구 내 지시구는 실은 아무것도 지시하고 있지 않은 것이라고 결론짓는다. 결국은 허구 내의

세계의 측면 혹은 이미지라고 말하는 것은 기묘하게 들릴지도 모르지만 나의 생각으로는 이것이 허구에 관한 선험적(a priori)인 전제인 것이고 우리 자신의 세계로서 마음속으로 그려져 있지 않은 세계들을 상상하는 것은 우리에게는 불가능하다. (중략) 꿈에 있어서 또는 만취 상태에 있어서 우리가 알고 있는 사람이 새가 되어 나타나거나 한다. 그래도 그것은 그 사람의 이미지이다. 완전히 몽상적인 환상(vision)이라도 그것은 이 세계의 환상인 것이다. '세계'는 일종의 고유명사이고 그 복수형은 항상 은유적인 용법이다. 설령 필요 불가결한 은유라 해도"(Martínez-Bonati, 1983: 184). 굿맨의 세계제작론도 이 선상에 있다고 해석할 수 있다(Goodman, 1978a).

명제는 논리적으로 고쳐 쓰면 단순한 변항 x를 포함하는 명제가 된다는 러셀적인 생각, 혹은 뒤에 볼 대입적 양화설과 '데 딕토'설 사이에서 대입적 양화설에 꽤 가까운 곳을 플란팅가는 모호하게 진동하고 있는 것이다 (그가 우의설을 제시했을 뿐 주장하고는 있지 않다는 것을 제시하기 위해 나는 이 절의 표제에서 플란팅가의 이름에 *를 붙여 두었던 것이다).

그러나 우의설은 하나의 이론으로서 검토할 가치가 있다. 이 이론은 동일한 대상이 복수의 세계에 걸쳐서 출현할 수 있다는 생각에 섰다는 점에서 뒤에 볼 '데 레' 이론의 일종이지만 앞에서 인용한 "어떠한 허구 캐릭터에 대해서도 그 허구 캐릭터에 부여된 성질들을 어떤 가능세계에서 갖고 있는 실재하는 대상이 존재한다"라는 단정에는 몇 가지 문제가 있다. 우선 첫번째로는 이것은 어떠한 가능세계에서도 현실세계에 없는 것은 포함되지 않는다는 상정을 행하고 있는 듯 생각되고 동일성이라는 관계는 통상의 의미에서는 일대일의 관계이기 때문에, 즉 이것은 어떠한 가능세계를 취하려 해도 현실세계와 비교해서 결코 존재가 증가하고 있는 것은 아니라는 상정이 될 듯하다. 세계의 원소의 증감에 관한 선험적(a priori)인 전제를 설정하는 것은 바칸식이나 역바칸식의 부정 등에 관계되는 양상논리의 형식적 흥미에 있어서는 생각할 수 있어도 처음부터 상식적인 선택이라고는 말할 수 없다고 생각된다. 단 이 형이상학적인 대상 부증가(不增加)설에 우의설이 직접 개입하고 있는 것은 아니다. 우의설이 부정하고 있는 것은 대상이 실재하지 않은 채 현실세계의 구성원이 되고 있다는 것에 지나지 않고 현실세계의 구성원이 아닌 대상이라면 몇 개의 가능세계에 존재하든지 전혀 상관없는 것이다. 허구적 존재로서 현실에서 서술적 단순명제의 주어가 되고 지시대상이 되는 대상은 현실세계의 구성원이므로 가능세계뿐만 아니라 반드시 현실세계에 소속하고 있어야 한다고만 우의설은 말하는 것이다. 그러나 이것조차 극히 의심스럽다. 왜냐하면 현실세계의 소립자의 수보다도 많은 N개의 대상을 포함하는 가능세계는 쉽게 상상할 수 있지만 허구작품은 그러한 'N세계'를 그릴 수 있기 때문이다. 그리고 허구작품이 그릴 수 있는 대상의 수에는 한정이 있기 때문에 N개의 대상 전체를 지명하지는 않는다고는 해도 N개의 대상 중 임의의 것을 허구는 집어낼 수 있다. 이 임의의 대상들이 반드시 현실세계에도 속하고 있을 것 같지는 않다. 굳이 그렇게 생각하는 것은 허구의 묘사력에 한계를 인정하는 것이 되지만 논리적 가능성과 비교해서 허구적 묘사 가능성이 그 정도로 현실제약적인 한계에 따르고 있다는 것은 결코 명료하지는 않을 것이다.

두번째로 같은 것을 현실세계 측에서부터 말하자면, 현실세계에서 태어났을지도 모르는데도 태어나지 않은 많은 아이들을 생각할 수 있다. 그들은 반(反)사실의 가능세계들에 존재하지만 그 아이들 모두에게 실재하는 인물(혹은 사물이어도 좋다)이 동일성 관계로 대응하고 있다고 생각하는 것은 대단히 어려울 것이다. 한쪽은 현실세계에 존재하고 한쪽은 존재하지 않는다는 차이가 실제로 있기 때문에 태어나지 않은 아이들과 태어난 사람들 사이에는 결코 동일성 관계는 성립할 수 없음에 틀림없다.[35] 그리고 '태어나지 않은 아이들'을 등장인물로서 그리는 작품이 있다면 그러한 아이들을 그 작품이 지시할 수 없다고 생각할 이유는 없는 것이다. 또한 세번째로 만약 "허구적 대상은 현실보다 증가하지 않는다"라는 존재론(혹은 허구제작의 기술론技術論) 그 자체에 문제가 없다고 해도 실재하는 대상을 현실에는 도저히 존재할 수 없는 엉뚱한 캐릭터와 동일성 관계로 결부하는 것에는 실재하는 대상에 관한 본질주의로부터 반발이 일어날 것이다. 역으로 허구 캐릭터의 본질이라는 것을 생각했을 때도 어떤 허구세계 내 캐릭터를, 적어도 현실세계에는 그것과 닮은 것이 아무것도 없음에도 불구하고 그 중 무언가와 동일하다고 판단하는 것에는 역시 본질주의적 입장에서부터 반발이 일어날 것이다.[36]

우의설의 형이상학적 함축에 관해서는 아직 더 흥미로운 문제를 들 수 있을 듯하다. 적어도 있을 수 있는 난점을 회피하고 반사실의 표준이론이나 본질주의의 각종 제한을 빠져나가는 형태로 현실/허구 관계에 특유의(예컨대 일대일 관계도 아니고 본질을 공유하지도 않는) 무엇인가 독특한 '우의적 동일성'이라고도 말할 수 있는 관계를 개발하고 그것에 기반해서 우의설을 세련되게 만드는 것이 가능할지도 모른다. 그러나 여기서는 그

---

35) 실제로 라이프니츠의 식별불가능자 동일성의 법칙 $\forall x \forall y \forall F((Fx=Fy) \supset x=y)$의 F에 $\Diamond(x=\ )$을 대입하면, $\forall x \forall y((\Diamond(x=x)=\Diamond(x=y)) \supset x=y))$가 얻어지지만, $\Diamond(x=x)$는 자기동일성의 원리에 함축되어 있고 당연히 참으로 생각할 수 있으므로 $\forall x \forall y(\Diamond(x=y) \supset x=y)$ 따라서 $\forall x \forall y(x \neq y \supset \sim \Diamond(x=y))$을 얻는다. 여기서 현실세계에서 다른 것들끼리는 어떠한 세계에 있어서도 동일하지 않다는 것이 도출된다. 현실세계에 존재하는 대상을 a로 하고 태어나지 않았던 아이들을 b로 하면, 어떠한 a에 관해서도 $a \neq b$이므로, $\sim \Diamond(a=b)$이기 때문에 b가 그려지는 어떠한 가능세계에 있어서도 b는 현실세계에 있는 어떤 것과 동일한 경우는 없게 된다. 그러나 두 가지 문제점이 있다. 하나는 태어나지 않았던 아이는 실재하는(했던) 어떤 것, 예컨대 배(胚), 난자+정자(실제로는 결합하지 않았던 반사실적 조합), 세포 등등과 동일시할 수 있는 것은 아닐까. 그러나 난자+정자와 같은 자의적인 짝(set)을 한 개의 '대상'으로 인정하는 데는 곤란함이 있을 것이고(수정란이나 접합자接合子 등 기원과 관세계적 동일성의 문제에 관해서는 Forbes, 1985: ch.6를 참조하라), 적어도 '우의'의 대상에 어울리는 것은 있을 리 없다(단 우의설이라는 것은 플란팅가도 누구도 아닌 나의 명명에 지나지 않지만). 또 하나는 $\forall x(x \neq b)$와 같은 b가 있다고 인정하는 것은 마이농주의에 가담하게 되는 것은 아닌가 하는 문제. 무릇 그러한 b가 현실세계에 없다면 우의설을 파괴하는 위 논의 전체가 허공을 베는 것은 아닌가. 플란팅가에 충실해서 마이농주의를 계속 거절한다면 우의설의 논리적 가능성에 아무런 문제는 없게 될지도 모른다. 이 난제는 여기서는 제기하는 데 머물러 두자. 식별불가능자 동일성 법칙 쪽의 함축에 관해서는 kripke, 1971: 67; Forbes, 1985: 67을 보라.

36) '현실에는 존재하지 않는다'라는 것이 허구적 대상의 본질의 일부라는 생각의 여러 언표 방식과 배경은 포브스의 연구를 참조하라(Forbes, 1986). 1장 4절에서 잠시 생각해 보았던 "허구텍스트의 현상은 다른 가능세계에서는 현실세계와는 다를 수 있다"라는 입장(G2의 부정)을 확장하면, 허구적 대상의 본질주의와는 상반됨에 주의해야 한다. 단 그 입장은 존재하는 무언가와 허구적 대상이 동일할 수 있다는 것을 함축하지 않는다.

러한 가능성을 막연히 유보하는 것으로 갈무리해 두고 싶다. 우의설의 한 버전인 '데 레'설이나 그것과 대립하는 '데 딕토'설을 비롯한 가능세계, 허구세계의 다채로운 이론들을 검토하기 전에 다음 절에서 우리는 플란팅가 자신이 공감을 품고 있었던 것 같은 대입적 양화설이라 불리는 이론에 대해 살펴보기로 하자.

8. 대입적 양화설(존 우즈)

허구문장이 참이라는 것은 그 문장이 적절한 문맥에서 작품 내에 나타나는 것이다.

어떤 소설에서 등장인물 a에 대해 부여되어 있는 모든 성질 ——관계도 포함해서——이 F, G, H……로 다 채워진다고 하고, a를 둘러싼 그 소설의 스토리 라인을

$S \; \exists x(Fx \wedge Gx \wedge Hx \wedge \cdots\cdots)$

로 쓸 수 있다(예컨대 Fx는 소설 내에 직접 나오지 않아도 당연히 추측되는 "x는 a라는 이름을 갖고 있다"라는 문장일 것이다). 여기서 소설이 작가에 의해 쓰여졌을 때 소설 내에 암묵적으로 포함된 S 자체가 거짓인지(러셀), 진리치를 갖지 않는 것인지(설, 라일, 맥도널드, 엄슨 J.O. Urmson……)는 별도로 하고 이미 쓰인 작품을 앞에 두고 독자나 비평가에 의해 말해지는 S는 작중의 서술에 비추어서 $\exists xFx, \exists xGx, \exists xHx \cdots\cdots$ 가 실제로 a에 의해 충족되는 이상 참으로 간주되는 것이라는 데 이론(異

論)은 없을 것이다(이 점은 러셀과 설도 의견이 일치할 것이다. 단 러셀은 '허구에 있어서'라는 수식어가 생략된 문장이라는 전제로 참으로 인정할 것이지만).

그런데 양화문이 참이라는 것은 어떠한 경우인가에 관해서는 논리학자 간에 크게 나눠 두 가지 입장이 있다. 우선 주류라 말할 수 있는 '양화의 대상적 해석'(objectual interpretation)에 의하면,

- $\forall xFx$가 참이라는 것은 영역(domain)에 있어서 모든 대상 x에 관해 Fx가 참일 때, 그때뿐이다.
- $\exists xFx$가 참이라는 것은 영역에 있어서 적어도 하나의 대상에 관해 Fx가 참일 때, 그때뿐이다.

한편, '양화의 대입적 해석'(substitutional interpretation)에 의하면,
- $\forall xFx$가 참이라는 것은 'F…'의 모든 대입예가 참일 때, 그때뿐이다.
- $\exists xFx$가 참이라는 것은 'F…'의 적어도 하나의 대입예가 참일 때, 그때뿐이다.

대상적 양화의 생각에 의하면 변항의 범위에 속하는 대상이 해당 조건을 만족하는 경우에만 해당 명제는 참이 된다. 따라서 변항의 범위에 의해 지정되는 '영역'이 어떤 집합인가에 관해 명확해야만 한다. 그것은 인간인가. 물리적 대상인가. 이론적 대상인가. 자연수인가. 마이농적 대상 전부인가. 가능적 대상에 한하는가. 불가능 대상도 포함하는가. 결국 변항의 자리를 점하는 대상이 되는 것은 현실세계의 원소여야만 할 것이다("혹은 변항의 값이 된다는 것이다." Quine, 1950: §42). 그것에 비해 대입적 양화

에 있어서는 문장 혹은 명제가 참이기 위해서는 문장의 주어에 들어가 전체를 참이게 하는 이름 혹은 기술이 해당언어 내에 있기만 하면 된다. 실재하는 단어만이 문제로, 변항의 값이 되는 언어 외에 지시대상의 본성 운운하는 문제는 생기지 않는다. 현실세계의 원소인 대상이 어디에 존재하는가, 무릇 존재하는 것인가라는, 앞 절의 우의설이 도달하는 성가신 논의는 불필요한 것이 된다. 바로 그렇기 때문에 플란팅가는 허구적 대상에 관해 우의설을 도출한 뒤에, 이러한 귀결을 백지화할 수 있는 대입적 양화의 해석을 취했던 것이었다("이야기는 어떤 것에 관한 것도 아니고 이야기가 포함하는 이름은 현실의 대상도 가능한 대상도 지시하지 않는다." Plnatinga, 1974: 163).

크립키는 대입적 해석은 대상적 해석(=지시적 해석)과 경합하는 것이 아니며, 기법을 별도로 해두는 한두 가지 양화는 공존할 수 있다고 제안하고 있다(Kripke, 1976). 이것에 비해 루스 마커스는 대입적 양화 쪽을 보다 일반적인 장치라고 하고 대입적 양화의 장점으로서 시제의 처리, 양상적 동일성 명제의 해석, 이중 양화문의 해석이 간단하게 된다는 점을 들고 있다(Marcus, 1962; 1972; 1978). 필연적 동일자라든가 성질, 명제라든가 하는 콰인 등이 기피하는 의심스러운 실체로의 존재론적 개입을 제거한 유명론적 입장을 지키면서, 그 형태만은 끝까지 밀고 나간 논리를 전개, 응용해 갈 수 있기 때문이다. 그러면 바로 허구적 대상에 관한 언설을 다룰 때 비로소 이 대입적 양화의 생각을 가장 잘 적용할 수 있는 것은 아닐까.

대입적 양화의 방침에 기반해서 가장 포괄적인 허구논리학을 전개한 것은 존 우즈의 『허구의 논리』(Woods, 1974)이다. 우즈는 우선 단순한 비존재물(nonsuches)에 관한 문장과 허구적 존재(non-entities)에 관한 문장을 구별하고, 예컨대 내가 "프랑스의 현재 국왕은 대머리다"고 말하고 당신이 "그렇지 않다"고 말해도 어느 쪽도 내기에 이기지 않지만, 내가 "셜록 홈스는 영국인이다"고 말하고 당신이 "그렇지 않다"고 말한다면 내가 내기에 이기게 된다는 의미에서 후자가 내기에 감응하는(bet-sensitive) 데 비해 전자는 내기에 감응하지 않는다(bet-insensitive)는 차이가 있다고 말한다. 따라서 내기에 감응하는 문장에 관해서는 내기에 이기는 문장과 내기에 지는 문장이 '참', '거짓'이라는 이치논리적인 값인지는 차치해도, 다른 진리치를 갖는 문장이라고 인정하는 논리학이 바람직하다고 한다(그러므로 전부 근본적으로는 '거짓'으로서 똑같이 다루는 러셀식의 분석은 불충분하다는 것이 된다). 이리하여 우즈는 허구적 존재에 관련된 어떠한 문장에 어떠한 진리치를 할당해야 하는가에 관해 수 종류의 논리의 공리계를 적용해 보이고 있다.

우즈의 기본적인 자세는 2장에서 본 하인츠의 허구논리와 마찬가지로 허구의 불완전성, 모순, 논리적으로 닫혀 있지 않은 것 등을 그대로 인정하는 것이다. 그다음에 우선 작가가 말하는 대로의 문장은 단적으로 참이라고 하는 소박한 논리, 이어서 아무것도 지시하지 않는 자유변항이나 정항을 인정하는 자유논리(free logic. 대입적 양화와의 주된 차이는 비존재자에 대한 존재양화를 인정하지 않는 것으로 대략적으로 이해해도 된다. Lambert, 1965; 1983: 114~115), 비존재를 값으로 취하는 변항이 새로운 양화사에 의해 속박되어도 좋다는 루틀리의 중립논리(neutral logics. 전술한 크립키의 입장에 가깝다), 모순율과 타협하는 형태로 모순을 인정하는 불가능자 논리(impossibilia logics), 내기에 감응하는 문장에 '관습에 의해 참', '관습에 의해 거짓'이라는 성질을 변별하는 관습의 논리('관습에 의해 참, 거짓'은 진리치가 아니라 거짓인 문장의 성질이라고 간주된다. Woods, 1974: 88), 루카세비츠의 삼치(三値)논리, 현실과 허구에 있어서 각자의 진위를 값으로 취하는 사치(四値)논리, 또는 해당 허구에 있어서 문장으로서의 진위, 다른 작가의 허구 내로의 '객원출현'을 나타낸 문장으로서의 진위, 현실을 기술한 문장으로서의 진위를 각자 이치의 데카르트적[Cartesian product]인 신(新)진리치를 각 문장에 부여하는 팔치(八値)논리까지 시도되게 되었지만 결국 그 어느 것도 허구에 있어서 모순을 올바르게 표현하는 데 실패하고 있고, 허구적 존재(non-entity)와 존재물(nonsuch)의 구별을 불명료하게 하고 있으며, 가능세계를 부득이하게 인정하는 등의 이유로 각하된다(가능세계에 대한 우즈의 회의는 미묘하다. Woods, 1974: 108, 1982: 558). 그리고 최종적으로 우즈가 만족할 만한 논리라고 인정하는 것은 O(olim, 옛날 옛적이란 뜻)라는 문장 연산자를 이용하는 일종의 양상논리이다. 진리치를 비이치적으로 다양화하는 길을 버리고 연산자에 의한 조정을 통해 각 문장에 관한 이치논리를 지키려고 하는 것이다.[37]

O는 대충 '허구에 있어서' 혹은 '스토리 내에서'라는 연산자에 대응하는 것이다. 우즈가 설정하는 일군의 공리는 다음과 같은 것이다(단 그는

---

37) 비고전논리에는 두 종류가 있다. 하나는 확장논리(extended logics)로 고전논리의 정리나 추론규칙을 보존한 다음에, 또 다른 정리나 규칙이나 어휘를 부가한 것을 말한다. 여기에는 양상논리, 시제논리, 의무논리, 인식논리, 선호논리 등이 포함된다. 또 하나는 일탈논리(deviant logic)(또는 대체논리alternative logic)로 고전논리의 어휘를 보존한 다음, 정리나 추론규칙을 보다 적게 제한한 것을 말한다. 여기에는 다치논리, 직관주의논리, 양자논리, 연관논리, 비일관논리 등이 포함된다. 전자는 고전논리는 **불충분하다**고 해서 보다 넓은 분야에 대한 적용 가능성을 꾀하는 것임에 비해, 후자는 고전논리의 정리, 규칙의 몇 가지가 **거짓**이라고 해서 경합하는 논리의 구축을 꾀하는 것이기 때문에 고전논리(표준논리)로부터의 이탈이 보다 심하다. 우즈의 의도는 허구논리를 전자인 보다 온건한 입장의 범위 내에서 끝내려고 하는 것이다. 두 종류의 비고전논리의 구별에 관해서는 Haack, 1976: 317~318; 1978: 3~10을 참조하라.

조심스럽게 "O'의 공리계는 이하의 몇 가지를 포함한다고 기대된다"고 쓰고 있다).

(A1) $\Diamond \emptyset \equiv \Diamond(O(\emptyset) \wedge \emptyset)$

(A2) $\Diamond(O(\emptyset) \wedge \sim \emptyset)$

(A3) $(\sim \Diamond \sim \emptyset) \supset O(\emptyset)$

(A4) $O(\emptyset \wedge \psi) \equiv (O(\emptyset) \wedge O(\psi))$

(A5) $O(O(\emptyset)) \supset O(\emptyset)$

(A6) $\Diamond(\sim \Diamond(\emptyset \wedge \psi) \wedge \Diamond(O(\emptyset) \wedge O(\psi)))$[38]　　(Woods, 1974: 141)

또 추론규칙으로서는,

(R1) 일반화. $\emptyset(a)$로부터 $\exists v(\emptyset v)$로. 단 $\emptyset$가 $O(\psi)$가 아닌 경우.

(R2) 예화. $\forall v(\emptyset v)$로부터 $\emptyset(a)$로. 단 ψ를 원자식 $O(x)$로 할 때 a가 ψ의 어디에도 나타나지 않는 경우.

(R3) $O(\emptyset(a))$로부터 $O(\exists v(\emptyset v))$로.

(R4) $O(a=\beta)$와 $O(\emptyset(a))$로부터 $O(\emptyset(\beta))$로.

(R5) 분리. $O(\emptyset \supset \psi)$와 $O(\emptyset)$로부터 $O(\psi)$로.　　(Woods, 1974: 142)

이 여러 공리들과 규칙들의 의미는 직관적으로 어느 것이나 명백하

---

38) 원문 오식(misprint)으로 생각되므로 ')'을 하나 더했다. 『허구의 논리』는 오식이 너무나도 많다. 핵의 1976년 연구(Haack, 1976: 318)에 구체적 예의 지적이 있다. 그 외에는 예컨대 72쪽의 (12) IIv(∅v&¬∅v)→¬Ev는 IIv((∅v&¬∅v)→¬Ev)의 오류일 것인데 내용의 이해에도 영향을 미칠 수 있다.

다. (A1)은 허구 내에서 성립하는 명제가 현실세계에서 성립하는 명제일 수 있다는 것을 나타내고 (A2)는 허구 내에서 성립하는 명제가 현실세계에서 성립하지 않는 명제일 수 있다는 것을 나타내고 등등. 그러나 의미는 어찌됐든 그 진리성에 관해서는 일견 문제를 품고 있는 듯한 것도 있다. 예컨대 (A4)가 그러한데, 이것은 동치기호를 끼고 왼쪽에서 오른쪽으로의 함축은 문제없다고 해도 오른쪽에서 왼쪽으로의 함축이 성립하는지는 의문의 여지가 있을 것이다. (A6)에서 ψ를 ~ø로 두면(~◇(ø∧ψ)라면 반드시 그렇게 둘 수 있다) ◇(O(ø)∧O(~ø))가 성립할 수 있게 되고 따라서 그것이 성립하는 경우를 취하면(◇의 의미에 따라 그러한 경우는 반드시 존재한다), (A4)의 오른쪽에서 왼쪽으로의 함축에 의해 O(ø∧~ø)가 성립하게 될 것이기 때문이다(직관적으로 말하면 (A6)은 "허구에서 약한 모순은 OK인 경우가 있다"로 기술하고 있고 (A4)는 "허구에서 약한 모순이 OK라면 강한 모순도 OK"를 함축하고 있다). 그러면 ø∧~ø는 임의의 명제를 필연적으로 함축하고 (A3)에 의해 허구 내에서도 그 함축이 성립하므로, (R5)에 의해 임의의 명제가 작품 내에 성립한다는 사태에 빠진다. 이런 귀결을 피하기 위해 통상은 논리적 폐쇄는 성립하지 않는다고 생각하는——서로 모순된 문장이 텍스트 내에 따로 참인 것으로서 나타나도(약한 모순), 그 연언이 참으로서 성립, 즉 모순율이 파괴되는(강한 모순) 것은 아니라고 생각하는——것이 통례라는 것은 이미 3장에서도 본 대로이다 (ex. Lewis, 1983: 227~228).[39]

또 O에 관한 환원공리 (A5)는 허구 내의 허구에 있어서 진리는 허구 내의 진리라는 것을 기술하고 있지만 이것은 우즈가 왜 그럴듯하다고 상정한 것인지 이해하기 어려운 점이다. 『카라마조프의 형제들』에서 이반이 말하는 대심문관의 이야기가 이반이 사는 세계 그 자체 내에서 사실로서 성립하고 있다고는 생각할 수 없다. 대심문관은 『카라마조프의 형제들』의 세계에서는 어디까지나 허구의 인물이고 이반이 존재하고 있는 것에 비해 존재하고 있지 않다고 말해야 할 것이다. 따라서 "대심문관은 그리스도에게 말을 걸었다"라는 명제를 ø라 하면 $O(O(ø))$는 참이지만 $O(ø)$는 거짓이다. $O(O(ø)) \supset O(ø)$가 성립하지 않는 것은 $(O(ø)) \supset ø$가 성립하지 않는 것과 완전히 같은 메커니즘에 의한 것이다(다중의 '수식' 연산자가 감수減數 붕괴하지 않는 것에 대한 관찰은 Lewis, 1983: 279~280을 참조하라).

우즈의 허구양상논리학의 기술(技術)적인 세부를 논하는 것이 이 절의 목적은 아니다(상세한 부분에 관해서는 Haack, 1976; Howell, 1976; Parsons, 1978b를 참조하라). 우선은 우즈가 전적으로 허구적 대상을 나타내는 말을 포함하는 문장을 단위로서 논할 뿐으로, 허구명 그 자체의 지시나 본성에 관해서 지면을 할애하고 있지 않다는 인상 정도만을 갖고 있었다면 충분하다. 우즈의 허구논리학은 물론 이런 종류의 논리체계의 상례로서 허구에 관해 말하는 문장이 참이라는 것은 어떠한 경우인가, 즉 허구문장의 진리조건을 결정하는 것을 지향하고 있다고 말해도 좋을 것인가. 그는 데이비드슨의 격률 "진리조건을 부여하는 것은 문장의 의미를 부여하는 하나의 방법이다"를 인용해서(Davidson, 1967: 310; Woods, 1974: 129), 허구문장의 진리조건 —— 조건(M) —— 은 현실을 기술하는 문장의

---

39) 3장에서 기술한 대로 나 자신의 입장은 허구의 논리에 있어서도 강한 모순 $\Diamond O(ø \wedge \sim ø)$이 성립하지 않는 것만이 아니라 약한 모순 $\Diamond (O(ø) \wedge O(\sim ø))$도 성립하지 않는다는 것이다. 따라서 (A4)의 동치식은 인정해도 좋다. 그러나 (A6)(약한 모순을 인정한다)는 인정할 수 없다. 우즈의 경우는 말하는 대로 조건(sayso condition)에 의해 약한 모순을 인정하므로, (A4)로부터 문제가 생기는 것이다.

진리조건 ─ 조건(T) ─ 과는 다른 것이기 때문에(Woods, 1974: 127), 허구의 의미론을 완성시키는 방법은 "작가가 말하는 대로" 조건(sayso condition)에 따라 "말하는 대로 의미론"(sayso semantics)을 완성시키는 것이라고 시사한다. 즉 텍스트에 그 문장 혹은 그것을 함축하는 문장이 출현하는 것은 그 문장이 참이라는 것이고, 그리고 그 문장의 의미와 이해를 결정하는 전부인 것이다. 말이 전부인, 즉 대입적 양화설이다. 우즈의 허구논리학이 예컨대 하월(Howell, 1976: 355; Howell, 1979: 140)이 평하는 만큼 철저하게 대입적 양화설에 기반하고 있는지 그렇지 않은지는 차치하고, 허구문장의 구문론과 의미론을 대대적으로 전개하고 있으면서 허구문장을 충족하는 허구명의 지시대상이 무엇인가에 관해서는 논하고 있지 않은 점을 보면, 참인 허구문장의 허구요소를 점하는 것으로 허구적 대상의 존재성 전부가 충족된다는 형이상학적 함축을 쉽게 간파할 수 있을 것이다.[40]

우즈가 '양화의 대입적 해석'에 관해 명시적으로 기술하고 있는 곳은 88~91쪽인데 특히 그는 다음과 같이 기술한다.

지시적 설명에 의하면 다음 추론
① 홈스는 얼룩끈 사건을 해결했다.
② 따라서 누군가가 얼룩끈 사건을 해결했다.
는 공허하게 타당하다. 즉 ①이 충족되어 있지 않은 덕택이다. 한편 대입

---

[40] 그 외에 대입적 양화를 명확하게 지지하는 논문으로 Pollard, 1973이 있다. "친숙한 의미론적 (semantic) 용어(참, 거짓, 지시하다, 만족하다 등)는 허구의 케이스로 옮겨지면 의미(sense)의 결정적 변화를 받게 되고, 의미론적 성격을 빼앗긴다. 픽션의 '의미론'은 실은 구문론인 것이다" (Pollard, 1973: 72).

주의자에 의하면 이 추론은 순수하게 타당한 것이고 기술(技術)상 타당하다는 것은 아니다. 이 두 의미론이 타당성에 관해서는 형식적으로 동형이라는 것이 제시되었다고 해도, 우리의 추론을 공허하지 않은 방식으로 타당한 것으로서 표현하는 의미론 쪽이 우리의 근본적인 논리적 직관에 잘 부합하고 있다고 생각할 수 있을 것이다. (중략) 따라서 대입주의자는 자신의 접근이야말로 허구문장의 논리적 재구성을 위한 기본 논리라고 제안하지 않을 수 없다. 이것은 현명하면서 합리적인 제안이다. 이것에 의해 우리는 허구의 세계를 표준1차논리에 의해 표현하도록 촉구되는 것이다. (Woods, 1974: 89~90)

그리고 거듭 나타난 허구 내 모순의 문제도, 대입주의자는 "비일관은 글자상의 것으로 논리적인 것은 아니라고 시사하기만 하면 된다"(Woods, 1974: 90)고 말한다. 그러면 앞에서 우리가 적출했던 우즈 공리계의 난점 ─ (A4)의 오른쪽에서 왼쪽으로의 함축에 의해 $O(ø \wedge \sim ø)$가 성립하고, (A3), (R5)에 의해 임의의 명제가 작품 내에 성립하는 것이 된다는 사태 ─ 도 피할 수 있게 된다. 작중의 자기모순은 단지 언어상에서의 모순인 것이고 (R5)가 $O((ø \wedge \sim ø) \supset \psi)$와 $O(ø \wedge \sim ø)$로부터 $O(\psi)$의 도출을 인정하고 있기 때문이라고 해도 $(ø \wedge \sim ø) \supset \psi$ 자체가 작중 언어에 포함되어 있지 않다면, 임의의 명제 ψ의 성립 그 자체가 도출되는 것은 아니기 때문이다. 생각해 보면 $ø \wedge \sim ø$가 임의의 명제를 함축한다는 것은 일종의 '공허한 함축'이고 필시 지시적(대상적) 양화설의 틀로 비로소 인정할 수 있는 언어 외적 진리에 지나지 않기 때문이다. 즉 (A3)의 전건의 예 $\sim \Diamond \sim ((ø \wedge \sim ø) \supset \psi)$는 대입적 양화의 체계에서 인정할 수 있다고는 단정할 수 없고, 따라서 후건 $O((ø \wedge \sim ø) \supset \psi)$도 인정할 수 없으며, 따라서

O(ø∧~ø)에서부터만 O(ψ)가 인정된다고는 단정할 수 없게 되는 것이다. 이리하여 우즈의 대입주의는 지시대상의 존부(存否)에 고심할 것 없이 보다 많은 문학적 진리를 참으로서 인정할 수 있다는 이점이 있음과 동시에 모순의 문제도 매끄럽게 회피한 체계가 되는 것이다(단 이러한 '도출관계의 제한'은 3장 6절에 일괄했듯이 허구의 현실적인 감촉을 더욱더 엷게 해버리게 될 것이다).

우즈의 논리학은 단순히 대입주의를 채용한 결과로서 허구적 대상의 언어 외의 본성을 묻지 않는다는 소극적인 언어설이라고 말할 수 있다. 허구적 대상이 없어도 있어도, 또 어떠한 것으로 있어도 허구논리학의 옳고 그름에는 관계가 없다. 이것에 비해 러셀이나 라일, 플란팅가의 이론은 허구적 대상의 언어 외의 존립이라는 것을 각하하고 있다는 점에서 적극적인 언어설이었다고 말할 수 있을 것이다. 한편 대입적 양화는 캐릭터에 관한 명제로서의 논리구조를 허구문장에 허용하고 있음에 비해 라일 등의 환원주의는 캐릭터에 관한 명제라는 것을 거절한다는 점에서 대입적 양화는 명제 내의 캐릭터를 논리언어 단위와 (잠정적이지만) 동일시한 순수한 언어설이라고 말해도 좋을지도 모른다. 어쨌든 라일 이론에 관한 3절 마지막 부분에서 본 언어설의 난점은 대입적 양화의 언어설 앞도 가로막고 설 듯하다. 그리고 어쨌든 많은 논리를 허구 논리로서 시도한 우즈에 의해 다치(多値)논리 등의 대체논리가 아니라 양상논리가 선택된 것은 언어설이나 상황설보다도 최종적으로는 가능세계설이 유망하다는 것을 예시하고 있다고 해석할 수 있을지도 모른다. 따라서 다음으로 언어설과 가능세계설을 잇는 상황설의 예로서 2장에서 논한 하인츠의 허구론을 다시 매개로 해서, '세계'설의 여러 버전을 비교하는 단계에 들어가자.

9. 상황설(존 하인츠)

허구적 대상은 단지 하나의 불완전한 허구세계에 존재하는 불완전한 대상이다.

이 절부터 마지막 절까지, 허구적 대상은 현실세계와는 다른 어떤 세계에 존재하는 대상이라고 하는 어떤 의미에서 가장 직관적이면서 자연스러운 형태의 이론을 둘러싸고 여러 형태의 이설들을 음미해 보자.

허구적 대상이 살고 있는 세계가 어떠한 것인가에 관해 가장 대략적으로 세 종류의 분류방법을 볼 수 있다는 것을 우리는 앞 장까지 이미 확인했다. 우선 첫번째로 세계가 완전한가, 불완전한가 하는 분류. 두번째로 내적으로 일관적이어야만 하는가, 비일관을 포함해도 좋은가 하는 분류. 그리고 세번째로 세계는 단수인가, 복수인가 하는 분류이다. 앞의 두 개는 개개의 세계의 구조 혹은 성질에 관한 분류이고, 마지막 분류는 그러한 세계가 어떻게 해서 이야기세계 전체를 형태 짓고 있는가라는 세계-텍스트 관계에 관한 분류이다(더불어 불완전성과 모순에 관해서는 우리는 3장에서 각자 두 종류로 나눠지는 것을 보았다. 즉 강한 불완전성과 약한 불완전성, 강한 모순과 약한 모순. 이 중 어느 것까지 허용되는가에 따라, 다시 불완전성과 모순을 하위 분류할 수도 있지만 이 절의 논의에는 직접 영향을 주지 않으므로 강하다, 약하다의 구별에 대해 특별히 언급하는 경우를 빼고 불완전성은 불완전성, 모순은 모순으로서 일괄해서 다루기로 하자). 이리하여 허구세계론은 단순히 계산해서 다음 여덟 가지로 분류할 수 있는 듯 생각된다. 텍스트가 포함하는 세계란,

① 완전한, 무모순의, 하나의 세계이다.
② 불완전한, 무모순의, 하나의 세계이다.
③ 완전한, 모순될 수 있는, 하나의 세계이다.
④ 불완전한, 모순될 수 있는, 하나의 세계이다.
⑤ 완전한, 무모순의, 다수의 세계이다.
⑥ 불완전한, 무모순의, 다수의 세계이다.
⑦ 완전한, 모순될 수 있는, 다수의 세계이다.
⑧ 불완전한, 모순될 수 있는, 다수의 세계이다.

또 예외로서 세계의 수를 두 개로 설정하는 특수한 이론도 있는데 이것에 관해서는 이 절의 뒤에서 곧 접할 것이다(덧붙여서 '다른 세계'의 개념을 이용한 우의설은 이 변형태들 중 어느 것과도 양립할 수 있다).

그러나 다수의 (실질적으로는 무수한) 세계를 텍스트 속에 상정하는 동기는 텍스트 내용의 불완전성을 처리하려고 하는 점에 있었다는 것을 상기하자. 텍스트의 불확정 부분에 관해 그 확정 방식의 가능성만큼 세계가 분기하고 있다는 가정 이외에 세계의 다수성을 상정할 동기는 없는 듯 생각된다. 세계의 불완전성과 다수성은 양립은 해도 실제로는 배타적인 것이다. 그렇다면 위의 여덟 개의 경우 중 ⑥과 ⑧은 단순히 논리적 가능성으로서 생각할 수 있을 뿐으로 허구론의 문맥에서 굳이 유지할 필요성은 인정되지 않는다(단 14절에서 볼 메이크 빌리브설은 예외적으로 ⑧에 속한다).

또 세계가 아니라 허구적 대상 쪽에 시점을 고정시켰을 때의 경우 분류는 더욱 세분될 수 있다. 즉 특정 동일대상이 모든 세계에 걸쳐 등장하게 되는 것인가, 그렇지 않으면 각 세계에 있어서 특정 역할을 점하는 것인가, 반드시 동일 대상이라고는 단정하지 않는 것인가 하는 차이에 따라서이다. 전자는 대상의 동일성을 중심으로 두는 허구론이 되므로 '데 레'(de re)설, 후자는 명제 혹은 상황의 동일성을 중심에 두는 허구론이 되므로 '데 딕토'(de dicto)설로 불린다. '데 레'설과 '데 딕토'설의 중요한 차이는 세계가 다수인 경우에 나타나게 되지만, 원리적으로는 ①~④의 경우에도 '데 레', '데 딕토'의 차이는 고려에 넣어야만 한다. 그것은 현실세계와 다른 세계를 상정한다는 점에서는 다세계설도 단일세계설도 같으므로, 허구세계 내의 대상이 동일성을 가진 채 현실세계의 구성원임을 만족할 수 있는가 하는 문제가 생기게 되기 때문이다. 그러나 그 구별에 관해서는 ①~④의 경우에는 필요에 따라 부수적으로 접하는 데 머물러 두고 '데 레'설과 '데 딕토'설은 다세계설에 관해서만 전적으로 논하기로 하자. 따라서 전체적으로 '세계'를 이용한 우리의 허구대상론은 상세하게 서술한 여섯 종류의 허구세계론을 기반으로 해서 다음과 같이 분류된다. 허구적 대상이란,

① 〈완전한, 무모순의, 하나의 세계〉에 존재하는 대상이다.
② 〈불완전한, 무모순의, 하나의 세계〉에 존재하는 대상이다.
③ 〈완전한, 모순될 수 있는, 하나의 세계〉에 존재하는 대상이다.
④ 〈불완전한, 모순될 수 있는, 하나의 세계〉에 존재하는 대상이다.
⑤ 〈완전한, 무모순의, 다수의 세계〉에 존재하는 각자의 대상이다.
⑥ 〈완전한, 모순될 수 있는, 다수의 세계〉에 존재하는 각자의 대상이다.
⑦ 〈완전한, 무모순의, 다수의 세계〉에 걸쳐 존재하는 동일 대상이다.
⑧ 〈완전한, 모순될 수 있는, 다수의 세계〉에 걸쳐 존재하는 동일 대상이다.

2장의 우리의 용어를 계승해서 완전세계를 세계, 불완전세계를 상황이라 부르고 하월(howell, 1979)에 따라 모순을 포함하지 않는 세계를 가능세계, 모순을 허용하는 세계를 허구세계라 부른다면, 위의 우리의 여덟 개의 허구대상론을 각자 다음과 같이 부르면 될 것이다. ①가능단일세계설, ②가능상황설, ③허구단일세계설, ④허구상황설, ⑤'데 딕토' 가능세계설, ⑥'데 딕토' 허구다세계설, ⑦'데 레' 가능다세계설, ⑧'데 레' 허구다세계설 — 그리고 보조적으로 이후 상황설(② 또는 ④), 세계설(②, ④ 이외), 단일세계설(① 또는 ③), 다세계설(⑤, ⑥, ⑦ 또는 ⑧), 가능세계설(①, ⑤ 또는 ⑦), 허구세계설(③, ⑥ 또는 ⑧), '데 딕토'설(⑤ 또는 ⑥), '데 레'설(⑦ 또는 ⑧)이라는 말도 적당하게 사용하기로 하자(덧붙여서 우의설은 '데 딕토'설과는 서로 용납할 수 없다). 또한 모순을 포함하는 세계를 상정하는 것의 무리와 불필요함에 관해서 이미 3장에서 상세하게 논하고 있으므로, 이하 채택할 논자의 실제 이론의 내용에 따라서 우리도 가능세계, 허구세계라는 말은 사용한다고 해도, 그 구별의 내실에는 더 들어가지 않기로 하자. 즉 어느 것이나 무모순의 가능세계인 듯 말해도 상관없을 것이다. 우리의 주제는 이제야 비로소 불완전성과 대상, 세계의 분기의 문제로 좁혀진다.

그런데 이 절의 주제인 '상황설' 중 하인츠의 상황설에 관해서는 우리는 이미 2장에서 상세하게 논했다. 거기서 보았듯이 하인츠의 논의의 귀결은 "허구세계는 세계가 아니다. 소설은 결국 단순한 말인 것이다"(Heintz, 1979: 98)라는 순수하게 유명론적, 언어설적인 것이었다. 그러나 하인츠의 허구논리학(FL) 모델은 우즈의 체계와는 달리 '세계'를 이용하고 있고 루이스(Lewis, 1978: 270)도 하인츠의 이론을 불완전세계를 이용하는 이론으로서 언급하고 있다. 하인츠의 논리는 우즈의 양상논리와는 달리 일종의 삼치(三値)논리이다. 구체적으로는 정리로서 모순을 인정하는 루틀리, 메이어의 변증법적 연관논리(이것은 이치적이다)와 비이치적인 반 프라센의 초가치(이것은 정리로서의 모순을 인정하지 않는다)를 조합한 것이다. 즉 세계의 집합을 도입하지 않은 채 비이치적이면서 여러 모순을 정리로서 포함할 수 있는 논리이다. 따라서 하인츠의 논리는 ④의 허구상황설이라고 말할 수 있다.

하인츠류의 상황설의 문제점에 관해서는 우리는 이미 충분히 논했고, 하인츠의 상황설이 언어설로 붕괴하는 이유를 어느 정도 개관했다. 따라서 여기서는 하인츠의 상황설을 표준적인 상황설로 본 뒤에, 다른 몇 개의 이론들을 상황설의 이형(異型)으로서 해석할 수 있다는 것만을 제시해 두자. 우선 월터스토프의 종류설을 보자. 6절에서 우리는 월터스토프의 허구적 대상론의 배경에 '허구적 대상을 최대성분으로서 포함하는 작품세계'의 개념이 있는 것을 보았다. 월터스토프의 '작품세계'란 무엇인가. 월터스토프의 체계에는 작품의 미규정 부분의 외삽을 위한 두 원리, a원리와 β원리가 있고, 각자의 원리에 의해 a세계, β세계라는 두 세계가 투사된다.

여기서 필요 없는 과도한 정확함을 희생하고 대략적으로 기술해 버린다면 작가 A에 의해 작품 T에 투사된 a세계란 다음을 합친 것이다.

1. A가 T에서 지시한 사항의 연언
2. 1 내에서 불가능한 연언지들
3. A에 의해 T에 투사된 어떠한 것보다도 더욱 포괄적이고 가능한 상황 (state of affaires)
4. 3이 일어났다고 한다면 일어날 모든 우연적 상황들
5. 3, 4의 연언에 의해 요구되는 모든 것

세계 β란 위의 4를 다음 4′로 치환한 것이다.

4′. 3이 일어났다고 한다면 일어날 것이라고 독자의 대다수가 믿고 있다고 A가 상정하는 모든 것

각 용어의 엄밀한 정의는 만약 필요하다면 Wolterstorff, 1976: 130~131 및 1980: 126~131를 참조해 주었으면 하고, 여기서 확인하면 되는 것은 이 작품세계의 규정에 모순이 포함되어 있는 경우 그 모순을 인정하고(2) 거기서부터의 자의적인 귀결을 막으면서 가능적 상황의 귀결은 모두 포함(3~5)하도록 마련되어 있다는 것이다. 대략 β원리가 루이스의 분석 1에, α원리가 루이스의 분석 2에 해당한다는 것을 간파할 수 있을 것이다. 단지 커다란 차이는 월터스토프에게 있어 작품세계란 α세계, β세계라는 두 세계로 이뤄진다는 것이다(Wolterstorff, 1980: 29). 루이스의 분석 1, 분석 2는 양자택일로서 루이스 자신이 어느 쪽을 채용해야 하는지 미결로 했었지만, 월터스토프는 같은 선택지를 인정하면서 그 양쪽을 동시에 '작품의 세계' 속에 넣어 버리는 것이다.[41] 그리고 물론 또 하나의 커다란 차이는 루이스의 작품이 분석 1의 세계든 분석 2의 세계든 무수했던 것에 비해 월터스토프의 α세계, β세계는 각자 단수라는 것이다. 3~5에서 외삽해

---

[41] 2장 6절에서 논한 여러 외삽원리들을 상기하라. 루이스의 집합설에 월터스토프의 경합원리 병용설을 조합해서 모든 원리하에서 후보로 드는 최소이탈세계를 전부 함께 텍스트 세계의 구성원으로 해버리는 방법도 생각할 수 있을 것이다. 그렇게 해서 세계의 집합이 하나로 결정된다면 다세계설 쪽이 단일세계설보다도 바람직하게 될지도 모른다. 그러나 그러한 세계들에서 공통되는 '진리'는 각 개별원리마다 생각된 세계의 집합에 있어서 공통된 '진리'보다도 훨씬 범위가 좁은 것이 될 수밖에 없고, 적절한 해석원리를 지지할 수 있는지 없는지가 의문이다. 또 술어의 모호함 때문에 세계의 집합이 결정되지 않는다는 문제는 여전히 남는다.

도 채워지지 않는 부분에 관해서는 α세계도 β세계도 완전히 공백이다.

월터스토프의 작품세계에 포함된 성분으로서의 허구적 대상은 이미 보았듯이 종(種)이면서, 완전했다. 그렇지만 α세계, β세계는 보통의 의미에서 불완전한 세계이고 따라서 그것이 발생했다고 하면 거기에 등장하는 허구적 대상의 예는 불완전한 대상이 된다. "종인 허구적 대상은 완전하다"라는 월터스토프의 주장을 잠정적으로 인정한 뒤에도, 예로서의 허구적 대상에 관심을 가지는 입장에서 보면 실질적으로는 월터스토프의 허구론은 불완전한 세계에 사는 불완전한 허구적 대상을 상정하는 허구상황설이라고 말해도 좋을 것이다.

또한 월터스토프의 작품세계론에서 주목해야 할 것은 다음과 같이 언급하고 있는 부분이다.

투사된 세계는 존재한다. 즉 그것들은 **현실**에 존재한다. 작품세계를 구성하는 상황들은 있는 것이다. (Wolterstorff, 1980: 356)
예술작품의 세계라는 것은 보통 전체로서 발생하지(occur)는 않는다. 게다가 어떤 작품의 경우는 그 세계가 전체로서 발생하는 것은 있을 수 없다. 작품세계는 단적으로 존재하는 것이다. 그러나 그것은 실제로는 발생하지 않는다. 단 항상 작품세계 **안에 포함되는**(included within) 상황들 중 **몇** 가지는 실제로 발생하고 있다. 그리고 이것이 비평가에 의해 자주 행해지는 주장, 즉 작품세계가 여러 가지 점에서 현실과 들어맞는다(true to reality)는 주장의 의미라고 우리는 해석해야 하는 것이다. (1980: 357)

월터스토프는 '발생한다'와 '존재한다'를 구별하고 있다. 작품세계는 존재하지만 발생하고 있지 않은 상황인 것이다. 이것은 캐릭터가 존재하지만 예시되고 있지 않는 종이라는 것과 유사하다. 캐릭터의 '안에 본질적인' 성질이 세계의 '안에 포함되는' 상황에 해당한다. 따라서 정확히는 캐릭터가 종으로서 완전하다는 것과 마찬가지로, α세계도 β세계도 불완전하지 않고 상황으로서는 완전, 즉 단적으로 완전하고 '안에 포함되는' 상황에 관해 '최대한 포괄적(maximally comprehensive)이지 않을' 뿐인 것이라고 말해야 하는 것이다(이 점에 관해 월터스토프 자신은 명석하지 않은 듯하지만, Wolterstorff, 1976: 131에서 '최대한 포괄적이지 않은 상황'을 불완전incomplete하다고 부르고 있었던 데 비해, Wolterstorff, 1980: 131에서는 같은 내용에 있어서 불완전이라는 말을 피하고 있음에 주의하라). 예컨대『햄릿』의 세계는 "햄릿의 혈액형은 O형이다"라는 상황을 요청하지도 않고 배제하지도 않으므로 빈틈이 있고 최대한 포괄적이지 않게 되지만, "햄릿의 혈액형은 O형이라는 상황을 안에 포함하고 있다"라는 성질에 관해서는 그것을 갖지 않는다고 정해져 있다. 다른 어떠한 성질에 관해서도 마찬가지이다. '안에 포함되는' 상황이 아니라 '갖는 성질'에 관해서는 허구적 상황의 경우와 마찬가지로 작품세계는 완전한 것이다(그리고 서로 모순된 성질을 갖는 것도 아니다[42]).

---

[42] 덧붙여 월터스토프에게 있어서는 세계를 투사하는 작품 내에서 작품이 갖는 성질과 작품의 '안에 규범적인'(normative within) 성질이 구별된다. 타입인 작품 W의 어떤 예(토큰 카피, 퍼포먼스 등)가 어떤 성질, 예컨대 '7소절에 하나의 솔샵(#)음을 갖는다'라는 성질은 작품 W 안에 규범적이다. 그리고 작품 W는 '7소절에 하나의 솔샵(#)음을 갖는다'라는 성질이 아니라 '7소절에 하나의 솔샵(#)음을 갖는다는 성질을 안에 규범적으로 한다'라는 성질을 갖게 된다(Wolterstorff, 1980: 61~62). 우리가 보통 '작품의 (갖는) 성질'이라고 말하고 있는 것은 월터스토프의 이론에서 말하는 '작품 내에 규범적인 성질'일 것이다. 여기서도 '캐릭터 안에 본질적인 성질', '세계의 안에 포함되는 상황'과 유사한 관계가 성립하고 있다. 월터스토프에 의하면 문학, 음악 등의 예술작품은 규범종(norm-kinds)이다(단 회화와 조각은 단일한 물리적 대상으로 간주된다).

이리하여 작품세계 그 자체는 완전해도, 그러나 여전히 작품세계가 **발생하면**, 그것은 불완전한 세계의 사례로서 존재하게 된다는 것에는 틀림없다. 따라서 설령 허구적 대상이나 작품세계는 완전하다는 월터스토프의 주장을 인정한다 해도 그의 이론은 이 분류하에서는 허구상황설이라고 판정하는 것에 아무런 지장이 없는 것이다. α, β 두 가지 세계를 허용하는 것은 단순히 외삽법의 모호한 부분을 처리한 방법론상의 변이에 지나지 않고, 하인츠의 허구상황설과 질적으로 다른 것은 아니다.

그러나 하인츠설과 월터스토프설 사이에는 커다란 존재론상의 차이도 보인다. 이미 6절에서 보았듯이 월터스토프에 의하면 작품세계도, 종도 예술가의 활동과는 관계없이 미리 존재하고 있다. 발견되기를 기다리고 있다. 그러나 "캐릭터가 어떤 작가에 의한 선택을 기다리고 있다는 것은 인물-종에 관해서만 옳을 것이다. 따라서 허구제작자에 관해 말할 수 있는 것은 캐릭터가 아닌 것이 캐릭터가 되도록 한다는 것이다. (중략) 그의 창조성은 이전에 존재하지 않았던 것을 존재케 하는 것에 있는 것이 아니라 그의 선택의 새로움, 엉뚱함, 창조성, 그러한 점에 있는 것이다" (Wolterstorff, 1980: 145). 이것이 2장 4절에서 본 하인츠의 창조론의 난점을 해결하는 우리의 '선정(選定)설'과 동일선상에 있다는 것은 이해하기 쉬울 것이다. 이것은 세계를 상황, 허구적 대상을 종으로 할 때의 한 장점이다.

이제 다음으로 또 하나 하인츠의 마이농주의를 허구상황설로서 해석하는 단순한 방식을 살펴보자. 하인츠의 허구적 대상은 불완전 대상이고 또한 그들이 거주하는 장소는 이 현실세계이다. 여기서부터 귀결되는 것은 현실세계가 불완전하다는 것이다. 왜냐하면 구성원 중 몇 개가 불완전하므로 세계 전체로서도 불완전할 수밖에 없기 때문이다. 물론 파슨스의 체계는 존재물과 비존재물을 논리체계상 별도로 취급해서 의미론을 전개하고 있으므로 현실세계의 무조건적인 불완전성은 귀결되지 않는다. 그러나 비존재를 현실의 구성원으로서 받아들이면서 존재와 비존재를 체계적으로 준별하는 것 자체가 마이농주의의 자연스러움과 매력을 아무래도 손상시키고 있다는 것은 이 장의 4절에서 지적해 두었다. 완전한 마이농주의를 전개하려고 하면 그것은 궁극적으로는 불완전세계설=상황설로 귀착하게 될 것이다.[43]

그 외 14절에서 볼 메이크 빌리브설도 상황설의 일종으로 해석할 수 있지만 이 책에서는 메이크 빌리브설은 다세계설의 한 버전으로서 해석하고 상황설적 전개는 행하지 않는다(메이크 빌리브설의 상황설적 해석은 이 절에서 행한 종류설의 상황설적 해석과 거의 같은 것이 되므로 이미 우리에게는 흥밋거리가 되지 않는다). 하여간 요점은 불완전대상을 인정하는 이론은 어느 것이나 상황설로서 생각할 수 있다는 것이다.

역으로 불완전한 한 개의 세계를 허구세계로서 상정하는 상황설이 허구적 대상에 관해서도 그것을 불완전 대상으로 상정하게 되는 것은 확실히 당연하다. 왜냐하면 불완전한 세계에 완전한 대상이 거주하는 것은 있을 수 없기 때문이다.[44] 따라서 앞의 ①~⑧의 설들은 허구세계론이 아

---

43) 허구적 대상은 또한 모순된 성질을 갖지만 그 경우 문장 부정과 술어 부정을 구별하면 대상과 세계에 관한 모순율은 지켜진다. $Ax \land (\sim A)x$를 만족하는 것은 있어도 $Ax \land \sim Ax$를 만족하는 것은 없다(Parsons, 1980: 42). 덧붙여 이 논리는 모순율 위반은 회피하지만 파슨스식으로 문장 부정을 취급할 때 "배중률은 문장 부정에 관해서도 파괴된다"(Parsons, 1974: 573).
44) 불완전세계에 있어서 긍정도 부정도 참이 아닌 명제 P를 취하자. 그러면 임의의 대상 a에 관하여 $(\lambda x P)a$는 참이 아니고 $(\lambda x \sim P)a$도 참이 아니다. 후자는 $\sim(\lambda x P)a$의 비성립을 함축하므로, a는 $(\lambda x P)$에 관해 불확정이고 따라서 불완전하다. 여기서 이용한 함축은 특수한 논리체계에서는 회피될지도 모른다. 그러나 그러한 특수 논리는 어느 것이나 대상에 관해 더욱 노골적인 형태의 불완전성을 반드시 요청해야만 한다고 생각된다(예컨대 파슨스의 체계).

니라 허구적 대상론의 분류로서는 다음과 같이 환언해 두는 쪽이 좋을 것이다.

① 하나의 세계에 존재하는, 완전한, 무모순의 대상이다.
② 하나의 상황에 존재하는, 불완전한, 무모순의 대상이다.
③ 하나의 세계에 존재하는, 완전한, 모순될 수 있는 대상이다.
④ 하나의 상황에 존재하는, 불완전한, 모순될 수 있는 대상이다.
⑤ 다수의 세계에 존재하는, 각자 완전한, 무모순의 대상이다.
⑥ 다수의 세계에 존재하는, 각자 완전한, 모순될 수 있는 대상이다.
⑦ 다수의 세계에 걸쳐 존재하는, 완전한, 무모순의 동일 대상이다.
⑧ 다수의 세계에 걸쳐 존재하는, 완전한, 모순될 수 있는 동일 대상이다.

상황설은 실질적으로는 작품세계의 모델로서 불완전세계를 취한 시점에 모순이 섞여 들어와서 약한 모순도 강한 모순도 피해야만 할 이유를 잃어버리고 있는 것이다. 게다가 전술했듯이 우리는 모순에 관한 고찰은 3장에서 끝내고 있으므로, ②와 ④의 구별에 고민하지 말고, 이상으로 상황설의 포괄적 연구를 끝내도 좋다고 생각된다.

10. '데 레' 가능다세계설(솔 크립키)

허구적 대상은 다수의 세계에 걸쳐 존재하는, 완전한, 무모순의 동일 대상이다.

마이농주의는 허구적 대상을 액면 그대로의 개체로서 파악 가능하고, 현실에 있어서 진위 이외의 양상적 정보 없이 설명 가능하다는 직관적 명석함이 장점이지만, 그만큼 핵성질/핵외성질을 둘러싼 이론관계로 단점을 전가하는 것이 의미론의 복잡함이 되어 나타나게 되었다. 실재정위의 표준논리로 이야기를 설명하는 이론적 실체설이나 종류설은 역으로 허구적 대상에 대한 직관에 커다란 희생을 강요했다. 설의 위장주장설은 작중에 등장시킨 실재하는 대상을 진짜로 지시하고, 실재하지 않는 대상을 지시하는 척한다는 대립적 사용구분을 작가가 행하고 있다고 하는 창작관을 취하고 있는데 이는 너무나도 부자연스럽다고 지적되어 왔다(Ryan, 1980: 413). 이 이론들의 난점은 어느 것이나 현실세계만을 유일한 화제로 하는 세계관에 따르고 있으므로 허구적 대상의 거처로서 현실 밖의 가능세계를 도입하는 것에 의해 회피할 수 있을지도 모른다고 생각하는 것은 자연스러운 흐름이다.

가능다세계설에 관해서 이미 우리는 2장에서 루이스의 이론을 어느 정도 상세하게 음미했다. 여기서는 크립키의 다세계설을 12절에서 한 번 더 채택할 루이스설과 비교함으로써 다세계설 전체에 대한 접근을 확장시킬 의도로 개관하자. 크립키는 스스로 인정하듯이(Kripke, 1972: 158) 허구적 대상에 관해 충분한 논의를 현재까지 행하고 있지 않다. 따라서 이 절에서 논하는 것은 크립키가 가능세계 의미론을 설명할 때 단순한 예를 들기 위해 허구적 대상에 대한 단편적 언급을 행한 것을 근거로 해서, 그 그러할 것이라고 추정되는 완전한 형태를 구성하려고 하는 것이다. 「동일성과 필연성」(1971) 이후의 크립키는 인과적 지시론자로서 도넬란식의 물리주의(다음 절)를 취하게 되었지만 이 절에서 보는 것은 전향(?) 이전의, 지시이론가로서라기보다 모델논리학자로서의 초기 크립키의 허구론이다. 그것은 양상논리학의 주류적 생각이 허구적 대상을 어떠한 것으로서 정의하는가, 혹은 정의해야 하는가에 관한 가장 자연스러운 이론의 모습을 표현하는 것이 될 터이다.

크립키는 스스로의 가능세계 의미론을 제시한 고전적 논문 내에서 모델 구조(G, K, R)를 도입했다. 직관적으로는 K는 모든 '가능세계'의 집합, G는 '현실세계', R은 K상의 반사(反射)적 관계로 H_1과 H_2가 두 세계일 때 H_1RH_2가 의미하는 것은 H_2가 H_1에 대해 상대적으로 가능하다는 것, 즉 H_2에 있어서 참인 모든 명제가 H_1에 있어서 가능하다는 것이다. 그리고 모델 ø는 모델구조(G, K, R)이 부여되었을 때 각각의 원자명제에 각자의 세계 H∈K에 있어서 진리치 T 또는 F를 할당한다. 즉 ø(A, H)=ø(B, H)=T라면 ø(A∧B, H)=T이고, 다른 경우 F이다. ø(A, H)=T라면 ø(~A, H′)=F이고, 다른 경우 T이다. HRH′인 모든 H′에 관해 ø(A, H′)=T라면 ø(□A, H)=T이고, 다른 경우 F이다. 마지막 정의는 "H에 대해 상대적으로 가능한 모든 세계에 있어서 명제 A가 참이라면 H에 있어서 A는 필연적 참이다"라는 것이다. 우리가 이미 본 루이스의 다세계 허구모델은 '픽션에 있어서 참'을 '상대적으로 가능한 모든 세계'의 특수한 해석(유사성을 이용한 해석)하에 있어서 '필연적 참'으로서 정의한 이론이었다는 것을 확실히 간파할 수 있을 것이다. 잉가르덴식의 텍스트 도식설이 자연스러우면서 쉽게 호소할 수 있는 다원세계 모델의 근원이 이것이다.

대상론을 위해서는 또한 양화모델구조가 정의되어야만 한다. 양화모델구조란 모델 구조(G, K, R)에 함수 ψ를 더한 것이다. 함수 ψ는 각 세계 H에 H의 영역이라 불리는 집합 ψ(H)를 할당하는 것이다. 직관적으로는 ψ(H)는 H에 존재하는 모든 개체의 집합이다. 각 세계의 영역을 설명하기 위해 크립키는 허구적, 신화적 대상을 간단한 예로 이용하고 있다.

ψ(H)는 여러 항(項) H에 대해 같은 집합이라고는 단정할 수 없다. 예컨대 직관적으로 말하면 현실세계와는 다른 몇몇 세계에서는 현실에 존재하고 있는 개체들이 부재하거나, 한편으로는 페가수스와 같은 새로운 대상이 나타나 있을지도 모른다.

∅(P(x), H)는 x가 어딘가 다른 세계 H′의 영역에 있어서 값이 할당되어 있고 H의 영역에 있어서 값이 할당되어 있지 않을 경우 진리치가 부여되어야만 할 것인가. P(x)가 '대머리이다'를 의미한다고 하면 '셜록 홈스는 대머리이다'라는 대입예에 진리치를 할당해야 하는가. 셜록 홈스는 존재하지 않지만 그는 다른 상황들에 있어서는 존재했을 것이다. (Kripke, 1963: 65)

즉 다른 세계의 영역이 완전히 겹쳐 있을(완전히 같은 개체가 존재할)지도 모르고, 한쪽의 영역이 다른 쪽 영역을 포함할지도 모르고, 교차하면서 다를지도 모르고, 완전히 분리되어 있을지도 모른다(같은 개체가 존재하지 않을지도 모른다). 이 가능성들에 관해서는 제한은 없다. 여기서부터 명료하게 간파할 수 있는 크립키 모델의 특징은 두 가지이다. 우선 첫번째로 현실세계의 어떤 것과도 동일하지 않은 대상이 다른 가능세계에 존재한다는 것. 이것은 앞에서 본 우의설에 반하는 영역론이다. 두번째로 같은 대상이 복수의 세계에 걸쳐 존재할 수 있다는 것. 이 관세계적 동일성은 다음 절에서 볼 루이스 등의 '데 딕토'설에 반하는 생각이다. 둘 다 문제를 잉태한다는 것은 명백하다.

첫번째에 관해서는 위의 인용문 두번째 단락에서 질문되고 있는 문제, 즉 현실세계의 영역에는 포함되지 않지만 다른 세계의 영역에 포함되어 있는 대상을 주어로 하는 명제의 진리치를 어떻게 다룰 것인가 하는 문제가 생긴다. 크립키의 입장은 모든 진술이 각자의 세계에서 진리치를 가져야 한다는 러셀식의 이치적 세계관(을 양상적으로 강화한 것)을 유지하는 것이다. 프레게-스트로슨류에서 진술의 주어로 세계의 영역 내에 없는 개체가 할당되어 있는 경우 그 세계에 있어서 그 진술은 진리치를 결여한다고 인정한다면, "H에 있어서 □A가 의미하는 것은 H에 대해 상대적으로 가능한 모든 세계에 있어서 A가 **참**이다라고 생각해야 하는가, 그렇지 않으면 그러한 어떠한 세계에 있어서도 A가 **거짓**이 아니다라고 생각해야 하는 것인가. ……A가 거짓이고 B가 진리치를 결여하는 경우 A∧B는 거짓이라고 생각해야 하는 것인가, 진리치는 없다고 생각해야 하는 것인가." (Kripke, 1963: 66). 이러한 복잡함이 생기지 않도록 하기 위해 이미 개관했던 크립키의 의미론은 확실히 x의 어떠한 값, 어떠한 세계에 있어서도 P(x)는 참이나 거짓이라는 러셀식 의미론을 채용하고 있었던 것이다.

부가(付價) 방법도 크립키는 러셀에 따른다. "H에 있어서 존재하지 않는 모든 개체에 관한 **원자명제**는 그 세계에 있어서 거짓이라고 생각하는 것이 자연스럽다"(Kripke, 1963: 66, n.11). 따라서 "햄릿은 남성이다", "셜록 홈스는 탐정이다"와 같은 명제도 거짓으로 간주된다. 그러나 그러한 직관적으로 옳은 문장은 크립키식으로는 "햄릿은 그가 존재하는 세계들에 있어서 남성이다", "셜록 홈스는 그가 존재하는 세계들에 있어서 탐정이다"라는 (참인) 비원자명제의 생략형으로 간주될 것이다. 러셀의 이론도 "햄릿은 남성이다"와 같은 명제를 거짓으로 한다는 점에서 같았지만, 러셀의 존재론에서는 가능세계는 포함되지 않고 현실세계 내의 영역만이 전제되어 있었기 때문에 허구적 대상의 진리는 환원주의나 대입적 양화설과 닮은 단순한 언어의 문제로서 파악해야만 했다("텍스트의 내용에 '햄릿은 남성이다'에 해당하는 진술이 포함되어 있다" 등등). 크립키의 체계에서는 역시 허구적 대상에 관한 진리는 문자 그대로 취하면 진리는 아니지만 다른 가능세계에 있어서 문자 그대로의 진리라는 식으로 해석되는 것이다(실제로 허구적 대상에 관한 진위를 현실세계에 있어서 문자 그대로의 진위로서 받아들이는 것은 마이농주의뿐일 것이다).

게다가 두번째로 페가수스나 셜록 홈스는 복수의 세계에 등장할 수 있다. 동일한 것이 복수의 시간 좌표에 걸쳐 지속하듯이, 동일한 것이 복수의 세계에 걸쳐 출현하는 것이다(이 유추의 세부에 관해서는 Kaplan, 1978b를 참조하라). 셜록 홈스가 탐정이라는 것은 바로 마릴린 먼로가 그 존재하는 시간을 통해 여성이었듯이, 홈스가 존재하는 세계를 통해 탐정이라는 것이다. 그런데 여기서 문제가 생긴다. 크립키의 체계에 있어서 대상의 관세계적 동일성이란 성질의 동일성이나 유사성에는 의하지 않는 벌거숭이 본질에 기반한 것이다. 즉 세계가 다름에 따라 동일 대상이 여러 술어의 외연에 들어가거나 들어가지 않거나 할 수 있음과 동시에 다른 세계의 다른 대상이 서로 같은 성질을 갖는 경우도 있을 수 있다. 이것은 임의의 대상에 관한 임의의 반사실을 다루는 자연스러운 생각이다. 그렇지만 그렇게 하면 세계 w_1과 w_2에 등장하는 홈스적 존재(홈스의 이야기에 쓰인 주인공과 닮은 존재)가 동일하다고는 단정할 수 없게 된다. 예컨대 '글래드스턴이 홈스와 같은 활약을 했다고 한다면'이라는 반사실의 세계에서는 홈스적 존재는 홈스가 아니라 글래드스턴인 것이다. 따라서 w_1, w_2, w_3 ...... 각자에 등장하는 홈스적 존재 중 어느 것을 홈스로 인정해야 하는가에 관해 우리는 아무런 실마리도 부여받지 않게 된다. 무한 개의 세계들에 존재하는 서로 본질이 별개일 수 있는 무수한 존재를 동시에 '셜록 홈스'라 불러야만 하게 된다. 이것은 '셜록 홈스'가 고유명이 아니고, 셜록 홈스가 개체가 아니라는 것을 의미한다.

실재하는 대상 a의 경우에는 'a'의 지시대상은 어떠한 세계에 있어서도 현실세계의 a와 동일한 것으로 약정할 수 있다. 그러나 홈스는 실재하지 않으므로, 무수한 세계에 있는 홈스적인 것 중 어느 것과 관세계적으로 동일한 것을 홈스라고 해야 하는지를 결정할 수 없는 것이다. 이리하여 뒤에 크립키는 자신이 당초에 언급한 허구명의 취급을 철회하게 되었다.

나는 이제 "셜록 홈스는 존재하지 않지만 다른 상황들에 있어서는 그는 존재했을 것이다"라고 쓸 수는 없다. '셜록 홈스'와 같은 허구명은 어떤 상황들하에 존재했을 것인, 어떤 비존재이면서 가능한 실체를 명명하고 있다고는 더 이상 생각할 수 없다. 물론 홈스의 이야기에 기술되어 있는 위업을 달성한 **어떤 인물**이 19세기에 있었을지도 모른다. 임의의 실재하는 인물이 (중략) 혹은 $\psi(G)$가 아닌 $\psi(H)$ 내에 있는 사람(또는 사람들)이 홈스와 같은 이력을 가졌을지도 모른다. 그러나 우리는 그러한 어떠한 **특정** 실체도 '셜록 홈스'라 부를 권리는 없을 것이다. "셜록 홈스는 존재했을지도 모른다"라는 진술은 바야흐로 나에게는 부적절하게 생각되는 것이다. (Kripke, 1971: 172. 마찬가지의 단서는 Kripke, 1972: 156~158에도 있다)

즉 허구명은 아무것도 지명하지 않는다는 것이다. 이 견해의 배후에는 '인과적 지시이론'이 있다. 지시어의 사용은 그 근원을 더듬어 가서 그것이 가리키는 대상을 명명하는 현장과 부딪치지 않는다면, 혹은 기술에 의해 유일한 대상을 골라내는 것이 가능하지 않다면, 아무것도 지명하지 않는다. '셜록 홈스'란 이름은 거슬러 올라가면 도일이 그 이름을 발명했던 시점에서 인과의 사슬이 끊겨 있고, 홈스 그 자체(사람)와 맞닥뜨리는 일은 없다. 게다가 홈스라는 이름하에 작품 내에서 행해지고 있는 묘사가 '21세기 최초로 태어나는 아이', '19세기를 통해 가장 키가 큰 사람'과 같이 단지 하나의 대상을 비인과적으로 골라내고 있는 것도 아니다. 따라서 홈스란 것은 존재하지 않을 뿐만 아니라 존재할 수 없는 것이다. 이것이 허구적 대상지시 인과주의, 혹은 물리주의라 부를 수 있는 입장이다.

11. 물리주의(솔 크립키, 데이비드 캐플런, 키스 도넬란)

허구적 대상은 지시하는 것이 가능하지 않고, 존재할 수도 없다.

캐플런은 물리주의의 배경에 있는 기본적 견해를 다음과 같이 기술하고 있다(괄호 안은 인용자 보충).

> 문제가 되는 고유명을 예외로 하고 언어가 의미론적, 구문론적으로 우리의 언어와 동일한 세계들이 있다. 그러한 신화의 가능세계를 'M세계'라 부르자. 각각의 M세계에서 '페가수스'라는 이름은 날개가 있는 말에 대한 명명행위에 기원을 갖고 있을 것이다. 픽션을 말하는 자는 사람들에게 신화를 믿게 하려고 하지는 않아도 여전히 페가수스에 관해 말하고 있고, 어떤 M세계에 자신이 있고 그곳의 언어를 말하고 있다고 위장하는 것이다.
> 그렇지만 우리의 언어와 그들(M세계의 거주자)의 언어를 혼동하지 않도록 주의하라! w가 어떤 M세계라고 하면 **그들이** 사용하는 이름 '페가수스'는 w에 관해 무엇인가를 지시할 것이고, **우리가** 사용하는 기술(記述) "'페가수스'라 불리는 x(the x such that is called 'Pegasus')"는 w에 관해

같은 것을 지시할 것이다. 그러나 **우리가** 사용하는 이름 '페가수스'는 w 에 관해 여전히 아무것도 지시하지 않을 것이다. 또한 다른 M세계에 있어서는 다른 가능적 개체가 '페가수스'라 명명되고 있을지도 모른다. 역으로 말하면 우리가 사용하는 기술 '페가수스라 불리는 x'는 여러 M세계에 관해 다른 가능적 개체를 지시할지도 모른다.

어떤 M세계의 거주인이, 그들이 사용하는 이름 '페가수스'는 **우리의** 세계에 관해 우리의 세계 내에 존재하지 않는 어떤 것을 지시하는 것이라고 말하는 것에 나는 반대하지 않는다. 그렇지만 **우리가** 사용하는 이름 '페가수스'는 그들의 세계에 관해서도 아무것도 지시하지 않는 것이라고 대답할 권리를 나는 갖고 있는 것이다. (Kaplan, 1973: 507~508. 강조는 원문)

'페가수스'라는 이름이 개체를 가리키는 세계는 있지만 우리는 그것과 같은 말을 사용할 수는 없다. 그러한 세계는 무수하게 있고 페가수스라 명명된 것도 무수하게 있으며, 따라서 우리가 '페가수스'라고 아무리 말해 보아도 어떠한 세계의 언어에서 이름 '페가수스'인지를 특정할 수단을 전혀 갖고 있지 않기 때문이다. 우리는 우리의 언어에 있어서 이름 '페가수스'를 사용하는 것밖에 할 수 없다. 이리하여 크립키-캐플런의 지시이론에 의하면 비존재물은 가능세계들에 무수하게 존재하고 있지만 특정 비존재물을 고유명으로서 지시하는 것은 우리에게는 결코 가능하지 않게 된다. 단순한 비존재물도, 허구적 대상도 지시하는 것은 불가능하다. 그리고 단순한 비존재물은 존재하지 않으면서도 존재할 수 있지(가능세계에 존재하지)만 허구적 대상은 존재할 수 없다. 허구적 대상이라는 형태로 잠정적으로 특정된 대상은 어떠한 가능적 비존재물과 동일시하는 것도 불가능하기 때문이다.

　존재하는 대상이라면 현실세계에서 그것을 골라내고서 다른 가능세계들 내의 존재물과 그것을 동일하다고 '약정'할 수 있다. 그러나 현실세계에 존재하지 않는 대상의 집합, 관세계적 확정의 약정을 위한 출발점이 되는 인과적 실마리가 없는 것이다. 실재하지 않는 순수한 허구적 대상이라는 것은 허공에 떠 있고, 따라서 전혀 확정할 수 없다. 논리공간 내에 있는 것은 실재하는 대상과 동일한 가능세계들 내의 대상, 가능세계들 내의 확정 불가능한 무수한 비실재 대상이다. 확정 가능한 비실재 대상, 특히 허구적 대상 같은 것은 없는 것이다.

　이렇게 된 이유는 물론 크립키적 관세계적 확정이 대상의 성질(기술)과는 무관계하게 행해지기 때문이다. 즉 크립키-캐플런에 의하면 고유명은 이름의 사용과 직접적이고 물리적으로 결부되는 대상을 가리키는 것 이외의 것이 아니고, 러셀이 말하듯 위장된 기술은 아니다. 러셀의 기술이론에 있어서처럼 '페가수스', '셜록 홈스'라는 고유명이 각자 '날개가 돋아난 말', '얼룩끈 사건을 해결한 바이올린을 켜고 코카인을 상용하는 탐정'이라는 기술의 위장이라고 하면, 그 기술에 적용되는 성질을 갖는 대상이 단 하나 존재하는 세계들의 그 대상이 그 성질 때문에 '페가수스' 혹은 '셜록 홈스'라는 것이 되어 관세계적으로 확정될 것이다. 기술에 적용되는 성질을 갖는 대상이 없는 세계, 하나 이상 있는 세계에는 관세계적으로 확정되는 대상의 단편은 존재하지 않는 것이 된다. 날개가 돋아난 말 대신에 날개가 돋은 소가 있다고 해도 그것이 페가수스라는 것은 불가능한 것이다. 한편 크립키적 직접지시 이론에 의하면 고유명이 가리키는 대상은 그 성질에 관계없이 이름과 물리적, 역사적으로 결부된 대상에 다름 아니다. 그러나 현실세계에 있어서 우리가 사용하는 이름 '페가수스'는 물리적으로 어떤 것과도 결부되어 있지 않고, 무언가를 관세계적으로(예컨대 날개 달린 말이라는 공통특징에 의해) 골라내도 그것은 자의적인 묶음에 불과하다. 오히려 어떤 세계의 날개 달린 말과 다른 세계의 날개 달린 소가 동일 대상이었어도 되기 때문이다.

러셀의 기술에 의한 지시와 크립키-캐플런의 직접지시의 차이는 기술을 만족하는 대상이 존재하지 않는 경우를 생각할 때보다도, 기술을 만족하는 대상이 현실에 존재하는 경우에 두드러지게 확인된다. 예컨대 셜록 홈스의 이야기에 쓰여져 있는 성질을 모두 갖는 인물(α라 부르자)이 우연히 단 한 사람 19세기 말 영국에 존재했고 도일은 그것을 알지 못한 채 셜록 홈스의 이야기를 썼던 것이라고 하자. 이 우연의 일치에 의해 러셀적 기술주의에 있어서 "셜록 홈스는 존재한다"는 참이 되고 "『셜록 홈스의 모험』은 α에 관해 올바르게 기술되고 있다"는 참이 된다. 러셀적 사고를 배경으로 한 라일의 환원주의가 명시적으로(노골적으로) 이 가능성을 인정했던 것을 상기하자. 이것에 비해 직접지시 이론에서는, 도일에게서 유래하고, 우리가 익숙하게 된 '셜록 홈스'라는 고유명의 사용은 α와는 아무런 인과관계가 없었던 것이므로 "셜록 홈스는 존재한다", "『셜록 홈스의 모험』은 α에 관해 올바르게 기술되고 있다"는 거짓이다. 도일이 이야기를 단순히 상상으로 만들어 낸 것인 한 아무리 기술을 만족하는 인물의 실재가 증명되어도, 셜록 홈스가 존재하게 되지는 않는다.

이 직접지시 인과이론을 기술구의 경우에도 적용하여 확장한 것은 도넬란이다. 도넬란에 의하면 기술구에는 속성적 용법(attributive use), 지시적 용법(referential use)이라는 두 종류의 용법이 있다(Donnellan, 1966: 46). 전자는 화자가 기술에 적용하는 대상을 골라내는 것이고 후자는 화자가 의중에 둔 대상을 기술을 이용해 지시하는 것이다. 참혹하게 살

해당한 스미스의 시체가 남겨진 이상할 정도로 처참한 현장을 보고 "스미스를 죽인 놈은 미치광이다"라고 말한 사람은 필시 누구든 그런 짓을 한 놈은 미치광이라는 의미에서 '스미스를 죽인 놈'이라는 기술구를 속성적으로 이용하고 있다. 한편 스미스를 죽인 죄로 기소되어 법정에 서 있는 인물의 이상한 행동을 보고 "스미스를 죽인 놈은 미치광이다"고 말한 사람은 필시 그 특정 인물을 지시하기 위해 기술을 지시적으로 이용한 것이다. 그리고 후자의 경우 기소된 피고가 진범이 아니라고 해도, 또는 그가 진범이 아니라고 화자가 알고 있는 경우에조차 화자의 "스미스를 죽인 놈은 미치광이다"는 지시에 성공하고 참(또는 거짓)이 될 수 있다.[45] 이 경우의 지시의 성공은 오로지 대상과의 물리적 인과관계가 있기 때문이다(Donnellan, 1966: 46~51. 단 도넬란은 지시의 성공을 위해 마땅한 인과관계가 어떠한 종류인 것인가에 관해서는 고찰을 유보하고 있다.[46]

도넬란에 의하면 러셀의 기술이론은 기술구의 속성적 용법에 들어맞는다고 해도, 지시적 용법을 고려에 넣고 있지 않은 것이 될 뿐이다. 설령 고유명이 기술의 생략형이라고 해도, 즉 기술을 배후에 두고 있다고 해도, 그 기술이 지시적으로 사용되고 있다고 한다면 기술의 실태로부터 벗

---

45) 단 험프티 덤프티[Humpty Dumpty, 『거울나라의 앨리스』에 등장하는 캐릭터 ― 옮긴이]처럼 좋아하는 기술구로 좋아하는 대상을 자의적으로 지시할 수 있다는 것은 아니다. 대략적으로 말하면 화자 자신이 무엇을 지시할 셈인지가 청자에게 이해될 것이라는 기대를 화자가 가질 수 있는 경우에 기술구의 지시적 용법은 지시에 성공하는 것이다(Donnellan, 1968: 212~215). Grice, 1957도 참조하라.

46) 인과적 지시이론에 있어서 적절한 '인과'의 정의가 곤란한 것은 예컨대 인과적 지각이론에 있어서 '인과'의 정의가 곤란한 것과 마찬가지로, 인과적 지각이론의 중요성 및 다른 이론을 배제한다는 의의에 비추어도 엄밀한 정의의 결여는 거의 문제가 아니라고 도넬란은 생각하고 있다(Donnellan, 1974: 18~19). 또한 도넬란은 인과적 지시이론이라는 용어를 좋아하지 않고, 역사적 설명이론이라 부르고 싶다고 말하고 있다(1974: 3).

어나 있다고 해도 그 고유명으로 화자가 의도한 것을 가리킬 수 있는 것이다.

이러한 인과적 지시이론에 있어서 고유명 및 기술구의 지시적 용법은 러셀이 말하는 '논리적 고유명'과 유사한 위상을 갖는다. 단 러셀의 논리적 고유명이 직접적인 앎에 의해 알려진 현전하는 대상을 직시해야만 함에 비해, 크립키의 고유명이나 도넬란의 지시적 용법의 기술구는 현전하는 대상만이 아니라 그 지시구의 사용이 역사적으로 명명되는 현장까지 거슬러 올라가게 되는 대상을 지시할 수 있다. 한편 러셀의 논리적 고유명이 지시에 실패할 수 없음[47])에 비해, 인과적 지시이론에 있어서는 지시적 용법의 지시구는 역사적으로 거슬러 올라갔을 때 명명 현장으로가 아니라 도넬란이 폐색(閉塞, block)이라 부르는 상황에 맞닥뜨리게 되었을 경우 지시에 실패하게 된다. 폐색은 ①실재물에 대한 명명 없이 이름이 날조되는 경우(허구창조), ②착각이나 환각에 의한 경우, ③역사적 전승의 혼란으로 복수의 대상이 혼합되어 하나의 이름으로 불리게 된 경우(자주 '호메로스'라는 이름이 이 경우의 한 예로서 거론된다)와 같을 때에 생긴다. 도넬란에 의하면 지시구가 폐색에 다다랐을 때 그것을 주어로 하는 문장은 그것이 성질을 귀속시키는 문장이라면 전혀 명제를 표현하지 않고(Donnellan, 1974: 20~21), 존재문이라면 부정문일 때 참인 명제를 나타내고 긍정문일 때 거짓인 명제를 나타내는 것이다.

이름의 사용이 역사적으로 거슬러 올라가 명명 현장에 다다르는가

---

47) 외적 대상이 존재하지 않는 경우도 감각자료(sense data)가 지시의 대상이 된다(Russell, 1912: 26). 러셀에 있어서는 예컨대 외적 대상 그 자체는 눈앞의 인물이어도 그 육체나 마음은 오히려 기술에 의한 간접적 앎의 대상이다(1912: 30).

그렇지 않으면 폐색으로 끝나는가 하는 것은 정확히는 신과 같은 "역사의 전지(全知)한 관찰자"(Donnellan, 1974: 16~17)가 아니면 알 수 없다. 그러나 한편 이름이 함축하는 기술이 어떤 대상에 적용되는가 그렇지 않은가 하는 것은, 현실세계 내에 영역을 한정하면 마찬가지로 전지한 관찰자를 필요로 하지만 가능세계까지 생각한다면 그 이름이 모순된 기술을 포함하고 있지 않는 한 반드시 대상이 존재할 것이다. 그러나 하나로 결정할 수는 없을 것이다. 하나로 결정하는 것은 전지한 관찰자라도 불가능할 것이다. 즉 인과주의는 지시대상의 '데 레'적 확정에 관해서는 '전지한 관찰자'라는 개념을 인정하면 해결되지만 양상적인 기술주의는 원리적으로 기능할 수 없다는 것이다.[48]

캐플런의 우화를 보자. "멀리 헛간 속에 적어도 한 마리의 암소가 있다. 그 중 한 마리를 '호시'(Hosshey)라 부르자. 그런데 이 암소의 체중은 얼마일 것인가?"(Kaplan, 1973: 506) 이와 같은 명명은 불가능하다고 캐플런은 말한다. 많은 세계에 있는 많은 대상들 중 지시대상을 결정해서 명명하는 것은 불가능하다. 그러나 캐릭터의 이름이 지시적 용법으로 작용하는 고정지시어가 아니라 속성적 용법으로 작용한다고 인정한다면, 유일 대상을 결정하는 데는 부족한, 느슨한 기술에 의해 공통 성질로 묶인 대상군을 골라낼 수 있게 될 것이다. 벌거숭이 개별화의 원리에 의해서가

---

[48] 만약을 위해 확인해 두자면 지시 인과주의는 양상적이든 비양상적이든(즉 캐플런, 크립키와 같이 가능세계를 제안하든 도넬란처럼 현실세계로만 생각하든) 전지한 관찰자에 의해 지시 대상의 유무 결정, 확정이 가능하다. 가능세계는 원래 현실과 인과관계가 없으므로, **현실에 존재하지 않는** 가능세계 내 대상이 현실세계 내의 이름에 의해 지시되는 것은 있을 수 없기 때문이다. 또한 2장 7절에서도 접했지만 크립키나 캐플런이 H라든가 w_1이라든가 찰리라는 이름으로 현실세계와 인과관계가 없는 한 세계를 골라낼 때, 지시 이외의 무엇을 하고 있는 것인가는 재고할 가치가 있을 것이다.

아니라 성질에 의해 묶인 그 대상들이 관세계적으로 같은 대상이라고 인정하든지 다른 대상이라고 하든지 이름에 의한 선출이 가능하게 된다. 허구론에서 가능세계를 사용하려고 할 때, 허구명으로 가능세계 내의 개체(군)를 골라낼 수 없는 이론이라는 것은 스스로의 특권을 활용하고 있지 않은 것이 될 것이다. 어쨌든 기껏 가능세계를 불러냈으면서, **현실세계에 존재하는 대상의 가능적 양태**밖에 논할 수 없다는 것이기 때문이다. 이미 본 '우의설'로의 붕괴이다. 그러나 바로 허구적 대상이라는 것은 그 대부분이 현실세계에 존재하지 않고 가능세계들에만 실재한다고 상정되는 것이다.

현실세계와 다른 가능세계들 사이에는 절대적인 폐색이 가로막고 있기 때문에 비현실의 허구적 대상을 이해하는 데 인과적 지시이론은 전혀 도움이 되지 않는다. 도넬란이 스스로의 비실재 이론을 기술하는 데 있어 '픽션(허구)에 관한 논의'는 제외하고 현실에 관한 논의로 한정하고 싶다고 투덜댄 것은 필시 현명했다(Donnellan, 1974: 5). 그러나 실재하지 않는 대표격인 허구적 캐릭터(fictional character)에 관해 말할 수 없는 것이라면, 비실재에 관한 이론으로서는 너무나도 신통치 않다. 가능세계를 이용하면서 가능세계 특유의 존재를 지시, 술어화 불가능하다고 하는 크립키, 캐플런의 이론은 더욱더 그럴 것이다. 아니, 크립키도 캐플런도 명시적으로는 '페가수스'나 '홈스'는 지시가 불가능하다고 말하고 있을 뿐으로 그 이름을 사용한 술어화 문장이 참이거나 거짓이거나 하는 것은 인정할 수 있었을지도 모른다(전술했듯이 Donnellan, 1974: 20~21은 이것을 부정하고 있지만). 그래서 우리도 문장 단위로, 즉 '데 딕토'적으로 성질로 묶인 대상들을 포함하는 명제들의 진리조건을 결정하는 유형의 다세계설로 가 보자.

12. '데 딕토' 가능다세계설 (데이비드 루이스)

허구적 대상은 각 세계에서 적절한 역할을 행하는 상대역(counterpart) 의 집단이다.

'데 레' 가능다세계설은 허구명이 한 개의 대상을 관세계적으로 확정해야만 한다고 상정한 것에서부터 결국 허구명은 어떤 특정한 것도 가리킬 수 없기 때문에 아무것도 가리키지 않는다는 물리주의로 귀착해 버렸다. '데 레' 가능다세계설이 왜 자가당착에 빠졌는가를 다시 음미해 보자. 기술이론의 표기를 이용해 정식화한다면 '데 레' 가능다세계설의 당초 대상론에 있어서 예컨대 "홈스는 탐정이다"는 다음과 같은 명제가 되었을 것이다.

'탐정이다'를 D, 『셜록 홈스』라는 픽션'을 S, S에 현재(顯在)·잠재하고 있는 홈스의 특징들 $F_1, F_2, \cdots F_n$을 모아 F로 나타내기로 하고,

$\exists x[inS\ (Fx \wedge \forall y(Fy \supset x=y) \wedge Dx)]$

이 명제를 Sr이라 하자. 이것에 비해 '데 딕토'적 다세계설에서 "홈스는 탐정이다"는 다음과 같은 명제 Sd가 될 것이다.

$inS\ [\exists x\ (Fx \wedge \forall y(Fy \supset x=y) \wedge Dx)]$

Sr과 Sd의 차이[49]는 존재양화사가 내포적(양상적) 연산자 inS의 작용역(作用域, scope) 밖에 있는가, 안에 있는가이다.[50] inS는 앞앞 문단에서 보았듯이 '무수한 가능세계에 있어서'란 뜻이고, 더욱 상세하게 말하

면 '『셜록 홈스』라는 픽션이 사실로서 말해지고 있는 최소이탈세계 전부에 있어서' 라는 뜻이다. Sr에 있어서는 ∃x가 inS의 밖에 있으므로『셜록 홈스』라는 픽션이 사실로서 말해지는 최소이탈세계 전부에 있어서 $F_1x \land F_2x \land F_3x \land \cdots\cdots F_nx$인 x, 즉 세계들을 통해 동일한 x가 있고 그것이 각 세계에서 D라는 성질을 갖는다는 의미이다. 이것에 비해 Sd는 inS가 가장 밖에서부터 걸려 있으므로, $F_1x \land F_2x \land F_3x \land \cdots\cdots F_nx$인 단일대상이 D라는 것이 각자의 최소이탈세계에 있어서 성립하고 있다는 의미이다. Sd의 경우 각 세계에 있어서 단일대상은 각 세계에서 하나면 되고, 모든 세계를 통해서 동일한 것일 필요는 없다.

단일대상을 나타내는 이오타(ι) 연산자를 이용해서 고쳐 쓰면,

$$Sr\ (inS\ D)\ (\iota x)\ inS(F_1x \land F_2x \land F_3x \land \cdots\cdots F_nx)$$
$$Sd\ inS\ [D\ (\iota x)(F_1x \land F_2x \land F_3x \land \cdots\cdots F_nx)]$$

가 될 것이다. 통상적인 언어로 굳이 차이를 확인하면 Sr은 "셜록 홈

---

49) 덧붙여 Sr, Sd 이외에 "홈스는 탐정이다"를 다음과 같이 전혀 다른 모양으로 해석하는 것도 가능하다. $\forall x[inS(Fx \supset Dx)]$] 이 전칭명제는 inSFx인 x가 현실세계에 없다고 한다면, 공허한 의미에서 참이다. "프랑스의 현 국왕은 대머리이다", "최대 소수는 1억보다 작다"도 이런 의미에서는 참(후자는 필연적 참)이 된다.
50) 이 장 1절의 각주 6번을 참조하라. 1절의 SA, SB의 구별과 여기서의 Sr, Sd의 구별은 다르다는 것에 주의하라. Sd는 SB와 동형이지만 Sr은 SA보다도 기술의 범위가 좁은 '데 레' 명제가 되고 있다. 이것은 '데 레', '데 딕토'라는 이분법에 있어 기술의 범위가 단계적인 이동을 허용한다는 것을 보여 주는 가장 단순한 예이다. 또한 SA 혹은 그것에 대응하는 $\exists x[Fx \land \forall y(Fy \supset x=y) \land inSDx]$는 셜록 홈스가 현실세계에서 F라는 명료한 마이농적 명제가 되고 있다. 단 루이스를 포함해 가능세계론자는 종종 가능자나 가능세계에 대해 현실세계로부터의 양화를 행한다. 현저한 예는 루이스의 1970년 연구이다. 가능세계설은 근본적으로는 가능자를 현실세계의 원소로 하는 마이농주의의 특수형(완전 대상만을 인정하는 버전)이라는 것을 통찰할 수 있다.

스는 다음과 같은 것이다. 즉 픽션 세계들에 있어서 탐정인 것이다", Sd는 "픽션 세계들에 있어서 다음이 성립한다. 즉 셜록 홈스는 탐정이다"라고 표현될 것이다. 여기서 Sr을

$$D\ (\iota x)\ inS(F_1x \wedge F_2x \wedge F_3x \wedge \cdots\cdots F_nx)\quad \cdots\cdots Sr^*$$

로 나타내는 것은 불가능하다는 것에 주의하라. 앞앞 절에서 본 대로 크립키에 의하면 "셜록 홈스는 탐정이다"는 문자 그대로는 참인 명제가 아니다. 허구에 있어서 $F_1, F_2, \cdots\cdots F_n$인 홈스는 현실세계에서 탐정이라는 성질을 갖는 것은 아니다. 그렇게 생각하는 것은 마이농주의에 동조하는 것일 터이다. 홈스는 비존재이고 현실세계의 일원은 아니므로((ιx) $inS(F_1x \wedge F_2x \wedge F_3x \wedge \cdots\cdots F_nx$)는 $\psi(G)$의 구성원은 아니다) Sr^*은 거짓이다. 홈스에 관해서는 직접 '탐정이다'하고 술어화해서 진리를 나타내는 것은 불가능하고 대개 '허구에 있어서 탐정이다(inS D)'라는 그림자와 같은 성질을 부여할 수 있을 따름이다.

그러나 생각해 보면 그림자와 같은 성질이라도 inS D가 성질이라면 플란팅가의 존재론적 원리에서 보았듯이 inS D를 술어로 하는 참인 단순명제의 주어는 어떠한 존재성을 갖고 있어야만 한다. 그를 위해서는 홈스는 $\psi(G)$의 일원이어야만 한다. 그러나 크립키의 체계에서 비존재물은 $\psi(G)$에는 들어가지 않는다. 따라서 Sr이 참인 명제이기 위해서 Sr은 실은 비서술적 단순명제, 즉

$$inS\ [D\ (\iota x)\ inS(F_1x \wedge F_2x \wedge F_3x \wedge \cdots\cdots F_nx)]$$

라는 명제여야만 한다. 이것은 이미 Sr이 아니라 바로 Sd이다(두번째 의 inS는 군더더기로 불필요하다). 즉 현실세계에 홈스가 어떠한 형태로 속해 있고 단일한 것으로 지시, 확정 가능하다는 파슨스-마이농의 입장을 채용하지 않는 이상, 크립키도 캐플런도 관세계적으로 확정되는 홈스란 유일존재를 가질 근거가 없었던 것이다.

대저 크립키는 $\psi(H)$의 구성원이 아닌 대상만이 양화의 범위에 있을 때는 $\exists xFx$인 어떠한 명제도 거짓이라는 것을 전제로 하고 있었다 (kripke, 1963: 67~68). 따라서 홈스에 관한 명제를

$$\exists x \, [inS \, (Fx \wedge \forall y(Fy \supset x=y) \wedge Dx)]$$

로 나타내는 것은 불가능했던 것이다. 물론 F의 내용이 현실에서 벗어나 있기 때문이라고 해서, 또 inS가 붙어 있다고 해서 이 Sr의 형태로 참인 명제를 절대로 표현할 수 없다는 것은 아니다. 예컨대 W를 『전쟁과 평화』, N을 『전쟁과 평화』에 그려진 나폴레옹의 성질들, R을 '러시아를 공격했다'라는 술어라고 하면,

$$\exists x \, [inW \, (Nx \wedge \forall y(Ny \supset x=y) \wedge Rx)]$$

는 참이다. 왜냐하면 실재하는 나폴레옹이 이 양화의 범위에 있고 이 존재문을 단일한 것으로 만족하기 때문이다. 『전쟁과 평화』 내에서 실재하는 나폴레옹에게 $N_1, N_2, \cdots\cdots N_n$이라는 성질들이 부여되고(그 중에는 현실에서 나폴레옹이 갖고 있지 않은 N_i도 몇 가지 있다), $N_1, N_2, \cdots\cdots N_n$이 부여되고 있는 것은 『전쟁과 평화』에서 단 하나인데, 또한 그것에게 R이 부

여되고 있기 때문이다. 그러나 홈스를 비롯해서 대다수의 허구 캐릭터에 관해서는 이런 형태로 참인 명제로 나타내는 것이 불가능하다. 코난 도일은 홈스의 이야기를 썼을 때 실재하는 어떠한 인물에 **관해서도** 쓰지 않았다(모델이 있었을지도 모른다는 것은 다른 문제이다). 홈스가 누구인가를 결정하는 하나의 실재물은 없는 것이다. 여기서 인과적 지시이론이 효력을 발휘하게 된다. 현실에서 우발적으로 홈스와 똑같은 인물이 있었다고 해도——쌍둥이 지구의 런던에 『셜록 홈스』의 이야기와 조금도 다르지 않은 사건이 일어나고 있다고 해도——도일이 실제로 그 인물에 관해 썼다는 인과적, 논리적 관계가 없는 이상, 그 홈스적 인물은 홈스 그 사람일 수 없다. 이리하여 인과적 지시이론에 의해 도일이 창작한 인물을 확정해야 할 쐐기는 현실세계에 없고 따라서 우리는 단일한 홈스의 존재를 포기해야 하게 될 것이다. 인과적 지시이론의 타당성에 의문을 던지면서 기술에도 의하지 않고 명명 현장과의 물리적 연결에도 의하지 않는 비인과적 단일 확정이 가능하다는 생각은 15절에서 음미하겠지만, 그러한 이론은 어떠한 형태의 '데 레' 존재명제를 반드시 포함하게 되기 때문에 '가능하면서 비존재인 개체'의 존재성이라는 많든 적든 마이농적 개입을 행해야만 한다는 것도 동시에 판명될 것이다.

이리하여 '데 레'설은 반박되었고, 이제 당연히 남은 또 하나의 선택지인 '데 딕토'설의 전망을 살펴보자. Sr은 개체에 관해 그 양상적 성질을 기술한 명제, 즉 사상(事象)양상 '데 레' 명제이고 Sd는 명제에 관해 그 양상적 성질을 기술한 명제, 즉 언표양상 '데 딕토' 명제이다. Sr은 특정 개체에 관해 기술하고 있고 Sd는 특정 상황을 단위로 해서 그것에 관해 어떤 것을 기술하고 있다고 말해도 좋다. 특정 상황이 그 상황임을 만족할 수 있기 위해서는 상황을 구성하는 단위인 대상들은 엄밀히 같은 것일 필요는 없고 같은 역할과 매우 많이 유사한 무언가가 각 세계에서 각자 그 상황을 행하고 있으면 그 상황은 각 세계에서 성립할 수 있는 것이다.

크립키, 캐플런은 반마이농주의와 인과적 지시이론에 의해 $inS(F_1x \wedge F_2x \wedge F_3x \wedge \cdots\cdots F_nx)$라고 할 때 무수한 S세계를 통해 $F_1x \wedge F_2x \wedge F_3x \wedge \cdots\cdots F_nx$인 x가 특정한 하나라는 보증이 어디에도 없다는 것에서부터 (ιx)로의 속박을 불가능하다고 간주하고, 홈스라는 실체의 존재뿐만 아니라 가능성도 부정한 것이었다. 그러나 전체적으로 봐서 $F_1x \wedge F_2x \wedge F_3x \wedge \cdots\cdots F_nx$인 x가 특정한 하나가 아니라도 각 S세계에는 그러한 x가 하나씩 존재한다는 것은 확실하다(하나도 없는 세계, 두 개 이상 있는 세계는 S세계의 후보에서 제외되어 있을 것이다[51]). 따라서 Sd는 참으로서 성립할 수 있다. 루이스의 다세계설은 이러한 '데 딕토'적 해석하에서 허구명에 관한 명제를 분석하는 것이다.

---

[51] 『셜록 홈스』와 같은 어느 정도 실제적(real)이고 복잡한 스토리의 경우는 배경을 추측함으로써 같은 세계에 홈스 같은 인물이 그 외에 있는 것은 아니라고 결론 지을 수 있다. 그러나 커리는 우리가 2장 7절에서 생각한 종류의 단순도식적 이야기의 경우를 염려하고 있다. "자크는 아침에 일어나서 아침밥을 먹었다." 이것이 이야기의 전부인 경우다(Currie, 1990: 151). 이 이야기의 각 세계가 우리의 세계와 닮은 세계라고 한다면 '자크'라는 이름으로 '아침에 일어나서 아침밥을 먹었다'라는 행위를 행한 인물이 한 사람뿐이라고는 생각하기 힘들다. 그러나 우리는 이 이야기의 각 세계에 있어서는, 특정한 한 사람의 자크에 관해 이야기할 수 있다고 생각할 수밖에 없다. 커리는 이 직관을 확보하기 위해 일반적으로 n개의 대상의 성질, 관계(합해서 F라 한다)를 기술하는 픽션은 전체로서 다음과 같은 명제를 나타내고 있다고 생각한다(1990: 154)

∃¹x_1……∃¹x_{n+1}[F(x_1……x_n)] 그리고 x_{n+1}은 텍스트 T에 책임이 있고 T는 x_1……x_n의 활동에 관해서 x_{n+1}의 지식을 기술하고 있다]

∃¹x_1……∃¹x_{n+1}은 x_1……x_{n+1}의 단일 존재를 나타내는 양화사이다. 이것은 허구를 말하는 작가(fictional author)(물론 현실의 작가와는 다르다)의 단일성에 의해 각 등장인물의 단일성을 보증하려고 하는 아이디어다. 커리는 픽션에 있어서 "홈스는 파이프 담배를 피운다"와 같은 개별적 문장은 그 자체로는 명제를 나타내지 않고 스토리 전체가 한 개의 큰 명제를 나타내고 있다는 전체론을 전개하고 있는데(1990: 155), 그 생각은 13절에서 간단히 접할 것이다.

루이스에 의하면 무릇 개체는 전부(실재하는 개체든 허구적 개체든) 한 세계 내에 가둬져 있다. 그러나 여기서는 이렇게 강한 일반 형이상학은 반드시 전제로 하지 않아도 좋다. 루이스의 허구론에 있어서 중요한 것은 다음과 같은 인식이다(괄호 안은 인용자 보충).

어떤 픽션이 '셜록 홈스'라는 이름을 이용하고 있다고 하자. 같은 스토리가 픽션이 아니라 알려진 사실로서 말해지고 있는 세계들(최소이탈세계)에서는 이 이름들은 정말로 여기서(현실세계에서) 그렇다고 간주되고 있는 것, 즉 소설작가(storyteller)에 의해 알려진 실재하는 캐릭터의 통상적 고유명이다. 여기 우리의 세계에서 소설작가는 단순히 '셜록 홈스'가 통상적 고유명의 의미론적 특징을 갖는 듯 위장하고 있을 뿐이다. 우리의 세계에서 사용되는 경우에 그 이름이 그러한 (의미론적) 특징을 정말로 갖고 있다고 생각해야 할 이유는 전혀 없다. 우리가 사용하는 그 이름은 통상의 고유명과는 전혀 닮지 않은 것일지도 모른다. 실제로 그것은 극히 비고정적(non-rigid)인 의미를 갖고 있을지도 모르고 그 의미는 이야기 속에서 발견되는 홈스의 기술, 그의 행동에 의해 대부분 결정되는 것이다. (중략) 우리가 사용하는 '셜록 홈스'의 의미는 다음과 같은 것이다. 임의의 (최소이탈세계) w에 있어서 ('홈스'라는) 이름은 w의 어떤 거주자이든 홈스의 역할을 거기서 행하고 있는 인물을 w에 있어서 지시한다. 그 역할의 일부는 물론 통상의 고유명 '셜록 홈스'를 담지하고 있다는 것이다. 그러나 그것은 '셜록 홈스'가 w에 있어서 통상의 고유명으로서 사용되고 있다는 것을 보여 주는 데 지나지 않고, 여기(현실세계)에서 그렇게 사용되고 있다는 것을 보여 주고 있지는 않다. (Lewis, 1978: 267)

앞 절에서 본 캐플런의 허구명론과 마찬가지로 루이스도 각 세계에서 사용되는 '홈스'는 각자 고유명인 반면, 우리가 사용하는 '홈스'는 아무것도 가리키지 않는 비한정 기술명이라고 한다. 무수하게 있는 홈스 세계 중 어딘가에서 고유명을 특별히 특권화해서 사용할 이유는 없기 때문에 우리가 사용하는 유일한 '홈스'란 이름은 결국 아무것도 가리키지 않는 것이 된다. 상황, 역할을 매개해서 무엇이든 거기서 홈스의 기술을 만족하는 것이 '홈스'라 불리게 된다.

이 '데 딕토'설은 '셜록 홈스'가 아무것도 가리키지 않는다는 점에서 기술이론이나 물리주의와 궤를 같이하지만 그 이론들이 허구명을 공허한 이름으로 간주하는 데 비해 루이스의 이론은 불확정한 이름으로 간주하고 있다. 표현을 바꾸면 허구명은 각 세계에 따라 각자의 것을 가리킨다(같은 것도 있고 다른 것도 있다)고 정식화할 수 있을 것이다. 즉 홈스가 누구인가를 텍스트의 미규정 부분으로 간주하는 것이다. 『전쟁과 평화』의 나폴레옹과 같이 누구인지 결정되어 있지 않은 홈스가 누구인가는 작품 세계의 불완전성의 일부인 것이다. 예컨대 미규정 부분의 모범적 예 '맥베스 부인은 몇 명의 자식을 낳았는가'에 관해서는 우리는 다음과 같은 것밖에 말할 수 없다(M은 『맥베스』, N은 "맥베스 부인이 낳은 아이의 수이다").

inM[∃x(Nx∧∀y(Ny⊃x=y))](『맥베스』 내에서 맥베스 부인이 낳은 아이의 수는 한 가지로 결정되어 있다)

이것을

x[inM(Nx∧∀y(Ny⊃x=y))](『맥베스』 내에서 맥베스 부인이 낳은 아이의

수는 한 가지로 결정되어 있다)

가 성립한다고 생각하는 것은 루이스-후기 크립키에 의하면 틀린 것이다. 각 세계에서 다른 수로 분기하는 맥베스 부인의 아이의 수 전부와 같은 자연수는 존재하지 않기 때문이다. 마찬가지로 H를 "『셜록 홈스』라는 직접지시의 지시대상, 즉 홈스 바로 그 사람이다"로 하면

inS[∃x(Hx∧∀y(Hy⊃x=y))](『셜록 홈스』 내에서 홈스인 사람이 한 명 있다)

는 [ ] 안이 어떠한 최소이탈세계에서도 사실이므로 참이지만,

∃x[inS(Hx∧∀y(Hy⊃x=y))](『셜록 홈스』 내에서 홈스인 사람이 한 명 있다)

는 거짓이다.[52] 최소이탈세계에서는 홈스적 역할만이 보증되어 있고 '홈스'가 누구인가는 세계마다 분기하므로, 그들 전부와 동일 인물인 사람은 아무도 없기 때문이다.

---

[52] H를 "직접지시의 지시대상, 바로 홈스 그 사람이다"라고 했지만 이것은 각 세계에서의 고유명 '홈스'의 지시대상이라는 의미이고, 홈스의 관세계적 개체원리는 아니라는 것에 주의하라. 개체원리는 두 식의 x의 값이 되는 것이지만 세계마다 다른 개체원리가 들어갈 수 있다. '홈스의 개체원리'로 간주되는 개체원리가 각 세계에서 다른 것이다. 또한 개체원리는 추상적 실체로 구체적 예에 의해 예시되고 있지 않다고 해도 필연적으로 존재한다고도 자주 논해져 왔다(ex. Loux, 1979: 55). 그렇게 생각하면 각 세계에서 '홈스'의 직접지시 대상이 되는 각자의 개체원리는 모두 현실세계에 속하고 있게 되지만 그 때문에 우리의 각 '홈스'는 불확정한 것이다.

여기서 루이스와 크립키의 허구문에 대한 부치(付値)에 관한 차이를 살펴보자면, "맥베스 부인은 두 아이를 낳았다", "홈스는 다윈이다"라는 문장은 위에 본 거짓인 '데 레' 존재명제에 각각 두 아이, 다윈이라는 특수 예를 대입한 명제를 나타내고 있지만 루이스에게 있어서는 그 명제는 어떤 최소이탈세계에서 참이고 다른 최소이탈세계에서 거짓이므로 2장에서 보았듯이 정의상 참도 거짓도 아닌 것이 된다. 이치논리를 채용한 크립키에게 있어서는 그 명제는 단적으로 거짓이 된다.

루이스의 '데 딕토' 접근은 허구명의 유일한 지시대상을 인정하지 않는 것에 의해 전기 크립키식의 '데 레' 접근의 난점이었던 인과적 지시이론에 저촉되는 것을 회피하고 동시에 후기 크립키식의 물리주의적 접근과는 달리 허구명에 내용을 부여하고 있다. '셜록 홈스'는 무수한 홈스 세계에 사는 홈스적 인물의 집합을 나타내고 있다는 것이다. 단 루이스는 실제로는 '셜록 홈스'가 그러한 집합을 가리킨다고는 말하고 있지 않다. 그의 이론은 '픽션에 있어서 참'을 정의하는 것이고, 허구명이란 무엇인가를 직접적으로 해명하는 것은 아니다. 앞에서 인용했던 루이스의 '데 딕토' 허구명론——임의의 w에 있어서 w의 어떠한 거주자든 홈스의 역할을 거기서 행하고 있는 인물을 w에 있어서 지시한다——으로부터 자연스럽게 도출되는 듯 생각되는 결론은, '셜록 홈스'라는 이름이 현실세계에 있어서 **지시하는** 것은 없는 반면, 각 세계에 있어서 홈스의 역할을 하고 '홈스'라는 이름을 갖는 홈스적 인물의 집합을 **의미한다**는 것이다. 즉 허구적 대상이란 다세계에 존재하는 일정 기술을 충족하는 대상들의 집합이 될 것이다. 그러나 루이스의 '데 딕토' 이론에서 귀결되는 허구적 대상의 후보는 그 외에도 있다. 루이스 자신이 동의했을지도 모르는 다른 가능성을 명확하게 기술하고 있는 두 가지 이론을 다음 절에서 음미해 보자.

13. '데 딕토' 초세계설 (로버트 스톨네이커, 그레고리 커리)

허구명은 모든 세계를 통해 같은 작용을 갖는다.

초세계설이라 명명했지만 실질적으로는 루이스식의 '데 딕토' 다세계설과 마찬가지로 허구적 존재는 다세계에 각자 존재하는 각자의 것으로 이루어진다고 하는 이론이다. 단 현실세계에서 사용되는 허구명이 지명하는 것이 무엇인가에 관한 인식이 루이스설과 미묘하게 다른 두 주된 이론을 여기서 논하고 싶다. 하나는 루이스설보다도 비(非)현실정위적이고 또 하나는 루이스설보다도 현실정위적이다. 루이스에 의하면 현실세계에 있어서 이름 '셜록 홈스'는 아무것도 지시하지 않고 그 의미는 세계마다 다른 대상을 가리키는 기술이었다. '셜록 홈스'가 세계마다 다른 대상을 가리킨다는 것은 『셜록 홈스』의 세계들에서는 그 세계에 독특한 고유명으로서 기능한다는 것이다. 따라서 현실세계에서는 불확정한 기술이 『셜록 홈스』의 세계들에서는 고유명이 된다. 그런데 이것에 비해 로버트 스톨네이커는 현실세계의 '셜록 홈스'라는 이름도, 『셜록 홈스』 세계의 어떠한 '셜록 홈스'라는 이름도 전부 같은 것이라고 하는 생각을 전개하고 있다.

스톨네이커(Stalnaker, 1978)에 의하면 우리가 명제를 주장하는 경우 화자와 청자가 공통으로 갖는 전제 ─ 이것은 명제들의 형태로 표현되므로 가능세계의 집합(스톨네이커는 문맥집합이라 부른다)이다 ─ 를 주장 내용의 정보를 통해 좁혀 가는(즉 문맥집합을 줄여 가는) 커뮤니케이션이 행해지므로, 어떤 주장을 통해 문맥집합을 형성하는 각 세계에 있어서 같은 명제가 표현되어야만 한다. 그렇지 않으면 주장이 담고 있는 정보로 인해 어떤 세계를 문맥집합에서 빼야 하는지 남겨야 하는지 판정할 수 없고 주장이 정보전달로서 작용하지 않게 되기 때문이다(1978: 327). 그런데 "셜록 홈스는 존재하지 않는다"라는 주장을 생각해 보자. 스톨네이커는 인과적 지시이론에 의해 홈스라는 이름이 현실세계에 있어서 아무것도 지시하지 않는다는 것을 인정한 뒤에 다음과 같은 경우를 생각한다.

i는 현실세계.

j는 현실세계에는 없는 '셜록 홈스'라는 이름의 유명한 탐정이 19세기 영국에 살았고 그 탐정이 다룬 사건들을 코난 도일이 사실로서 기록하고 있는 세계.

k는 코난 도일이 '셜록 홈스'라는 이름의 유명한 탐정으로 자신이 다룬 사건들에 관해 '코난 도일'이라는 가명으로 자전적 기록을 쓰고 있는 세계.

j, k는 최소이탈세계이고 루이스식의 분석하에서 『셜록 홈스』라는 픽션을 구성하게 되는 세계들의 구성원이라고 말해도 좋을 것이다. 그러면 여기서 세로축을 "셜록 홈스는 존재하지 않는다"라는 진술이 무엇을 말하게 되는지를 결정하는 가능세계, 가로축을 인물들에 관해 무엇이 일어나고 있는지를 결정하는 가능세계로 해서 다음과 같은 매트릭스로 쓸 수 있다(Stalnaker, 1978: 330).

	i	j	k
i	T	T	T
j	T	F	T
k	F	F	F

명제는 세계로부터 진리치로의 함수이므로 세 개의 긴 가로행은 각 세계에 할당된 명제를 나타낸다. 예컨대 가장 위의 행은 현실세계 i에 대

해 할당된 명제(i에서 "셜록 홈스는 존재하지 않는다"가 나타내는 명제)로 그 명제는 i, j, k 어느 것에나 T를 할당하는 명제이다. 한가운데 행의 오른쪽 끝 T는 세계 j에 있어서 말해지는 "셜록 홈스는 존재하지 않는다"라는 명제가 세계 k의 상황에 있어서 참이 된다는 것을 나타내고 있다. j에서 '홈스'라 불리는 인물은 k에 등장하고 있지 않을 것이기 때문이다. 이 매트릭스는 세계로부터 명제로의 함수를 나타내고 있고 스톨네이커는 이것을 '명제 개념'(propositional concept)이라 부르고 있다.[53] 그런데 앞에서 확인했듯이 "셜록 홈스는 존재하지 않는다"라는 문장이 주장으로서 정보전달에 이용된다면 그것은 모든 세계에서 같은 명제를 표현해야만 한다. 특히 셜록 홈스 이야기의 기원에 관해 위 세 가지 가능성 중 어느 것이 현실적인지 모르는 사람에게 기술된다면 그러한 사람은 i, j, k 중 어느 것이 현실세계인지 알지 못하는 것이기 때문에 "셜록 홈스는 존재하지 않는다"가 세 개의 명제 중 어느 것을 전달하고 있는 것인지 파악할 수 없게 된다. 그래서 모든 세계에 있어서 "셜록 홈스는 존재하지 않는다"가 나타내는 같은 명제로서 '대각선 명제'(diagonal proposition)를 구성하는 것이 바람직하다. 그것은 문자 그대로 왼쪽 위부터 오른쪽 아래로 대각선으로 읽은 명제, 즉 i, j, k에 있어서 각자 T, F, F가 되는 명제이다. 즉 이것은 어떠한 세계에 관해서도 그 해당 세계에서의 진술 "셜록 홈스는 존재하지 않는다"가 표현하는 명제가 그 세계에 있어서 참일 때, 그때에만 그 세계에서 참

---

[53] 세계로부터 개체로의 함수를 개체 개념이라 불러 온 것과 대비적이다. 만약을 위해 확인하자면 통상 세계로부터 개체의 집합으로의 함수를 성질이라 부르고, 세계로부터 순서 n쌍 개체의 집합으로의 함수를 n항 관계라 부른다는 것을 상기하라. 마찬가지의 절차로 성질 개념, 관계 개념, 명제개념 개념, 개체개념 개념, 성질개념 개념, 관계개념 개념……을 필요에 따라 구성할 수 있다는 것을 명심했으면 한다.

인 명제이다. 이것이야말로 "셜록 홈스는 존재하지 않는다"가 모든 세계에서 나타내야 할 유일한 명제로서 어울리는 명제이다. 따라서 진정한 매트릭스는 위의 매트릭스에 '대각선화'(diagonization)를 행한 다음의 매트릭스이다(Stalnaker, 1978: 331).

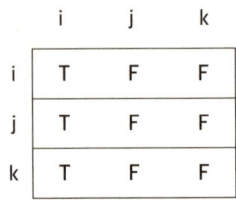

이 매트릭스가 "셜록 홈스는 존재하지 않는다"의 명제 개념이다. "셜록 홈스는 존재하지 않는다"라는 주장은 모든 세계에 있어서 동일한 명제를 나타낸다. 그러므로 현실파악이 불충분해서 i, j, k 중 어느 것이 현실세계인지 알 수 없었던 사람에게도 "셜록 홈스는 존재하지 않는다"의 주장 내용이 완전히 전해지는 것이다. 주장이란 이러해야 하는 것이다.

이것은 '셜록 홈스'라는 이름이 무엇을 가리키고 있는지를 직접 논하고 있는 이론은 아니다. 그러나 '셜록 홈스'는 i에 있어서 가능자와, j와 k에 있어서 존재자를 뭉뚱그려 가리킨다는 것이 필연적으로 귀결되고, 이 대각선화의 절차는 '셜록 홈스'에 관해 술어화한 다른 모든 주장에 대해서도 구성할 수 있다.[54] 따라서 '셜록 홈스'라는 이름은 주장에 이용되는 한 현

---

54) 예컨대 "홈스는 파이프 담배를 피운다" 등에 관해서는 다음 절의 '메이크 빌리브(make believe) 설'에 의해 동등하게 해석하는 것도 가능하다. 즉 이러한 주장은 홈스가 없는 현실세계에서는 실은 아무것도 기술하고 있지 않지만 우리는 그것이 홈스 세계에 있는 인물을 기술하고 있다는 것을 믿는 척한다, 혹은 기술하고 있는 듯 취급한다는 해석이다. 현실정위의 보통 명제에 대해 '믿는 시늉을 한다'라는 명제태도를 취하는 것에 의해 유사신념세계를 만들어 낸 것이 되고, 대각선 명제를 인정하지 않고 대각선 이론과 같은 효과를 얻는 것이 가능한 듯 생각되는 것이다.

실세계에서 사용되는 이름임과 동시에 모든 홈스 세계에 있어서 사용되는 동일한 이름이고, 모든 세계에서 같은 기능을 갖는다――즉 어떠한 세계에 있어서도, 모든 세계의 홈스적 인물 전부를 동시에 나타낸다는 것이 귀결된다. 이것은 현실세계에 있어서 이름 '셜록 홈스'와 홈스 세계들에 있어서 '홈스'를 구별한 루이스나 캐플런의 허구명 이론과 크게 다르다.

마치 모든 가능세계를 밖에서부터 공평하게 바라보는 초월적 시점을 단일세계 내의 의식이 가질 수 있는 듯한 이론이지만 그 초월적 시점을 지지하는 것이 '무지'(無知)라는 역설이 재미있다(생각해 보면 전지한 관찰자가 아닌 우리 자신은 현실세계에 셜록 홈스가 존재하지 않는다고 100% 확신하는 것은 불가능하고 실로 확신(주장)할 수 있는 것은 이른바 가언적인 대각선 명제뿐인 것이다).

스톨네이커의 이 대각선 이론은 '셜록 홈스'가 모든 세계를 통해 같은 하나의 집합(홈스적 인물의 집합)을 **가리키고 있다**고 간주하고 있는 것일까.[55] 정확히는 아마도 명제 개념이 세계로부터 명제로의 함수였던 것과 유사하게 '셜록 홈스'는 이름이 아닌 이름 개념이라 해야 하는 것이라고 한다면 그 이름 개념은 세계로부터 개체로의 함수라고 생각하는 것도 가능할 것이다. 각 세계의 상대적 지표성을 고려에 넣으면 '셜록 홈스'의 지

그러나 메이크 빌리브설에 의한 **통일적** 해석은 아무래도 허구명에 핵술어와 지향적 핵외술어를 술어화하는 문장에만 적용할 수 있고, "홈스는 존재하지 않는다"와 같은 존재론적 핵외술어를 부여하는 문장에 관해서는 다루려 해도 다른 조치가 필요하게 될 듯하다.
55) 허구명의 지시대상이 집합이라고 하고 그것이 개개의 홈스적 인물 전원을 한 번에 가리킨다고 하면 구체물의 집단을 지시하는 것이 되고 현실세계에 존재하지 않는 구체물을 현실세계에 있어서 지시할 수 있게 되어 마이농적 존재론에 가담하는 것이 된다. 한편, 본문에서 곧 다음으로 기술하겠지만 추상적인 집합을 지시한다고 하면, 지시대상으로서는 같은 추상물로도 각 세계의 관계를 명시할 수 있는 함수라고 하는 생각 쪽이 세련된 생각일 것이다.

시대상은 집합이 아니라 함수라고 하는 것이 필시 자연스러울 것이다. 그러한 방향으로 스톨네이커식의 초세계적 명제 개념 이론을 허구명의 본성에 한정해서 명확하게 적용한 것은 그레고리 커리이다.

커리에 의하면 허구명이 등장하는 방식에는 세 종류가 있다. 우선 픽션 속의 문장에 등장하는 경우로 이때 허구명은 속박변항으로서 해석된다(Currie, 1990: 154. 그 상세한 바에 관해서는 각주 51번을 보라). 다음은 픽션에 관한 문장에 등장하는 경우로, 이때 허구명은 '픽션에 있어서'라는 연산자의 작용역에 나타나는 기술의 생략형이다(1990: 160).[56] 여기까지는 루이스의 '데 딕토'적 취급과 완전히 같다. 허구명은 각 세계에 있어서 기술을 만족하는 각자의 대상을 가리키고 기술을 만족하는 대상이 없는 세계에서는 아무것도 가리키지 않는 것이다. 문제는 세번째 경우로, 이것은 다음과 같이 문장 내에 허구명이 나타나는 경우다.

- 홈스의 추리 방식은 포와로의 방식과는 꽤 다르다.
- 홈스는 탐정소설의 다른 어떤 캐릭터보다도 흥미로운 인물이다.
- 홈스는 요크셔의 살인마[57] 사건을 경찰이 실제로 해결한 것보다도 훨씬 빨리 해결할 수 있었을 것이다. (Currie, 1990: 117)

---

56) 각주 51번에 이어서 생략하지 않는 형태로 쓰면, 홈스$=df\ \iota x_1\ \exists^1 x_2 \cdots\cdots \exists^1 x_{n+1} [F(x_1 \cdots\cdots x_n)$ 그리고 x_{n+1}은 텍스트 T에 책임이 있고 T는 $x_1 \cdots\cdots x_n$의 활동에 관해서 x_{n+1}의 지식을 기술하고 있다]라고 쓸 수 있다.
이 기술명에 술어가 붙여진 진술은 항상 『셜록 홈스』라는 픽션에 있어서'라는 연산자에 의해 밖에서부터 수식된다.
57) 요크셔의 살인마(Yorkshire Ripper)는 영국 요크셔 지방에서 1975~1980년에 걸쳐 13명의 여성을 살해한 연쇄살인범인 피터 수트클리프(Peter Sutcliffe)를 말한다. —옮긴이

이것들은 한 픽션의 틀을 초월한 복수의 캐릭터의 비교, 현실의 사람들이나 사건과의 비교나 관계를 기술한 것으로, '어떠어떠한 픽션에 있어서'라는 하나의 연산자로 묶는 것은 불가능하다. 허구연산자의 작용역을 초월한 캐릭터에 대한 양화, 즉 단일 개체로서의 허구적 대상에 대한 지시를 인정하는 '데 레'적 접근으로 되돌아가지 않으면 이 진술들은 이해 불가능한 듯 생각되는 것이다. 확실히 위 세 문장을 이해하기 위해서는 무엇인가 비교 행위의 대상이 되는 실체가 현실세계에 존재하고 있다고 해야만 한다. 커리도 이러한 관(貫)허구 용법(transfictive uses)에 이용되는 허구명은 그렇지 않은 경우와는 다소 다른 의미를 갖는다고 생각한다. 그러나 그는 비존재 개체로서의 허구적 대상을 인정하는 길은 취하지 않고, '데 딕토'설의 요점이었던 '역할'이라는 실체를 도입했던 것이다. 홈스의 역할을 행하는 인물이 만족하는 한정 기술을 $F^\#$이라고 쓰기로 하면 홈스의 역할이란 다음과 같은 부분함수 f_H이다(Currie, 1990: 172).

$$f_H ; \omega \rightarrow \iota x[F^\#_\omega (x)]$$

여기서 ω는 세계를 값으로 취하는 변항, $F^\#_\omega$는 ω에 있어서 $F^\#$의 외연을 지시하는 술어이다. 따라서 f_H는 각 세계로부터 그 세계의 유일한 홈스적 인물로의 부분함수가 된다. 부분함수라는 것은 $F^\#$을 만족하는 홈스적 인물이 세계 i에 존재하지 않는 경우 i에는 아무것도 할당할 수 없기 때문이다. f_H는 개체 $\iota xF^\#(x)$가 존재하는 세계에 그 세계의 $\iota xF^\#(x)$를 값으로서 배정하는 부분함수인 것이다.

이것이 관허구 용법에 있어서 '홈스'의 본성이라는 것이다. 관허구 용법에 있어서 '홈스'는 부분함수 f_H를 지시하는 것이다. 캐릭터를 이러한 함수로 간주하면 관허구 용법의 문장도 쉽게 해석할 수 있다. 함수는 모든 세계에 초세계적으로 존재하는 필연적 추상물이므로 현실세계에 있어서 홈스의 역할과 포와로의 역할을 비교하거나, 홈스의 역할과 경찰의 역할을 비교하거나 하면 되는 것이다(각자의 함수가 포함하는 정의定義적 특징을 비교하면 된다).

캐릭터를 함수라는 이론적 대상으로 간주하는 이 생각은 5절에서 본 반 인와겐의 이론적 실체설을 상기시킬 것이다. 사실 커리도 이것이 반 인와겐의 이론을 명확하게 표현한 생각이라고 하고 있다(Currie, 1990: 172~173). 그러나 차이는 반 인와겐이 관허구 용법만이 아니라 픽션에 관한 모든 진술에 등장하는 캐릭터명을 이론적 실체를 지시하는 것으로 해석하고 있음에 비해 커리는 이 역할설을 관허구 용법에 한정해 채용하고 있는 것이다. 이미 기술했듯이 픽션 내의 허구명은 속박변항으로서, 동일 픽션에 관한 진술에 나오는 허구명은 기술로서 이해되는 것이었다. 진술의 층위에 따라 허구적 대상의 본성을 다른 양식으로 이해하는 이 방침을 커리 자신은 "여러 시사(示唆)의 짜깁기(patchwork)가 아닌 통일된 이론" (1990: 181)을 형성하는 것으로 주장하고 있지만, 같은 캐릭터의 이름이 픽션 속이나 비평가의 진술이나 관허구 용법의 진술 내에 나타나는 것이라고 보통 이해한다면 커리의 이 절충이론은 의심스러운 것이 될 것이다. 소설 내에 등장하는 홈스는 포와로와 다른 추리방식을 사용하는 홈스, 요크셔의 살인마 사건을 경찰이 실제로 해결했던 것보다 훨씬 빨리 해결할 수 있었을 홈스와 필시 같을 것이고 동일한 이상, 이름 '홈스'가 어떠한 문맥에서도 같은 것을 지시하거나, 혹은 아무것도 지시하지 않는다면 적어도 같은 것을 의미하고 있는 것은 아닐까.[58]

보통의 소설처럼 시작되면서 도중에 전반부의 묘사에 대한 비평적 언설이나 다른 작품의 등장인물과의 비교론으로 매끄럽게 이행하는 그런 소설 겸 비평 겸 철학과 같은 실험작품을 작가가 쓰는 것도 가능할 것이다. 여기서는 소설 내의 허구명임과 동시에 비평, 관허구 진술의 허구명이기도 한 이름이 사용되고 있어야만 한다. 따라서 이러한 문맥들에 있어서 허구명이 공통의 의미론적 성격을 가지고 있다고 하는 것은 자연스럽다. 단적으로 단일한 개체를 지시대상으로서 설정하는 '데 레'설과는 달리, 문맥마다 상황이나 역할을 초월한 지시대상을 인정하지 않는 '데 딕토'설이 인과적 지시이론의 제한을 회피하면서도 몇 가지 난점에 조우해야만 하기 때문이다. 바로 그렇기 때문에 다음으로 '데 딕토'적 접근을 지키면서 관허구 용법을 자연스럽게 처리할 수 있다고 생각되는 이론을 음미해보자.

14. 메이크 빌리브설(켄들 월턴)

허구세계는 감상자의 게임의 세계로 확장된다.

켄들 월턴은 그 일련의 논고에 있어서 믿는 척하기(make-believe)[59]라는

---

58) 그 외에도 예컨대 "셜록 홈스의 이야기에 레스트레이드 경감이 나오는 횟수는 안나 카레니나의 이야기에 세료자가 나오는 횟수보다도 많다", "톨스토이는 당초 안나가 오빠를 방문하기 전에 사랑에 빠지도록 했지만 뒤에 그는 안나가 사랑에 빠지기 전에 오빠를 방문하도록 했다"와 같은 문장은 반 인와겐의 이론에서는 용이하게 의미와 진위를 결정할 수 있지만 커리의 이론으로는 잘 해석할 수 없다(적어도 상당한 수정을 필요로 한다). 캐릭터를 함수로 파악하면 글 내용이나 작가와의 관련 등 통상적인 의미에서의 핵외성질 대부분이 빠져 버린다. 함수가 값으로 취하는 기술은 주로 통상적 의미에서의 핵성질로 이루어지기 때문이다(두번째 예문은 Howell, 1979: 151에서 빌렸다).
59) make believe는 보통 '믿는 척하기', '가상적 상상하기' 등으로 번역된다.―옮긴이

개념을 축으로 한 독특한 허구론을 전개하고 있다. 이것은 설의 위장주장설과 겹치는 곳이 있지만 '척을 한다'라는 요소를 설과 같이 작가의 주장 행위에만 한정하지 않고 독자나 관객의 감상행위에까지 적용하고, 오히려 감상행위 쪽에 예술의 본질이 있음을 인정하여, 작품세계를 감상행위로 확장하는 독자의 감상게임의 세계를 분석하려고 하는 것이다. 작품세계를 접하는 감상자는 물질적 작품(텍스트, 캔버스, 무대 위의 배우, 스크린 상의 광반光斑……)을 지지대로서 사용해 독자적 세계를 게임 내에 구축하고 허구적 진리를 만들어 간다. 미리 단순화해서 말하자면 월턴의 이론은 각각의 감상자의 마음이 만드는 확장 작품세계가 감상 기회의 수만큼 병존하는 것으로 인정하는 '데 딕토' 다세계설의 일종이다. make-believe라는 말은 '흉내내기', '믿는 척', '위장 신념' 등 여러 가지로 번역할 수 있지만 이 말은 명사로서도 동사로서도, 또 make-believedly와 같이 부사로서도 사용되는데, 번역어로서도 통일적인 표현이 바람직하다고 생각되지만 이하 때로는 '메이크 빌리브', '메이브 빌리브하다', '메이크 빌리브적으로' 등등의 말을 사용하기로 하자(메이크 빌리브를 사용한 허구론은 그 외에 Pollard, 1973; Evans, 1982, §10; Lewis, 1983 등이 있다).

월턴은 메이크 빌리브 이론을 여러 예술 장르에 적용하고 있다. 예술 창작과 감상의 모델은 아이들의 놀이(흉내내기)이다. 그 구조를 이해하기 위해서는 허구의 내용에 관해 우리가 말할 때의 어떤 중요한 특징에 주의할 필요가 있다. '허구세계 내에서……', '소설 내에서……'라는 부사구는 '……라고 믿어지고 있다', '……라는 것을 존스는 바라고 있다', '……라는 것을 존스는 부정하고 있다' 등과 마찬가지로 명제로부터 명제를 만드는 내포적 연산자이다. 그러나 우리는 통상적으로는 내포적 연산자를 생략하고 말하는 경우는 없는데도, 허구적 연산자는 대개 생략한다. 예컨대 우리는 "황금산이 지평선에 나타나기를 존스는 바라고 있다"라고 말해야 할 것을 단순히 "황금산이 지평선에 나타난다"고 말하는 경우는 없다. 문맥을 보면 존스의 바람이 화제가 되고 있다고 명백하게 알 수 있는 경우에도 바람의 연산자는 생략되지 않는다. '……가 아닌가 하고 의심하고 있다', '……라는 것을 부정하고 있다' 등의 경우도 같을(혹은 더할) 것이다. 한편 "소설에 있어서 톰과 베키는 동굴 안에서 헤맸다"라고 말할 것을 우리는 대개 "톰과 베키는 동굴 안에서 헤맸다"하고 연산자를 생략하고 말한다. 이것은 왜일까.

물론 소설 속에서는 '톰과 베키는 ……했다'라는 취지의 말이 쓰여져 있고, '픽션에 있어서 톰과 베키는 ……했다'라고는 쓰여져 있지 않다. 무대 위에서 호레이쇼를 연기하는 배우는 "오오, 유령이 다가온다!"하고 외치지 "오오, 극의 세계에 있어서 유령이 다가온다!"고는 외치지 않는다. 작가도 배우도 소설, 극 중의 사건이 현실에서 일어난 사건인 척하고 사실을 보고하는 척하고 있는 것이기 때문이다. 공포영화를 보고 있는 사람이 "우와, 괴물이 온다!"하고 무심코(내심) 외칠 때에도 마찬가지이다. 관객은 자신이 흡사 허구세계 내의 일원인 듯한 척을 하고, 카메라를 향해 다가오는 괴물이 자신을 공격하고 있다는 상황을 현실인 것처럼 연기하고 있는 것이다. 그러므로 "허구 내에서 괴물이 다가온다!"라든가 "시늉으로(make-believedly) 괴물이 다가온다!"고 말하는 것은 부적절한 것이다. 이것이 허구라든가, 흉내내기다, ~하는 척을 한다고 명시하는 것은 ~하는 척을 하는 것의 본질에 반하기 때문이다.

다른 한편 비평가가 이론적 저술에서 "톰과 베키는 동굴 안에서 헤맸다"고 말하는 경우 그는 앞의 배우나 관객과는 달리 척을 하고 있는 것은 아니다. '소설에 있어서……'라는 의미에서 현실세계의 사실을 기술하고 있는 것이다. 또 소설의 독자가 책에서부터 떨어진 곳에서 친구와 대화하면서 "톰과 베키는 동굴 안에서 헤맸다"고 말하는 경우도 아마도 마찬가지일 것이다(단 "톰과 베키가 동굴 안에서 헤맸다"고 걱정스러운 표정과 말투로 말하는 사람의 경우는 입장이 명료하지 않을 것이다. 그는 절반은 소설 속의 사건을 보고하고, 절반은 톰과 베키와 같은 세계의 사람으로서 걱정하는 것을 연기하고 있을 것이다. Walton, 1978b: 20). 그러나 한창 소설을 읽고 있는 도중이 아닌 독자나 비평가도 보통 대화나 논술에서 "소설에 있어서, 톰과 베키는 동굴 안에서 헤맸다"라고 기술하지 않고 단순히 "톰과 베키는 동굴 안에서 헤맸다"고 말하는데 그것은 틀림없이 허구텍스트를 사용해 '시늉'을 하고 있는 여운인 것이다. 도식화하면 다음과 같이 될 것이다.

A. 비평가는 {실제로(진지하게)}	주장한다	[{허구로(시늉으로)} 톰과 베키는 동굴 안에서 헤맸다]고.
↑		
B. 작가, 배우는 {허구로(시늉으로)}	주장한다	[{실제로} 톰과 베키는 동굴 안에서 헤맸다]고.
B'. 독자는 {허구로(시늉으로)}	걱정한다	[{실제로} 톰과 베키는 동굴 안에서 헤맸다]고.[60]

A의 [ ] 안의 주장에 있어서 {허구로(시늉으로)}라는 부분이 의미론적으로는 살아 있으면서 말로서 생략되는 것은 B의 언어행위의 흔적이다. B의 '주장하는 척(주장 시늉하기, 걱정 시늉하기)'에서는 시늉하기라는 행위

의 본질로서 [ ] 안은 현실의 것으로서 제시된다. 허구체험이란, 이러한 메이크 빌리브 행위라는 관습이 A의 경우에도 허구연산자의 생략이라는 형태로 언어 구조상 나타나고 있는 것이다.[61]

이 관찰은 허구에 관해서는 '시늉하기'의 문맥, 즉 창작과 감상의 층위야말로 기본적이라는 것을 나타내고 있다. 그리고 '흉내내기'를 기초로 하는 이 기본 구조는 월턴의 체계에서는 허구적 대상의 존재론에 관해서도 변하지 않는 것이다. 이것은 설이나 반 인와겐의 입장, 즉 허구적 대상의 존재론적 문제는 비평언어 층위에서 생긴다는 것과는 반대의 입장이다. 이러한 감상의 경우를 중심으로 한 허구적 대상론을 전개하는 데 있어서는 우선 감상자가 품는 '허구에 대한 감정'의 이론을 개관할 필요가 있을 것이다.

톰과 베키의 일을 걱정한다, 윌리 로먼을 동정한다, 괴물을 무서워한다, 슈퍼맨을 선망한다라는 여러 정서적 태도를 허구적 대상에 대해 품는 경우 무엇이 일어나고 있는 것일까. 위에서 보았듯이 감상자가 "톰과 베

---

60) A와 B의 대비를 명확히 하기 위해 {실제로}라는 부사구를 각자의 장소에 넣어 두었지만 이것은 {허구로(시늉으로)}라는 연산자와는 달리 내포적 연산자는 아니고 게다가 진리치를 바꾸지 않는 쓸모없는 연산자이므로 각자 생략하는 것이 보통이다. 또한 B와 B'의 {허구로(시늉으로)}make-believedly는 우선은 '주장하다', '걱정하다'라는 동사를 수식하는 '데 레'적 연산자로 해석해 둔다. 뒤에 C가 등장하는 도식에서 이것이 '데 딕토'적 연산자로 승화된다.

61) 허구적 진리를 나타내는 내포적 연산자의 특수한 논리를 명백하게 보여 주는 예로서 월턴은 독일어를 들고 있다(Walton, 1978b: 20; 1990: 207). 독일어에서는 화자가 문장이나 절 p의 진리성에 개입하고 있는 경우("나는 p라 주장한다", "나는 p라 알고 있다", "그는 p라 알고 있다" 등)에만 직설법이 사용되고 진리성에 개입하고 있지 않은 경우("그는 p라 말한다", "p로 믿어지고 있다", "나는 p라 바란다" 등)에는 접속법이 사용되지만, 허구문장엔 예외가 되고 있다. 화자가 p의 진리성에 개입되고 있지 않아도 '스토리에 있어서 p'에서는 직설법이 이용된다. '스토리에 있어서'를 생략한 경우도 직설법이다. 즉 독일어에서는 처음부터 내포적 연산자가 없었다는 듯이, 즉 화자가 주절의 진리성에 개입하고 있는 듯 말해진다. 이것은 모든 언어에 있어서의 허구문장의 화용론적 논리를 나타내고 있는 것이라고 한다.

키는 동굴 안에서 헤맸다"고 걱정할 때 그것은 진짜 걱정이 아니라 허구의(시늉하는) 걱정이다. 월턴에 의하면 우리가 대상이 현실에서 궁지에 빠져 있다고 믿지 않고는 그 대상을 걱정하는 것은 불가능하다. 마찬가지로 영화관의 화면상 정면에서 덮쳐오는 괴물을 보고 당신이 숨을 삼키고 소름이 돋으며 무심코 의자 손잡이를 움켜쥘 때 당신은 괴물을 무서워하고 있는 것은 아니다. 공포라는 감정은 대상이 당신에게 위해를 가한다는 신념 없이는 품을 수 없기 때문이다. 이것은 모든 감정적 태도에 관해 말할 수 있다고 월턴은 말한다. 이아고를 증오한다, 윌리 로먼을 동정한다 등으로 말할 때, 그것은 문자 그대로는 참이 아니고 시늉으로, 메이크 빌리브에 있어서 증오하거나 동정하거나 하고 있는 것이다[62](Walton, 1978b: 21)(따라서 앞의 B′에 대응하는 A′는 "독자는 {실제로(진지하게)} 걱정한다 [{허구로(시늉으로)} 톰과 베키는 동굴 안에서 헤맸다]고"가 될 것이다).

이리하여 영화를 보고 괴물의 영상에 대해 겁난다고 느낄 때 당신은 괴물을 두려워하는 게임을 하고 있는 데 다름 아니다. 그리고 당신이 어떠한 공포를 품는 메이크 빌리브 게임을 하는가는 스크린상의 광반이 형태 짓는 허구적 진리에 대해 당신이 실제로 느끼는 감각(월턴은 이것을 유사공포quasi-fear라 부른다)의 성질에 의해 결정된다. 그 감각이 압도적이라면 메이크 빌리브 내에서 당신의 진짜 공포는 압도적이다. 유사 공포가 순간적이라면 메이크 빌리브 내에서의 당신의 진짜 공포 역시 순간적이다. 이것은 흉내놀이의 기본이다. 아이들의 파이만들기 놀이에서는 진흙 덩어리가 어느 정도 크기인가가 거기에 어느 정도의 크기의 파이가 있는가 하는 것을 결정할 것이다. 명시적인 약정이 없어도 이것은 암묵적으로 약정된 메이크 빌리브 게임의 일반적 규칙이다. 이리하여 작품세계의 허구적 진리에 대한 우리의 현실 감각을 기반으로 해서 우리 자신을 포함하는 새로운 허구세계(메이크 빌리브 세계)가 형성된다. 즉 작품세계에 우리 감상자의 마음이 자신을 포함하는 새로운 상황을 더하여 확장한 세계를 만드는 것이다. 앞의 도식에 이어서 다음과 같이 써도 좋을지도 모른다. "A´에 의해 독자는 유사 걱정한다", 즉 "독자는 유사 걱정한다 [{허구로(시늉으로)} 톰과 베키는 동굴 안에서 헤맸다]고 인식한 결과"[63]로부터 다음 B´가 생기고 그것이 즉 C를 낳는다.

B´. 독자는	{허구로(시늉으로)} 걱정한다 *유사걱정*	[{실제로} 톰과 베키는 동굴 안에서 헤맸다]고.

↓

C. 허구로(시늉으로)	독자는 {실제로} 걱정한다 *진짜걱정*	[{실제로} 톰과 베키는 동굴 안에서 헤맸다]고.]

---

62) 그러나 다른 의견도 있다. Walton, 1978b의 퍼즐에 관해서 Morreall, 1993년 연구는 공포의 본성은 비인지적이고 설령 인지적인 경우에도 공포를 품는 데는 지각 층위의 사고로 충분하고 신념은 필요없다고 논하고 있다.
63) "독자는 유사 걱정한다 [{허구로} 톰과 베키는 동굴 안을 헤맸다]고"가 아닌 것에 주의하라. [{허구로} 톰과 베키는 동굴 안에서 헤맸다]는 독자의 유사 걱정의 대상 혹은 내용이 아니라 원인이다. 대상은 B´에서 보듯이 [{실제로} 톰과 베키는 동굴 안에서 헤맸다]이다. 물론 이야기의 전개 방식에 관해서 내기를 했다든가 작가의 기량, 작품의 가치를 걱정한다든가 하는 이유에서 소설의 기술 그 자체의 행방을 걱정하는 경우는 다르지만, 단 이 경우는 "정말로 걱정한다 [{허구로} 톰과 베키는 동굴 안에서 헤맸다]고"가 된다. 이 구별은 "지금 보고 있는 극(drama)이 저속한 해피엔드가 되는 것은 따분하므로 전율을 느끼게 하는 비극적 결말이 되었으면 한다. 그러나 히로인을 동정하므로 어떻게든 살아남았으면 한다"라는 이른바 모든 '비극의 역설'을 설명하는 데 중요하다. 감상자의 심리에 아무런 모순은 없다. 그는 '메이크 빌리브적으로 히로인이 죽는' 것을 실제로 바라고, '실제로 히로인이 살아남는' 것을 메이크 빌리브적으로 바라고 있는 것이다. Walton, 1978b: 25; 1990: §7.3을 참조하라. 또한 유사한 '서스펜스의 역설'에 관해서는 Walton, 1978b: 25~27; 1990: §7.4를 참조하고, 음악에 관한 유사 논의는 Meyer, 1967을 참조하라.

C 단계에서는 독자의 걱정이 메이크 빌리브 게임의 세계 내에 쏙 들어가 있다. 여기서의 걱정은 진짜 걱정이다. {허구로(시늉으로)}라는 연산자는 B에서는 '걱정한다'라는 동사를 수식하고 유사 걱정을 형성하고 있었지만, C에서는 이것이 독자의 명제태도를 나타내는 명제 전체에 걸리는 '데 딕토'적 연산자가 되고 유사 감정의 신분을 벗어난 진짜 걱정의 지위를 획득하고 있다. 그리고 허구 내(메이크 빌리브)에서의 '진짜 걱정'이 어떤 것인가는 현실에서의 '유사 걱정'이 어떤 것인가에 의해 결정된다. 확실히 이것이 걱정하고 있는 척(game) 한다는 것의 의미일 것이다. 독서라는 메이크 빌리브 게임에 있어서 [{실제로} 톰과 베키는 동굴 안에서 헤맸다]라는 텍스트 내의 허구적 진리에 [독자는 {실제로} 걱정한다 [{실제로} 톰과 베키는 동굴 안에서 헤맸다]고]라는 메이크 빌리브 진리가 부가되고 결과로서 [실제로 톰과 베키는 동굴 안에서 헤매고, 독자는 톰과 베키가 동굴 안에서 헤맸던 것을 실제로 걱정하고 있다]라는 메이크 빌리브 진리로 확장되고 있는 것이다.

이 허구세계의 확장이라는 현상은 특별히 강한 감정이 생기지 않는 경우에도 같다. p라는 사건을 내용으로서 포함하는 작품을 접하고 "p가 허구이다(허구 내에서 p이다)"라고 믿고 있는 사람(단계A)은 허구 내용을 상상해야 한다는 메이크 빌리브 게임의 처방에 따라 p를 상상하고 있는(=허구적으로 믿는다: 단계B) 것이고, 그것은 필연적으로 "자신이 p를 믿고 있다 혹은 알고 있다고 상상하고 있다"(Walton, 1990: 31)는 것은 "자신이 p를 믿고 있다는 것은 허구이다(허구 내에서 자신은 p를 믿고 있다)"(단계C)라는 것이 된다(1990: 214~215). 즉 허구 내용과 현실적으로 관련되는 감상자 자신을 포함한 허구세계가 형성되는 것이다. 전통적으로 말해지는 허구체험 내의 '불신의 정지'는 이리하여 메이크 빌리브 세계의 형성으로서 설명되고 현실계와 허구계의 '거리의 축소'는 허구세계를 실재로(real) 현실화하는 방향이 아니라 현실의 감상자가 허구화하는 방향으로 설명되는 것이다(Walton, 1978b: 21). 비평가가 작품을 대하는 경우에도 이 같은 메이크 빌리브 게임의 구조가 근저에 있다.[64] 이렇게 작품세계를 게임세계가 포함하는 '허구세계의 확장'은 드문 것은 아니다. 월턴은 소설 삽화의 경우와 극을 상연하는 경우를 예로 든다(1990: 216). 삽화는 원래의 소설에는 포함되어 있지 않았던 사실(등장인물의 용모) 등을 부가하는 것을 통해 작품세계를 확장한 새로운 세계를 만든다. 극을 상연하는 것도, 희곡에 포함되어 있지 않았던 세부사항을 배우나 연출가가 부가한다는 것은 말할 것까지도 없다(또한 이 '확장'expansion이라는 개념은 작품세계 및 게임세계가 불완전세계라는 것을 분명하게 시사하고 있다).

이제 이상의 이론이 허구적 대상의 존재론에 어떻게 적용되는가를 보자. 우선 월턴이 '통상진술'이라 부르는 허구문, 즉 '픽션『……』에 있어서'를 더할 수 있는 작품 내 진리에 관한 진술이 있다. "톰 소여는 마침 자신의 장례식에 있었다"라는 진술은 이미 보았듯 독자에 의해 말해지든 비평가에 의해 말해지든 메이크 빌리브이지만, 동시에 진리를 주장하는 측면도 갖고 있다. 그러면 그 주장은 지시대상으로서의 톰 소여로의 개입을 전제로 하는 것인가. 아니다. '톰 소여'라는 말의 지시대상의 유무에 관계없이 이 진술의 진리조건이 결정되기만 하면 된다. "톰 소여는 마침 자신의 장례식장에 있었다"라는 진술이 표현하는 주장은 다음과 같은 것이다.

---

[64] 설령 비평가가 스스로 메이크 빌리브를 연기하고 있지 않다고 해도(연기하고 있는 경우가 많지만) 본문 바로 뒤에서 보듯이, 비평가의 진술은 그 진술 자체가 예가 되는 종류의 위장으로 메이크 빌리브가 행해지는 경우를 상정하고 그 게임에 관해 기술하고 있는 것이 된다.

(1b)『톰 소여의 모험』이란 그 소설 때문에 정통적이라고 간주된 게임에 있어서 종류 K의 위장(pretense)을 행하는 사람이 자기 자신이 참인 것을 말하고 있다는 것을 그 게임의 허구로 한다는 것이다(Walton, 1990: 400. (1b)는 원문에서 매긴 번호).

종류 K의 위장이란 "톰 소여는 마침 자신의 장례식장에 있었다"라고 말한 그 사람의 진술에 의해 예시되는 종류의 메이크 빌리브이다(예컨대 프랑스어로 말해진 그 진술도 같은 예시를 한다). 즉 "톰 소여는 마침 자신의 장례식장에 있었다"는 발언자가 이 진술을 행하는 것 자체가 적절하다는 주장을 포함하고 있는 것이다(여기서 '적절하다'란 메이크 빌리브적으로 참이라는 것이다). 그렇다. "무언가를 하는 것은 때로는 그것을 하는 것이 타당하다, 적절하다고 주장하는 방법이다"(Walton, 1990: 399). 위의 예문과 같은 허구적 통상진술도 그러한 행위의 하나인 것이다. 이에 비해 "톰 소여는 여자이다"는 발언자가 참인 바를 말했다는 정통적 게임이 아니기 때문에 참이 아니다.

종류 K의 위장은 『톰 소여의 모험』에서 행해진 작가, 독자, 비평가의 정통적 게임이자 텍스트가 그것을 연기하기 위한 지지대로서 만들어져 있는 게임이고, 내부의 기술과 제도, 관습에 의해 결정된다(예컨대 종이 위의 문자를 소인小人 화성인의 발자국이라고 하는 게임은 정통적 게임은 아니다[65]). 이리하여 통상진술의 진리조건은 메이크 빌리브를 기초로

---

65) 소설을 사용한 정통적 게임이란 정확히 말하면 기술되고 있는 사건을 사실로서 말하는 화자의 보고를 받고 있는 메이크 빌리브이다. 기술되고 있는 사건에 스스로 참여하고 있는, 혹은 등장인물과 대면하고 있는 메이크 빌리브는 아니다. 후자는 화면이나 조각을 지지대로 한 메이크 빌리브이다. 시각적 요소에 의한 묘사(depiction)와 언어에 의한 서사(description)의 구별은 예

해서 결정된다.[66] 여기서는 '톰 소여'라는 이름으로 무엇인가를 지시하는 척한다는 위장이 행해지고 있을 뿐으로 '톰 소여'라는 이름 그 자체, 즉 그 이름의 지시대상이 있다는 것에 대한 개입은 전혀 포함하고 있지 않은 것이다.[67]

'비(非)통상 진술'이라 불리는 진술은 단일 텍스트에 관해 '『……』에 있어서'를 붙이는 것이 부적당한 진술이다. 이 진술은 정통적 게임이 아니라 비공식 게임이라 불리는 게임에서 나타난다. 비공식 게임이란 텍스트가 그 때문에 만들어지지는 않은, 즉 정통적이지는 않지만 새로운 규약 없이 쉽게 이해되는 게임이다. 예컨대 다윗 조각을 만지면 "나는 다윗의 육체에 닿았다"라는 비통상 진술이 허구적으로 참이 된다. 조각을 만지는 것은 상정되어 있지 않고, 오히려 금지되어 있을 것이기 때문에 이것은 정통적 게임은 아니지만 비공식 게임이다(종이 위의 문자를 소인 화성인의 발자국이라고 하는 게임은 특별한 규약을 요하므로 비공식 게임도 아니다. 사적 게임이라고나 해야 할까). 앞 장에서도 몇 가지 이미 제시했지만 비통상 진술의 예는 다음과 같은 것이다. "로빈슨 크루소는 걸리버보다 생활력이 있다", "오디세우스와 율리시스는 동일 인물이다", "이 방의 아이들

부터 기술과 대상의 유사/비유사, 굿맨(Goodman, 1968)의 '조밀'(稠密) 개념 등이 알려져 있는데 월턴의 메이크 빌리크 게임 종류의 차이에 의한 구별은 기성의 어떠한 구별과 비교해도 적어도 같은 정도 이상의 설명력을 가지는 듯하다. Walton, 1973; IV, 1990: §8, 9를 참조하라.

66) 단 월턴의 바꿔쓰기 (1b)는 불충분하다. 다소 번잡하게 되지만 올바르게는 다음과 같아야만 할 것이다. "『톰 소여의 모험』이란 그 소설을 위해 정통적이라고 간주된 게임에 있어서 종류 K의 위장을 행하는 사람이 그 위장을 만드는 현실[실제]의 발화가 곧 자기 자신이 참인 것을 말하고 있다는 것이 됨을 그 위장에 의해 그 게임의 허구로 한다는 것이다."

67) 단 6절 앞부분에서 설(Searle)적인 위장설에 대한 비판으로서 소개한 월터스토프의 "지시하는 척 간주될 만한 대상이 아니라면 지시하는 척 자체가 불가능하다"라는 입장과 비교하라. 월터스토프는 현실세계 내의 개체(혹은 개체 개념)에 관해 '데 레'적 입장을 견지하고 있다고 말할 수 있다.

은 모두 미키마우스보다도 E.T. 쪽이 좋다", "오스카 와일드는 나이프로 도리언 그레이의 심장을 관통시켜 죽였다", "셰익스피어의 줄리어스 시저보다도 톨스토이의 나폴레옹 쪽이 거만하다"는 "『줄리어스 시저』, 『전쟁과 평화』란 소설들을 사용해서 암시된 비공식 게임에 있어서 종류 L의 위장을 행하는 사람이 자기 자신이 참인 것을 말하고 있다는 것을 그 게임의 허구로 하는 것이다"가 될 것이다.[68]

이리하여 통상진술도 비통상진술도 통일적으로 파악할 수 있다는 것이 메이크 빌리브 이론의 자랑이다(앞 절에서 본 커리의 절충주의와 비교하라). 그리고 어느 경우나 허구적 대상으로의 지시, 양화 없이 해결되고 있는 것이다.

앞의 예문의 몇 가지 논리형식을 '데 딕토'설의 형식에 따라 나타내면 다음과 같은 것이 될 것이다(진리조건에 근본적인 영향은 없으므로 발화자 자신에 대해 언급하는 부분은 빼기로 했다).

- 메이크 빌리브적으로 ∃x(『톰 소여의 모험』은 x가 ~이다라고 옳게 기

---

[68] 종류 L의 위장이란 앞과 마찬가지로 그 사람의 바꿔쓰여진 진술을 통해 예시되는 종류의 메이크 빌리브이다. 또한 이 문장은 원문의 (18a)(Walton, 1990: 413)를 생략하지 않고 다시 쓴 것이다. 엄밀히는 이 장의 각주 66번을 수정해야 한다. 또한 원래 비통상 진술에 관해서 월턴은 하월의 시사(Howell, 1979: 154)에 따라 다음과 같은 별개의 안도 제시하고 있다. (18b) "어떤 위대함의 정도가 있는데 그것은 『전쟁과 평화』의 나폴레옹이 허구적으로 달성하고 있는 정도이고, 『줄리어스 시저』의 시저가 허구적으로 달성하고 있지 않은 정도이다"(1990: 413). 이것은 성질을 양화하는 것에 의해 캐릭터에 대한 양화를 피하는 방법이다. Prior, 1967: §Ⅷ을 참조하라. 메이크 빌리브에 의해 본문의 (18a)가 참인 것은 이 성질에 관한 진술 (18b)가 참임에 의존하고 있다. 후자의 방법은 별개의 정통적 게임에 호소하는 것으로 비공식 게임은 사용하지 않는다. "화자가 이 중 어느 쪽을 주장하고 있는가(혹은 둘 다 주장하고 있다, 어느 쪽도 주장하고 있지 않다)고 간주하는 것이 합리적인가는 상황에 따라 결정된다"(1990: 413)고 한다. 주장 내용의 이러한 모호함은 당연히 다른 여러 가지 유형(type)의 비통상 진술에서도 보인다고 간주되지만(1990: 414), 어느 경우도 메이크 빌리브가 기본적으로 있다는 것에는 변함없다.

술하고 있다∧x는 마침 자신의 장례식장에 있었다)
- 메이브 빌리브적으로 ∃x∃y∀z(『미키 마우스』는 x가 ~이다라고 옳게 묘사하고 있다∧『E.T.』는 y가 ~이다라고 옳게 묘사하고 있다∧(z는 이 방에 있는 아이이다 ⊃z는 x보다 y쪽이 좋다))
- 메이크 빌리브적으로 ∃x(『도리언 그레이의 초상』은 x가 ~이다라고 옳게 기술하고 있다∧오스카 와일드는 x를 창조했다∧오스카 와일드는 심장을 나이프로 관통당해 죽을 운명을 x에게 부여했다)
- 메이브 빌리브적으로 ∃x∃y(『줄리어스 시저』는 x가 ~이다라고 옳게 기술하고 있다∧『전쟁과 평화』는 y가 ~이다라고 옳게 묘사하고 있다∧x보다 y쪽이 거만하다[69])

이 '메이크 빌리브적으로'라는 연산자는 각자 하나의 텍스트 세계, 현실세계와 두 개의 텍스트 세계, 현실세계와 하나의 텍스트 세계, 두 개의 텍스트 세계를 혼합한 합성허구세계에 있어서를 의미한다. 이 세계가 통상의 '데 딕토'설에서 분기한 가능세계들에 해당한다. 이미 보았듯이 이 메이크 빌리브 세계는 게임에 다른 지지대나 규칙을 부가하는 것에 의해 얼마든지 '확장'할 여지가 있는 '하나의 단계에 있는 불완전세계'이지만, 일단 그것은 중요하지는 않다.[70] 주목해야 할 것은 앞 절까지의 이론들이 진력이 날 정도로 다루던 비통상진술──캐릭터들끼리, 캐릭터와 독자,

---

69) 이것들은 작품이 독자들의 독서체험(make believe) 혹은 비평가의 관점(make believe)의 수만큼 분기한 세계들을 나타낸다는 해석상대주의와 친숙한 바꿔쓰기라는 것을 확인하라.
70) 각각의 메이크 빌리브 세계가 완전세계라고 상정해도 전혀 논지에 영향을 주지는 않는다. '확장'이란 한 세계의 외연적 확대가 아니라 세계의 집합의 내포적 확대(외연적 축소)라고 받아들여도 좋을 것이다. 월턴의 이론을 '데 딕토' 허구세계설의 일종으로 자연스럽게 생각하기 위해서는 처음부터 완전세계의 집합을 상정하는 것이 타당하다.

작가, 비평가 간의 관계를 나타내는 참인 진술──의 해석에 위력을 발휘한다는 것이다. 복수의 텍스트, 독자, 작가, 비평가가 각자 모여 만들어 내는 메이크 빌리브 내에서의 진리를 기술한 것이라고 생각하면 되기 때문이다. 그리고 무수한 메이크 빌리브 분기세계를 관통해 동일성을 지키는 캐릭터라는 것은 필요하다고 간주되고 있지 않다.

그러나 문제는 남는다. "오디세우스와 율리시스는 동일 인물이다"라는 진술을 취해 보자. 호메로스의 시와 테니슨의 시에 등장하는 캐릭터가 동일하다는 것을 이 문장은 말하고 있다. 이것은 메이크 빌리브 이론에 의하면 호메로스의 시와 테니슨의 시를 합성한 세계에서 각자의 시에 있어서 기술되고 있는 성질을 갖는 한 명의 인물이 있다는 의미이다. 그런데 호메로스 시의 메이크 빌리브 내의 인물과 테니슨 시의 메이크 빌리브 내의 인물이 있고, 그리고 또한 호메로스의 시와 테니슨의 시를 합성한 메이크 빌리브 내에 인물이 있어서, 그들이 모두 동일하다는 것을 또 말할 수 있어야 할 텐데 어떻게 그렇게 말할 수 있는 것일까. 각자 메이크 빌리브 내에 인물이 있을 뿐으로 메이크 빌리브 내에서 이러이러한 메이크 빌리브 외의 지시대상은 인정되지 않으므로, 이 동일성은 어디까지나 의사동일성이 된다. 즉 호메로스 시의 인물과 테니슨 시의 인물이 정말로 동일한 것이 아니라 호메로스-테니슨 세계에 있어서 어떤 한 인물이 있음에 지나지 않는다. 그리고 호메로스-테니슨 세계에 있어서 어떤 인물과 호메로스의 시의 인물은 정말로 동일한 것이 아니고 호메로스의 시-호메로스-테니슨 세계에 있어서 어떤 한 인물이 있음에 지나지 않는다. 그리고 이 한 인물과 호메로스 시의 인물은 정말로 동일한 것이 아니라⋯⋯, 하고 우리는 언제까지나 새로운 메이크 빌리브 내에서의 한 존재를 주장할 수 있을 뿐으로 단적인 동일성은 얻을 수 없게 되어 버린다. 이것은 앞에서 본 다른 인명에 관해서도 같다. 아이들이 좋아한 E.T.와 영화 속의 E.T.가 동일하다는 것은 단적으로는 결코 말할 수 없고 새로운 비공식 메이크 빌리브 내에서 새로운 동일성 진술을 말할 수 있음에 지나지 않는 것이다.

허구적 대상을 둘러싼 이야기는 전부 메이크 빌리브라고 말해 버리면 그만이다. 하지만 설령 그것이 옳다고 해도 복수의 메이크 빌리브에 있어서 같은 것이 걸쳐 등장하는 것이 불가능하고 다른 메이크 빌리브 내에 새로운 대리자가 등장 가능할 뿐이라는 사태는 마음이 편한 것은 아니다. 그렇다. 여기 문장 내에서 사용된 '다른 메이크 빌리브 내에서 그것이'라는 지시대명사도 또 한층 메이크 빌리브 층위를 올려야 비로소 적절하게 사용할 수 있다는 것이 된다. 이 다람쥐 쳇바퀴 돌기는 무한하게 계속된다. 요컨대 비공식 메이크 빌리브의 층위를 계속 무한하게 올려 가도 역시 무한상승이 완료되지 않는 동안은(완료될 리가 없지만) 우리는 자신이 무엇에 관해 동일성 진술을 행하고 있는 것인지, 그 의미조차 알 수 없는 것이다. 다른 메이크 빌리브의 무한증식을 전제로 하는 이 이론은, 아니 물론 무한 증식을 전제로 해도 좋지만(어차피 우리는 연극 내에서 나올 수 있을 리가 없다), 그동안 계속해서 단적인 캐릭터 확정이 불가능하다는 이 이론은 근본적으로 우리의 직관에 반하는 듯 생각되는 것이다.

단순하게 위장지시 후의 지시대상을 인정한 설(Searle)식 위장론의 불명료함을 회피하고 허구언설을 언어행위 규칙의 중지라는 일탈적 사례로서가 아니라 오히려 근본적인 언어행위의 형태로서 제시하고 비통상 진술을 성공적으로 파악했다고 생각되는 메이크 빌리브설의 공로는, 결정적으로 반박된 것은 아니지만 결국 환상일 우려가 극히 크다. 다만 무한의 메이크 빌리브 단계가 계속된다는 귀결에는 중요한 진리도 포함되어 있다고 생각되고 그것에 관해서는 마지막 장에서 다시 논할 것이다. 그렇지만 일단은 여러 문맥을 통한 허구적 대상의 동일성(내포적 연산자 밖에서부터 대상으로의 양화)을 확보할 수 있는 것으로 논의가 마무리된 것은 아니다. 그래서 이번에는 마찬가지로 마음이 만들어 내는 유사 세계를 이용한 '데 레' 이론의 가능성을 살펴보자.

15. '데 레' 심안(心眼)이론(로버트 하월)

다세계에 걸친 한 대상을 그 성질에 의하지 않고 확정할 수 있다.

'데 딕토'설의 난점은 전적으로 허구적 대상을 단일한 지시대상으로서 확보할 수 없다는 점에 있다. 지시대상으로서 추출 불가능하기 때문에 대상끼리의 비교, 동일성에 관한 진술에 한계를 설정해 버리게 되었다. 그러나 크립키나 캐플런의 주장을 살펴보았을 때 알게 되었듯이 허구적 대상을 '데 레'적으로 파악, 관세계적으로 확정하려고 하면 명명 현장에서부터의 지시 인과연쇄가 존재하지 않기 때문에 현실적으로 대상을 결정할 방법이 없는 듯했다. 따라서 도달점은 이렇게 된다. 만약 한 지시대상을 파악해 낼 수단이 있기만 하다면, 허구진술을 넓게 파악하는 '데 레' 이론이 바람직한 것이라고.

크립키식의 인과적 지시이론은 지시 인과연쇄가 존재하지 않는 경우 성질에 의해 일의적으로 대상을 결정할 수 있는 것이어야만 한다고 주장하지만, 로버트 하월에 의하면 반드시 그렇지는 않다. 안나 카레니나는 『안나 카레니나』에 기술된 성질들만으로는 공백이 너무 많고 확실히 단일 결정할 수 없지만, 허구적 대상의 창조란 상상력이 만들어 낸 산물이라는 것에 유의하면 안나 카레니나란 작가 톨스토이가 "그의 마음의 눈(mind's eye)[71] 앞에 품었던 그 여성"(Howell, 1979: 172)이라는 것을 알 수 있다. 즉 페테르부르크에서 왔다든가 브론스키와 사랑에 빠졌다든가 어느 때 열차로부터 내렸다든가 하는 성질에 의존하지 않는 개체화가 가능한 것은 아닐까. 즉 작가의 '주의의 장'(field of attention)의 초점을 안나가 점하고 초점 가까이, 주변 가까이의 각자 결정된 장소를 각자 결정된 인물이 점하는 형태로 작가의 상상이 성립하고 있고 그것은 그 인물의 배치와 양립하는 세계들의 집단이다. 안나도 브론스키도 그 외의 인물도 작품 내에 주어진 성질들만이 아니라 작가의 주의의 장에서의 위치에 의해 특정되는 것이다.

작가의 상상은 세계의 집단이므로 상상에 포함된 각 세계가 각자 주의의 장을 안에 갖추고 있고, 각자 초점으로부터 주변에 이르는 장의 계층이 만들어져 있다. 장의 존재는 각 세계를 관통해서 공통적이므로 각 세계에 등장하는 인물, 예컨대 브론스키는 초점에서 다소 외측으로 벗어난 위치를 점하는 인물로서 그 위치에 따라 유일대상으로서 개체화된다. 이 결과 '허구 내에서', '메이크 빌리브 내에서' 등등의 허구연산자 밖에서부터 대상으로의 양화가 행해지게 되는 것이다.

그러나 이러한 개체화가 가능할 것인가. 작가의 주의의 장에 있어서 결정된 위치를 점한다는 것은 당연히 이야기 내에서 허구적 대상에 부여된 성질은 아니다. 따라서 이 방법은 파슨스가 말하는 핵성질이 아니라 핵외성질에 의해 대상을 확정하려고 하는 것이 된다. 주의의 장에 있어서 정위치(定位置)라는 핵외성질은 현실세계(의 작가)와의 연관으로 허구적 대

---

71) '상상으로'(in one's mind's eye)라는 표현에서도 알 수 있듯이, '마음의 눈 앞에 품다'란 결국 어떠한 이미지를 마음속으로 떠올리거나 구상하거나 하는 것을 말한다.—옮긴이

상이 가진 성질이다. 그러나 하웰은 자신의 이 방법으로 확정되는 대상은 비실재이자 허구세계군 내에 있다고 하고 있다. 현실세계에 존재하지 않는 것이 현실세계에서 가지게 된 어떤 특징에 의해 확정 가능한가 하는 문제는 비존재가 현실에서 성질을 가질 수 있는가 하는 전통적인 마이농적 문제로 우리를 데리고 돌아간다. 물론 하웰의 이론은 비존재가 현실세계에서 핵성질을 갖는다는 마이농주의적 주장이 아니라 비존재가 현실세계에서는 핵성질을 갖지 않지만 현실세계에서 갖는 핵외성질에 의해 특정된다는 주장이다. 하웰은 이 이론의 윤곽을 대략적으로 그리고 있을 뿐으로, 이 방침은 "현행의 어떠한 이론보다도 적절하고 픽션에 관심을 갖는 철학자 전원이 주목할 가치가 있다"고만 말하고 있다(Howell, 1979: 174). 그 근거로 역시 앞 절에서 메이크 빌리브설이 의외로 적용될 수 없었던 문장의 예도 이 방침이 쉽게 처리할 수 있었다는 점을 들고 있다. 단일 지시에 크립키-캐플런적 인과설의 엄격함을 요구하기만 하지 않으면 이 문제가 되는 문장들을 '데 레'적 명제로 번역하고 쉽게 허구적 대상에 관한 술어화로서 생각할 수 있었기 때문이다. 지시대상만 확보할 수 있다면 아무리 복잡하고 전망이 서지 않는 바꿔쓰기라도 고민할 필요 없이 다른 텍스트들 간의 경계, 현실과 허구의 경계를 초월해 서로 대상끼리 비교하는 것도 반사실적으로 관계시키는 것도 자유자재일 것이다. 하웰이 시사하는 '주의의 장' 이론이 옳다면 허구론의 거의 모든 문제가 손쉽게 정리되는 해피엔드를 맞이할 수 있다는 것에 의심할 여지는 없는 듯하다(또한 무어도 허구세계 개념은 사용하지 않지만 유사한 생각을 극히 간결하게 제시하고 있다. Moore, 1933: 69~70).

덧붙여 이 이론이 '데 딕토'설과 비교해서 우수하다고 하웰이 주장하는 또 하나의 요인은 '데 레'/'데 딕토'의 구별을 인정할 수 있다는 것이다

(Howell, 1979: 170). "열차가 역에 도착하자 안나는 내려서 군중 속으로 들어갔다", "오전에는 계속 비가 내렸고 부상당하고 병에 걸린 사람들은 우산을 쓰고 아케이드 아래로 모였다".『안나 카레니나』내의 이 두 문장을 비교하면 전자는 특정 개인 안나에 관해 말하고 있고 후자는 불특정한 익명의 사람들에 관해 말하고 있다. 전자는 톨스토이의 임의의 특정 장을 점하는 인물, 후자는 주의가 결정된 장을 점하지 않는(=각 상상세계마다 다른 주의의 장을 점하는) 인물들이라는 구별에 의해 '데 레' 문장/'데 딕토' 문장을 대비하는 설명을 간단하게 할 수 있다. 하월은 이 '데 레'/'데 딕토' 의 대비를 인정하는 것이 어떠한 적절한 허구이론에 있어서도 필수라고 말한다(1979: 133). 그리고 '데 딕토'설에 대해서는 모든 것을 '데 딕토'가 불특정화하므로 이 대비를 잘못 파악하고 있다고 말한다(1979: 150). 그러나 이 구별은 그렇게 직접적으로 명백하고 정말로 필요한 것일까. 이 것에 관해서는 다음 장에서 살펴보겠지만 만약 이 대비가 불필요한 것이라면, 즉 실질적으로 모든 허구적 대상을 '데 레'적으로 같이 취급해서 다루는 제일(齊一)적인 허구관이 성립한다고 한다면 '주의의 장'이라는 생각은 작품이 방대한 '불특정 대상'에 관해 말하고 있는 듯 보이는 경우도 그 대상들에 하나하나 어떤 결정된 '데 레'적 주의의 장을 할당해야만 한다는 것이 되고 작가의 의식(무의식도 포함해도 좋지만)에 대해 과중한 구조 분절을 떠맡겨 버리는 것이 될 수도 있을 것이다.

그렇지만 무릇 이러한 문제를 논할 수 있고 해결할 수 있다고 해도, 모든 것은 주의의 장에 의한 확정이라는 것이 실제로 가능하다고 인정되고 나서의 이야기인 것이다. 그러나 핵외성질 ―그 대상에 내재적이지도 않고 지시자와 인과적으로 이어진 관계성질도 아닌―에 의해 대상이 하나로 결정된다는 것이 실제로 어떠한 것인지에 대한 철학적 설명이 하월의 논문에서는 전혀 행해지고 있지 않다. 무릇 가능세계 내의 가능적 대상을 그렇게 확정할 수 있다면 가능세계 자체가 어느 것이나 가능적 대상이라는 그럴 듯한 의미론(Forbes, 1989)하에서는 허구세계도 단일하게 결정할 수 있을 것이다. 이리하여 우리는 하월의 불철저하게 보이기도 하는 여전히 다세계적인 '데 레'설을 떠나, 이 장의 마지막 논의로서 핵외성질에 호소하지 않고 직접적으로 핵성질에 의해 허구적 대상을 단일 지시한다는 궁극적인 기획으로 옮겨 가 보자.

16. 한계가설과 유일가설 (로버트 스톨네이커)

최소이탈세계는 있고, 게다가 단 하나 있다.

하월은 허구적 대상을 한 개로 결정했지만 허구적 대상이 거주하는 세계 쪽은 허구텍스트의 불완전성에 대응해서 무수하게 분기한 채였다. 관세계적으로 동일화된 단일 대상으로서의 허구적 대상을 집어내서 각종 허구명제의 진리조건의 결정을 확보하려고 한 것이었다. 그러나 가능하다면 세계도 결정된 쪽이 좋은 것은 아닐까. 즉 세계가 한 개로 결정되면, 다음 문장

안나 카레니나는 여성이다

의 '데 딕토', '데 레'의 두 해석,

픽션 『안나 카레니나』에 있어서 [∃x(x는 '안나 카레니나'라 불린다

∧……∧……∀y(y는 '안나 카레니나'라 불린다∧……∧……⊃x=y)∧x는 여성이다)]

와, 그리고

∃x [픽션『안나 카레니나』에 있어서 (x는 '안나 카레니나'라 불린다 ∧……∧……∀y(y는 '안나 카레니나'라 불린다∧……∧……⊃x=y)∧x는 여성이다)]

는 의미론적으로 완전히 일치한다. 허구연산자와 양화사의 순서를 자유롭게 바꾸어 넣을 수 있는 것이다. 즉 어느 쪽이나 하나의 허구세계에 있어서 한 인물의 성질을 나타내는 명제가 된다.[72] 하월이 중요하다고 간주하고 있던 특정 '데 레'적 대상과 불특정 '데 딕토'적 대상의 비교로 골치를 썩일 필요도 없게 된다. '데 레'로 보는가 '데 딕토'로 보는가에 관계없이 안나도, 아케이드 아래의 이름 없는 병자들도 모두 동등하게 특정한 한 대상이 되므로 허구관의 매끄러움(smooth)이라는 점에서 크게 바람직하다. 지금까지 '데 딕토'설, '데 레'설 쌍방의 성질과 문제점을 개관했는데 마지막으로 '데 딕토'설과 '데 레'설의 구별을 뛰어넘는 이론을 음미해 보자. 이것은 실은 본래 허구적 대상의 이론으로서 만들어진 것이 아니라 반(反)사실에 관한 일반이론이지만 이미 반사실과 허구적 진리 간의 유비를

---

[72] 단 '데 레' 기법의 경우는 현실세계의 양화범위의 지시대상(구성원)으로서 비존재=허구세계 내의 존재를 인정하는 데 반해, '데 딕토' 기법의 경우는 그것을 반드시 인정하지는 않는다는 차이가 있다. 12절의 각주 50번을 보라.

살펴보아 온 우리는 이 이론을 쉽게 허구이론으로 전용할 수 있다.

루이스의 반사실적 조건문의 진리치 결정법은 다음과 같은 것이다(허구적 진리의 분석이 기본적으로 같은 형태라는 것은 이미 여러 번 확인했다).

반사실적 조건문 "A였다면 C일 것이다"는 다음 경우에만 반드시 참(공허하지 않은 방식으로)이다. A와 C가 함께 참인 어떤 (도달 가능한) 세계는 A가 참이고 C가 거짓인 어떠한 세계보다도 전체적으로 봐서 현실세계와 한층 유사하다. (Lewis, 1979: 41)

이 분석을 M이라 부르자.[73] M은 지금까지 '최소이탈세계'를 상정하면서 우리가 암묵적으로 이해하고 있던 다음의 분석과는 실은 다르다는 것에 주의하라.

반사실적 조건문 "A였다면 C일 것이다"는 다음의 경우에만 반드시 참(공허하지 않은 방식으로)이다. A가 참인(도달 가능한) 세계 중 전체적으로 봐서 현실세계와 가장 유사한 세계에 있어서 C도 또한 참이다.

이 분석을 N이라 부르자. M과 N은 어디가 다른 것인가? 반사실적 조건문이 참이기 위해 M이 설정하는 조건이란 만약 A가 성립하는 세계들 중에 현실세계와 가장 가까운 세계가 있다면 그 세계에서는 C도 성립해

---

73) 물론 분석 1, 분석 2의 차이에 따라서 M에 있어서의 '현실세계'를 '일반신념세계', '공동체의 상식세계'로 바꾸는 이형(異型)도 있다. 이 이형에 관해서는 2장 특히 6절에서 고찰했으므로, 논의의 단순화를 위해 여기서는 다루지 않는다. 또한 공허하게 참인 경우, 즉 A가 불가능명제를 나타내는 경우는 이미 3장에서 모순의 도화선을 제거해 둔 우리로서는 제외해도 좋다.

야만 한다는 것을 쉽게 간파할 수 있다. 반사실적 조건문을 생각할 때에는 문제가 되는 비현실적 상정(A) 이외에는 가능한 한 현실을 바꾸지 않고 보존하고 그 뒤에 후건(C)이 참인지 아닌지를 조사하는 것이 당연하기 때문이다. 그러나 M에는 A가 성립하는 세계들 중에서 현실세계와 가장 가까운 세계가 있다는 것은 전제되어 있지 않다. 이 최소이탈세계의 존재가 N이 행하고 M이 행하고 있지 않은 기본 가정이다. 이 가정을 루이스를 따라 '한계가설'(Limit Assumption)이라 부르기로 하자. 일반적으로는 한계가설은 다음과 같은 상정일 것이다. "어떠한 세계에 관해서도 그 세계를 중심으로 하는 유사성의 동심원(내측의 원 안에 있는 세계일수록 중심의 세계와 유사하다) 내에 가장 내측의 원이 있다."(cf. Lewis, 1973: 17~18)[74]

한계가설이 성립하지 않는다고 생각해야 할 근거는 있을 것인가. 루이스(1973: 20)의 선분을 사용한 예를 변형해서 다음 반사실을 생각해 보자. "도쿄타워가 334m보다 높았다고 한다면······." 그런데 현실세계에서 이 반사실을 생각하는 경우 어떠한 세계를 상정하면 좋을까. 현실에서 도쿄타워는 334m보다 낮으므로 도쿄타워가 334m보다 높은 세계 중 전체적으로 봐서 현실세계와 가장 유사한 세계란 도쿄타워의 높이가 334m에 가능한 한 가까운 세계일 것이다. 그러나 정확히 334m는 '보다 높다'라는 상정에 반한다. 334.1m는 어떠할까. 아니, 334.01m의 세계만큼은 아니다. 또한 그것도 334.001m의 세계만큼은 아니다. ······ 라는 식으로 얼마든지 유사성의 동심원은 내측으로 무한하게 움츠려 들어간다(덧붙여 길이의 최

---

[74] 이 한계가설은 반사실이 아닌 전건 A가 중심세계(우리의 경우는 현실세계)에서 참인 조건문의 경우에는 성립한다. 왜냐하면 중심세계 그 자체가 A가 참인 최소이탈세계가 되기 때문이다. 중심세계에서 후건 C가 참이라면 조건문은 참, 그렇지 않다면 조건문은 거짓이 된다.

소단위 k가 있다는 두드러지게 양자론적인 사실이 성립한다고 하면, 확실히 이 세계에 가장 가까운 몇 개의 '334m+k세계'가 결정될 듯하다. 그렇지만 설령 그렇다고 해도 그것은 양자론적 세계의 우연적 사실에 지나지 않고, 반사실을 무전제의 가능세계에 의해서 어떻게 파악할 수 있는가라는 일반적(철학적) 문제를 해명하고 있지는 않다).

결국 유사관계에 관해서 루이스가 그리는 논리공간에는 각각의 가능세계에 대해 모든 가능세계가 약한 전순서관계(weak total ordering)로 배치된다. 어떠한 세계를 취해도 가장 유사한 세계들 같은 것은 없다. 어느 곳까지 A-세계의 동심원을 좁혀 가면 반드시 언젠가 그보다 내측에 A와 C가 함께 참인 세계만이 될 때가 온다는 것만을 M은 말하고 있는 것이다(따라서 3장 등에서 우리가 사용해 온 루이스적 다세계의 이미지나 그림은 정확히는 균질한 최소이탈세계의 집합으로서가 아니라 충분히 좁힌 적당한 동심원 내의 유사도에 있어서 불균질한 모든 세계의 집합을 나타내는 이미지로서 생각되어야만 했다).

이것에 비해 스톨네이커의 조건문 분석은 N에 기반하고 있다. 즉 조건문 "A였다면 B일 것이다"('A>B'라 쓴다)의 진리조건은 명제와 가능세계의 쌍을 항으로 하고 가능세계를 값으로 하는 선택함수 f를 이용하는 다음 조건이다.

B가 f(A, α)에 있어서 참이라면, A>B는 세계 α에 있어서 참이다.
B가 f(A, α)에 있어서 거짓이라면, A>B는 세계 α에 있어서 거짓이다.[75]
(Stalnaker, 1968: 45)

선택함수의 값이 되는 f(A, α)는 α로부터의 최소이탈세계이다. 이것은 앞의 분석 N이다. 뿐만 아니라 여기서 선택되는 세계는 단수라고 간주된다. 즉 스톨네이커는 한계가설 ──어떠한 세계와 전제에 관해서 적어도 하나의 최소이탈세계가 있다──을 옳다고 할 뿐만 아니라, 유일가설(Uniqueness Assumption) ──어떠한 세계와 전제에 관해서도 기껏 하나의 최소이탈세계가 있다──도 인정하고 있는 것이다. 일반적으로는 어떠한 복수의 세계도 어떤 세계에 대한 유사도에 있어서 동등한 것은 아니라는 것이다. 유일가설과 한계가설을 겸비해서 스톨네이커가 그리는 논리공간에는 각각의 가능세계에 대해 모든 가능세계가 정렬관계(well ordering)로 배치되어 있게 된다.[76]

스톨네이커는 한계가설 쪽에 보다 자신을 갖고 있는 듯 생각된다(Stalnaker, 1980: 95~96). 루이스의 실수량(實數量)에 의한 반례에 대해 스톨네이커는 주로 다음 두 가지 점을 들어 재반론한다(1980: 97~98. 원문의 선분의 길이의 예를 여기서는 알기 쉽게 다시 도쿄타워의 높이로 치환하자). 우선 높이에 관한 모든 사실이 유사성을 가늠함에 있어 문제가 된다고는 상정하지 않고, '도쿄타워가 334m보다 높았다고 한다면……'을 생각할 때 예컨대 334m보다 크고 334.1m 이하라면 그러한 세계는 모두 현실세계와 동등하게 유사하다고 인정할 수 있을지도 모른다(뿐만 아니

---

75) 스톨네이커의 1984년 연구에서 (A, α)는 Fα(A)로 표기되어 있다. 이 장에서 참조하고 있는 스톨네이커의 1968년, 1980년 두 논문은 1984년 논문의 §7에 압축, 흡수되어 있다. 단 본문에서는 이하 1984년의 연구 페이지는 하나하나 나타내지 않는다. 한계, 유일가설을 용인한 반사실론의 보다 형식적 취급은 Stalnaker&Thomason, 1970, van Fraassen, 1974를 보라.
76) 또한 선택함수는 다음 조건을 만족한다. 모든 중심세계 α 및 전건 B와 B′에 관해, 만약 B가 f(B′, α)에서 참이고 B′가 f(B, α)에서 참이라면 f(B, α)=f(B′, α)이다(Stalnaker, 1968: 46). 이 조건은 다음을 나타낸다. 어떤 전건에 의한 선택의 결과 세계 β가 β′보다도 α와 닮았다고 한다면 다른 전건에 의한 선택이 β′를 β보다도 α와 닮은 것으로 하는 것은 아니다. 이러한 유사성의 전순서관계를 상정하는 것은 스톨네이커, 루이스에 공통적이다.

라 사실 일상어의 '보다 높다'는 '어느 정도 높다'라는 뉘앙스를 포함할 때가 많기 때문에 334.01m보다도 334.1m 쪽이 전건을 오히려 충실하게 표현하고 있다고 생각할 수 있을지도 모른다. 그러나 이것은 논점과 무관계하지는 않지만 다른 문제이다). 두번째로 보다 중요한 것으로서 한계가설을 인정하지 않는 루이스의 분석에서는 다음과 같은 형태의 조건문이 어느 것이나 옳게 된다. "x가 어떠한 실수(實數)이든, 만약 도쿄타워가 334m보다 높았다고 한다면 도쿄타워는 xm가 아니었을 것이다." 이것은 루이스의 이론에 의하면 다음을 함축한다. "만약 도쿄타워가 334m보다 높았다고 한다면 도쿄타워가 xm였을지도 모르는 실수(實數) x는 없다."[77] 그러나 도쿄타워는 334m보다 높았을지도 모르는 것이고, 그랬다고 한다면 도쿄타워는 어떠한 특정 높이를 갖고 있었을 것이다. 루이스의 분석은 이리하여 직관적으로 도쿄타워가 334m보다 높았을지도 모른다는 상정에 모순되는 것이다.[78]

그러나 우리의 당면 논의에 있어서 한층 중요한 것은 유일가설 쪽이다. 현실세계와 가장 유사한 세계는 '기껏 하나로' 결정될 것인가. 콰인이 반사실의 분석 그 자체의 가능성에 의문을 던지기 위해 제시한 다음 예를 생각해 보자.

- 만약 비제와 베르디가 같은 나라 사람이었다고 한다면, 비제는 이탈리아인이었을 것이다.
- 만약 비제와 베르디가 같은 나라 사람이었다고 한다면, 베르디는 프랑스인이었을 것이다. (Quine, 1950: 12)

비제와 베르디가 같은 나라 사람이다라는 전건이 참인 세계 중 두 사람이 일본인인 세계나 아르헨티나인인 세계, 그 외 어떠한 세계보다도 두 사람이 이탈리아인인 세계나 프랑스인인 세계 쪽이 현실세계에 가까울 것이다. 그러나 뒤의 두 경우 중 어느 쪽이 현실세계에 가까운지 결정하는 것은 불가능한 듯 생각된다. 굳이 말한다면 같은 정도로 가장 현실세계와 가깝다고 말해야 할 것이다. 즉 일견 유일가설은 성립하지 않는 듯 생각되는 것이다.

스톨네이커는 이러한 비결정성은 언어상의 모호함이라는 화용론적 요인이라고 생각한다. 이 언어상의 비결정성(모호함)과, 유일가설과 같은 이론적 결정성을 절충시키는 것은 가능함에 틀림없다. 결과부터 말하자면 이미 2장 3, 5절에서도 본 반 프라센류의 초가치(모호한 말을 그 명석한 해석의 세트로 간주한다. 모든 해석하에서 참인 논리적 참은 당연히 참으로 인정한다)에 호소하는 것에 의해 해결하려고 하는 것이다. 비제와 베르디

---

77) '만약 …라면 ~일 것이다'(if …woud~)와 '만약 …라면 ~였을지도 모른다'(if …might~)의 논리관계는 루이스에 있어서는 다음과 같다(전자가 □→, 후자가 ◇→).

  $\emptyset \diamond \to \psi = df \sim (\emptyset \square \to \sim \psi)$
  $\emptyset \square \to \psi = df \sim (\emptyset \diamond \to \sim \psi)$

스톨네이커의 논의를 기호로 나타내면 $\forall x(\emptyset \square \to \sim \psi x)$ 따라서 $\forall x \sim (\emptyset \diamond \to \psi x)$ 따라서 $\sim \exists x(\emptyset \diamond \to \psi x)$로, 이 결론은 불합리하게 된다. 또한 would와 might의 논리관계에 관해서는 결과적으로는 스톨네이커도 같은 견해를 갖지만 해석상 if …might를 결정화(結晶化)된 의미단위로 하지 않는다는 것, if …might를 일반적인 가능성 연산자의 일종으로 간주할 수 있다는 것, might 조건문을 긍정하면서 그것에 대응하는 would 조건문을 부정하는 것 등이 왜 이상한가를 설명 가능하다는 것에 있어서 루이스식의 분석보다 뛰어나다고 말하고 있다 (Stalnaker, 1980: 98~101).
78) 스톨네이커의 이러한 '직관적'인 루이스 비판이 옳은가 그른가는 어떻게도 말할 수 없다. 한계가설의 부정이 모순되어 있다는 지적에 의한 반박은 형식상 달성되어 있지만 이것은 한계가설의 증명이 아니라 would와 might의 논리관계에 대한 루이스식(스톨네이커식) 분석에 문제가 있음을 나타내는 데 지나지 않을지도 모르기 때문이다. 한계가설에 반대하는 논의에는 루이스 이외에 Herzberger, 1979, Pollock, 1976 등이 있다.

에 관한 앞의 두 조건명제는 양쪽 모두 참도 거짓도 아니다. 비제와 베르디가 같은 나라 사람이라는 것이 어떠한 것인지는, 언어의 모호함이 섞여 들어와서 어느 쪽 해석을 채용하는가에 의해 결정되어 두 명제는 참이 되거나 거짓이 되거나 하기 때문이다. 그러나 두 명제를 선언으로 묶으면 전체는 참이 된다. 언어의 모호함을 해결하는 어느 쪽 방식으로 말의 의미를 결정해도 선언지 중 어느 쪽인가가 참인 덕택에 전체는 반드시 진리를 나타내기 때문이다. 이리하여 화용론적인 모호함에 의한 개별조건문의 비결정성을 인정하면서 의미론적으로는 결정이론을 손에 넣을 수 있는 것이다(Stalnaker, 1980: 89~93).

초가치를 부가한 스톨네이커의 체계에서는 조건문에 있어서 분배원리가 성립하게 된다. 즉 A⟩(B∨C)로부터 (A⟩B)∨(A⟩C)를 도출할 수 있다는 것이다. 이것의 특수한 경우로서 조건적 배중률(principle of conditional excluded middle)이 성립된다. 즉

(P ⟩ Q)∨(P ⟩ ~Q)

가 성립한다. "(A⟩B)도 (A⟩~B)도 참이 아닌 경우가 설령 있다고 해도 초가치가 더해지면 (A⟩B)∨(A⟩~B)는 여전히 타당할 것이다. 선언지 중 어느 쪽도 부여된 부분적 해석의 자의적 외연 전부에 의해 참으로 간주되는 것은 아닐지도 모르지만 각각의 자의적 외연이 선언지의 한쪽 혹은 다른 쪽을 참으로 한다는 것은 항상 성립할 것이다"(Stalnaker, 1980: 91). 결국 (B∨~B)는 모든 가능세계에서 성립하므로 A⟩(B∨~B)는 참으로 인정되지만 이 경우 (A⟩B)와 (A⟩~B) 중 어느 쪽이 참인지 알 수 없다고 해도 (A⟩B)∨(A⟩~B)는 참으로 인정된다. 이 조건적 배중률의 함축은 다음과

같이 이해할 수 있다. 즉 화용론적으로는 (A⟩B)도 (A⟩~B)도 선택하지 않는다고 해도 의미론적으로 (A⟩B)∨(A⟩~B)이므로, 표준논리 규칙을 역으로 더듬어 보면 (A⟩B)가 참인지 (A⟩~B)가 참인지 이념(理念)적으로 인정할 수 있고, 임의의 B에 관해 이것을 말할 수 있으므로 A가 성립하는 최소이탈세계에서는 모든 명제의 진위가 결정되고 있다. 즉 최소이탈세계가 어떠한 세계인지 현실세계에서는 식별 불가능하다고 해도 그 세계는 이념적으로 한 개의 세계로 결정되어 있다. 유일가설은 언어의 모호함이 있는 이상 용어의 실제 용법상 관철하는 것에는 무리가 있어도 이론적 의미론 내에서는 보증된다는 것이다. 사실 (A⟩B)∨(A⟩~B)를 받아들이는 것은 본래 세계들의 상대적 유사성의 체계에 한계가설과 유일가설을 더한 생각과 동등한 것이다(Stalnaker, 1980: 89).[79]

그런데 A⟩('A였다고 한다면')는 이미 보아 왔듯이 '픽션 A에 있어서 (참이다)'로 유비적으로 생각할 수 있는 것이었다. 따라서 스톨네이커의 이상의 이론에 의하면,

---

[79] 유일가설을 전제하지 않고도 사실상 유일가설을 인정하는 조건적 배중률을 참으로 하는 것이 가능했을 터이지만, 한계가설 쪽도 비롯해 보류해 둔다면 어떻게 될 것인가. 예컨대 "도쿄타워가 334m보다 높았다면 그 높이 xm의 십진법 표기에서 처음 0 이외의 숫자가 나오는 것은 소수점 짝수 행째일 것이다"를 생각해 보자. 한계가설은 일견 받아들일 수 없는, 즉 0 이외의 것이 소수점 짝수 행째에 처음 등장하는 세계보다 가까운(도쿄타워가 낮은) 홀수행째의 세계가 반드시 있고, 홀수 행째의 세계보다 가까운 짝수 행째의 세계가 반드시 있다. 따라서 (A⟩B)도 참이 아니고 (A⟩~B)도 참이 아니다. 그렇지만 초가치의 방식을 강하게 밀고 나가면 '보다 높다'의 엄밀한 의미(높이의 차)를 아무리 자의적으로 결정해도──수치는 점점 작게 되어 끝이 없지만──(A⟩B)나 (A⟩~B) 어느 쪽인가는 반드시 참이므로 (A⟩B)∨(A⟩~B)는 참이다. 이리하여 초가치를 확대 해석해서 사용하면 한계가설을 인정하든 인정하지 않든 상관없이 (A⟩B)∨(A⟩~B)는 참으로 인정할 수 있다. 이것은 결과적으로 한계가설, 유일가설이 인정된 것이 된다. 단 이러한 가설과 결과의 관계를 관찰하기 위해서는 루이스의 분석 M쪽이 편리하고, 스톨네이커의 분석 N을 출발점으로 하기 위해서는 부대조건을 꽤 필요로 할 것이다(최소이탈세계가 있다고는 단정할 수 없는 경우, (A⟩B)∨(A⟩~B) 혹은 A⟩(B∨~B)의 의미가 N만으로는 결정 가능하지 않다).

『안나 카레니나』에 있어서 (브론스키의 혈액형은 A형이다∨브론스키의 혈액형은 A형이 아니다)

가 참이라면(이것은 사소한 진리로서 모든 허구이론이 인정하고 있다),

『안나 카레니나』에 있어서 (브론스키의 혈액형은 A형이다) ∨『안나 카레니나』에 있어서 (브론스키의 혈액형은 A형이 아니다)

도 참이다. 허구세계는 한 개의 완전한 가능세계라는 것이다. 마찬가지로 배중률을 ω완전성으로 일반화하면,

『안나 카레니나』에 있어서 ∃x(x는 브론스키의 혈액형이다)

가 참이라면(이것도 모든 허구이론이 인정하고 있다[80]),

∃x『안나 카레니나』에 있어서(x는 브론스키의 혈액형이다)

가 참이 된다.[81]

스톨네이커는 조건문에 있어서 다음과 같은 양화 범위의 모호함

---

80) 특수한 외삽원리에 기반한 허구이론의 경우는 브론스키에게는 혈액형이 없을 가능성도 상정할지도 모른다. 그 경우는 제로형이라는 혈액형을 편의적으로 설정하면 된다. 배중률을 확장한 것일 뿐으로, 모든 선택지에 x가 대응된다는 것은 같으므로 혈액형 제로의 설정은 전혀 논지에 관계가 없다.

① A⟩∃xFx   ② ∃x(A⟩Fx)

를 인정하지 않는다. 기본적으로 조건문은 ②의 의미를 지향하고 있다. "작년에 결원이 나왔다면, 카터 대통령은 여성(a woman)을 최고재판관에 임명했을 것이다"라고 할 때 그 여성이 누구인지 반드시 결정되고 있지는 않다는 것은 사실이지만 그것은 양화의 범위가 모호하고 ①의 의미로 말해지고 있을지도 모르기 때문은 아니다. 반사실적 조건문은 양화의 범위가 모호할 수 있는 양상문 "카터 대통령은 여성을 최고재판관에 임명해야만 한다"보다도 미래문 "카터 대통령은 여성을 최고재판관에 임명할 것이다" 쪽에 보다 닮아 있다. '여성'의 신원이 결정되지 않는 것은 전적으로 정보의 부족(underdetermination) 때문인 것이다. 허구에 있어서 정보 부족과 사정(事情)은 유비적이다(Stalnaker, 1980: 93~95). '데 레', '데 딕토'의 구별에 고민하지 않고 유일한 완전허구세계에 있어서 유일한 허구적 대상을 확인하고 싶었던 우리의 단일세계설이 현행 이론 내에서 겨우 온당한 근거를 발견했다고 말할 수 있을 것이다.

내가 옹호하고 있는 분석의 관점에서 보면 반사실적 조건문의 전건에

---

81) 루이스류 초가치와 비교하기 위해 2장 5절의 각주 19번처럼 그림으로 제시해 보자(각주의 우측 참조). 여기서 P세계와 ~P세계가 동등하다고 결정해 버리지 않고 P세계가 ~P세계보다 내측인 해석 I, ~P세계가 P세계보다도 내측인 해석 II로 나눠진다고 하면 inFP도 inF~P도 둘 다 함께 해석에서 참이 되지는 않으므로 단적으로 참은 아니다. 그러나 해석 I에서는 inFP가 참, 해석 II에서는 inF~P가 참이므로 어느 쪽 해석에서도 'inFP∨inF~P'는 참이 되고 이것은 단적으로 참이 된다. 스톨네이커의 이론은 루이스의 이론보다 초가치의 '범위를 넓게' 사용한 것이라고 말할 수 있을 것이다.

의해 결정되는 가능적 상황이 픽션의 저자에 의해 만들어진 상상세계와 닮아 있다는 것은 놀랄 만한 일은 아니다. 어느 쪽 경우에도 사람은 결정된 유일한 가능세계를 표현하고 기술한 셈이고, 단지 실제로는 그렇게 하는 것에 결코 성공하지 못할 뿐인 것이다. (Stalnaker, 1980: 95)

그렇지만 몇 가지 문제가 새삼스럽게 부상한다. 첫번째로 반사실과 픽션은 같은 논리구조를 공유할 정도로 닮아 있는 것일까. 두번째로 화자나 저자가 결코 성공하지 못하는 유일완전세계의 선택이란, 그럼에도 불구하고 유일완전세계의 선택이라 말할 수 있는 것일까. 세번째로 유일완전세계의 선택이란 무릇 실제로는 결코 성공하지 못하는 것은 아닐까.

첫번째 문제에 관한 나의 생각을 간략하게 기술해 보자. 직관에 호소해서 한계가설을 재도입하고 초가치에 호소해서 유일가설을 옹호한 스톨네이커의 방법은 결정적인 것은 아닌 듯 보인다(이 장의 각주 79번 참조). 반사실이 유일한 완전세계를 선택한다고는 말하기 어렵고, 반사실의 우화나 사고실험의 화자도 유일한 완전세계를 선택한 셈이 되고 있다고는 말할 수 없다고 생각한다. "이 소금은 물에 녹는다"라는 과학적인 반사실적 조건문은 수온, 기압 등에 따라 여러 녹는 방식들을 한 번에 기술해야만 하고 군사적 시뮬레이션의 반사실적 조건문은 또한 더 명시적으로 많은 분기, 편차를 상정한 포괄적 처방을 전략적으로 확정하고 있을 것이다. 그것이 반사실의 효용이다. 한편 픽션은 표면상 '또 하나의 현실'로서의 실제적인(real) 구체적 상황의 설정을 의도하는 것이므로 유일완전세계의 확정, 선택이라는 것이 본질적으로 요구되고 있는 듯 생각된다. 반사실과 픽션은 현상적으로 연속되어 있다고는 해도, 제도적·이념적으로는 경계가 있다고 말해야만 하고 그 경계에 따라 논리구조의 차이가 인정되어야만 할 것이다.[82] 그 차이는 추상적, 일반적 가설과 구체적 세계를 상상하는 차이이고 가능세계의 집합과 하나의 가능세계의 차이는 아닌가 하고 나는 생각한다. 즉 반사실 단칭문은 항상 '데 레'적이다(대상은 하나이다), 라는 스톨네이커의 생각은 옳을 수 있지만 그렇다고 해서 세계가 하나라고는 단정할 수 없는 것이다. 반사실은 과학이론과 닮아서 픽션과는 다르다. 반사실 이론은 대상론에 관해서는 어찌되었든, 세계론에 관해서는 필시 루이스식의 집합설이어야만 하고, 스톨네이커식의 단일세계설은 그가 주제로 다룬 반사실이 아니라 오히려 부산물로밖에 간주되지 않았던 허구론에서야말로 주로 응용되어야 한다고 생각되는 것이다.

두번째 문제에 관해서는 "비결정성을 기술하는데 인식론적 용어를 사용하고 비결정성을 무지의 극단적 경우라고 ─ 모든 사실이 알려진 뒤가 되어도 또 남는 무지라고 ─ 생각하는"(Stalnaker, 1980: 101) 인간의 일반적 경향이 열쇠가 된다. 스톨네이커가 1980년에 수행한 연구의 말미에 있는 다음 한 구절을 보자.

(반사실에 관한) 질문에 우리가 답할 수 없는 것은 사실 인식론적 한계이기 때문은 아니다. 그러나 우리는 그것을 특징 짓는 것으로 여전히 지식과 무지의 언어를 사용한다. 그러한 질문에 실제로는 답이 없는 것이라고 우리가 인식하고 있을 때조차, 우리는 마치 자신이 알 수 없는 답이 있는 듯 계속 말하고, 계속 생각하는 것이다. 이것은 왜인가 하면, 생각

---

82) 어떤 특정 이야기가 있는 시대, 문맥에서는 단순한 반사실로 분류되고, 다른 시대, 문맥에서는 픽션으로서 대우된다는 변이는 있을 것이지만 여기서는 문제는 아니다. 개개의 이야기의 위상을 논하고 있는 것이 아니라 이념, 문화로서의 반사실과 픽션의 논리적 차이를 논하고 있기 때문이다.

건대 전건의 상정에 의해 결정된 반사실적 상황이 이 현실세계와 마찬가지로 완전하고 결정적인 것이라고 우리가 생각하도록 되어 있기 때문인 것이다. (Stalnaker, 1980: 102)

마치 답이 있는 듯이! 마치! 지금까지 살펴보자면 스톨네이커의 이론은 단일세계설이라기보다도 메이크 빌리브 이론 쪽과 한층 더 유사한 듯 보이는 것은 아닌가. 어디까지나 메이크 빌리브 내에서 우리는 단일세계설을 받들고, 결정적 단일세계를 상정하고 있다는 것이다. 이것은 그대로 세번째 문제에 대한 대답이 되고 있다. 유일완전세계의 선택이란 무릇 실제로 결코 성공하지 못하는 것일까. 의문대로 결코 성공하지 못한다. 그러나 하나의 완전세계가 선출되고 있을 것만은 확실한 것이다. 그러나 그 세계가 어떠한 세계인 것인가는 누구도 알 수 없을 뿐만 아니라 답이 존재하지 않는 것이다.

스톨네이커의 이 생각은 반사실에 관해서는 너무 강하고, 허구에 관해서는 너무 약한 듯 생각된다. 앞에서 기술했듯이 반사실을 말하는 사람은 일반적으로 메이크 빌리브로서 단일세계를 집어내고 있는 것처럼은 보이지도 않고, 한편 허구의 작가나 비평가를 포함한 허구의 약정(convention)은 메이크 빌리브를 모두 제거한 종점(?)에 있어서도 '답이 되는 존재'를 요구하고 있는 **것처럼** 생각된다. 스톨네이커와 같이 메이크 빌리브 내에서만 답이 존재한다는 그 주장 자체는 메이크 빌리브 밖에서 행해지고 있고(행해지고 있는 **것처럼** 있고!) 그러므로 **실제로는** 답이 존재하지 않는다고 은근히 말하는 것이다. 그러나 **실제로는** 답이 존재하지 않는다는 것은 어떠한 것일까. 우리는 모든 메이크 빌리브의 밖에 나와서 초월적인 진리주장을 행할 수 있다고 말하기라도 하는 것일까. 오히려 우리는 항상 메이크 빌리브 내에서(이 개념을 사용하는 것을 선호한다면, 제도, 약정 내에서라고 환언해도 좋다), 허구세계의 본성을 결정적인 유일존재로서 이해해야만 하는 것은 아닌가.

허구텍스트에 의해 선택된 세계가 어떠한 세계인가는 확실히 누구도 알 수 없지만 답이 존재하지 않는 것이 아니라 하나로 결정되어 있다는 이론이 결정적으로 필요할 것이다. 필시 가장 단일세계설로부터 멀리 있는 대입적 양화지지자인 우즈가 스스로 부정한 초기 이론, 극히 소박한 다음과 같은 결정이론을 그 같은 정신하에서 부활시켜야만 하는 것은 아닐까.

> 홈스는 등에 점이 있는 것일까, 없는 것일까? 도일은 아무것도 말하고 있지 않다. (중략) 홈스는 당신이나 나와 달리 마이농의 용어에서 말하는 '불완전 실체'인 것일까. 나의 생각으로는 그렇지는 않다. 그것은 줄리어스 시저가 불완전 실체가 아닌 것과 마찬가지인 것이다. 입수할 수 있는 증거에 의해서는 시저의 점이 있었는지 없었는지 아는 것은 불가능할지도 모른다. 그러나 그렇다고 해서 시저는 등에 점이 있었던 것도 아니고 없었던 것도 아니게 될 수는 없다. 홈스도 마찬가지이다. (중략) 증거가 시저에게 그러한 점이 있었다는 것을 제시했을지 모를 수도 있다. 누군가가 점을 본 것을 기록해서 그 기록이 현존하고 신뢰할 가치가 있는 경우도 있을 수 있다. 홈스에 관해서 마찬가지의 가능성을 부정하고 싶다고 생각하는 사람은 없을 것이다. 명백하게 누군가가 점을 본 경우가 있을 수 있다. 왜냐하면 누군가가 그것을 봤다는 식으로 도일이 '기술'하고 있었을 수 있기 때문이다. (중략) 허구가 진리치 공백(gap)에 잠식당하고 있다면 과거나 미래의 현실도 마찬가지일 것이다. (Woods, 1969: 62)

허구적 대상은 현실의 대상과 논리적, 존재론적으로 동질적이다. 물론 이것은 극히 거친 논의이고 우즈의 전후의 논지 전체에도 결함이 두드러지게 보인다. 그러나 이 같은 방향에서 우리는 더욱 세련된 완전단일개체설을 이미 그리고 있는 것이다. 마지막 5장에서 지금까지의 허구텍스트와 허구세계, 허구적 대상, 그리고 허구이론에 관해 나의 결론을 정리하겠지만 그전에 여러 이론들의 장단점을 정리하기 위해 이 긴 장에서 개관해 온 허구적 대상에 관한 16개의 설들을 대조시키는, 이른바 도표를 제시해 두고 싶다.

17. 허구론의 판정축

키트 파인은 비존재 대상을 논한 긴 논문 내에서 허구적 대상론을 세 개의 축으로 분류하는 것을 암시하고 있다(Fine, 1982: 97~98). 즉,

(i) 플라톤주의(platonism)/경험주의(empiricism)

(ii) 자의(字義)주의(literalism)/문맥주의(contextualism)

(iii) 내재주의(internalism)/외재주의(externalism)

플라톤주의는 허구적 대상이란 인간의 활동이나 그 외의 경험적 조건에 그 존재(being)를 의존하지 않는 것이라고 하는 생각으로 허구적 대상은 필연적으로 존재한다는 것이다. 이것에 비해 경험주의는 인간의 활동 등 경험적 조건에 의해 만들어지는, 즉 우연적 존재라고 하는 생각이다. 이것은 존재에 관한 축이다.

자의주의는 허구적 대상은 텍스트 내에 주어져 있는 성질을 정말로

갖는다는 생각이고, 문맥주의는 허구적 대상은 '스토리에 있어서' 등의 문맥과 상대적으로 그 성질들을 갖는다고 하는 생각이다. 이것은 속성에 관한 축이다.

내재주의는 허구적 대상은 이야기 등 그것이 등장하는 문맥에서 갖는 성질들(내재성질)에 의해 개체화된다고 하는 생각이고, 외재주의는 현실세계와의 연관 등 등장 문맥 밖의 성질들(외재성질)에 의해 허구적 대상이 개체화된다고 하는 생각이다. 이것은 확정에 관한 축이다.

이 세 축은 독립적이다. 예컨대 직관적으로는 내재주의가 자의주의를 함축하는 듯 생각되기도 하지만 반드시 그렇지는 않다. 예컨대 파슨스의 마이농주의는 확실히 내재주의적 자의주의일 것이다. 그러나 반 인와겐의 이론적 실체설은 일의적으로는 '스토리에 있어서 탐정이다'와 같이 내재성질을 이용해서 허구적 대상의 확정을 행하지만, 속성론에 있어서는 틀림없이 문맥주의적 이론이었다. 무엇보다도 반 인와겐설에서는 '도일이 생각한'과 같은 외재성질도 홈스를 특징짓는 데 등장하긴 했지만, 그것들이 홈스의 개체화에 본질적으로 기여하는 것이었는지 아닌지는 불확실하고(단순히 우연적 성질일지도 모르고), 나아가서 반 인와겐식으로 외재성질을 전혀 개체화 혹은 확정에 이용하지 않는 이론을 상정할 수도 있다. 월터스토프의 종류설은 그 중 하나일 것이다. 이리하여 단순하게 생각해서 허구이론은 2^3=8개로 분류되게 된다(어떤 축에 관해서 중립이라는 선택지variation를 넣으면 더욱 많아질 것이다). 파인 자신은 (i)경험주의, (ii) 문맥주의, (iii) 외재주의의 조합을 채택하고 있다.

파인의 이 세 축 분류는 현행 이론들을 실제로 수집한 뒤에 알게 되는 (경험적) 앎이라기보다 위로부터 내려오는 연역적인 형식 분류이고, 게다가 허구적 대상, 환각이나 신념의 대상 등 모든 종류의 비실재 대상을 동

〈표 1〉

	①기술이론	②위장주장설	③환원주의	④마이농주의	⑤이론적실체설	⑥종류설	⑦우의설	⑧대입적양화설	⑨상황설	⑩데 레 가능다세계설	⑪물리주의	⑫데 딕토 가능다세계설	⑬데 딕토 초세계설	⑭메이크빌리스설	⑮데 레 심안이론	⑯한계·유일가설
1. 홈스는 있다(지시대상이다)		○	○	○	○		○			○					○	○
2. 홈스는 존재하지 않는다	○		○				○		○	○	○	○	○	○		
3. 홈스는 인간이다		○	○			○	○	○			○	○	○			
4. 홈스가 존재했다고 판명되는 것은 아니다				○					○	○ 83)	○					○
5. 홈스가 존재한다면 인간이다	○	○	○	○		○				○	○	○	○			
6. 강한 모순과 약한 모순을 구별할 수 있다				○	○		○	○							○	○
7. 강한 불완전성과 약한 불완전성을 구별할 수 있다				○	○		○	○				○		○		
8. 강한 논리적 폐쇄와 약한 논리적 폐쇄를 구별할 수 있다				○	○		○	○						○		
9. 콰인의 테제(이치표준논리)	○		○		○					○	○					○
10. 현실세계는 완전·일관적이다	○	○			○				○							
11. 의심스러운 존재론적 개입(commitment)이 없다	○		○	△	○		○			○				△		
12. 작가의 창조를 인정할 수 있다		○		△	○	△		○	△					○	△	
13. '데 레'/'데 딕토'의 구별이 가능하다	○					○	○		○						○	
14. 분간되지 않는 쌍둥이(twin), 군중(crowds)을 식별할 수 있다					○	△			○	○	○				○	○
15. 인과적 지시이론에 저촉되지 않는다					○		○			○	○	○				
16. 신뢰할 수 없는 화자에게 속지 않는다										○						○
17. 적절한 논리적 도출(외삽)이 가능하다											○	○				
18. 언어 외 상황의 이해				△		△	○				○	○				
19. 관허구적(trans fictional)인 명제의 평가, 결정			○		○		○						△			
20. 작품 내 문장과 비평가의 문장을 구별한다	○			○	○											

○언어설 ◆상황설 ■집합설 ●단일세계설   판정기준 중 음영이 들어간 것은 O가 없는 쪽이 득점.

등하게 배열해서 취급하고 있기 때문에 각 이론의 미묘한 종별(種別)에까지는 이르지 않는다. 예컨대 파슨스설은 비실재 대상에 관해서는 플라톤주의지만 허구적 대상에 관해서는 경험주의적이었다. 또한 무릇 허구적 대상인 것의 존재성, 속성, 확정을 제안하지 않는 기술이론, 환원주의, 대입적 양화설, 물리주의와 같은 설들을 성공적으로 분류하기 위해서는 또 두 개 정도의 축을 설정할 필요가 있을 듯하다. 따라서 우리는 물론 언어설, 상황설, 다세계설, 단일세계설이라는 직관적 축은 염두에 두면서도 형식적 가능성에 의거한 분류가 아니라 어디까지나 현존하는 이론들을 배열해 가는 형태로 분류배열해 본 것이다. 〈표 1〉을 주목해 주었으면 한다. 물론 시론(試論)적으로 파인의 세 축으로 분류를 시작하는 것도 가능했지만 이 장에서의 우리의 관심은 어떤 이론이 가장 바람직한가, 많은 목적을 만족시키고 있는가 하는 문제의 결론을 끌어내는(그렇다기보다 확인하는) 것에 있었으므로 이 장 마지막에 정리하는 것으로 만들어진 이 표의 세로 축의 평가축에는 지금까지 이 책에서 이론의 타당성의 판단기준으로서 음으로 양으로 사용해 온 모든 구체적인 판정항목이 쓰여 있다.

    기준에 대한 합격 여부의 근거는 거의 전부 본문 내에서 이미 기술하고 있다. 합격(clear)하고 있는 란에는 ○를 붙이고 명백하게 ×인 경우를

---

83) (표 1 각주) 이 ○의 의미에 관해서 두 가지 제한에 주의했으면 한다. ① 허구명을 만든 본인에게 있어서는 '실재하지 않을 텐데 실은 존재했으리라고는 생각지 못했다!' 등의 경우는 없다고 판단하고 있다는 의미. 전지적 관찰자가 아닌 타인의 시점에서 보면 이름의 사용이 폐색에 부딪힌다는 것은 결코 확신할 수 없다. 홈스도 우리가 허구적 존재라고 생각하고 있을 뿐으로 실은 도일이 소설을 쓰는 척하고 실재하는 인물에 관해 기록을 남기고 있었을지도 모른다.
② 허구작품 성립 시까지는 존재하지 않았던 홈스가 미래에 존재하는 경우는 없다는 의미. 허구작품 성립 시까지의 일에 관해서는 ①에서 보았듯이 어떤 사실이 판명되면 물리주의하에서도 홈스의 존재가 확정된다. 그렇지만 허구작품 성립 이후에는 어떠한 사실에 의해서도 홈스의 존재가 새롭게 인정되는 것은 아니다.

포함해서 중립, 불확정한 경우를 공란으로 해두었다. 당연히 ○이 많이 붙은 이론일수록 바람직한 이론이 되겠지만 주의했으면 하는 것은 넓은 네트워크에 호소하기 위해 '판정기준'은 허구이론으로서 일반적으로 바람직한 조건이라고 간주되어 온 항목을 학계의 상식(Howell, 1979를 가장 참조했다)에 따라 최대한 망라해서 나열하고 있는 것으로, 그 중에는 6, 7, 8, 13과 같이 오히려 ○이 붙지 않은 쪽이 바람직하다고 이 책에서 판단한 기준도 있고, 또한 1과 11, 6~8과 9와 같이 서로 모순되는 듯 보이는 것도 그대로 남겨두었다. 그러나 이만큼 많은 기준에 비추어 보면 총합해 봐서 어떤 이론을 우리가 선택할 마음이 드는지, 또한 실제로는 어떤 이론을 이미 암묵적으로 선택해서 취하고 있었는지를 다시 검증하는 데 도움이 될 것이다. 그 위에 파인의 세 축을 더해 보는(예컨대 1과 12의 조합에 파인의 (i)축의 판정이 행해지는 등) 것도 철학적 연습으로서 한 재미일 것이다. 특히 이 책에서는 (ii) 속성의 문제와 (iii) 확정의 문제를 그렇게 명확하게 나눠서 생각하지 않았으므로.

  참고로 파인의 축을 이항대립적으로 파악하지 않고 연속적 스펙트럼으로 파악하고 (i), (ii)를 도입한 좌표도 제시해 둔다(표 2). 세로축의 해석도 모호한 점이 있지만 특히 가로축은 여러 요소들을 묶어놓았고 엄밀한 직선척도를 이루고 있지는 않으므로(예컨대 환원론적인 개념실재론, 자의주의의 경향이 강한 유명론도 논리적으로는 성립할 수 있다. 우의설이나 이론적 실체설, '데 딕토'설 등을 생각하라) 어디까지나 직관적 비교에 도움이 되는 대략적인 그래프라고 생각해 주었으면 한다.

  또한 〈표 2〉에서 가능세계설은 대체로 오른쪽 위에 치우쳐 있는데, 이것은 당연한 것처럼 보이나 실은 그렇지도 않다. 즉 가능세계란 무엇인가 하는 양상의 존재론의 다양성(variation)에 의해 가능세계설은 환원주

〈표 2〉

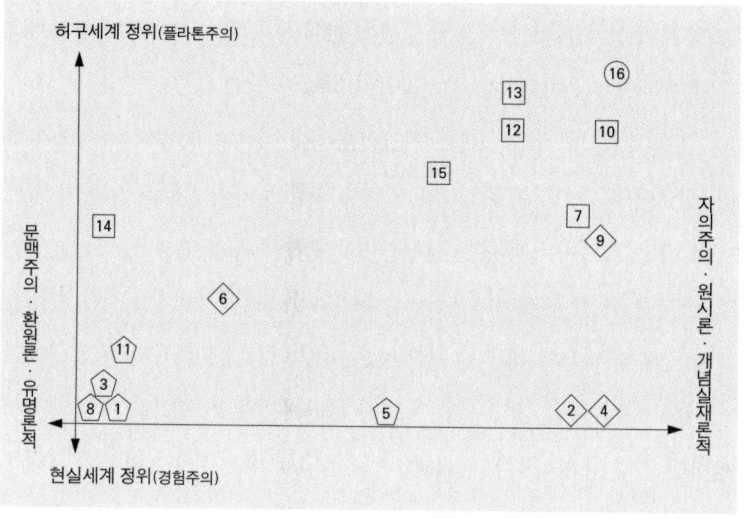

의적으로도 될 수 있고 문맥주의적으로도 될 수 있는 것이다. 본문에서 나는 가능세계의 본성으로서는 루이스류의 양상실재론, 즉 현실 외의 물리적 실재로서의 가능세계(Lewis, 1986)를 암묵적으로 전제로 해왔지만 가능세계의 본성으로서는 그 외에도 스톨네이커의 포괄적 성질(Stalnaker, 1976), 플란팅가의 포괄적 사태(Plantinga, 1976), 애덤스의 명제의 최대집합(Adams, 1974), 레셔의 지적·개념적 대상(Rescher, 1973), 스컴스(Brian Skyrms)의 실재개체×성질·관계의 조합(Adams, 1974), 크레스웰의 현실 내 시공간 좌표의 조합(Cresswell, 1972) 등의 후보가 있고(Loux, 1979도 보라), 이들은 어느 것이나 왼쪽 아래쪽에 접근하게 될 것이다. 그러나 이들은 결국 가능세계설을 종류설이나 메이크 빌리브설, 마이농주의, 언어설 등과 실질적으로 같은 것으로 붕괴시키므로, 이 책의 문맥에서는 굳이 가능세계설이란 이름을 붙일 가치가 있지는 않게 되어 버린다. 따라서 지금까지 논의를 진행해 온 우리로서는 여러 가능세계설은 스톨네이커나 그 외의 주장자들 자신의 실제 견해에 관계없이 어느 것이나 양상실재론적인 가능세계를 이용하는 것이라 생각해야만 한다.

또한 13절의 커리의 이론이 그러했듯이 이론이 적용되는 문맥에 따라, 경우에 따라, 또는 텍스트의 장르나 내용에 따라 올바른 이론이 다르다고 하고, 그때마다 이론을 선택한다는 절충주의를 채용하는 것도 당연히 생각할 수 있을 것이다. 이 절충주의의 가능성을 인정한 다음 최대한 많은 경우에 적용할 때 그럴듯한 것은 어떤 이론일지를 우리는 탐구해야만 한다. 나아가서는 허구라는 문화가 하나의 통합된 영역을 형성하는 것이라면 설령 근사적인 개략(概略)적 이론일지라도, 불충분하지만 보편적인 유일한 설명이론을 **우선 처음에는** 찾아내야만 한다는 것도 또한 확실하다고 생각한다.

5장 _ 허구이론이란 무엇인가

이 마지막 장의 두 절은 현행 이론들이 제시한(혹은 잉태한) 문제들에 입각해서 나의 결론을 다시 그려내는 부분이다. 단 세부까지 정리했다고는 말하기 힘드므로, 뒤에 부연할 논의를 발표하기 위한 시안(試案)으로서 상세한 것을 생략하고 최대한 농축된 형태로 알기 쉽게 틀만을 제시해 두고 싶다.

1절에서는 단일세계설이라는 허구적 대상, 허구세계론이 1장에서 논한 허구작품론과 합쳤을 때 나오게 되는 논리적 귀결을 시사하고, 2절에서는 허구의 존재론에 관해 단일세계설을 채용해야 한다는 허구관의 철학적 배경을 명확하게 했다.

1. 현상주의와 단일세계설

1장에서 우리는 텍스트의 현상, 즉 지각적 성질에 의해 일의적으로 텍스트를 확정하는 현상주의의 입장을 취하는 데 이르렀다. 텍스트가 표현하는 대상(허구세계와 캐릭터)이 어떠한 종류의 존재성을 갖고 있는가 하는 판단과 텍스트를 기술·해석·평가하기 위한 타당성의 기준에 관한 판단이 서로 밀접하게 결부되고, 서로 제약하는 것은 당연하다. 언어설, 상황설, 집합설 — 앞 장에서 개관해 온 마지막 이론 이외의 모든 설 — 은 이른바 현실정위형 존재론이다. 텍스트에 관해 현실세계에 있어서 알 수 있는 사항을 특권화, 특별 취급하고 그 외의 사항은 불문에 부치든지, 자유롭게 인정하는 방식으로 현실세계에서의 논의를 단순화하려고 하기 때문이다. 따라서 동일작품(동일외연)의 내용이 현실세계에 있어서 여러 문맥에 따라 다른 양식으로 해석된다는 외연주의에 밀착하게 된다. 이것에 비해 허구세계 정위형의 단일세계설은 텍스트 세계 내부의 시점을 본래적이라고 간주하기 때문에 텍스트의 내용에 관해 현실세계로부터는 불가지한 사항도 기술되고, 현재(顯在)화된 가지적 내용과 동등한 실재적 결정성을 인정한다. 이 입장에서 보면 작품매체를 둘러싼 현실세계의 문맥이 아무리 변화해도 현실과는 완전히 별개인 작품 내 세계가 영향을 받아야 할 이유는 없다. 이것은 자율적이면서 불변하는 텍스트라는 존재양식으로만 해석하려고 하는 뉴크리티시즘식 현상주의를 도출할 것이다. 이상 두 입장의 차이는 2장, 3장에서 각자 주제로서 논한 불완전성, 모순을 다루는 데서 단적으로 나타나고 있다.

  허구세계의 이치성에 기반하는 '완전성'을 현상주의 비평의 영역에서 정식화한 것으로서는 먼로 비어즐리의 공준 4를 들 수 있을 것이다.

  미적 대상의 특징들은 그 어떠한 특정 표상에 있어서도 모두 드러나게 되는 경우는 없을지도 모른다. (Beardsley, 1958: 46)

  이것은 필시 아포리즘이나 시의 경우를 고려하고 있기 때문에 개연적 표현을 취하지 않을 수 없는 것이었고, 허구작품의 경우는 "미적 대상의 특징들은 그 어떠한 특정 표상에 있어서도 모두 드러나게 되는 일은 없다" 혹은 "……있을 수 없다"고 판정형이나 필연형으로 공준 4를 강화하는 것이 허용될 것이다. 이것을 부정하는 것이 상황설이었다. 상황설에서는 미규정 영역의 내용을 이루는 것은 처음부터 존재하지 않으므로 완벽한 표상으로서 보면 작품의 모든 특징을 파악하는 것이 실제상은 어쨌든 원리적으로는 가능할 터인 것이다.

텍스트 해석에 있어서 무모순성의 요청은 마찬가지로 현상주의 비평의 틀인 비어즐리의 공준 7에 집약되어 있다.

동일한 미적대상의 두 표상이 서로 용납할 수 없는 특징을 갖고 있다면 적어도 그들 중 한쪽은 거짓이다. (Beardsley, 1958: 48)

오로지 이쪽 측=현상세계에서의 비평윤리를 정식화하고 있는 듯 보이는 이 공준도 단일세계설을 배경으로 해서 보면, 자연스러운 존재론적 동기를 얻을 수 있다. 즉 미적 대상이 하나의 세계에 다름 아니라고 한다면 세계가 무모순 명제의 집단인 이상 미적대상도 마찬가지로 무모순 명제의 집단이어야만 한다는 것이다. 이것을 완전한 의미에서는 인정하지 않는 것이 집합설이었다(모순을 인정하는가 하지 않는가는 상황설에 있어서는 구조상 본질적이지 않다). 5차 층위 미규정 영역의 임의의 명제에 관해서는 그것을 긍정하든, 부정하든 둘 다 거짓은 아닐 수 있는(루이스의 체계에서는 참도 아니지만 마찬가지로 거짓도 아니었던 것을 상기하라), 말하자면 각각의 명제가 옳은 세계들을 자유롭게 선출할 수 있는 그 모체야말로 미적 대상이기 때문이다.

이리하여 현상주의가 합의(合意)하는 완전성 테제와 무모순성 테제의 각 일각을 부정하는 곳에 현실정위형 존재론의 각 버전이 성립하고 있다고 말할 수 있다. 이 관찰만으로는 충분하다고는 말할 수 없을지도 모르지만, 이미 기술한 것과 합쳐서 단일세계설=현상주의 VS 현실정위주의=외연주의라는 형태로 예술비평의 양대 기질 혹은 경향을 유별하는 것이 (물론 그 중간에 연속적인 혼성적 기질을 인정하면서) 가능한 것은 아닌가, 그리고 이 겨냥도에 의해 개개의 비평을 평가, 결정할 때의 대략적인 지침이 얻어지는 것은 아닌가 하고 나는 생각한다.

그런데 현상주의는 어디까지나 현실에서 지각될 수 있는 텍스트의 성질들에 의해 텍스트의 내용, 가치를 판정하는 입장이므로, 역시 이 현상주의야말로 가장 현실정위의 허구관이라고 말할 수 있는 것은 아닐까. 이렇게 원점에 되돌아가서 보면 곧 현상주의와 단일세계설을 함께 지지하려고 하는 이 책의 입장이 어쩐지 난점을 드러내게 된다. 예컨대 작품이 하나의 가능세계를 재현하고 있다는 것이 사실이라고 해도 그 재현 방식은 몇 가지나 있는 것은 아닌가. 사건의 같은 계기(繼起, 스토리)를, 다른 플롯으로(다른 순서로) 묘사할 수 있는 것은 아닌가. 또한 어떤 부분에서 문자 그대로 기술해도, 신묘한 은유를 사용해도, 같은 사태를 묘사할 수 있을지도 모른다. 혹은 더욱 미묘한 동의어의 변환, 전치사의 치환, 접속사의 생략 등이 전체적으로 행해져도 재현된 세계는 원래대로이고(3장 5절에서 확실히 우리는 「천둥소리」의 어떤 곳의 마침표를 쉼표로 바꿔도 같은 세계를 그릴 수 있었을 것이라고 했던 전제를 이용했었다), 그러면서 자구(字句) 층위의 독특한 색채가 독자에게 특수한 심리적 효과를 부여하는 경우도 있을 것이다. 그렇다. **무엇을** 그렸는가보다도, **어떻게** 그렸는가 하는 쪽이 문학적, 미학적 평가에 있어서는 오히려 중요하고, 그 '어떻게'의 층위, 언어 사용, 매질(媒材)의 조작 층위에서야말로 창조성의 진가가 발휘되는 것은 아닐까. 마이농주의나 종류설이나 가능세계설이 작가에 의한 작품 내용의 창조를 인정하지 않는다는 점을 앞 장에서 논했지만 참된 창조란 작품의 내용물에서가 아니라 그릇(器)=매체 그 자체에 적용되는 것은 아닐까. 그리고 어떠한 그릇(器)——어떠한 언어, 표현법——이 선택되는가는 철두철미하게 이쪽 측인 작가의 행위의 문제였고, 저쪽 측, 즉 가능세계의 존재양식은 관여하지 않는다. 그러면 현상이 다른, 즉 현상주의에 의하면 다른 작품인 것이 같은 가능세계에 대응하게 되어 버린다. 물론 「웃는 남자」와 같이 화자가 작품세계 내의 한 등장인물과 동일한 경우에는 그 화자는 '저쪽'에서 말하고 있을 것이므로, 그가 말하는 언어, 즉 작품이 쓰인 방식, 표현의 선택 그 자체가 곧 '저쪽 측'의 한 양상에 다름 아니라고 말할 수 있다. 그러나 삼인칭 소설의 경우는 여전히 난점이 남을 것이다. 허구세계의 외측(이쪽 측)에 작품의 동일성 및 가치의 본질적 계기(契機)가 남겨져 있는 것이 될 것이다. 이렇게 생각하면 텍스트를 가능세계에 일대일 대응식으로 결부하는 단일세계설은 극히 스토리중심주의적, 구조중심주의적이고 미세한 결(texture)에 있어서 미적 퍼포먼스의 중요성을 무시한 미비한 이론이 되는 것은 아닐까.

    이것을 일반화하면 하나의 미적 대상을 하나의 가능세계에 대응시킨다는 공준 7에 있어서는 극히 자연스러우면서 편리한 생각이 창조성의 이론에 대해서는 적지 않은 무리를 강요하는 것은 아닐까 하는 우려가 환기되는 것이다. 이것을 '창조적 퍼포먼스의 문제'라 부르자.

    더욱 생각을 진행시켜 보면 창조적 퍼포먼스를 도외시해도, 즉 주제와 스토리 본위로 작품을 파악해도, 많은 미적 대상이 동일한 가능세계에 대응하지 않는다고 단언할 수 없는 경우를 생각할 수 있다. 예컨대 샐린저의 「웃는 남자」와 다니자키 준이치로(谷崎潤一郎)의 『가랑눈』(細雪)이 동일한 세계에서 일어나고 있는 일을 그리고 있다고 해도 우리는 합리적인 반론을 할 수 없다. 한쪽은 미국, 한쪽은 일본이 무대로 되어 있고 서로 간에 모순된 사건은 그려져 있지 않은 듯 보이므로, 그 두 무대가 바다를 사이에 두고 시공적·인과적으로 서로 연결되어 있지 않다는 보장은 어디에도 없는 것이다. 즉 일반적으로 서로 모순된 문장을 하나도 포함하고 있지 않은 한 전혀 공통성을 갖지 않는 임의의 복수의 작품이 서로의 미규정 영역을 상보적으로 묘사하고 있고 하나의 세계 체계를 만들고 있는 것이라는 가능성을 생각해야만 하게 된다. 그렇다면 단일세계설식으로 미적 대상의 개체화는 가능세계에 의해서 이루어진다는 방침에 따르면, 「웃는 남자」와 『가랑눈』 혹은 다른 적당한 작품들이 실은 동일 작품의 다른 부분(절, 장……)일 가능성도 인정해야만 한다. 이것은 상식에 반하고 있다. 문맥주의(=외연주의)에 의하면 쉽게 구별 가능한 복수의 텍스트를 현상주의자가 현상주의를 단일세계설과 결부하고 있는 한, 완전히 구별할 근거를 갖지 못하게 되어 버리는 것이다. 이것을 '양립자 동일 가능성의 문제'라 부르자.

하나의 미적 대상을 하나의 가능세계에 대응시킨다는 발상에 관련해서는 또 한 가지 난점이 더 부상한다. 하나의 같은 가능세계가 다른 많은 방식, 모습으로 현실세계 내에 나타날 수 있는 것이라는 위의 반론과는 완전히 역으로, 복수의 다른 가능세계가 완전히 같은 모습으로 현실세계 내에 나타나는 것이 가능할지도 모른다는 것도 깨달아야 하기 때문이다.

이쪽은 앞의 양자의 문제보다도 확실히 단일세계설=현상주의라는 대응 그 자체에 잠재한 비일관에 관련된다. 현상주의는 작품 그 자체의 지각적 성질에 의해서만 작품의 동일성을 정의하기 때문에 분간할 수 없을 정도로 닮은 두 대상은 미적 대상으로서는 동일하다고 간주되는 것이다. 현상적으로 같다면 그들의 태생이 어떻든, 즉 그 텍스트들 밖의 사정이 어떻든 텍스트로서는 동일물에 다름 아니었다. 이것은 초현실세계로서의 작품세계에 정위한 비평을 보증한다는 의미에서, 단일세계설과 현상주의의 상호지지, 결부의 강도를 나타내고 있는 듯 보인다. 그런데 한편 단일세계설은 작품세계인 가능세계의 완전성을 주장하고 있다. 그렇다면 똑같이 닮은 두 작품 A, B가 있을 때 그 두 개가 똑같은 것은 현실세계의 시점에서 우발적으로 지각 가능한 부분에 있어서일 뿐으로, 미규정 부분에 있어서는 실은 다른 사건이 성립하고 있다고, 즉 작품 A의 세계와 작품 B의 세계는 다른 세계가 아니라고는 단언할 수 없다. 「웃는 남자」와 한 글자 한 구절 분간되지 않는 작품이 샐린저의 활동과는 독립적으로 스미스라는 사람에 의해 저술되었다고 하면 당연히 두 작품은 모두 게주드스키의 수명에 관해서도 침묵하고 있지만, 스미스가 저술한 세계에서는 게주드스키가 80세까지 산 한편 샐린저의 세계에서는 70세까지 살고 죽는 경우도 있을지도 모른다. 이리하여 단일세계설이 갖는 완전성의 테제와 현상주의가 갖는 식별 불가능자 동일성의 원리는 당착될 수도 있게 된다. 따라서 비평적 입장 위에서 확실히 기질적으로 가깝다고 생각되는 단일세계설과 현상주의, 이 두 설의 대응을 완벽한 것으로 하기 위해서는 현상주의를 작품세계 중 현상세계에 노출한 부분의 현상 비평에 머물게 하지 않고 미규정 부분 전체를 포함한 부분으로까지 확장해야만 한다. 그러나 그러한 '현상주의' 비평을 실천하는 것은, 당연한 일이지만 현실세계의 거주인인 우리에게는 불가능하고 오히려 현상주의의 정신에 반하는, 유품/유물로 인한 신비적인 권위주의나 이-것주의로 통하는 것이다.

    이 마지막 문제는 물론 한계가설·유일가설을 무조건적으로(표현의 토큰이나 하위 타입이 아닌 최상위 타입이 단일세계와 대응한다는 형태로) 받아들이면 해결되고, '창조적 퍼포먼스의 문제', '양립자 동일 가능성의 문제'는 한계가설·유일가설의 역원리, 즉 세계를 특정하는 표현방법은 하나밖에 없다는 원리를 인정할 수 있다면 해결된다. 작품 확정의 현상주의와 작품 내용의 단일세계설을 절충하여 합치기 위해서는, 결국 텍스트와 세계가 일대일로 대응하고 있다는 것을 보증하는 것이 필요하고 또 보증 가능하면 충분한 것이다.

2. 메이크 빌리브로서의 세계관

텍스트와 세계가 일대일로 대응한다는 것을 검증할 수 있다는 것은 일단 넌센스이다. 소여된 유한한 확정정보에 의해 실제로 완전단일세계를 결정하기 위한 실행 가능한 알고리즘이 현실에 존재할 필요는 없다. 또 그러한 프로그램이 원리적으로 가능하다고 상정할 필요도 없다. 1장에서 작품은 자연물이 아니라 인공물이라는 테제를 우리가 지지했던 것을 상기하자. 인공물이므로 어떠한 성질을 갖는가는 인간이 규약에 의해 결정할 수 있고 결정해야만 한다. 즉 각 텍스트는 각자 하나의 세계를 나타내고 세계는 각자 하나의 텍스트에 대응한다고 (탐구하고 발견하는 것이 아니라) 결정할 수 있는 것이다.

구체적으로는 예컨대 2장, 브래드버리의 비일관적인 SF 내의 "The same man sat behind the same desk. But the same man did not quite sit behind the same desk"에서 마침표를 쉼표로 바꾸어도 본질적인 의미의 차이(논리의 차이)는 생기지 않는다고 우리는 생각했지만, 강고한 현상주의에 의하면 마침표-텍스트와 쉼표-텍스트는 다른 텍스트이므로, 허구세계 내의 사건에 관해서는 본질적이지 않다고 해도 사소한 5차 층위의 차이는 생겨야만 하는 것이다. 즉 마침표-텍스트에서는 도이처 출생 시에 모친의 머리카락이 쉼표-텍스트에서보다도 한 가닥 많았다든가 화성의 모래입자가 한 개 적을 수 있다. 어떠한 차이가 있는 것인지 우리는 알 수 없지만 어쨌든 다르다고 결정하는 것이다. 또 쓰지하라 노보루(辻原登)의 「마농의 육체」(辻原, 1994. 적절하게도 캐릭터 용모 묘사의 그 공백부를 테마로 하고 있다)는 명백하게 일인칭의 이야기이면서 인용부를 빼면 '나'나 그 외의 일인칭 지시구가 일절 나타나지 않은 기이한 작품이지만 우리는 이러한 일견 순(純)구문적 트릭도 내용 묘사와 직결된다고 간주한다. 즉 단순히 이 현실세계에 대한 효과나 우의(寓意)로만 생각하는 것이 아니라 설령 한 번이라도 주인공이 '나'라 쓰여져 있었다면 작품세계의 물리적 모습 그 자체에 있어서는 사소하다 해도 확실한 차이가 야기되었다고 간주하는 것이다.[1] 그 외 속편이나 외전의 경우, 혹은 『햄릿』에 대한 『로젠크란츠와 길덴스턴은 죽어 있다』와 같은 패러디(Stoppard, 1967)의 경우는 더욱더 정편(正編)과 같은 캐릭터를 등장시키고 있고 같은 세계를 (다른 각도에서) 그리고 있는 듯 보인다 해도 텍스트로서 별개라고 생각하는 이상은 작품세계에도 미세한 차이가 포함되어 있는, 비슷하면서도 다른 세계

---

[1] 「마농의 육체」는 전체가 주인공의 수기나 담화기록이라는 설정은 아니므로 주인공의 의식이 그대로 텍스트 내용이 되고 있지만 '나'로 쓰여진 경우와 '나'로 쓰여지지 않은 경우 간에는 자기를 객체화한 의식과 자기를 객체화하지 않은 의식의 차이가 나타나고, 따라서 주인공의 심리, 생리의 사상(事象)들의 다양성(variety)에 귀착한다고 간단히 말할 수 있을 듯하지만, 「마농의 육체」에서는 명백하게 주인공이 자기를 객관시, 내성하고 있는 인식의 경우도 '나'를 빼고 그려져 있다. 따라서 단어 '나'의 출현 횟수 여하는 4차 층위 이상의 해석차에서는 반드시 직결되지 않고, 주로 5차 층위의 차이(딸의 출생 시 체중, 아내의 머리카락의 개수⋯⋯)에 대응한다고 보아야 할 것이다.

를 각자 그리고 있다고 결정하는 것이다.

이것이 매체 층위(어떻게)와 내용 층위(무엇을)의 이항대립을 용해시켜 없애는 규약적 대응설이다. 그러나 그것이 옳다고 판단할 근거는 무엇인가. 물론 지금까지 보아 온 '텍스트 확정에 관한 현상주의'와 '텍스트 내용에 관한 단일세계설'이 가진, 다른 이론에 비했을 때의 이점 때문이다. 그러면 이 이론을 채택한 이상, 하나의 텍스트와 일대일 대응하는 가능세계가 실재한다고 생각해야만 하지만, 그러한 것을 정말로 믿을 수 있을 것인가. 첫번째로 현실세계 이외의 가능세계의 실재라는 것을 믿을 수 없다고 말하는 사람이 있을지도 모른다.[2] 두번째로 설령 가능세계의 실재를 믿을 마음이 들었다 해도 텍스트는 실제로 유한한 기술밖에 갖고 있지 않기 때문에 무한한 내용을 갖는 가능세계와 대응한다고 **결정할 수가 없는** 것은 아닌가 하고 반론을 점점 심화시키는 사람이 있을지도 모른다. 텍스트와 세계의 일대일 대응을 규정한다는 것은 이 양쪽에 있어서 참이라고 계속 결정하는 것, 보다 부드럽게 말하자면 어디까지나 참인 것처럼 계속 생각하는 것이다.

따라서 여기서 우리가 받아들이는 입장은 앞 장의 16절에서 본 스톨네이커의 이론과 메이크 빌리브로서의 단일세계설이 되지만 우리는 그

---

[2] 가능세계의 본성에 관해서는 앞 장 17절에서 접한 환원론/원시론의 대립 외에 대략적으로는 또 하나 크립키류 규약주의와 루이스류 실재론이 대립한다. 상식적으로 생각할 경우 가능세계는 규약의 산물이라기보다는 자연적 실재물이라고 해야만 할 것이다. 그것은 현상적으로 불완전한 텍스트에 비해 개개의 가능세계 쪽은 (캐릭터로 간주할 경우) 핵성질로서의 고유현상이 완전히 낱낱이 결정되어 있을 것이고 핵성질에 있어서 완전한 허구를 규정하는 것은 우리에게는 불가능하기 때문이다. 물론 모든 것은 핵외성질에 있어서는 완전하지만 가능세계는 핵성질(그 내부적 현상)에 있어서 완전한 것이다. 허구세계=가능세계라는 자연물에 대응하는 규정된 인공물이 텍스트이다.

설을 두 가지 의미에서 강화해야만 한다. 하나는 물론 이미 보았듯이 텍스트로부터 단일세계라는 방향만이 아니라 세계로부터 한 텍스트라는 방향도 포함하는 일대일 대응설일 것. 또 하나는 세계가 하나로 결정된다는 것을 메이크 빌리브라는 의식으로서가 아니라 **정말로** 믿어야만 한다는 것이다.

가능세계의 실재와 텍스트가 일대일 대응한다는 것이 타당한 입장일까? 오해해서는 안 될 것은 2, 3장에서 우리의 논증이 도출한 것은 현실세계가 완전하고 유일하다는 전제하에서 허구세계도 동질의 것이라는 상정을 지켜야만 한다는 것이었고, 무조건적으로 허구세계는 완전유일하다고 간주된 것은 아니라는 것이다. 따라서 어떤 과학적 관찰에 기반해서 현실세계가 불완전하다든가, 다수라든가 하는 결론이 확립**된다면**, 허구세계도 마찬가지의 의미에서 불완전하거나, 다수이거나 해도 좋다는 것이 된다. 예컨대 양자역학에서는 분배법칙이 성립하지 않는다고 간주된다. 즉 단순한 형태로 쓰면 A, B를 어떤 물리량에 관한 관측명제로서

$$A \wedge (B_1 \vee B_2 \vee \cdots\cdots B_n)$$
$$\neq (A \wedge B_1) \vee (A \wedge B_2) \vee \cdots\cdots (A \wedge B_n) \quad \text{---} \quad (1)$$

양자역학에서는 (1)의 좌변이 성립하는 경우에도 우변이 성립한다고는 단정할 수 없다. (1)은 일반적인 허구논리에 있어서 ω불완전성을 나타내는 다음 부등식과 유비적이다.

$$\inf(B_1 \vee B_2 \vee \cdots\cdots B_n)$$
$$\neq (\inf B_1) \vee (\inf B_2) \vee \cdots\cdots (\inf B_n) \quad \text{---} \quad (2)$$

조건적 배중률의 연구(앞 장 16절)에서 본 것과 동형으로 (2)는 (1)의 'A∧'이라는 조건을 'inF'라는 문장 연산자로 치환했을 뿐이다. 우선 (1)의 등호의 파괴는 어디까지나 관측치에 관해 생기는 것으로 깊은 실재는 확정되어 있다고 하는 생각('숨은 변수'에 의한 신실재론)이 옳다고 하면, 유비를 문자 그대로 인정할 때 (2)에서도 인식론적으로는 어쨌든 존재론적으로는 실은 등호가 성립하게 되고 우리의 단일세계설에는 문제가 없게 된다. 다음으로 (1)의 A라는 조건하에서 $B_1 \vee B_2 \vee \cdots\cdots B_n$이라는 사태들 중 어느 것이 성립하고 있는가는 확률적으로만 결정되어 있고 단적으로 어느 것이 성립한다는 것은 아니라고 생각한다면(코펜하겐 해석), 현실세계는 불완전한 것이 되고 그것을 최소이탈적 모델로 한 허구세계도 불완전해도 좋다. 미규정 부분은 불확정, 무(無)인 것이다(상황설). 그러나 이것은 유비를 잘못 확장한 결과일 것이다. 코펜하겐 해석에서는 관측행위를 끼고 거시/미시의 단층이 상정되고 게다가 미시의 비결정성도 어떤 확정적 제약에 따르지만 이것에 비해 허구이론이 주장하려 하는 비결정성은 거시 층위에서도 보이고 무작위로(at random) 나타난다(Pavel, 1983: 50; 1986: 107). (1)의 불완전성은 미시 층위의 확정적 제약 내에 머문다고 간주되므로 거시/미시의 존재론적 구별이 최소이탈의 원리에 의해 허구 내에서도 도입되는 이상, (2)의 정확한 취지는 **미시 층위** 각 B_1에서는 허구 내에서도 불확정/불완전성이 **확정적 제약 내**에서 보인다는 것에 다름 아닐 것이다. 소기의 거시 층위의 허구 내 진리에 관해서는 (2)는 전혀 언급 필요가 없다.[3]

---

[3] 물론 거시적이면서 무작위(at random)하다는 의미에서도 불확정성을 인정하는 비양자적 반실재론이나 나아가서는 전통적 관념론으로서 (1)을 주장한다면(예컨대 내가 보고 있지 않을 때에는

문제는 거시/미시의 존재론적 단층을 인정하지 않는 다세계 해석의 경우이다. 다세계 해석에서는 $B_1, B_2, \cdots, B_n$이라는 양자적 요동에 따라 B_1인 세계, B_2인 세계, $\cdots$, B_n인 세계라는 확정된 세계들이 공존한다고 생각한다. 그들은 거시적인 층위까지 연결된 각각 완전한 세계이다. 이렇게 현실세계가 복수의 미시/거시를 관통한 세계들로 이루어진다는 것이 정말이라면[4] 형식상 같은 논리를 갖는 허구에 관해서도 같다고 생각해야만 할 것이다. 거시 층위 각 B_i에 있어서 허구 내에서도 다수의 세계가 분기 공존하고 있어야만 한다. 그러나 이것은 반드시 현실의 한 세계에 관해 다수의 허구세계가 대응한다는 것을 의미하지 않는다. 오히려 이미 살펴 온 우리의 허구적 직관과 논리에 따르면 현실의 한 세계에 관해 하나의 허구세계가 대응하고, 그리고 전체로서는 다수의 (현실)세계에 다수의 허구세계가 일대일 대응하고 있게 될 것이다.[5]

옆방에 의자가 0개 이상 5개 미만 있는 것도 아니고 5개 이상 있는 것도 아니다), 그 경우에는 당연히 (2)도 상황설정인 허구론을 나타내고 있게 된다(텍스트에 쓰여 있지 않다면 왓슨은 A형인 것도 아니고 A형 이외인 것도 아니다). 본문 말미에서 이 점을 간단하게 확인한다.

4) 양자역학의 다세계 해석을 "현실세계가 다수의 세계로 이루어진다"라는 해석으로서 파악하면 혹은 틀릴지도 모른다. 필시 현실세계는 단지 하나의 세계고 다른 세계들은 현실세계와 수학적으로 간섭할 뿐이기 때문이다. 어쨌든 현실세계가 하나뿐이라고 해석한다면 허구론의 단일세계설도 그대로 지지된다. 다세계 해석의 논쟁적이면서 계몽적인 해석으로서 和田, 1994를 참조하라. 양자역학의 해석 문제를 둘러싼 설들은 본문에서 언급한 세 개를 포함해서 Herbert, 1985에서는 여덟 개로 분류되어 있다. 각각을 이 책 4장에서 소개한 각 허구이론과 대응시켜 보는 것도 재미있을 것이다. 우주론적 다세계설도 포함한 다세계설 일반은 Davies, 1980; Leslie, 1989 등을 참조하라.

5) 텍스트들과 허구세계들의 일대일 대응만이 아니라 텍스트들-현실세계들-허구세계들의 일대일 대응을 생각한다는 것이다. 양자역학의 다세계를 논리학의 가능세계와 동일시해도 좋은지는 알 수 없지만 만약 양자역학의 다세계를 현실적 가능세계라 하고 허구가 기술하는 세계를 허구적 가능세계라 부른다면(단 이 양자에는 존재론적 차이는 없다), 다음과 같은 이미지가 가능할 것이다. 하나의 텍스트와 대응하는 '규정 부분에 관해서 공통이고 미규정 부분에 관해 분기한 여러 허구적 가능세계'가 '현실세계와 간섭하는 여러 현실적 가능세계'와 일대일 대응한다. 즉 각자의 현실적 가능세계 중에서 하나의 허구적 가능세계가 해당 텍스트의 진실한 내용으로서 결정된다.

어쨌든 **현실세계와는 달리** 허구는 특유의 불완전성 혹은 다기성(多岐性)을 갖는다는 통설은 부정되어야만 한다. 이 세계에 있는 캐플런이 하나의 가능세계 '찰리'를 골라냈을 때 "그런 것은 불가능하므로 골라내진 것은 다수의 세계일 것이다"고는 누구도 주장하지 않는다. 캐플런은 하나의 세계, 누구에게 있어서도 같은 한 세계를 골라낼 수 있는 것이다. 허구도 마찬가지라서, 단일세계의 독자군에게는 반드시 허구의 단일세계가 대응한다는 것이다. 이제야 완전한 형태로 기술되어진 이 단일세계설을 **허구실재론**이라 부르자.

이리하여 허구실재론은 허구에 관한 단순한 메이크 빌리브인 것이 아니라 성숙한 신념이라고 인정해야만 한다. "그러나 허구세계 따위는 **실제로는** 실재하지 않는 것 아닌가!", "쓰여 있지 않은 부분은 **실제로는** 하나로 결정할 수 없지 않은가!"라는 반론은 현실이 실제로는 어떠한 것인가라는 실재론적인 신념에 의해 지탱되고 있는 듯 보인다. 그렇지만 현실세계에 관한 어떠한 신념도 허구의 존재 양태에 관한 어떠한 입장도 지지하거나 반박하거나 할 수는 없다. 허구는 이미 몇 번이나 보아 왔듯이 현실 내의 실재는 아니기 때문이다. 현실세계에 관한 이론이 대개 확증할 수 있는 것은 허구세계나 허구적 대상에 관해 어떠한 이미지(이미지는 물론 현실세계 내의 데이터이다)가 현실 내의 그 외의 데이터나 이론의 네트워크와 일관적이고 그럴듯한가 하는 것뿐이다. 그리고 이 책에서 고찰해 온 일

한편 하나의 텍스트와 대응하는 '규정 부분에 관한 다른 허구적 가능세계'가 '현실세계와 간섭하지 않는 여러 현실적 가능세계'와 일대일 대응한다. 동일 텍스트가 다른 가능세계에 있어서 현실적 상이함을 갖는다는 반사실이 참일 수 있다는 관찰(1장 4절의 G2의 부정)을 상기하라. 흥미로운 구상이고 양자역학의 다세계 해석이 옳지 않다고 판단한 경우에도 미소한 변경을 가한 뒤에 엄밀한 허구존재론으로서 이용할 수 있을 듯하다.

반 허구이론의 함축은 4장 말미의 표에서 유리한 점과 불리한 점을 최종적으로 확인했듯이 허구실재론의 메이크 빌리브가 현실세계의 데이터의 본질적 일부(만약 지금까지 충분히 의식되지 않았다고 한다면 허구실재론의 메이크 빌리브가 현실세계의 데이터의 본질적 일부여야만 한다)라는 것을 논증하고 있다. 만약 현실세계론을 넘어서 현실 이외의 어떠한 곳에서도 "허구세계 따위는 없어!", "쓰여지지 않은 부분은 결정되지 않아!"라고 점점 논쟁이 격해져도, 이것도 상식적으로 허구가 보이는 방식(seeming)이라고 말할 수 있을 듯하지만 실은 이것은 그렇게 보인다고 생각하는 것처럼 보이는 방식(seeming to seem)에 지나지 않고, 우리가 자기의 근본적 논리를 차근차근 반성하는 것으로 깨닫는 허구의 진정한 1차적 외양, 1차적 규정, 즉 상식적 메이크 빌리브의 기초는 허구실재론이라는 것을 이 책은 논증해 온 것이다.[6]

허구에 개입하는 경우에 그것이 창작의 경우이든 관상(觀賞)의 경우이든 비평의 경우이든 연구·이론 구축의 경우이든, 허구실재론의 1차적 메이크 빌리브 내에 우리는 항상 있다(있지 않으면 안 된다)는 것이다. 그

---

[6] seem과 seem to seem에 관한 간결하고 교훈적인 언급은 러셀의 연구를 보라(Russell, 1927: 163~164). 장방형의 책상은 감각적으로는 안길이[奧行, 앞에서 뒤끝까지의 길이 ─ 옮긴이]에 따라 비스듬히 일그러진 판모양으로서 시야에 비친다(seem). 책상의 그림을 그리는 경우에는 보인다고 생각하는 것처럼 보이는(seem to seem) 형(形)이 아니라 보이는(seem) 형을 그리는 훈련이 필요하다고 러셀은 말한다. 과거의 경험으로 채워진(지각력을 얻은) 우리의 뇌는 종종 seem to seem을 seem으로 잘못 이해해 버리는(정확한 장방형이 시야에 있는 듯 굳게 믿는) 것이다. 지각과 감각을 혼동하는 아이의 그림에서는 실제로 멀리 있는 사람과 가까이 있는 사람이 같은 크기로 그려지거나 안길이를 무시하고 책상이 장방형으로 그려지거나 하는 경우가 많다. 있는 그대로의 심부(深部)의 외관, 감각의 사실(1차적 메이크 빌리브)이 무엇인지를 재구성하는 것은 그림만이 아니라 철학에 있어서도 중요하다. 또한 감각 내용의 **성질**에 관해서는 이상과 같은 관념론적 형상(形象)이 seeming일 것이지만 감각 원인의 **존재론**에 관해서는 실재론적 신념이 1차적 seeming일지도 모른다. 시공이나 인과에 대한 신앙이 인식의 기본적 조건이라고 한다면.

러한 메이크 빌리브 경계의 무한확장이라는 사실을 우리는 월턴의 허구론의 한 중요한 함축으로서 앞 장 14절에서 이미 예감하고 있었던 것이다. 우리가 허구에 개입하는 한 이 근원적 메이크 빌리브의 밖에 서는 일은 있을 수 없다. 이 메이크 빌리브 밖에 나가는 일이 유일하게 있다고 한다면 그것은 전혀 허구를 의식하지 않는 경우에 있어서이다. 그러나 조금이라도 허구라는 문화에 관계된 문맥에서는 허구실재론의 메이크 빌리브 내에 있다. 즉 이 책을 포함하는 허구이론서나 그 외 어떠한 허구적 논술, 진술에 있어서도 허구실재론을 메이크 빌리브로서 간주하는 것이 아니라 진심으로 그 사실을 연기하는 것이고, 나아가서는 허구의 바깥같은 풍경은 없다고 다시 데리다식으로 말할 수 있다고 한다면 우리 삶의 모든 장면에서 허구실재론이 요청되고 있다는 것이다.

허구는 단순한 언어에 지나지 않는다든가 허구세계의 모색은 불모이고 표층의 풍요로 유희하는 것이라든가, 읽기는 무한의 다양성을 허용한다든가 하는 그러한 언사를 늘어놓는 것은 언제라도 가능하다. 지구는 실제로는 평평하다든가, 이 방에 공기는 없다든가, 자신은 어디에도 없다든가, 우주는 존재하지 않는다든가 하는 사적이고 국소적인 언어게임을 언제라도 시작할 수 있는 것과 같다. 물론 자신은 없다든가, 우주는 존재하지 않는다든가 하는 메이크 빌리브도 그렇게 논하는 자신이 있고, 무대로서의 우주가 있다는 1차적 메이크 빌리브에 의해 지지되고서야 비로소 가능케 된다. 따라서 중요한 것은 말할 것까지도 없이 사적, 국소적이지 않은 사회적인 현실세계에 관한 이미지와 연동한 허구에 관한 1차적 메이크 빌리브의 모습을 우선 먼저 파악하고 이론화해 두는 것일 터이다.

메이크 빌리브의 동심원이라는 것을 구상화해 주었으면 한다. 내측의 메이크 빌리브일수록 임시방편적(ad hoc)으로 통용 범위가 좁고, 외측이 되면 될수록 보편적이고 결정적인 이유가 있고, 내측의 메이크 빌리브의 성립을 지지하는 조건이 되는 기본적 메이크 빌리브가 된다. 아이들의 숨바꼭질은 그 경우에 한한 좁은 메이크 빌리브이고 "학교 선생님은 존경스럽다"라는 것은 어떤 연월 동안 계속되는 다소 넓은 메이크 빌리브이며 또한 그들을 포함하는 가족이나 고향이나 유행이나 국가의 메이크 빌리브가 있다. 정확히는 여러 메이크 빌리브의 원은 포함관계에 들어가지 않고 교차하거나 떨어져 늘어서거나 하기도 할 것이지만(숨바꼭질과 비디오 게임, 어젯밤의 추리소설 독서와 오늘밤의 SM플레이, 일본 신도神道와 이슬람교), 외측으로 가면 갈수록 한결같은 동심원을 그리는 것이 될 것이다(배신은 나쁘다, 인간은 자유의지를 갖는다, 물리 현상은 원인을 갖는다, 우주는 존재한다……). 논리적으로는 모순되어도 실은 한쪽이 다른 쪽을 완전히 포함하고 있는 경우도 많다(예컨대 내관심리학과 행동주의는 잘 검토하면 한쪽의 성립이 다른 쪽의 신빙성에 의존하고 있다는 것이 판명될지도 모른다. 현저한 예로 데카르트의 회의, 즉 '아무것도 존재하지 않는다'라는 임시방편적ad hoc인 메이크 빌리브는 '이 사고思考가 존재한다'라는 기본적 메이크 빌리브에 포함되고 지지되고 있다). 여기서 루이스의 이 허구적 진리/반사실의 진리조건을 모방해서 다음과 같은 '진리의 정의'가 성립한다고 단언해도 좋지 않을까.

"P는 단적으로 참이다" =df "P를 참으로 하는 메이크 빌리브로서, P를 거짓으로 하는 어떠한 메이크 빌리브보다도 외측에 있는 (넓은) 메이크 빌리브가 적어도 하나 존재한다"

P를 참으로도 거짓으로도 하지 않는 메이크 빌리브가 있다고 해도,

그리고 그것들이 아무리 확장되어 있어도 이 진리조건에서는 무시하게 된다. P를 긍정하는 메이크 빌리브와 부정하는 메이크 빌리브에만 주목하면 된다(가장 외측에 어떤 명제도 참으로 하지 않는 순수반사적인 본능적 메이크 빌리브가 무한히 겹쳐져 있다고 말하는 것이 가능할지도 모르기 때문이다). 그런데 확실히 가장 외측의 유일한 메이크 빌리브, 즉 절대의 진리체계는 존재하지 않을지도 모른다. 그러나 메이크 빌리브의 동심원을 점점 외측으로 더듬어 나가서, 이미 P를 부정하는 메이크 빌리브는 나타나지 않고 어떤 지점에서부터는 P를 긍정하는 메이크 빌리브 층뿐인 곳까지 갈 수 있다면 P의 부정보다도 P의 긍정 쪽이 보다 기본적인 조건이라는 것, 즉 단적으로 P가 참이라는 것이다. 그것을 깨달았을 때 이미 우리는 P를 메이크 빌리브라고는 부르지 않는다. 이리하여 이론적으로 증명된 혹은 그 외의 선택지보다도 우월하다고 확인된 명제를 우리는 단적인 진리라 부르고 새삼스럽게 인정한다. 그렇다. 이 책은 허구론의 메이크 빌리브의 동심원을 외측으로 외측으로 더듬어 가는 여행이었던 것이다. 그리고 '여기서부터는 허구실재론을 긍정하는 메이크 빌리브층이 확장될 뿐'이라는 지점까지 독자를 안내할 수 있었다고 나는 생각하고 있다. 이미 단일세계설=허구실재론이 단지 메이크 빌리브가 아니라 단적인 진리라는 것은 "인간은 존재한다"가 단순한 메이크 빌리브가 아닌 것과 마찬가지라고 말하고 싶다.

　　오해 없도록 마지막으로 확인해야 할 것은 이 책은 허구란 무조건적으로 무엇인가라는 것을 설명한 것이 아니라 허구와 현실 간의 질적 관계를 설명해 왔다는 것이다. 따라서 허구실재론이란 허구에 관해 전통적인 실재론식의 이미지를 품으라는 지령은 아닌 것이다. 허구실재론은 "현실세계에 관한 이론적 이미지로부터 상대적으로 봤을 때 허구는 그야말로 현실적인 것이다"라는 이론이다. 허구실재론은 현실실재론과 모순되지 않는다. 그리고 현실비실재론과도 모순되는 것은 아니다. "현실은 **실제로** 의식 밖에 실재하는 것이다"고 해도, "현실은 **실제로는** 관념의 다발은 아닌가"라고 해도 어느 쪽 경우에도 우리는 허구실재론을 지킬 수 있고, 지켜야 하는 것이다. 전자의 경우에 허구는 현실 밖의 외적 실재이고 후자의 경우 허구는 현실 밖의 관념이다. 현실이 외적 세계이든 심적 관념이든, 그 **현실과 같은** 의미에서의 존재성을 허구는 현실 밖에 있어서 갖는다는 이론을 우리는 허구실재론이라 부른 것이다(현실에 관해 실재론이 옳은가 관념론이 옳은가도 메이크 빌리브의 동심원을 거슬러 올라가는 탐구의 결과 명백하게 될 것이다. 이것은 허구론인 이 책의 범위 밖이다). 어쨌든 허구는 현실보다도 그림자가 옅은 이질적 반실재가 아니다. 허구는 현실세계의 이미지를 모방해 같은 이미지가 적용된다는 의미에서 실재인 것이다. 역으로 말하면 현실은 허구와 같을 정도로 허구적이다——현실에 관한 우리의 실재감 여하도, 허구세계에 관한 실재감 여하에 따른다(ex. 辻原, 1994). 현실의식과 허구의식은 정확히 연동하고 있다. 한쪽의 실재감을 옅게 하면, 다른 쪽도 마찬가지로 실재감이 옅어진다. 이것은 인과관계라기보다 논리적 관계이다. 이것이 우리의 허구실재론이 말하고자 하는 점이다.

참고문헌

Adams, Robert M.
    1974. "Theories of Actuality", Michael J. Loux ed., *The Possible and the Actual* (Cornell U. P., 1979).

籃原乾一.
    1963.「新しい批評と'ニュークリティシズム'」, 高橋正雄 編,『ニュークリティシズム 研究』(北星堂).

Anderson, A. R. & Belnap Jr., N. D.
    1958. "A Modification of Ackermann's 'Rigorous Implication'", *Journal of Symbolic Logic* 23.
    1975. *Entailment: The Logic of Relevance and Necessity*, vol.1 (Princeton U. P.).

アリストテレス.
    ca. B. C. 330.「詩学」,『アリストテレス全集17』, 今道友信 譯(岩波書店, 1972).

Barwise, J. & Perry, J.
    1983. *Situations and Attitudes* (MIT).

Beardsley, Monroe C.
    1958. *Aesthetics* (Hackett., 2nd ed., 1981).
    1962. "The Metaphorical Twist", *The Aesthetic Point of View* (Cornell U. P., 1982).
    1981. "Postscript 1980: Some Old Problems in New Perspectives", *Aesthetics* (Hackett., 2nd ed.).

Bell, Clive.
    1949. *Art* (Chatto and Windus).

Booth, Wayne C.

1961. *The Rhetoric of Fiction* (U. of Chicago P.)[웨인 C. 부스. 1999.『소설의 수사학』, 최상규 옮김, 예림기획].

Bowie, G. L.

1979. "The Similarity Approach to Counterfactuals: Some Problems", *Noûs* 13.

Bradbury, Ray.

1952. "A Sound of Thunder", *The Golden Apples of the Sun* (Bantam, 1961)[레이 브래드버리. 1995.「천둥소리」, SF 번역모임 '멋진 신세계' 옮김,『시간여행 SF 걸작선』, 고려원 미디어].

Braithwait, R. B.

1933. "Imaginary Object", *Proceedings of the Aristotelian Society*, Suppl. vol. XII.

Carnap, Rudolf.

1947. *Meaning and Necessity*(U. of Chicago P., 2nd ed., 1956).

Carney, James D.

1975. "Defining Art", *British Journal of Aesthetics* 15.

1982a. "A Kripkean Appoach to Aesthetic Theories", *British Journal of Aesthetics* 22.

1982b. "What Is a Work of Art?", *Journal of Aesthetic Education* 16(Fall).

Carroll, Jonathan.

1980. *The Land of Laughs* (Arbor House)[조너선 캐럴. 2006.『웃음의 나라』, 최대현 옮김, 북스피어].

1987. *Bones of the Moon*(Arbor House).

1989. *Sleeping in Flame*(Doubleday).

Chisolm, Roderick.

1967. "Identity through Possible Worlds: Some Questions", Michael J. Loux ed., *The Possible and the Actual*(Cornell U. P., 1979).

Cresswell, M. J.

1972. "The World Is Everything That Is the Case", Michael J. Loux ed., *The Possible and the Actual*(Cornell U. P., 1979).

Crittenden, Charles.

1966. "Fictional Existence", *American Philosophical Quarterly* 3.

Culler, Jonathan.

1976. "Beyond Interpretation", *The Pursuit of Signs*(Cornell U. P., 1981).

Currie, Gregory.

1989. *An Ontology of Art*(St. Martin's).

1990. *The Nature of Fiction*(Cambridge U. P.).

Davidson, Donald.
   1967. "Truth and Meaning", *Synthese* 3.
Davies, P. C. W.
   1980. *Other Worlds* (Dent).
Davies, Stephan.
   1991. *Definitions of Art* (Cornell U. P.).
Devine, Philip E.
   1974. "The Logic of Fiction", *Philosophical Studies* 26.
Dickie, George.
   1974. *Art and the Aesthetic* (Cornell U.P.).
   1984. *The Art Circle* (Haven)[조지 디키. 1998.『예술사회』, 김혜련 옮김, 문학과지성사].
Donnellan, Keith.
   1966. "Reference and Definite Descriptions", Schwartz ed., *Naming, Necessity and Natural Kinds* (Cornell U.P., 1977).
   1968. "Putting Humpty Dumpty Together Again", *Philosophical Review* 77.
   1974. "Speaking of Nothing", *Philosophical Review* 83.
Dummett, Michael.
   1959. "Truth", *Truth and Other Enigmas* (Ducksworth, 1978).
   1964. "Bringing about the Past", *Truth and Other Enigmas* (Ducksworth, 1978).
Dunn, J. M.
   1986. "Relevance Logic and Entailment", *Handbook of Philosophical Logic*, vol. III (D. Reidel).
Dutton, Denis. ed.
   1983. *The Forger's Art* (U. of California P.).
Evans, Gareth.
   1982. *The Varieties of Reference* (Clarendon).
Fine, Kit.
   1975a. "Vagueness, Truth and Logic", *Synthese* 30.
   1975b. "Review of D. Lewis's Counterfactuals", *Mind* 84.
   1982. "The Problem of Non-Existents", *Topoi* 1.
Fish, Stanley.
   1972. *Self-Consuming Artifacts* (U. of California P.).
   1980. *Is There a Text in This Class?* (Harvard U. P.).
Forbes, Graeme.
   1985. *The Metaphysics of Modality* (Oxford U. P.).

1986. "In Defense of Absolute Essentialism", P. French, T. Uehiling, H. Wettstein eds., *Midwest Studies in Philosophy* (U. of Minnesota P., 1986).

1989. *Languages of Possibility* (Blackwell).

Frege, Gottlob.

1891. "Function and Concept", P. Geach, M. Black eds., *Translations from the Philosophical Writings of Gottlob Frege* (Blackwell, 1960).

1892a. "On Concept and Object", P. Geach, M. Black eds., 1960.

1892b. "On Sense and Reference", P. Geach. M. Black eds., 1960.

Geach, Peter.

1976. *Reason and Argument* (Blackwell).

1977. "Review of Anderson & Belnap's Entailment, vol.1", *Philosophy* 52.

Gibberd, A. & Harper, W.

1978. "Counterfactuals and Two Kinds of Expected Utility", W. Harper et al. eds., *Ifs* (Reidel, 1981).

Glickman, Jack.

1976. "Creativity in the Arts", J. Margolis ed., *Philosophy Looks at the Arts* (Temple U. P., 3rd ed., 1987).

Godley, John.

1951. *Master Art Forger* (Wilfred Funk).

Goodman, Nelson.

1955. *Fact, Fiction and Forecast* (Harvard U. P., 1983).

1968. *Languages of Art* (Hackett., 2nd ed., 1976)[넬슨 굿맨. 2002. 『예술의 언어들』, 김혜숙·김혜련 옮김, 이화여자대학교출판부].

1978a. *Ways of Worldmaking* (Hackett).

1978b. "Remarks on Wollheim's Paper", *Ratio* 20.

Goosens, William K.

1977. "Underlying Trait Terms", S. P. Schwartz ed., *Naming, Necessity and Natural Kinds* (Cornell U.P., 1977).

Grice. H. P.

1957. "Meaning", *Philosophical Review* 66.

1975. "Logic and Conversation", P. Cole, J. L. Morgan eds., *Syntax and Semantics* vol.3 (Academic Press).

Haack, Susan.

1976. "Critical Notice of J. Woods, The Logic of Fiction", *Canadian Journal of Philosophy* 6.

1978. *Philosophy of Logics* (Cambridge U.P.)[수잔 하크, 1986,『논리철학』, 김효명 옮김, 종로서적].

Heinlein, Robert A.

1941. "By His Bootstraps", *The Menace from Earth* (Hicksville, 1959).

1942. "—All You Zombies—", *The Unpleasant Profession of Jonathan Hoag* (Hicksville, 1959)[로버트 하인라인, 이다혜 옮김,「너희 좀비들」,『월간 판타스틱』 2008년 4월호].

Heintz, John.

1979. "Reference and Inference in Fiction", *Poetics* 8.

Herbert, Nick.

1985. *Quantum Reality* (Doubleday)

Herzberger, Hans.

1979. "Counterfactuals and Consistency", *Journal of Philosophy* 76.

Heydrich, Wolfgang.

1982. "Syntactic Fiction", *Poetics* 11.

廣瀨正.

1963.「'時の門'を開く」,『タイムマシンのつくり方』(集英社文庫, 1982).

Hirsh Jr., E. D.

1967. *Validity in Interpretation* (Yale U.P.)

1976. *The Aims of Interpretation* (U. of Chicago P.)

Horwich, Paul.

1987. *Asymmetries in Time* (MIT)

Howell, Robert.

1976. "Review of J. Woods, The Logic of Fiction", *Journal of Aesthetics and Art Criticism* 34.

1979. "Fictional Objects: How They Are and How They Aren't", *Poetics* 8.

飯田隆.

1964.「可能世界についての四つの可能な質問の(ほぼ)ひとつに答えて」,『文藝』 1994年 冬季.

Ingarden, Roman.

1964. "Artistic and Aesthetic Values", J. Margolis ed., *Philosophy Looks at the Arts* (Temple U.P., 3rd ed., 1987).

1965. *The Literary Work of Art*, tr. G. G. Grabowicz (Northwestern U.P., 1973).

Iser, Wolfgang.

1976. *The Act of Reading*, tr. *Der Akt des Lesens* (Johns Hopkins U.P., 1978).

伊藤笏康.
> 1994.「科学の構造」,渡邊二郎 編,『現代文明と人間』(理想社).

Jackson, Frank.
> 1977. "A Causal Theory of Counterfactuals", *Australasian Journal of Philosophy* 55.

Januszczak, Waldemar.
> 1990. *SAYONARA Michelangelo* (Addison-Wesley).

Jones, Ernest.
> 1949. *Hamlet and Oedipus* (Norton)[어니스트 존스. 2009.『햄릿과 오이디푸스』, 최정훈 옮김, 황금사자].

Kaplan, David.
> 1973. "Bob and Carol and Ted and Alice", Hintikka et al. eds., *Approaches to Natural Language* (Reidel).
> 1978a. "Dthat", P. Cole ed., *Syntax and Semantics* vol. 9 (Academic Press).
> 1978b. "Transworld Heir Lines", Michael J. Loux ed., *The Possible and the Actual* (Cornell U. P., 1979).

Kilbracken, L. J. R.
> 1967. *Van Meegeren: Master Forger* (Charles Scribner's Sons).

Kivy, Peter.
> 1979. "Aesthetic Concepts: Some Fresh Considerations", *Journal of Aesthetics and Art Criticism* 37.

Knight, L. C.
> 1951. "How Many Children Had Lady Macbeth?", *Explorations* (Chatto and Windus).

小林司 & 東山あかね.
> 1994.『シャーロッキアンは眠れない』(飛鳥新社).

Kripke, Saul.
> 1963. "Semantical Considerations on Modal Logic", L. Linsky ed., *Reference and Modality* (Oxford U. P., 1979).
> 1971. "Identity and Necessity", M. K. Munitz ed., *Identity and Individuation* (New York U. P.).
> 1972. *Naming and Necessity* (Harvard U. P., 1980)[솔 크립키. 1989.『이름과 필연』, 정대현·김영주 옮김, 서광사].
> 1976. "Is There a Problem about Substitutional Quantification?", G. Evans, J. McDowell eds., *Truth and Meaning* (Clarendon).

1979. "Speaker's Reference and Semantic Reference", P. French, T. Uehling, H. Wettstein eds., *Contemporary Perspectives in the Philosophy of Language* (U. of Minnesota P., 1979).

黒井千次.
　1993. 『k氏の秘密』(新潮社).

Lambert, Karel.
　1965. "On Logic and Existence", *Notre Dame Journal of Formal Logic* 6.
　1974. "Impossible Objects", *Inquiry* 17.
　1976. "On 'The Durability of Impossible Objects'", *Inquiry* 19.
　1983. *Meinong and the Principle of Independence* (Cambridge U. P.).

Leddy, Thomas.
　1987. "Rigid Disignation in Defining Art", *Journal of Aesthetics and Art Criticism* 45.

Leslie, John.
　1989. *Universes* (Routledge).

Lewis, C. I.
　1918. *A Survey of Symbolic Logic* (California U. P.).

Lewis, David.
　1970. "Anselm and Actuality", *Philosophical Papers* I (Oxford U. P., 1983).
　1971. "Counterparts of Persons and Their Bodies", *Philosophical Papers* I (Oxford U. P., 1983).
　1973. *Counterfactuals* (Blackwell, repr. 1986).
　1976a. "The Paradoxes of Time Travel", *Philosophical Papers* II (Oxford U. P., 1986).
　1976b. "Survival and Identity", *Philosophical Papers* I (Oxford U. P., 1983).
　1978. "Truth in Fiction", *Philosophical Papers* I (Oxford U. P., 1983).
　1979. "Counterfactual Dependence and Time's Arrow", *Philosophical Papers* II (Oxford U. P., 1986).
　1983. "Postscripts to 'Truth in Fiction'", *Philosophical Papers* I (Oxford U. P., 1983).
　1986. *On the Plurality of Worlds* (Blackwell).

Linsky, Leonard.
　1983. *Oblique Contexts* (U. of Chicago P.).

Lord, Catherine.
　1977. "A Kripkean Approach to the Identity of A Work of Art", *Journal of Aesthetics and Art Criticism* 36.

Loux, Michael J.

1979. "Introduction", Michael J. Loux ed., *The Possible and the Actual* (Cornell U. P.).

McCall, S.

    1964. "A New Variety of Implication", *Journal of Symbolic Logic* 29.

Macdonald, Margaret.

    1954. "The Language of Fiction", J. Margolis ed., *Philosophy Looks at the Arts* (Temple U. P., 2nd ed., 1978).

Marcus, R. Barcan.

    1962. "Modalities and Intensional Languages", *Modalities* (Oxford U. P., 1993).

    1972. "Quantification and Ontology", *Modalities* (Oxford U. P., 1993).

    1978. "Nominalism and the Substitutional Quantifier", *Modalities* (Oxford U. P., 1993).

Margolis, Joseph.

    1965. "Truth and Reference in Fiction", *The Language of Art and Art Criticism* (Wayne State U. P.).

    1976. "Robust Relativism", J. Margolis ed., *Philosophy Looks at the Arts* (Temple U. P., 2nd ed., 1978).

    ed., 1978. *Philosophy Looks at the Arts* (Temple U. P., 2nd ed.).

    ed., 1987. *Philosophy Looks at the Arts* (Temple U. P., , 3rd ed.).

Martínez-Bonati, Félix.

    1983. "Towards a Formal Ontology of Fictional Worlds", *Philosophy and Literature* 7.

丸山健二.

    1992.『千日の瑠璃』上·下(文藝春秋)[마루야마 겐지. 2007.『천일의 유리』1·2, 김난주 옮김, 문학동네].

Matthews, Robert J.

    1979. "Traditional Aesthetics Defended", *Journal of Aesthetics and Art Criticism* 38.

Meinong, Alexius.

    1904. "The Theory of Objects", I. Levi, D. B. Terrell tr., R. M. Chisholm ed., *Realism and the Background of Phenomenology* (Brown U. P., 1960).

    1907. *über die Stellung der Gegenstandstheorie im System der Wissenschaften* (Voigtlander).

Meyer, Leonard.

    1967. "On Rehearing Music", *Music, the Arts, and Ideas* (U. of Chicago P.).

Mill, John S.

    1865. *An Examination of Sir William Hamilton's Philosophy*, John M. Robson ed.(

U. of Toronto P., 1979).

三浦俊彦.
- 1989.「風雅のパラドクスと芭蕉」,『比較文学・文化論集』6号.
- 1990.「芸術作品と同一性」,『和樣女子大学紀要・文系編』第30集.
- 1993a.「オクトパ・バイブレーション」,『M色のS景』(河出書房新社, 1993).
- 1993b.『この部屋に友だちはいますか?』(河出書房新社, 1994).
- 1993c.「言葉は可能世界を創るか?」,『文藝』1993年 文藝賞特別号.
- 1994a.「通信販賣機」,『文藝』1994年 春秋号.
- 1994b.「枯野を漂うオブシェ」,『これは餡パンではない』(河出書房新社, 1994).
- 1994c.「可能世界についての四つの可能な質問」,『文藝』1994年 冬季号.

Moore, G. E.
- 1933. "Imaginary Object", *Proceedings of the Aristotelian Society*, Suppl. vol. XII.

Morreall, John.
- 1993. "Fear without Belief", *Journal of Philosophy* 90.

永井均.
- 1994.「そうである必要はない」,『文藝』1994年 冬季号.

夏目漱石.
- 1908.「夢十夜」,『文鳥・夢十夜』(新潮文庫, 1971)[나쓰메 소세키. 2004.『몽십야』, 노재명 옮김, 하늘연못].

Nelson, E. J.
- 1933. "On three Logical Principles in Intension", *Monist* 43.

西村清和.
- 1993.『フィクションの美学』(勁草書房).

Noonan, Harold.
- 1989. *Personal Identity* (Routledge).

Nozick, Robert.
- 1969. "Newcomb's Problem and Two Principles of Choice", N. Rescher ed., *Essays in Honor of Carl G. Hempel* (Reidel).

Parsons, Terence.
- 1974. "A Prolegomenon to Meinongian Semantics", *Journal of Philosophy* 71.
- 1975. "A Meinongian Analysis of Fictional Objects", *Grazer Philosophische Studien* 1.
- 1978a. "Nuclear and Extranuclear Properties, Meinong and Leibniz", *Noûs* 12.
- 1978b. "Critical Notice of J. Woods, The Logic of Fiction", *Synthese* 39.
- 1979. "Referring to Nonexistent Objects", *Theory and Decision* 11.
- 1980. *Nonexistent Objects* (Yale U. P.).

1982a. "Nominalistic Theories of Fictional Objects", *Poetics* 11.
1982b. "Fregean Theories of Fictional Objects", *Topoi* 1.
1983. "Review of Exploring Meinong's Jungle and Beyond", *Journal of Philosophy* 80

Pavel, Thomas G.
1983. "Incomplete Worlds, Ritual Emotions", *Philosophy and Literature* 7.
1986. *Fictional Worlds* (Harvard U. P.).

Plantinga, Alvin.
1974. *The Nature of Necessity* (Oxford U. P.).
1976. "Actualism and Possible Worlds", Michael J. Loux ed., *The Possible and the Actual* (Cornell U. P., 1979).

Pollack, John.
1976. *Subjunctive Reasoning* (D. Reidel).

Pollard. D. E. B.
1973. "Fiction and Semantics", *Ratio* 15.

Prior, Arthur N.
1967. *Past, Present and Future* (Oxford U. P.).

Putnam, Hilary.
1970. "Is Semantics Possible?", Schwartz ed., *Naming, Necessity and Natural Kinds* (Cornell U.P., 1977).
1973. "Explanation and Reference", G. Pearcem, P. Maynard eds., *Conceptual Change* (D. Reidel, 1973)
1975. "The Meaning of 'Meaning'", K. Gunderson ed., *Language, Mind, and Knowledge* (U. of Minnesota P., 1975).

Quine, W. V. O.
1940. *Mathematical Logic* (Harvard U. P., 2nd ed., 1951).
1948. "On What There Is", *From a Logical Point of View* (Harvard U. P., 1953, 2nd ed., 1961) [W. V. O. 콰인. 1993. 『논리적 관점에서』, 허라금 옮김, 서광사].
1950. *Methods of Logic* (Routledge, 3rd ed., 1972).
1960. *Word and Object* (MIT).

Ramsey, Frank P.
1928. "General Propositions and Causality", *The Foundations of Mathematics* (Routledge, 1931).

Read, Stephan.
1988. *Relevant Logic* (Blackwell).

Rescher, Nicholas.
  1964. *Hypothetical Reasoning* (North Holland).
  1973. "The Ontology of the Possible", Michael J. Loux ed., *The Possible and the Actual* (Cornell U.P., 1979).
Richards, Tom.
  1975. "The Worlds of David Lewis", *Australasian Journal of Philosophy* 53.
Rorty, Richard.
  1981. "Is there a Problem about Fictional Discourse?", *Consequences of Pragmatism* (U. of Minnesota P.)[리처드 로티. 1996.『실용주의의 결과』, 김동식 옮김, 민음사].
Routley, Richard.
  1976. "The Durability of Impossible Objects", *Inquiry* 19.
  1979. "The Semantic Structure of Fictional Discourse", *Poetics* 8.
  1980. *Exploring Meinong's Jungle and Beyond* (Australian national U.P.)
Routley, R. & Meyer, R. K.
  1976. "Dialectical Logic, Classical Logic, and the Consistency of the World", *Studies in Soviet Thought* 16.
Russell, Bertrand.
  1903. *Principles of Mathematics* (Norton).
  1904. "Meinong's Theory of Complexes and Assumptions", *Essays in Analysis* (D. Lackey ed., Allen & Unwin, 1973).
  1905a. "On Denoting", *Logic and Knowledge* (Unwin, 1988).
  1905b. "Review of A. Meinong, Untersuchungen zur Gegenstandstheorie und sychologie", *Essays in Analysis* (D. Kackey ed., Allen & Unwin, 1973).
  1907. "Review of A. Meinong", *Uber die Stellung der Gegenstandstheorie im System der Wissenschaften' Essays in Analysis* (D. Kackey ed., Allen & Unwin, 1973).
  1911. "Knowledge by Acquaintnace and Knowledge by Description", *Mysticism & Logic* (Unwin, 1986).
  1912. *The Problems of Philosophy* (Oxford U.P., 1967)[버트런드 러셀. 2000.『철학의 문제들』, 박영태 옮김, 이학사; 2008.『철학이란 무엇인가』, 황문수 옮김, 문예출판사].
  1919. *Introduction to Mathematical Philosophy* (Routledge, 1993)[버트런드 러셀. 2002.『수리철학의 기초』, 임정대 옮김, 경문사].
  1921. *The Analysis of Mind* (Unwin, 1989).
  1927. *An Outline of Philosophy* (Unwin, 1979).
  1940. *An Inquiry into Meaning and Truth* (Unwin, 1980)[버트런드 러셀. 1990.『의

미와 진리의 탐구』, 임병수 옮김, 삼성출판사].

1957. "Mr. Strawson on Refering", *My Philosophical Development* (Unwin, 1959).

Ryan, Marie-Laure.

    1980. "Fiction, Non-Factuals, and the Principle of Minimal Departure", *Poetics* 9.

Ryle, Gilbert.

    1933. "Imaginary Object", *Proceedings of the Aristotelian Society,* Suppl. vol. XII.

    1949. *The Concept of Mind* (Barnes and Noble)[길버트 라일. 1994. 『마음의 개념』, 이한우 옮김, 문예출판사].

Sainsbury, R. M.

    1988. *Paradoxes* (Cambridge U. P.).

Salinger, J. D.

    1949. "The Laughing Man", *For Esmé — With Love and Squalor: And Other Stories* (Penguin, 1986)[제롬 데이비드 샐린저. 2004. 「웃는 남자」, 『아홉 가지 이야기』, 최승자 옮김, 문학동네]].

Salmon, Nathan U.

    1982. *Reference & Essence* (Blackwell)[네이선 새먼. 2000. 『지시와 본질』, 박준호 옮김, 한국문화사].

Schlossberger, Eugene.

    1978. "Similality and Counterfactuals", *Analysis* 38.

Schwartz, Stephen P.

    1977. "Introduction", Schwartz ed., *Naming, Necessity and Natural Kinds* (Cornell U.P.).

Searle, John.

    1958. "Proper Names", P. F. Strawson ed., *Philosophical Logic* (Oxford U.P., 1967).

    1969. *Speech Acts* (Cambridge U. P.).

    1975. "The Logical Status of Fictional Discourse", *Expression and Meaning* (Cambridge U.P., 1979).

Sidney, Sir Phillip.

    1595. *An Apology for Poetry* (G. M. A. Shepherd ed., Thomas Nelson and Sons, 1965)

Skyrms, Brian.

    1981. "Tractarian Nominalism", *Philosophical Studies* 40.

Stalnaker, Robert C.

    1968. "A Theory of Conditional", W. Harper, R. Stalnaker, G. Pearce eds., *Ifs* (D. Reidel, 1981).

    1976. "Possible Worlds", Michael J. Loux ed., *The Possible and the Actual* (Cornell

U. P., 1979).

    1978. "Assertion", P. Cole ed., *Syntax and Semantics* vol. 9 (Academic Press).

    1980. "A Defense of Conditional Excluded Middle", W. Harper, R. stalnaker, G. Pearce eds., *Ifs* (D. Reidel, 1981).

    1984. *Inquiry* (MIT).

Stalnaker, Robert C. & Thomason, Richmond.

    1970. "A Semantic Analysis of Conditional Logic", *Theoria* 36.

Stecker, Robert.

    1994. "Art Interpretation", *Journal of Aesthetics and Art Criticism* 52.

Stevenson, C. L.

    1950. "Interpretation and Evaluation in Aesthetics", M. Weitz ed., *Problems in Aesthetics* (Macmillan, 1970).

Stoppard, Tom.

    1967. *Rosenxrantz & Guildenstern are Dead* (Grove Weidenfield).

Strawson, P. F.

    1950. "On Referring", A. W. Moore ed., *Meaning and Reference* (Oxford U. P., 1993).

トルストイ.

    1928. 『イワン・イリッチの死』(米川正夫 譯, 岩波文庫, 改版 1973).

土屋俊.

    1994. 「文学者に出番はない」, 『文藝』1994年 冬季号.

辻原登.

    1994. 「マノンの肉体」, 『マノンの肉体』(講談社).

筒井康隆.

    1992. 『朝のガスパール』(朝日新聞社).

    1993. 『パプリカ』(中央公論社)[쓰쓰이 야스타카. 2007. 『파프리카』, 김영주 옮김, 북스토리].

Urmson, J. O.

    1976. "Fiction", *American Philosophical Quarterly* 13.

van Fraassen, Bas C.

    1966. "Singular Terms, Truthvalue Gaps, and Free Logic", K. Lambert ed., *Philosophical Applications of Free Logic* (Oxford U. P., 1991).

    1968. "Presupposition, Imprication, and Self-reference", K. Lambert ed., *Philosophical Applications of Free Logic* (Oxford U. P., 1991).

    1969. "Presupposition, supervaluations, and Free Logic", K. Lambert ed., *The Logical Way of Doing Things* (Yale U. P., 1969).

1974. "Hidden Variables in Conditional Logic", *Theoria* 40.
van Inwagen, Peter.
   1977. "Creature of Fiction", *American Philosophical Quarterly* 14.
   1983. "Fiction and Metaphysics", *Philosophy and Literature* 7.
和田純夫.
   1994.『量子力学が語る世界像』(講談社).
Walton, Kendall.
   1973. "Pictures and Make-Believe", *Philosophical Review* 82.
   1978a. "How Remote Are Fictional Worlds from the Real Worlds?", *Journal of Aesthetics and Art Criticism* 37.
   1978b. "Fearing Fictions", *Journal of Philosophy* 75.
   1990. *Mimesis as Make-Believe* (Harvard U. P.).
Weitz, Morris.
   1956. "The Role of Theory in Aesthetics", *Journal of Aesthetics and Art criticism* 15.
Wiggins, David.
   1980. *Sameness and Substance* (Blackwell).
Williams, Bernard.
   1973. *Problems of the Self* (Cambridge U. P.).
Wimsatt Jr., W. K. & Beardsley, Monroe C.
   1946. "The Intentional Fallacy", Wimsatt ed., *The Verbal Icon* (Noonday, 1960).
   1949, "The Affective Fallacy", Wimsatt ed., *The Verbal Icon* (Noonday, 1960).
Wittgenstein, Ludwig.
   1953. *Philosophical Investigations* (Macmillan)[루트비히 비트겐슈타인. 2006.『철학적 탐구』, 이영철 옮김, 책세상].
Wollheim, Richard.
   1968. *Art and Its Objects* (Cambridge, U. P.).
Wolterstorff, Nicholas.
   1975. "Toward an Ontology of Artworks", J. Margolis ed., *Philosophy Looks at the Arts*, (Temple U. P., 3rd ed., 1987).
   1976. "Worlds of Works of Art", *Journal of Aesthetics and Art Criticism* 35.
   1979. "Characters and Their Names", *Poetics* 8.
   1980. *Works and Worlds of Art* (Oxford U. P.).
   1989. "Philosophy of Art after Analysis and Romanticism", R. Shusterman ed., *Analytic Aesthetics* (Blackwell, 1989).

Woods, John.
1969. "Fictionality and the Logic of Relations", *Southern Journal of Philosophy* 7.
1974. *The Logic of Fiction* (Mouton).
1982. "Animadversions and Open Quentions, Reference, Inference and Truth in Fiction", *Poetics* 11.

후기

현재 논리학적인 허구론의 영역에서 토론되고 있는 주된 퍼즐은 본문에서 다 기술했다. 부가할 것은 아무것도 없다.

이 책의 각 장, 각 절을 처음 발표한 곳을 기록해 둔다.

1장 1, 2, 3절 → 「지시대상으로서의 예술작품(指示対象としての芸術作品)」, 『와요여자대학 영문학회지(和洋女子大学英文学會誌)』 24호, 1990년.
4절 → 새로 씀
2장 1, 2절 → 「허구세계의 존재론적 지위(虛構世界の存在論的地位)」, 『와요여자대학 영문학회지』 25호, 1991년.
3, 4, 5절 → 「허구세계와 가능세계—fictional logic 비판(虛構世界と可能世界—fictional logic 批判)」, 『와요여자대학 영문학회지』 26호, 1992년.
6, 7절 → 새로 씀

3장 모든 절 → 「픽션에 있어서 모순과 논리법칙(フィクションにおける矛盾と論理法則)」, 『와요여자대학 영문학회지』 28호, 1994년.

4장 모든 절 → 새로 씀

5장 1절 → 「허구세계의 존재론적 지위(虛構世界の存在論的地位)」, 『와요여자대학 영문학회지』 25호, 1991년.

2절 → 새로 씀

『와요여자대학 영문학회지』 소재의 네 편의 원 논문은 처음부터 연재물로서 쓰여졌으므로, 이 책도 논문집의 체재가 아니라 한 편의 장편이 된 셈이다. 당연한 일이지만 5년 동안 나의 생각도 다소 변하고 원문에 부족함이나 오류가 발견되기도 했으므로, 원 논문에 꽤 가필, 삭제, 수정을 행했다. 어쨌든 이 책은 새로 쓴 부분이 전체 분량의 3분의 2를 점하게 되었다. 또한 2장의 샐린저 「웃는 남자」의 인용은 신조문고(新潮文庫)의 노자키 다카시(野崎孝) 번역을, 3장의 브래드버리 「천둥소리」의 인용은 하야카와 문고(ハヤカワ文庫)의 오가사와라 도요키(小笠原豊樹) 번역을 참조하고 부분적으로 이용했다는 것을 여기에 명기해 둔다.

이 책과 같은 논리와 문학의 경계분야, 나쁘게 말하자면 어느 쪽 연구자로부터도 아무런 성과를 올리지 못했다고 취급받기 십상인 이질적인 형태의, 게다가 그것이 대부분을 차지하고 있는 책의 출판을 실현해 주신 도미오카 마사루(富岡勝) 씨에게는 감사하다기보다도 머리가 숙여진다. 내가 어디에서 굴러먹다 왔는지도 모르는 대학원생이던 시절 러셀의 반핵운동이라든가 인생론 등 철학과는 관계없는 그 모든 이야기를 들어 주시고, 때때로 아무렇지 않은 듯 짧게 소식을 전해 주셔서 어느샌가 철학적인 방향으로 유도해 주신 경위는 그저 감사하다는 말밖에 드릴 말씀이 없다.

나는 철학연구만이 아니라 현재 소설의 실제 창작 작업에도 절반 이상 발을 담그고 있는데 머지않아 이 책에서 조잡하게 묘사한 기성 이론들에 사로잡히지 않는 형태로 특정 테마로 응축한 간편한 사색서를 한 권, 그리고 허구와 가능세계를 제재로 한 학술소설을 가까운 시일 내에 한 권 쓸 수 있다면 재미있겠다고 생각하고 있다. 발전성 있는 아이디어의 대부분을 이 책에서는 주석의 지위로 밀어내야만 했던 감도 있는 만큼 더욱더 그런 생각이 절실하다.

1994년 10월
미우라 도시히코

옮긴이 후기

 이 책의 주제, 동기, 방법론은 서문에서 저자가 설명하고 있는 대로이다.
 각 주제에 대해 제기된 여러 이론을 소개하고 저자 본인이 자신의 견해를 논증한 끝에 옹호하는 결론은, 작품이 동일성을 유지하고 지속적으로 지시 가능하기 위해서는 시간 속에서의 현상적 변화를 인정해서는 안 된다는 것(현상주의), 또한 허구세계와 허구적 캐릭터는 완전한, 무모순의 단일한 세계와 대상이어야 한다는 것, 그리고 현실세계와 허구텍스트는 일대일로 대응하고 있고 이 대응이 성립한다는 것을 메이크 빌리브로서(하지만 그 사실을 의식한다기보다는 진지하게) 믿어야만 하며(허구실재론), 픽션과 조금이라도 관계되는 맥락에서는 항상 이 허구실재론이 요청된다는 것이다. 저자의 논증 과정을 비판적으로 검토하고, 자신의 견해를 이 책에서 제시된 여러 쟁점들에 비추어 확립시켜 나가며 독해하기를 권한다.
 저자의 말처럼, 이 책의 분석틀이나 주제는 일반적인 형이상학, 논리학, 미학 연구서와는 다르다. 한국에는 이런 형태의 미학 서적은 전무하다는 것이 번역 동기의 하나였다. 또한 비표준논리의 참고서로도 적절하다는 판단 역시 번역하도록 마음먹게 된 큰 계기였다. 일반적인 논리학 교과서는 수학 서적을 방불케 할 정도로 논리 기호로 가득하기 때문에 관심이 있다고 해도 접근하는 데 어려움을 느끼는 경우가 많다. 그에 비해 이 책은 차근차근히 설명을 따라가기만 한다면 기초적인 논리학 지식만 가지고도 충분히 핵심을 이해할 수 있으며, 더구나 다루는 주제의 특성상 재미있게 읽을 수 있다는 것이 장점이다. 논리학과 미학 두 분야 모두에 관심이 있는 독자는 그만큼 읽는 즐거움도 배가될 것이라고 생각한다. 일반 독자나 전문 연구자 모두에게 유익한 독서가 되기를 기대한다.

2013년 8월
박철은

찾아보기

| ㄱ, ㄴ, ㄷ |

가능상황설 241
가능세계 15~16, 40, 56, 58, 60~61, 63, 85,
88~93, 99, 103, 122, 127, 156, 176, 203,
220~222, 224~225, 227, 241, 249~253,
256~257, 261~262, 274, 277, 293, 300, 305
가능세계설 320~322, 327
가능다세계설 249
가능단일세계설 241
감상게임 282
게임세계 289
결정성 211
결정이론 308
경험주의 316~317, 319
고유명 160, 164, 256, 259, 269
　논리적 ~ 164, 260
　이론적 ~ 166
고전논리 138
　비~ 231
고정지시어(rigid designator) 23, 26, 261

공통신념원리 81, 83
관세계 263, 266
관(貫)세계적 동일성 16, 23, 96, 98, 251, 253
관시간 고정지시 36
관(貫)시간적 동일성 16~17
관허구 용법 279
구로이 센지(黒井千次) 94
규정 부분 51, 53, 59, 61
기술구
　속성적 용법 258~259
　지시적 용법 258~259
기술명 26~27
　비한정 ~ 270
기술이론 5, 157, 159~161, 163, 166, 215,
257, 270, 319
기술적 지시 이론 28~29
기술주의 30, 221~223
나쓰메 소세키(夏目漱石) 35
내삽 원리 47
내재주의 316~317

논리적 폐쇄 135, 138~139, 233
　강한~ 112, 131, 133~134, 139, 143
　약한~ 110, 112, 129, 135
논리적 비폐쇄 108
　약한~ 110~111, 127
뉴컴 문제 149, 151, 153
뉴크리티시즘 23, 31~32, 324
다니자키 준이치로(谷崎潤一郎) 328
　『가랑눈』 328
다빈치, 레오나르도(Leonardo da Vinci) 13
　「최후의 만찬」 13, 26
다세계설 112, 240, 246, 262, 268, 319
다원세계 모델 250
단순명제 217~220, 265
단순부정명제 218
단일대상 264
단일세계 336
단일세계설 63, 88~91, 98, 156, 226, 240, 311, 313~315, 319, 323~324, 327~329, 332
단일존재 166
대각선 명제 275~276
대입적 양화설 224, 227, 235, 252, 319
더미의 역설(paradox of the heap) 89
더밋, 마이클(Michael Dummett) 66
'데 딕토'(de dicto) 218, 262, 301, 311
　~ 가능다세계설 263
　~ 가능세계설 164, 241
　~ 다세계설 273, 282
　~ 명제 163, 267
　~ 초세계설 273
　~ 허구다세계설 241
'데 딕토'설 224, 227, 240~241, 251, 267, 270, 279, 281, 293, 298, 320
'데 레'(de re) 218, 301, 311
　~ 가능다세계설 241, 248, 263
　~ 명제 163, 264, 267

　~설 227, 240~241, 267, 281, 300
　~ 이론의 가능성 296
　~ 존재명제 267, 272
　~ 허구다세계설 241
데리다, 자크(Jacques Derrida) 33
도넬란, 키스(Keith Donnellan) 27, 258~260, 262
디킨스, 찰스(Charles Dickens) 172, 195, 204
　『마틴 처즐위트』 193, 203~204
　『피크위크 페이퍼』 172~173

| ㄹ, ㅁ |

라이프니츠(Leibniz, Gottfried) 226
라일, 길버트(Gilbert Ryle) 80, 171~172, 174~175, 227, 237
　『마음이라는 개념』 172
램지 테스트 53, 74
러셀, 버트런드(Bertrand Russell) 157~164, 172, 176~177, 189~190, 218, 220, 224, 227~228, 230, 252, 257, 260
　~과 스트로슨의 차이 167
　반~적 입장 189
루이스, 데이비드(David Lewis) 23, 70, 73~75, 79, 99~100, 112~117, 126~127, 132~133, 241, 251, 263~264, 269~270, 272, 277~278, 303~306, 321, 325, 332, 339
　합병의 방법 117~119, 123~124
루틀리, 리처즈(Richard Routley) 137~138, 176, 230, 242
마루야마 겐지(丸山健二) 140
마이농주의 5, 139, 142, 175~176, 182, 187~190, 194, 205, 212, 216, 222, 226, 246, 248, 253, 265, 321, 327
맥도널드, 마거릿(Margaret Macdonald) 52, 227

메이크 빌리브 282, 286, 289~290,
314~315, 333, 336~340
　～ 게임 288~289, 291
　～설 239, 246, 276~277, 281, 295, 321
　～ 세계 287~288, 293
　～의 동심원 340~341
　～ 이론 292, 294, 314
명목종 34, 29~31, 206
명제
　모순~ 59, 162, 219
　비원자~ 252
　원자~ 250, 252
　일반~ 206
　주어-술어~ 158
　전칭~ 264
　존재~ 158
　필연~ 110
　허구~ 58
모순 40, 104, 108, 112~114, 118, 122, 126,
128, 138, 141, 143, 155~156
　강한 ~ 104, 107, 109, 111, 117, 122, 132,
　233, 238, 248
　계기 ~ 121, 126, 130, 132, 143
　병행 ~ 121, 124
　세계 내의 ~ 126
　약한 ~ 104, 107, 110, 112, 117, 122,
　199~200, 233, 238, 248
　허구 내 ~ 115, 118
모순율 59~60, 104, 109~111, 118, 177
모호 126
　～성 이론 66, 68
무모순 143
무모순완전세계 117
문맥주의 316~317, 321
물리주의 174, 255, 263, 270, 272, 319
미결정 부분 58

미규정 부분 51, 53, 58~62, 76~77, 270
미야자와 겐지(宮澤賢治) 13
　「비에도 지지 않고」 13, 27
미우라 도시히코(三浦俊彦) 55
　「옥토파 바이브레이션」 151
　「통신판매기」 151, 154
미켈란젤로(Buonarroti Michelangelo) 14
　「최후의 심판」 14
미학 13

| ㅂ |

바꿔쓰기 173~174, 291, 298
반 인와겐, 피터(Peter van Inwagen) 174,
188, 190~195, 198~205, 212~214,
216~218, 280~281, 317
반(反)사실 15, 74, 225, 301, 312, 314
배중률 59, 64~66, 68, 105, 109~110, 310
　잉여적인 ~ 59
　조건적 ~ 59, 308, 334
범주 오류 141~142, 181
변증법 논리학 137~138
보편양화사 37
분석철학 4
불완전성 40~41, 104, 108, 110, 112~113,
118, 124, 156, 246, 270
　강한 ~ 105, 107, 109, 238
　약한 ~ 105~107, 238
　ω불완전 57, 106, 333
불완전세계 77, 112, 241, 244, 248, 289, 293
　～설 246
불확정성 40, 51, 113~114, 124
불확정세계 77
『붉은 구두』 86
브래드버리, 레이(Ray Bradbury) 101~103,
131, 330

「천둥소리」 101~102, 111
비결정 56, 212
비어즐리, 먼로(Monroe Beardsley)
324~325
비인과적 동일성 96
비존재 175~176, 184~185, 246, 254, 298
~ 대상 183, 189
~물 229, 246, 256, 265
비평 12

| ㅅ |

사고실험 15~17
사적 시간 120~121, 145, 153
사치논리 231
삼치논리 231, 242
삼통일의 법칙[삼일치의 법칙] 44
상대역 이론(counterpart theory) 23
상황론자 112
상황설 55, 58, 64, 66, 87, 98, 112, 156, 241, 246, 248, 319, 324~325
~의 난점 56~57
샐린저, 제롬(Salinger, Jerome) 41, 54, 327
「웃는 남자」 41~45, 51~54, 57, 59, 92, 327~328, 329
서술적 명제 219
선언삼단논법 136~137
선정 72~74, 77, 210
선험적(a priori) 224
설, 존(John Searle) 165, 167~169, 171~172, 206, 282
『셜록 홈스』 75, 78, 85~86, 118, 199, 264, 268, 271, 273
소박이론 211
속박변항 278, 280
수복 13

수용이론 31
스테레오 타입 18~19, 28~29
지각적 ~ 21
스톨네이커, 로버트(Robert Stalnaker)
53, 273~275, 277~278, 300, 304~305,
307~309, 312~314, 321~322, 332
스트로슨, 피터(Peter Strawson) 165~166,
168, 172
승격 95~98
~허구 95~96, 98
쓰쓰이 야스타카(筒井康隆) 94
쓰지하라 노보루(辻原登) 331
「마농의 육체」 331

| ㅇ |

아리스토텔레스 215
『시학』 215~216
액자 이야기 94~95
약한 전순서관계 304
양상논리학 15, 249
양상실재론 321~322
양화 175
양화모델구조 250
언어설 55, 58, 156, 174, 237, 242, 319, 321, 324
언어행위론 167, 170~171
연관논리 137~138
연관논리학 135, 155
연산자 162, 279, 283, 293
내포적 ~ 285
'데 딕토'적 ~ 285, 288
'데 레'적 ~ 285
허구 ~ 162, 297, 301
예술철학 12~14
예시의 원리 210

오브제 33~34
완전가능세계 97~98
완전단일세계 330
완전무모순세계 124
완전성 324
  강한 ~ 105, 107
  ω완전성 310
  약한 ~ 107, 110
  ~의 원리 210~211
완전세계 112, 241
외삽원리 47, 81~83, 243(띄어쓰기 통일)
외연주의 23, 25, 30, 324, 326
  ~ 비평 33
  ~와 현상주의 24~25
외재주의 316~317
외적 시간 120, 152~153
우의설 217, 222~227, 229, 239, 251, 262, 320
우즈, 존(Woods, John) 227, 230~231, 233~235, 315
월터스토프, 니컬러스(Nicholas Wolterstorff) 81, 205, 207, 210~217, 242~244, 246, 291
월턴, 켄들(Walton, Kendall) 81, 282, 286, 289, 338
위장주장설 165, 168~169, 282
윌리엄스, 버나드(Bernard Williams) 97
유일가설 300, 305~306, 309, 312, 329~330
유일완전세계 312, 314
은유 142~143
이-것성(haecceity) 16, 18, 20
이-것주의 19~20, 25, 329
이론적 실체설 188, 204~205, 214, 216, 249, 320
이치논리학 41
이치성 64~65, 76
  ~의 법칙 105, 198~199

허구세계의 ~ 324
잉가르덴, 로만(Roman Ingarden) 45, 58, 250
인과적 지시이론 174, 254, 259~260, 262, 267~268, 272, 274, 281
인과주의 150~151, 154, 261
일관성
  강한 ~ 104, 107
  약한 ~ 104, 107, 110
잉여기술 41
잉여정보 43~45, 48, 98

| ㅈ, ㅊ |

자연종 28~31, 206
자유논리학 66, 68
자의주의 316~317
작품세계 270, 282, 289
전위예술 33
절충주의 322
존재양화사 263
종류설 205, 208, 216~217, 249, 321, 327
종명사(kind term) 17
좋은 바꿔쓰기 174~175
주의의 장 297~299
증거주의 150~154
지시 인과주의 261
지시구 158, 162, 166, 176, 188~189
지시대상 12, 19, 166, 170, 175~176, 188~189, 217, 254, 261, 272, 289, 295, 296
지시이론 5, 12, 30, 157
지시적 용법 27, 261
직접 지시 28, 258, 271
  ~ 이론 19, 21, 28~29, 31, 165, 257~258
  ~ 인과이론 258
진리치 231

진위의 붕괴 127, 132, 136, 138~139
집합설 57~60, 62, 64, 74, 79, 82, 87~91, 98, 156, 324
창조적 위작 24
「천둥소리」 102~104, 114, 116, 119~122, 126~134, 142~154, 326
초가치 66, 68, 89, 110, 307~308
초세계설 273
초현실세계 329
총체설 62
최소이탈세계 113~114, 127, 133, 135, 243, 264, 269, 271~272, 274, 300, 302, 304~305, 309
최소이탈의 원리 135, 139, 143
치좀의 역리 15, 23

| ㅋ, ㅌ, ㅍ |

『카라마조프의 형제들』 233~234
캐럴, 조너선(Jonathan Carroll) 94
캐릭터 294, 323
캐플런, 데이비드(Kaplan, David) 91, 255, 261~262, 266, 268, 270, 277, 296, 336
커리, 그레고리(Gregory Currie) 39, 273, 278~281, 322
코난 도일 185, 266, 274
콰인(W.V.O Quine) 159~160, 220, 306
크립키, 솔(Saul Kripke) 20, 165, 229~230, 248~252, 257, 262, 265~268, 272, 296, 332
토포스 34
톨스토이(Lev Tolstoy) 38
　『안나 카레니나』 40, 63, 296
　「이반 일리치의 죽음」 70~71
　『전쟁과 평화』 38, 222, 266, 270
『톰 소여의 모험』 290
통념세계 127~128

파슨스, 테런스(Terence Parsons) 139~142, 175~176, 180, 182~188, 193, 198, 202~203, 208, 213~216, 297
파인, 키트(Kit Fine) 316~317, 320
퍼트넘, 힐러리(Hilary Putnam) 18~20
폐쇄(closure) 104~106, 110
비폐쇄 107, 126
표준논리 100, 135~136, 138
표준논리학 174
비~ 5
프레게, 고틀로프(Gottlob Frege) 189
플라톤주의 316~317, 319
플란팅가, 앨빈(Plantinga, Alvin) 208, 217~220, 222, 224, 227, 229, 265, 321

| ㅎ |

하월, 로버트(Robert Howell) 235, 296, 298~299
하인라인, 로버트(Robert Heinlein) 102
　「시간의 문」 102~103
　「윤회하는 뱀」 102
하인츠, 존(John Heintz) 64, 66~70, 73, 76, 99, 102, 112~113
한계가설 300, 303, 305~306, 309, 312, 329~330
합성허구세계 293
해석상대주의 60, 98, 124~125, 293
해석지상주의 155
해석회의주의 125
핵관계 184~185
핵성질 142, 178~180, 182, 187~188, 195, 200~204, 212, 217, 222, 249, 281, 297~298, 332
　희석판~ 182, 186, 195
핵술어 178, 277

핵외관계 185
핵외성질 142, 178~180, 182, 186~188, 200~204, 212, 222, 249, 281, 297~298, 332
　희석판 ~ 212
핵외술어 178, 277
『햄릿』 126, 162~163, 220, 245, 331
허구 내 존재 170
허구 속의 허구(허구 내 허구) 45, 94~95, 233
　『천일야화』 94
　『카라마조프가의 형제』 94
　『햄릿』의 극중극 94
허구 캐릭터 169, 171
허구 텍스트 284
허구논리학 99~100, 229, 235
허구단일세계설 241
허구대상론 240
허구론 5, 112, 164, 167, 174, 199~200, 269
　논리적 ~ 102, 107
허구명 157, 163~164, 174, 189~190, 254, 262~263, 268, 270, 272~273, 278, 280~281
허구상황설 241~242, 244, 246
허구세계 44~45, 52, 58, 68, 79, 82, 139, 156, 214, 227, 240~241, 247, 287, 300, 310, 323
　~의 확장 288~289
허구실재론 336~338, 340~341
허구양상논리학 234

허구의미론 77
허구적 대상 156~157, 172, 174~176, 183, 186~188, 198~199, 205, 208, 210, 212, 214, 216~217, 221, 229, 235, 238, 244, 248~249, 256, 279, 292, 295~297, 323
허구적 존재 171, 175, 186, 189, 210, 229, 231, 273
허구적 진리 285, 288, 301
허구적 캐릭터 191~192
허구체험 69, 285
현상주의 32, 35~36, 38, 50~51, 323~324, 326, 328~329, 332
　탈역사적 ~ 31
　~ 비평 324~325, 329
　~적 비평윤리 38
현실세계 40, 84~85, 90~93, 103, 127~129, 135, 138, 146, 155~156, 164, 175, 188, 202~203, 217, 221, 224~225, 229, 240, 246, 249~252, 254, 257, 261~262, 264, 266~267, 273~274, 276, 279, 324
현실세계의 표준논리 135
현실정위주의 326
형식주의 31
화용론 166
환원주의 171, 173~175, 237, 252, 319~321
후기구조주의 31
히카루 겐지(光源氏) 190